Aus unserer Zeit

THIRD EDITION

Also edited by

IAN C. LORAM *and* LELAND R. PHELPS

QUERSCHNITT

Aus unserer Zeit

DICHTER DES ZWANZIGSTEN JAHRHUNDERTS

Third edition

IAN C. LORAM
University of Wisconsin

AND

LELAND R. PHELPS
Duke University

W · W · NORTON & COMPANY

New York · London

ISBN 0   393   09389 1

PRINTED IN THE UNITED STATES OF AMERICA

7 8 9 0

CONTENTS

Preface to the Third Edition   ix

Preface to the First Edition   xi

Acknowledgments   xiii

Wolfgang Borchert   3
    DIE KEGELBAHN   5

Wolf Wondratschek   9
    MITTAGSPAUSE   11

Bertolt Brecht   13
    DIE UNWÜRDIGE GREISIN   15

Franz Kafka   23
    EIN ALTES BLATT   25

Wolfdietrich Schnurre   29
    DAS MÄRCHEN DER MÄRCHEN   31

Elisabeth Langgässer   39
    JETZT GEHT DIE WELT UNTER   41

Thomas Valentin   47
    HERR SCHAROUN   49

Contents

Josef Martin Bauer 57
SCHWARZFAHRT HINÜBER 59

Hermann Hesse 69
DER WOLF 71

Heinz Piontek 77
DAS TOR ZUR WELT 79

Christoph Meckel 89
DIE KRÄHE 91

Leo Slezak 101
LOHENGRIN 103

Werner Bergengruen 111
DIE SCHATULLE 113

Gustav Meyrink 121
DER VIOLETTE TOD 123

Ernst Schnabel 135
DER AGENT 137

Marie Luise Kaschnitz 151
GESPENSTER 153

Günter Eich 167
DER STELZENGÄNGER 169

Horst Bienek 179
STIMMEN IM DUNKEL 181

Contents

		vii
Friedo Lampe		193
DAS MAGISCHE KABINETT		195
Oskar Jellinek		221
DER SCHAUSPIELER		223
Arthur Schnitzler		239
DER WITWER		241
Georg Heym		257
DAS SCHIFF		259
Heinz Risse		275
DAS ZERSPRUNGENE GLAS		277
Wolfgang Hildesheimer		295
DAS ATELIERFEST		297
PLACE NAMES		315
VOCABULARY		317

PREFACE
TO THE THIRD EDITION

The intention of the editors when they prepared the first edition of *Aus unserer Zeit* was to make available a textbook anthology of mature reading selections by outstanding German writers of our era. The unqualified acceptance of that 1956 edition encouraged us to undertake a revised and expanded version in 1965. The favorable reception and continued use of this second edition has convinced us that we should now prepare a third revision. In this latest edition we have withdrawn some selections which, for one reason or another, seemed to have outlived their usefulness or to be no longer appropriate. Six new stories have been added of which five are by contemporary German writers, some of whom have not yet appeared in anthologies edited for classroom use. We have included examples of some of the current trends to be found on the German literary scene and hope that the student will thus be able to gain some insights into present-day German literature.

I.C.L.
L.R.P.

PREFACE
TO THE FIRST EDITION

Aus unserer Zeit is a collection of works by modern authors designed to introduce the second-year German student to some of the writers and literary trends of twentieth-century German literature. The editors are of the opinion that the student's desire to continue the study of German beyond the basic requirement can be aroused in the second year if he is given the opportunity to come into contact with some examples of good German literature. This text includes such outstanding modern authors as Franz Kafka, Hermann Hesse, Arthur Schnitzler, and Carl Zuckmayer. The widest possible range of subject matter has been included, from the weird world of Kafka and the science fiction of Gustav Meyrink to the harsh realities of war as depicted in the stories of Borchert, Langgässer, and Zweig. The humor of Franck and Slezak and the caustic criticism of modern man to be found in Hesse, the suspense in the stories by Bergengruen and Schnabel, as well as the psychological studies by Jellinek and Schnitzler, furnish an adequate variety of mood and content for both instructor and student. Selections concerned with the opera, the theater, Faust, life on a farm and in a small town, German colonies in Africa, and war with its attendant problems will afford the instructor the opportunity of supplementing the reading material with a wide range of general cultural information. The editors consider this an important and necessary aspect of language instruction. In addition, Carl Zuckmayer's essay offers the student the rare opportunity of seeing certain phases of American life through the eyes of an outstanding German writer who immigrated to the United States.

Two factors, degree of difficulty and variety of subject matter, have determined the order of the reading material in this book. With the exception of minor editorial changes made in "Amerika ist anders" by Carl Zuckmayer and "Der Agent" by Ernst Schnabel, all works are reprinted in their original form. A short introduction is devoted to the work of each author represented, the purpose of which is to give the student some insight into the selections involved. In these introductions no attempt has been made to give detailed biographical sketches of the writers or to discuss works other than those which appear in the book.

The meanings given in the translation of the footnotes, as well as in the vocabulary, apply to the material at hand and are not necessarily the most frequently found or generally accepted meanings of the words involved. Where a colloquial translation or meaning fits the context, it is given in preference to a more formal one. All geographical terminology, except the most commonplace names, will be found in the appendix preceding the vocabulary. Such terms are marked with a star (*) in the text.

The editors are deeply indebted to the following persons: Professors Meno Spann and Heinrich Stammler for much helpful advice and criticism; Professor Jack Stein for his overall assistance in the supervision and preparation of the text; and finally, to Ruth Phelps and Margaret Loram for numerous acts of charity and technical help.

I.C.L.

L.R.P.

ACKNOWLEDGMENTS

Selections in this book are used by permission as follows:

Wolfgang Borchert: Die Kegelbahn. *From* Das Gesamtwerk. Copyright 1946, 1947, 1948 by Verlag Hamburgische Bücherei GmbH and Rowohlt Verlag GmbH. Included by permission of Rowohlt Verlag.

Wolf Wondratschek: Mittagspause. *From* Früher begann der Tag mit einer Schuß-wunde. Reihe Hanser Band 15. Copyright 1969 by Carl Hanser Verlag, Munich, and included by their permission.

Bertolt Brecht: Die unwürdige Greisin. *From* Kalendergeschichten. Copyright 1948 by Gebrüder Weiß Verlag, Berlin-Schöneberg, and included by their permission.

Franz Kafka: Ein altes Blatt. *From* Erzählungen und kleine Prosa. Copyright 1935 by Schocken Verlag, Berlin. Copyright 1946 by Schocken Books, Inc., New York. Included by permission of the Noonday Press, New York.

Wolfdietrich Schnurre: Das Märchen der Märchen. *From* Was ich für mein Leben gern tue. Copyright 1967 by Hermann Luchterhand Verlag GmbH, Neuwied and Berlin, and included by their permission.

Elisabeth Langgässer: Jetzt geht die Welt unter. *From* Der Torso. Copyright 1947 by Claassen und Goverts Verlag GmbH, Hamburg. Included by permission of Claassen Verlag, Hamburg.

Thomas Valentin: Herr Scharoun. *From* Nachtzüge. Copyright 1964 by Claassen Verlag GmbH, Hamburg, and included by their permission.

Josef Martin Bauer: Schwarzfahrt hinüber. *From* Mensch an der Wand: Erzählungen. Copyright 1962 by Franz Ehrenwirth Verlag KG, Munich, and included by their permission.

Hermann Hesse: Der Wolf. *From* Am Weg. First published 1915 by Reuss & Itta, Konstanz. Included by permission of Werner Classen Verlag, Zurich.

Heinz Piontek: Das Tor zur Welt. *From* Ungewisser Tatbestand. Copyright 1964 by Deutscher Taschenbuch Verlag GmbH & Co., Munich, and included by their permission.

Christoph Meckel: Die Krähe. *From* Das Atelier (Fischer Bücherei). Copyright 1962 by S. Fischer Verlag, Frankfort on the Main, and included by their permission.

Leo Slezak: Lohengrin. *From* Der Wortbruch. Copyright 1927 by Ernst Rowohlt Verlag KGaA, Berlin W 35. Included by permission of Rowohlt Verlag GmbH, Hamburg.

Werner Bergengruen: Die Schatulle. *From* Der Teufel im Winterpalais und andere Erzählungen. Hesse und Becker, Leipzig, 1933. Included by permission of Verlag der Arche, Zurich.

Gustav Meyrink: Der violette Tod. *From* Des deutschen Spießers Wunderhorn. Copyright 1913 by Albert Langen, Munich. Included by permission of Frau Mena Meyrink.

Ernst Schnabel: Der Agent. *From* Sie sehen den Marmor nicht. Copyright 1949 by Claassen und Goverts Verlag GmbH, Hamburg. Included by permission of Claassen Verlag, Hamburg.

Marie Luise Kaschnitz: Gespenster. *From* Lange Schatten. Copyright 1960 by Claassen Verlag GmbH, Hamburg, and included by their permission.

Günter Eich: Der Stelzengänger. *From* Das Erlebnis der Gegenwart. Copyright 1960 by Steinkopf Verlag, Stuttgart. Included by permission of Günter Eich.

Horst Bienek: Stimmen im Dunkel. *From* Nachtstücke. Copyright 1959 by Carl Hanser Verlag, Munich, and included by their permission.

Friedo Lampe: Das magische Kabinett. *From* Das Gesamtwerk. Copyright 1955 by Rowohlt Verlag GmbH, Reinbek near Hamburg, and included by their permission.

Oskar Jellinek: Der Schauspieler. *From* Gedichte und kleine Erzählungen. Copyright 1952 by Paul Zsolnay Verlag GmbH, Vienna, and included by their permission.

Arthur Schnitzler: Der Witwer. *From* Die kleine Komödie. Copyright 1932 by S. Fischer Verlag AG, Berlin. Included by permission of S. Fischer Verlag, Frankfort on the Main.

Georg Heym: Das Schiff. *From* Dichtungen und Schriften: Gesamtausgabe. Copyright 1960 by Verlag Heinrich Ellermann, Munich, and included by their permission.

Heinz Risse: Das zersprungene Glas. *From* Buchhalter Gottes: Erzählungen. Copyright 1958 by Albert Langen-Georg Müller Verlag GmbH, Munich and Vienna, and included by their permission.

Wolfgang Hildesheimer: Das Atelierfest. *From* Lieblose Legenden. Copyright by Suhrkamp Verlag, Frankfort on the Main, 1962, and included by their permission.

Aus unserer Zeit

WOLFGANG BORCHERT

Wolfgang Borchert (1921–1947) belonged to the generation of the Weimar Republic that fell victim to the Nazi regime and World War II. This conflict and its aftermath provided the central experiences around which his life — a tragically brief one — and his work revolved. Victims of war like himself and like the soldiers and civilians of whom he wrote inhabit a doomed world. A terse, almost expressionistic style, characterized by sentence fragments and by the frequent repetition of words, phrases, and constructions, serves to tell the tale of hopelessness and despair.

The only reality is destruction, a destruction which leaves in its wake physical and mental despair. There is no adventure in the war about which Borchert wrote and there are no heroes. The nameless machine gunners in "Die Kegelbahn" have almost reached the limits of human endurance and can scarcely bear the burden of personal responsibility they feel for their actions. These men have lost faith in themselves, in God, and in life; for them there is no future, for their world is on the brink of collapse.

DIE KEGELBAHN

—

WOLFGANG BORCHERT

Zwei Männer hatten ein Loch in die Erde gemacht. Es war ganz
geräumig und beinahe gemütlich. Wie ein Grab. Man hielt es aus.
Vor sich hatten sie ein Gewehr. Das hatte einer erfunden, damit
man damit auf Menschen schießen konnte. Meistens kannte man
die Menschen gar nicht. Man verstand nicht mal ihre Sprache. 5
Und sie hatten einem nichts getan. Aber man mußte mit dem
Gewehr auf sie schießen. Das hatte einer befohlen. Und damit
man recht viele von ihnen erschießen konnte, hatte einer erfunden,
daß das Gewehr mehr als sechzigmal in der Minute schoß. Dafür
war er belohnt worden.   10
   Etwas weiter ab von den beiden Männern war ein anderes Loch.
Da kuckte ein Kopf raus,[1] der einem Menschen gehörte. Er hatte
eine Nase, die Parfum riechen konnte. Augen, die eine Stadt oder
eine Blume sehen konnten. Er hatte einen Mund, mit dem konnte
er Brot essen und Inge[2] sagen oder Mutter. Diesen Kopf sahen die 15
beiden Männer, denen man das Gewehr gegeben hatte.
   Schieß, sagte der eine.
   Der schoß.
   Da war der Kopf kaputt. Er konnte nicht mehr Parfum riechen,
keine Stadt mehr sehen und nicht mehr Inge sagen. Nie mehr.   20
   Die beiden Männer waren viele Monate in dem Loch. Sie machten viele Köpfe kaputt. Und die gehörten immer Menschen, die

[1] *kuckte . . . raus* — looked out.
[2] *Inge* — girl's name.

5

sie gar nicht kannten. Die ihnen nichts getan hatten und die sie nicht mal verstanden. Aber einer hatte das Gewehr erfunden, das mehr als sechzigmal schoß in der Minute. Und einer hatte es befohlen.

5 Allmählich hatten die beiden Männer so viele Köpfe kaputt gemacht, daß man einen großen Berg daraus machen konnte. Und wenn die beiden Männer schliefen, fingen die Köpfe an zu rollen. Wie auf einer Kegelbahn. Mit leisem Donner. Davon wachten die beiden Männer auf.

10 Aber man hat es doch befohlen, flüsterte der eine.
Aber wir haben es getan, schrie der andere.
Aber es war furchtbar, stöhnte der eine.
Aber manchmal hat es auch Spaß gemacht, lachte der andere.
Nein, schrie der Flüsternde.

15 Doch, flüsterte der andere, manchmal hat es Spaß gemacht. Das ist es ja. Richtig Spaß.
Stunden saßen sie in der Nacht. Sie schliefen nicht. Dann sagte der eine:
Aber Gott hat uns so gemacht.

20 Aber Gott hat eine Entschuldigung, sagte der andere, es gibt ihn nicht.
Es gibt ihn nicht? fragte der erste.
Das ist seine einzige Entschuldigung, antwortete der zweite.
Aber uns — uns gibt es, flüsterte der andere.

25 Ja, uns gibt es, flüsterte der andere.
Die beiden Männer, denen man befohlen hatte, recht viele Köpfe kaputt zu machen, schliefen nicht in der Nacht. Denn die Köpfe machten leisen Donner.
Dann sagte der eine: Und wir sitzen nun damit an.[3]

30 Ja, sagte der andere, wir sitzen nun damit an.
Da rief einer: Fertigmachen. Es geht wieder los.
Die beiden Männer standen auf und nahmen das Gewehr.

---

[3] *wir sitzen nun damit an* — we are stuck with it.

Und immer, wenn sie einen Menschen sahen, schossen sie auf
ihn. Und immer war das ein Mensch, den sie gar nicht kannten.
Und der ihnen nichts getan hatte. Aber sie schossen auf ihn. Dazu
hatte einer das Gewehr erfunden. Er war dafür belohnt worden.
Und einer — einer hatte es befohlen.   5

FRAGEN

1. Wo befinden sich die zwei Soldaten zu Anfang der Geschichte?
2. Was mußten die beiden Soldaten tun?
3. Wie schnell konnten sie mit ihrem Gewehr schießen?
4. Was sahen die beiden Männer auf einmal?
5. Was hatten die zwei während der vielen Monate im Loch getan?
6. Warum wachten die beiden immer wieder auf?
7. Wie wird Gott von dem einen Soldaten entschuldigt?
8. Was machte den beiden Soldaten furchtbare Angst?

WOLF WONDRATSCHEK

Wolf Wondratschek (1943–) won early acclaim for his poetry. In addition he has written several successful radio plays and some excellent literary criticism. "Mittagspause" is from his first published book, a small volume (eighty-two pages) of prose selections. The author himself refers to the contents as prose and not stories. Wondratschek does not appear to be interested in ideology or in reform; instead he gives a series of impressions of basic human situations. One has a sense of life's incomprehensibility, emphasized by Wondratschek's deliberate manipulation of language. He does not tell a "story." Plot does not interest him, but the sentences and phrases which make up the works do. The key word for Wondratschek's style is brevity; most of his sentences and paragraphs are short and terse. He composes a series of sparse sentences and curt phrases which taken separately seem to say little that is of consequence. Taken together as a whole, however, they constitute a statement which illuminates, in the case of "Mittagspause," a common human problem. The nameless girl is all girls who have reached that border which separates childhood, home, parents, and all the attendant problems from an independent existence in an unknown world filled with real and imaginary dangers and fearful hopes.

MITTAGSPAUSE

WOLF WONDRATSCHEK

Sie sitzt im Straßencafé. Sie schlägt sofort die Beine übereinander.
Sie hat wenig Zeit.
Sie blättert in einem Modejournal. Die Eltern wissen, daß sie
schön ist. Sie sehen es nicht gern.
Zum Beispiel. Sie hat Freunde. Trotzdem sagt sie nicht, das 5
ist mein bester Freund, wenn sie zu Hause einen Freund vorstellt.
Zum Beispiel. Die Männer lachen und schauen herüber und
stellen sich ihr Gesicht ohne Sonnenbrille vor.
Das Straßencafé ist überfüllt. Sie weiß genau, was sie will. Auch
am Nebentisch sitzt ein Mädchen mit Beinen.   10
Sie haßt Lippenstift. Sie bestellt einen Kaffee. Manchmal denkt
sie an Filme und denkt an Liebesfilme. Alles muß schnell gehen.
Freitags reicht die Zeit, um einen Cognac zum Kaffee zu bestellen.
Aber freitags regnet es oft.
Mit einer Sonnenbrille ist es einfacher, nicht rot zu werden. Mit 15
Zigaretten wäre es noch einfacher. Sie bedauert, daß sie keine
Lungenzüge kann.[1]
Die Mittagspause ist ein Spielzeug. Wenn sie nicht angesprochen
wird, stellt sie sich vor, wie es wäre, wenn sie ein Mann ansprechen
würde. Sie würde lachen. Sie würde eine ausweichende Antwort 20
geben. Vielleicht würde sie sagen, daß der Stuhl neben ihr besetzt
sei. Gestern wurde sie angesprochen. Gestern war der Stuhl frei.
Gestern war sie froh, daß in der Mittagspause alles sehr schnell
geht.

[1] *keine Lungenzüge kann* — cannot inhale.

Beim Abendessen sprechen die Eltern davon, daß sie auch einmal jung waren. Vater sagt, er meine es nur gut. Mutter sagt sogar, sie habe eigentlich Angst. Sie antwortet, die Mittagspause ist ungefährlich.

5 Sie hat mittlerweile gelernt, sich nicht zu entscheiden. Sie ist ein Mädchen wie andere Mädchen. Sie beantwortet eine Frage mit einer Frage.

Obwohl sie regelmäßig im Straßencafé sitzt, ist die Mittagspause anstrengender als Briefeschreiben. Sie wird von allen Seiten beo-
10 bachtet. Sie spürt sofort, daß sie Hände hat. Der Rock ist nicht zu übersehen. Hauptsache, sie ist pünktlich. Im Straßencafé gibt es keine Betrunkenen. Sie spielt mit der Handtasche. Sie kauft jetzt keine Zeitung.

Es ist schön, daß in jeder Mittagspause eine Katastrophe passieren
15 könnte. Sie könnte sich sehr verspäten. Sie könnte sich sehr ver-lieben. Wenn keine Bedienung[2] kommt, geht sie hinein und bezahlt den Kaffee an der Theke.

An der Schreibmaschine hat sie viel Zeit, an Katastrophen zu denken. Katastrophe ist ihr Lieblingswort. Ohne das Lieblings-
20 wort wäre die Mittagspause langweilig.

FRAGEN

1. Was tat das Mädchen in der Mittagspause?
2. Warum trug sie eine Sonnenbrille?
3. Warum mußte alles schnell gehen?
4. Woran dachte die Mutter, als sie sagte, sie habe eigentlich Angst?
5. Warum war die Mittagspause immer anstrengend?

---

[2] *keine Bedienung* — no waiter.

BERTOLT BRECHT

In the ten or fifteen years before Hitler's rise to power Bert Brecht (1898–1956) was one of the most controversial literary figures in Germany. He was at all times a social critic, and it is not impossible that his early study of science and medicine helped train his keen powers of observation and the ability to strip the tinsel from all that he considered "phony" and unjust. He is a merciless satirist, working on the side of the proletariat. His most important writing has been for the stage, where his experiments with the theater aroused storms of criticism, but also made him beloved of those who felt that it was time for something new in the drama.

"Die unwürdige Greisin" brings out not only his interest in "the little people," but also his satirical side. He paints a humorous, real-istic, and loving portrait of the grandmother, at the same time managing to poke fun at her narrow-minded critics. An old lady who has spent her life as a hard-working wife and mother is finally left alone in the world at the age of seventy-two. The stubborn independence in her nature asserts itself, and she now decides that she will live as she pleases. So she proceeds to horrify her conventional and stuffy relatives by going to the movies, insisting on living alone, taking her glass of wine in a tavern of rather dubious reputation, and even eating out.

Brecht, writing in a simple and straightforward style, leaves no doubt where his sympathies lie. Although we are forced to smile at the grandmother's new way of life, we cannot but admire her resilience and spirit.

DIE UNWÜRDIGE GREISIN

———

BERTOLT BRECHT

Meine Großmutter war zweiundsiebzig Jahre alt, als mein Großvater starb. Er hatte eine kleine Lithographenanstalt[1] in einem
badischen Städtchen und arbeitete darin mit zwei, drei Gehilfen
bis zu seinem Tod. Meine Großmutter besorgte ohne Magd den
Haushalt, betreute das alte, wacklige Haus und kochte für die 5
Mannsleute und Kinder.

Sie war eine kleine magere Frau mit lebhaften Eidechsenaugen,[2]
aber langsamer Sprechweise. Mit recht kärglichen[3] Mitteln hatte
sie fünf Kinder großgezogen — von den sieben, die sie geboren
hatte. Davon war sie mit den Jahren kleiner geworden.   10

Von den Kindern gingen die zwei Mädchen nach Amerika, und
zwei Söhne zogen ebenfalls weg. Nur der Jüngste, der eine schwache
Gesundheit hatte, blieb im Städtchen. Er wurde Buchdrucker und
legte sich eine viel zu große Familie zu.

So war sie allein im Haus, als mein Großvater gestorben war. 15

Die Kinder schrieben sich Briefe über das Problem, was mit ihr
zu geschehen hätte. Einer konnte ihr bei sich ein Heim anbieten,
und der Buchdrucker wollte mit den Seinen zu ihr ins Haus ziehen.
Aber die Greisin verhielt sich abweisend zu[4] den Vorschlägen und
wollte nur von jedem ihrer Kinder, das dazu imstande war, eine 20
kleine geldliche Unterstützung annehmen. Die Lithographen-

———

[1] *Lithographenanstalt* — lithographic shop.
[2] *Eidechsenaugen* — lizard's eyes.
[3] *kärglichen* — limited.
[4] *verhielt sich abweisend zu* — rejected.

15

anstalt, längst veraltet, brachte fast nichts beim Verkauf, und es
waren auch Schulden da.

Die Kinder schrieben ihr, sie könne doch nicht ganz allein leben,
aber als sie darauf überhaupt nicht einging,[5] gaben sie nach und
5 schickten ihr monatlich ein bißchen Geld. Schließlich, dachten sie,
war ja der Buchdrucker im Städtchen geblieben.

Der Buchdrucker übernahm es auch, seinen Geschwistern mitunter über die Mutter zu berichten. Seine Briefe an meinen Vater,
und was dieser bei einem Besuch und nach dem Begräbnis meiner
10 Großmutter zwei Jahre später erfuhr, geben mir ein Bild von dem,
was in diesen zwei Jahren geschah.

Es scheint, daß der Buchdrucker von Anfang an enttäuscht war,
daß meine Großmutter sich weigerte, ihn in das ziemlich große und
nun leerstehende Haus aufzunehmen. Er wohnte mit vier Kindern
15 in drei Zimmern. Aber die Greisin hielt überhaupt nur eine sehr
lose Verbindung mit ihm aufrecht. Sie lud die Kinder jeden
Sonntagnachmittag zum Kaffee, das war eigentlich alles.

Sie besuchte ihren Sohn ein- oder zweimal in einem Vierteljahr
und half der Schwiegertochter beim Beereneinkochen.[6] Die junge
20 Frau entnahm einigen ihrer Äußerungen, daß es ihr in der kleinen
Wohnung des Buchdruckers zu eng war. Dieser konnte sich nicht
enthalten, in seinem Bericht darüber ein Ausrufezeichen[7] anzu-
bringen.

Auf eine schriftliche Anfrage meines Vaters, was die alte Frau
25 denn jetzt so mache, antwortete er ziemlich kurz, sie besuche das
Kino.

Man muß verstehen, daß das nichts Gewöhnliches war, jedenfalls
nicht in den Augen ihrer Kinder. Das Kino war vor dreißig Jahren
noch nicht, was es heute ist. Es handelte sich um elende, schlecht-
30 gelüftete Lokale, oft in alten Kegelbahnen eingerichtet, mit schrei-

---

[5] *als sie darauf überhaupt nicht einging* — when she did not react to that at all.
[6] *Beereneinkochen* — canning berries.
[7] *Ausrufezeichen* — exclamation point.

enden Plakaten vor dem Eingang, auf denen Morde und Tragödien der Leidenschaft angezeigt waren. Eigentlich gingen nur Halb-wüchsige[8] hin oder, des Dunkels wegen, Liebespaare. Eine ein-zelne alte Frau mußte dort sicher auffallen.

Und so war noch eine andere Seite dieses Kinobesuchs zu 5 bedenken. Der Eintritt war gewiß billig, da aber das Vergnügen ungefähr unter den Schleckereien[9] rangierte, bedeutete es „hinaus-geworfenes Geld." Und Geld hinauszuwerfen, war nicht respek-tabel.

Dazu kam, daß meine Großmutter nicht nur mit ihrem Sohn 10 am Ort keinen regelmäßigen Verkehr pflegte, sondern auch sonst niemanden von ihren Bekannten besuchte oder einlud. Sie ging niemals zu den Kaffeegesellschaften des Städtchens. Dafür besuchte sie häufig die Werkstatt eines Flickschusters[10] in einem armen und sogar etwas verrufenen[11] Gäßchen, in der, besonders nachmittags, 15 allerlei nicht besonders respektable Existenzen[12] herumsaßen, stel-lungslose Kellnerinnen und Handwerksburschen. Der Flickschuster war ein Mann in mittleren Jahren, der in der ganzen Welt herum-gekommen war, ohne es zu etwas gebracht zu haben.[13] Es hieß auch, daß er trank. Er war jedenfalls kein Verkehr für meine 20 Großmutter.

Der Buchdrucker deutete in einem Brief an, daß er seine Mutter darauf hingewiesen, aber einen recht kühlen Bescheid bekommen[14] habe. „Er hat etwas gesehen,"[15] war ihre Antwort, und das Ge-spräch war damit zu Ende. Es war nicht leicht, mit meiner Groß- 25 mutter über Dinge zu reden, die sie nicht bereden wollte.

Etwa ein halbes Jahr nach dem Tod des Großvaters schrieb der

---

[8] *Halbwüchsige* — adolescents.
[9] *Schleckereien* — luxuries.
[10] *Flickschuster* — cobbler.
[11] *verrufenen* — of ill repute.
[12] *Existenzen* — characters.
[13] *ohne es zu etwas gebracht zu haben* — without having been a success.
[14] *Bescheid bekommen* — received an answer.
[15] *„Er hat etwas gesehen"* — "He's been around."

Buchdrucker meinem Vater, daß die Mutter jetzt jeden zweiten Tag im Gasthof esse.

Was für eine Nachricht!

Großmutter, die zeit ihres Lebens für ein Dutzend Menschen 5 gekocht und immer nur die Reste aufgegessen hatte, aß jetzt im Gasthof! Was war in sie gefahren?

Bald darauf führte meinen Vater eine Geschäftsreise in die Nähe, und er besuchte seine Mutter.

Er traf sie im Begriffe, auszugehen. Sie nahm den Hut wieder 10 ab und setzte ihm ein Glas Rotwein mit Zwieback vor. Sie schien ganz ausgeglichener Stimmung[16] zu sein, weder besonders aufgekratzt[17] noch besonders schweigsam. Sie erkundigte sich nach uns, allerdings nicht sehr eingehend, und wollte hauptsächlich wissen, ob es für die Kinder auch Kirschen gäbe. Da war sie ganz 15 wie immer. Die Stube war natürlich peinlich sauber, und sie sah gesund aus.

Das einzige, was auf ihr neues Leben hindeutete, war, daß sie nicht mit meinem Vater auf den Gottesacker[18] gehen wollte, das Grab ihres Mannes zu besuchen. „Du kannst allein hingehen," 20 sagte sie beiläufig, „es ist das dritte von links in der elften Reihe. Ich muß noch wohin."

Der Buchdrucker erklärte nachher, daß sie wahrscheinlich zu ihrem Flickschuster mußte. Er klagte sehr.

„Ich sitze hier in diesen Löchern mit den Meinen und habe nur 25 noch fünf Stunden Arbeit und schlechtbezahlte, dazu macht mir mein Asthma wieder zu schaffen, und das Haus in der Hauptstraße steht leer."

Mein Vater hatte im Gasthof ein Zimmer genommen, aber erwartet, daß er zum Wohnen doch von seiner Mutter eingeladen 30 werden würde, wenigstens pro forma,[19] aber sie sprach nicht davon.

[16] *ganz ausgeglichener Stimmung* — in a quite well-balanced frame of mind.
[17] *aufgekratzt* — in good spirits.
[18] *Gottesacker* — cemetery.
[19] *pro forma* — as a matter of form (Latin).

Und sogar als das Haus voll gewesen war, hatte sie immer etwas
dagegen gehabt, daß er nicht bei ihnen wohnte und dazu das
Geld für das Hotel ausgab!

Aber sie schien mit ihrem Familienleben abgeschlossen zu haben
und neue Wege zu gehen, jetzt, wo ihr Leben sich neigte.[20] Mein
Vater, der eine gute Portion Humor besaß, fand sie „ganz munter"
und sagte meinem Onkel, er solle die alte Frau machen lassen, was
sie wolle.

Aber was wollte sie?

Das nächste, was berichtet wurde, war, daß sie eine Bregg[21]
bestellt hatte und nach einem Ausflugsort gefahren war, an einem
gewöhnlichen Donnerstag. Eine Bregg war ein großes, hoch-
rädriges Pferdegefährt[22] mit Plätzen für ganze Familien. Einige
wenige Male, wenn wir Enkelkinder zu Besuch gekommen waren,
hatte Großvater die Bregg gemietet. Großmutter war immer zu
Hause geblieben. Sie hatte es mit einer wegwerfenden Handbewegung abgelehnt, mitzukommen.

Und nach der Bregg kam die Reise nach K., einer größeren
Stadt, etwa zwei Eisenbahnstunden entfernt. Dort war ein Pferderennen, und zu dem Pferderennen fuhr meine Großmutter.

Der Buchdrucker war jetzt durch und durch alarmiert. Er
wollte einen Arzt hinzugezogen haben. Mein Vater schüttelte den
Kopf, als er den Brief las, lehnte aber die Hinzuziehung eines
Arztes ab.

Nach K. war meine Großmutter nicht allein gefahren. Sie hatte
ein junges Mädchen mitgenommen, eine halb Schwachsinnige, wie
der Buchdrucker schrieb, das Küchenmädchen des Gasthofs, in
dem die Greisin jeden zweiten Tag speiste. Dieser „Krüppel"
spielte von jetzt an eine Rolle.

Meine Großmutter schien einen Narren an ihr gefressen zu ha-

---

[20] *sich neigte* — was drawing to a close.
[21] *Bregg* — horse-drawn vehicle.
[22] *hochrädiges Pferdegefährt* — horse-drawn vehicle with big wheels.

ben.[23] Sie nahm sie mit ins Kino und zum Flickschuster, der sich übrigens als Sozialdemokrat herausgestellt hatte, und es ging das Gerücht, daß die beiden Frauen bei einem Glas Rotwein in der Küche Karten spielten.

5 „Sie hat dem Krüppel jetzt einen Hut gekauft mit Rosen drauf," schrieb der Buchdrucker verzweifelt. „Und unsere Anna hat kein Kommunionskleid!"

Die Briefe meines Onkels wurden ganz hysterisch, handelten nur von der „unwürdigen Aufführung unserer lieben Mutter" und 10 gaben sonst nichts mehr her. Das Weitere habe ich von meinem Vater.

Der Gastwirt hatte ihm mit Augenzwinkern zugeraunt:[24] „Frau B. amüsiert sich ja jetzt, wie man hört."

In Wirklichkeit lebte meine Großmutter auch diese letzten Jahre 15 keinesfalls üppig. Wenn sie nicht im Gasthof aß, nahm sie meist nur ein wenig Eierspeise[25] zu sich, etwas Kaffee und vor allem ihren geliebten Zwieback. Dafür leistete sie sich einen billigen Rotwein, von dem sie zu allen Mahlzeiten ein kleines Glas trank. Das Haus hielt sie sehr rein, und nicht nur die Schlafstube und 20 die Küche, die sie benutzte. Jedoch nahm sie darauf ohne Wissen ihrer Kinder eine Hypothek[26] auf. Es kam niemals heraus, was sie mit dem Geld machte. Sie scheint es dem Flickschuster gegeben zu haben. Er zog nach ihrem Tod in eine andere Stadt und soll dort ein größeres Geschäft für Maßschuhe[27] eröffnet haben.

25 Genau betrachtet[28] lebte sie hintereinander zwei Leben. Das eine, erste, als Tochter, als Frau und als Mutter, und das zweite einfach als Frau B., eine alleinstehende Person ohne Verpflichtungen und mit bescheidenen, aber ausreichenden Mitteln. Das erste Leben

---

[23] *einen Narren an ihr gefressen zu haben* — to have become crazy about her.
[24] *zugeraunt* — whispered.
[25] *Eierspeise* — dish made of eggs.
[26] *Hypothek* — mortgage.
[27] *Maßschuhe* — custom-made shoes.
[28] *genau betrachtet* — taking everything into consideration.

dauerte etwa sechs Jahrzehnte, das zweite nicht mehr als zwei Jahre.

Mein Vater brachte in Erfahrung, daß sie im letzten halben Jahr sich gewisse Freiheiten gestattete, die normale Leute gar nicht kennen. So konnte sie im Sommer früh um drei Uhr aufstehen 5 und durch die leeren Straßen des Städtchens spazieren, das sie so für sich ganz allein hatte. Und den Pfarrer, der sie besuchen kam, um der alten Frau in ihrer Vereinsamung Gesellschaft zu leisten, lud sie, wie allgemein behauptet wurde, ins Kino ein!

Sie war keineswegs vereinsamt. Bei dem Flickschuster verkehrten 10 anscheinend lauter lustige Leute, und es wurde viel erzählt. Sie hatte dort immer eine Flasche ihres eigenen Rotweins stehen, und daraus trank sie ihr Gläschen, während die anderen erzählten und über die würdigen Autoritäten der Stadt loszogen.[29] Dieser Rotwein blieb für sie reserviert, jedoch brachte sie mitunter der Gesell- 15 schaft stärkere Getränke mit.

Sie starb ganz unvermittelt an einem Herbstnachmittag in ihrem Schlafzimmer, aber nicht im Bett, sondern auf dem Holzstuhl am Fenster. Sie hatte den „Krüppel" für den Abend ins Kino eingeladen, und so war das Mädchen bei ihr, als sie starb. Sie war vier- 20 undsiebzig Jahre alt.

Ich habe eine Photographie von ihr gesehen, die sie auf dem Totenbett zeigt, und die für die Kinder angefertigt worden war.

Man sieht ein winziges Gesichtchen mit vielen Falten und einem schmallippigen, aber breiten Mund. Viel Kleines, aber nichts 25 Kleinliches. Sie hatte die langen Jahre der Knechtschaft und die kurzen Jahre der Freiheit ausgekostet und das Brot des Lebens aufgezehrt bis auf den letzten Brosamen.

---

[29] *über . . . loszogen* — inveighed against.

FRAGEN

1. Was pflegte die Greisin in jüngeren Jahren zu tun?
2. Wo sind die Kinder der Greisin?
3. Was hätte der Buchdrucker nicht tun sollen?
4. Was war das einzige, was die Greisin von ihren Kindern annehmen wollte?
5. Was unternahm der Buchdrucker?
6. Was machte den Buchdrucker unglücklich?
7. Wohin ging die alte Frau gern?
8. Wen besuchte sie häufig?
9. Was für ein Mann war der Schuster?
10. Was bot die Großmutter ihrem Sohn an?
11. Wie wußte der Vater, daß seine Mutter ein neues Leben angefangen hatte?
12. Was erwartete der Vater, als er seine Mutter besuchte?
13. Warum fuhr die Greisin nach K?
14. Mit wem fuhr sie?
15. Was tat die Greisin für den „Krüppel"?
16. Was waren die zwei Leben, die die Alte geführt hatte?
17. Was tat sie meistens beim Flickschuster?
18. Wo ist sie gestorben?

FRANZ KAFKA

"Ein altes Blatt," by Franz Kafka (1883–1924), takes the form of a single page from a chronicle recording the conquest of a civilized country by nomads. Many times in the course of history highly developed civilizations have been overrun and destroyed by barbarians. Kafka is not referring to any specific conquest, but to the general problem of the outcome of such a struggle, which he believes a civilized society cannot survive.

In "Ein altes Blatt" the inhabitants of the country attacked are oppressed by the conviction that there is no defense against the invaders. The barbarians have swept down upon a civilization which no longer possesses the vitality to combat them. The situation is the more hopeless as even the most elementary communication between the invaded and the invaders is impossible. A compromise between the defenseless culture and the destructive force is inconceivable. The uncertainty of the situation and the inability to come to terms with the elemental force of the invaders has cast a pall of fear over the lives of the emperor's subjects. This fear is heightened by the realization that even the emperor is powerless to act.

The major difficulties encountered in Kafka's works are not linguistic, for his style is characterized by a clear and relatively uncomplicated sentence structure. It is the interpretation of his incredible world, verging at times on the surrealistic, that is often problematical. Possible solutions to many problems of interpretation are suggested by Kafka's letters and diaries.

EIN ALTES BLATT

FRANZ KAFKA

Es ist, als wäre viel vernachlässigt worden in der Verteidigung
unseres Vaterlandes. Wir haben uns bisher nicht darum gekümmert
und sind unserer Arbeit nachgegangen; die Ereignisse der letzten
Zeit machen uns aber Sorgen.

Ich habe eine Schusterwerkstatt auf dem Platz vor dem kaiser- 5
lichen Palast. Kaum öffne ich in der Morgendämmerung meinen
Laden, sehe ich schon die Eingänge aller hier einlaufenden Gassen[1]
von Bewaffneten besetzt. Es sind aber nicht unsere Soldaten, sondern
offenbar Nomaden aus dem Norden. Auf eine mir unbegreifliche
Weise sind sie bis in die Hauptstadt gedrungen, die doch sehr weit 10
von der Grenze entfernt ist. Jedenfalls sind sie also da; es scheint,
daß jeden Morgen mehr werden.

Ihrer Natur entsprechend lagern sie unter freiem Himmel, denn
Wohnhäuser verabscheuen sie. Sie beschäftigen sich mit dem
Schärfen der Schwerter, dem Zuspitzen der Pfeile, mit Übungen 15
zu Pferde. Aus diesem stillen, immer ängstlich rein gehaltenen
Platz haben sie einen wahren Stall gemacht. Wir versuchen zwar
manchmal aus unseren Geschäften hervorzulaufen und wenigstens
den ärgsten Unrat wegzuschaffen, aber es geschieht immer seltener,
denn die Anstrengung ist nutzlos und bringt uns überdies in die 20
Gefahr, unter die wilden Pferde zu kommen oder von den Peitschen verletzt zu werden.

Sprechen kann man mit den Nomaden nicht. Unsere Sprache

[1] *aller hier einlaufenden Gassen* — of all the streets which converge here.

kennen sie nicht, ja sie haben kaum eine eigene. Untereinander
verständigen sie sich ähnlich wie Dohlen.[2] Immer wieder hört man
diesen Schrei der Dohlen. Unsere Lebensweise, unsere Einrichtun-
gen sind ihnen ebenso unbegreiflich wie gleichgültig. Infolgedessen
5 zeigen sie sich auch gegen jede Zeichensprache ablehnend. Du
magst dir die Kiefer verrenken und die Hände aus den Gelenken
winden,[3] sie haben dich doch nicht verstanden und werden dich
nie verstehen. Oft machen sie Grimassen; dann dreht sich das
Weiß ihrer Augen und Schaum schwillt aus ihrem Munde, doch
10 wollen sie damit weder etwas sagen noch auch erschrecken; sie
tun es, weil es so ihre Art ist. Was sie brauchen, nehmen sie. Man
kann nicht sagen, daß sie Gewalt anwenden. Vor ihrem Zugriff[4]
tritt man beiseite und überläßt ihnen alles.

Auch von meinen Vorräten haben sie manches gute Stück ge-
15 nommen. Ich kann aber darüber nicht klagen, wenn ich zum Beispiel zusehe, wie es dem Fleischer gegenüber geht. Kaum bringt
er seine Waren ein, ist ihm schon alles entrissen und wird von den
Nomaden verschlungen. Auch ihre Pferde fressen Fleisch; oft liegt
ein Reiter neben seinem Pferd und beide nähren sich vom gleichen
20 Fleischstück, jeder an einem Ende. Der Fleischhauer ist ängstlich
und wagt es nicht, mit den Fleischlieferungen aufzuhören. Wir
verstehen das aber, schießen Geld zusammen und unterstützen ihn.
Bekämen die Nomaden kein Fleisch, wer weiß, was ihnen zu tun
einfiele; wer weiß allerdings, was ihnen einfallen wird, selbst wenn
25 sie täglich Fleisch bekommen.

Letzthin dachte der Fleischer, er könne sich wenigstens die Mühe
des Schlachtens sparen, und brachte am Morgen einen lebendigen
Ochsen. Das darf er nicht mehr wiederholen. Ich lag wohl eine
Stunde ganz hinten in meiner Werkstatt platt auf dem Boden und
30 alle meine Kleider, Decken und Polster hatte ich über mir auf-

---

[2] *Dohlen* — jackdaws.
[3] *die Kiefer verrenken und die Hände aus den Gelenken winden* — dislocate your jaw
and twist your hands out of their sockets.
[4] *Vor ihrem Zugriff* — when they help themselves to anything.

gehäuft, nur um das Gebrüll des Ochsen nicht zu hören, den von allen Seiten die Nomaden ansprangen, um mit den Zähnen Stücke aus seinem warmen Fleisch zu reißen. Schon lange war es still, ehe ich mich auszugehen getraute; wie Trinker um ein Weinfaß lagen sie müde um die Reste des Ochsen. 5

Gerade damals glaubte ich den Kaiser selbst in einem Fenster des Palastes gesehen zu haben; niemals sonst kommt er in diese äußeren Gemächer, immer nur lebt er in dem innersten Garten; diesmal aber stand er, so schien es mir wenigstens, an einem der Fenster und blickte mit gesenktem Kopf auf das Treiben vor 10 seinem Schloß.

„Wie wird es werden?" fragen wir uns alle. „Wie lange werden wir diese Last und Qual ertragen? Der kaiserliche Palast hat die Nomaden angelockt, versteht es aber nicht, sie wieder zu vertreiben. Das Tor bleibt verschlossen; die Wache, früher immer festlich 15 ein- und ausmarschierend, hält sich hinter vergitterten Fenstern. Uns Handwerkern und Geschäftsleuten ist die Rettung des Vaterlandes anvertraut; wir sind aber einer solchen Aufgabe nicht gewachsen; haben uns doch auch nie gerühmt, dessen fähig zu sein. Ein Mißverständnis ist es; und wir gehen daran zugrunde." 20

FRAGEN

1. Von wem wird die Geschichte erzählt?
2. Was sieht man jeden Morgen auf dem Platz vor dem Palast?
3. Warum schlafen die Nomaden nicht in Häusern?
4. Warum ist es unmöglich, mit den Nomaden zu sprechen?
5. Wie kriegen die fremden Soldaten, was sie nötig haben?
6. Was ist das Eigenartige an den Pferden der Nomaden?
7. Was darf der Fleischer nicht wieder tun?
8. Wovon wurden die Nomaden angelockt?

9. Welches Tor bleibt verschlossen?
10. Was können die Handwerker und die Geschäftsleute nicht tun?

WOLFDIETRICH SCHNURRE

Wolfdietrich Schnurre (1920–), who came to literature from the holocaust of the Second World War after having been a soldier for "six and a half senseless years," was one of the co-founders of the famous "Gruppe 47." His antiwar stories of the early postwar years gradually gave way to works aimed at anything that offended basic human values. He is an engaged writer intent upon shocking through portrayals of existences devoid of human dignity in which it seems impossible to experience sincere emotions or to establish close personal contact with other human beings.

There are no deeply felt passions or fine gestures in Schnurre's story. His language is unadorned and sober, his style simple and straightforward, and in his narrative technique he avoids all superfluous elements. A sharp tongue and a sharp pen have led him to satire and his works are often permeated by a biting and macabre sense of humor. Before reading the following story the reader should ask himself what Schnurre could possibly have intended by giving it the title "Das Märchen der Märchen," i.e., "Fairy Tale of Fairy Tales." How does Schnurre's example of this genre differ from a traditional *Märchen?* What does he seem to be saying about the people who inhabit the world of which he is writing? Particular attention should be given to the protagonist's return from his quest.

DAS MÄRCHEN DER MÄRCHEN

WOLFDIETRICH SCHNURRE

Als er eben zweiundvierzig geworden war, geschah dem Justizangestellten[1] Jonathan S. etwas Merkwürdiges. Er lernte ein Mädchen kennen, zu dem er sich sogleich in einer Inbrunst und Ausschließlichkeit[2] hingezogen fühlte, wie er es nie mehr für möglich gehalten hätte. 5

Das Mädchen, Lore mit Namen und Näherin von Beruf, erwiderte seine Zuneigung von Herzen, erlegte sich selbst jedoch eine so seltsame Art von Zurückhaltung auf, daß er es eines Tages bat, ihm doch den Grund dieses Verhaltens zu sagen.

„Ich will es versuchen," antwortete Lore. „Ich liebe einen 10 Wald, in dem keine Vögel mehr singen; ich liebe einen Fluß, der keine Fische mehr hat. Ich fürchte mich, diesen Wald zu durchqueren; ich habe Scheu, in diesem Flusse zu baden."

„Ich konnte nicht wissen, daß das Schicksal dich mir noch aufgehoben hat," sagte Jonathan S. „Ich habe immer geglaubt, mich 15 in kleiner Münze wegzugeben, sei schon das Äußerste.[3] Ich ahnte nicht, daß noch einmal die ganze Summe gefordert werden könnte."

„Ich fordere sie ja nicht," erwiderte sie; „ich liebe dich ja auch so."

Aber Jonathan S. war diese Liebe zu wenig, er wollte sich das 20 Anrecht auf Lores volle Zuneigung erwerben.

[1] *dem Justizangestellten* — to the law court functionary.
[2] *in einer Inbrunst und Ausschließlichkeit* — ardently and exclusively.
[3] *mich in kleiner Münze wegzugeben, sei schon das Äußerste* — to give myself away in little pieces was the best way.

Wenig später überraschte sie ihn bei Reisevorbereitungen. Befragt, erklärte er, er habe Urlaub genommen, und er wolle jetzt alle Frauen aufsuchen, denen er einmal ein Stück seines Ich überlassen habe, und er wolle sie bitten, es ihm wiederzugeben; und 5 wenn er alle Teile zusammenhabe, würde er zurückkommen und sie ihr zu Füßen legen.

Lore war sehr gerührt; sie bat ihn noch, nicht zu lange zu bleiben, dann küßten sie sich, und seine Reise begann.

Sie führte ihn zunächst zu einer Frau, die er einmal hatte heiraten 10 wollen. Sie hieß Lola und war noch immer schön, und es stellte sich heraus, daß sie lange auf ihn gewartet hatte. Dann aber, sagte sie, sei ihre Sehnsucht nach ihm verblaßt, denn sie habe einen Beruf ergriffen, und der fülle sie jetzt vollständig aus.

Das freue ihn, antwortete Jonathan S., das freue ihn sehr. Im 15 übrigen sei er ja auch nur gekommen, um sie —

„Wirklich?" rief sie und ergriff seine Hand. „Oh, ich hab's ja geahnt!"

Er räusperte sich. Sie verstehe ihn falsch, er habe sie lediglich bitten wollen, ihm sein Ich wiederzugeben, zumindest denjenigen 20 Teil, den er ihr damals, als sie —

„Ach so." Sie lächelte müde. Dann ging sie zum Pult and kramte ein Kästchen heraus. „Hier," sagte sie. „Aber glaube nur ja nicht, daß es mir schwerfiele, mich von ihm zu trennen."

Er nahm es und bedankte sich überschwenglich.

25 Kaum aber hatte er es in seiner Tasche versenkt, wich ihr plötzlich alles Blut aus den Wangen,[4] sie wankte, und noch ehe er hinzuspringen[5] konnte, war sie zu Boden gestürzt.

Da erst erkannte er, wie sehr sie noch jetzt an ihm hing. Verwirrt schob er ihr das Kästchen wieder in die Hand, und sogleich 30 kehrten ihre Lebensgeister zurück, sie stand auf und geleitete ihn lächelnd zur Tür.

---

[4] *wich ihr plötzlich alles Blut aus den Wangen* — she suddenly turned pale.
[5] *hinzuspringen* — jump to her aid.

„Nett, daß du mich mal besucht hast."

Er verbeugte sich stumm und stieg benommen die Treppe hinab.

Recht merkwürdig erging es ihm auch,[6] als er Luzie aufsuchen wollte. Sie selbst war nicht da; ihr Mann öffnete ihm.   5

Jonathan S. stellte sich vor und erklärte umständlich den Grund seines Kommens.

Der Mann zog die Brauen hoch[7] und bat ihn herein.

„So also," sagte er im Zimmer mit veränderter Stimme und kam auf Jonathan S. zu, „so also sieht der Urheber der Qualen 10 aus, die meine Frau mir tagtäglich zufügt."

Jonathan S. wich zurück. Er verstehe nicht ganz.

Er werde es ihm schon noch erklären, sagte der Mann. Kein Tag nämlich, ach was: keine Stunde vergehe, ohne daß seine Frau ihm nicht vorhalte: „Da war Jonathan aber anders. Jonathan war 15 ein Kavalier. Und was bist *du?* Jonathan, Jonathan, Jonathan!" schrie der Mann.

Er rannte zum Schrank und riß einen Pappkarton heraus. Er wolle wiederhaben, was er Luzie seinerzeit dediziert habe? Bitte sehr! Und er warf ihm den Karton vor die Füße.   20

Jonathan S. bückte sich und hob befremdet einige Larven auf, die herausgerutscht waren. Eine stellte die Dünkelhaftigkeit,[8] eine andere die Falschheit, eine dritte die Sinneslust[9] dar. Zugleich aber wies jede auch unverkennbar seine, Jonathan S.' Züge auf.

Entsetzt schleuderte er die Masken von sich, riß die Tür auf 25 und hetzte die Treppe hinab.

Er brauchte einige Zeit, ehe er seinen Schock überwunden hatte. Als er endlich wieder, ohne zu erröten, in den Spiegel zu sehen vermochte, wählte er aus seiner Liste die Adresse einer ehemaligen Jugendliebe aus. Sie hieß Luzinde, war Wäschemädchen gewesen, 30

---

[6] *Recht merkwürdig erging es ihm auch* — Things were quite strange too.
[7] *zog die Brauen hoch* — raised his eyebrows.
[8] *Dünkelhaftigkeit* — arrogance.
[9] *Sinneslust* — sensuality.

und sie hatten einander sehr geliebt; er war sicher, von ihr den redlichsten und saubersten Teil seines Selbst zurückzuerhalten.

Wer aber beschreibt sein Erstaunen, als sich Luzinde, die inzwischen selbst eine gutgehende Wäscherei betrieb, an nichts 5 mehr erinnerte, lachend eine Gardine vor einem riesigen Regal wegzog[10] und sagte: Bitte sehr, er möge sich, was er von seinem Ich angeblich bei ihr gelassen, nur heraussuchen; sie habe alles, was man im Laufe ihres Lebens bei ihr vergessen, hier säuberlich einsortiert.

10 Jonathan S. sah sich einer endlosen Reihe bis zum Rand vollgestopfter Fächer gegenüber. Nachdem er wahllos einige der in ihr verstauten Päckchen herausgezogen hatte — in einem war ein Kragen und eine Krawatte, in einem anderen ein zerschrammtes Zigarettenetui[11] gewesen —, grüßte er abwesend und ging, 15 zerschlagener denn je, zurück ins Hotel.

Von nun an wurde seine Reise zu einem wahren Marathonlauf. Je mehr sich Ereignisse wie die geschilderten häuften (und sie wiederholten sich, mit wenigen Ausnahmen, ständig), desto atemloser stürzte er sich in das nächste. Allmählich schrumpfte 20 seine Liste dabei immer mehr zusammen, und eines Morgens war es so weit: Er konnte anstellen, was er wollte, es war keine Adresse mehr übrig, Name für Name war abgehakt; er hatte alle seine früheren Freundinnen besucht, und seine ganze Ausbeute bestand aus einem abgegriffenen Foto, das ihn mit einer starken 25 Blondine rittlings auf dem Holzpferd eines Karussells sitzend zeigte, einer bierfleckigen Studentenmütze,[12] die er einmal bei einer Klavierpädagogin vergessen hatte, und einem Strohblumenstrauß, den er vor Jahr und Tag der jungen Frau eines Fleischermeisters verehrt hatte.[13]

---

[10] *eine Gardine vor einem riesigen Regal wegzog* — pulled back the curtain which hung in front of a huge cupboard.
[11] *ein zerschrammtes Zigarettenetui* — a scratched cigarette case.
[12] *bierfleckigen Studentenmütze* — beer-stained student-cap.
[13] *vor Jahr und Tag . . . verehrt hatte* — had presented . . . some time ago.

Niedergeschlagen ging Jonathan S. zur Post und gab ein Telegramm auf an Lore, er komme zurück. Dabei fiel ihm ein, dies war das erste Mal seit seiner Abreise, daß er sich auf sie besann. Verstört versuchte er, sie sich ins Gedächtnis zu rufen. Vergeblich; alle seine Freundinnen zwar standen ihm greifbar vor Augen, aber 5 Lores Bild war verblaßt.

Er suchte in seiner Brieftasche nach ihrer Fotografie, die sie ihm beim Abschied zugesteckt hatte. Doch er fand nur jene, die ihn mit der korpulenten Blondine auf dem Holzpferd zeigte.

Betroffen trat er die Heimreise an und versuchte, sich mit dem 10 Gedanken zu trösten, wenn ihr Gesicht erst am Bahnsteig auftauche, werde sein Herz ihres Bildnisses schon wieder habhaft.

Doch als er dann ankam, war niemand zu sehen, der ihn an Lore erinnert hätte. Er lief noch ein paarmal den Bahnsteig entlang, dann schob er sich erschöpft durch die Sperre. 15

Während er zu Hause die Treppe emporstieg, ging vor ihm eine Dame hinauf. Er achtete nicht weiter auf sie, seine Gedanken waren viel zu sehr um die Wiederherstellung des Bildes von Lore bemüht.

Plötzlich blieb die Dame vor Jonathan S.' Wohnungstür stehen und steckte den Schlüssel ins Schloß. 20

„Verzeihung," sagte Jonathan S., „aber hier wohne ich."

Die Dame drehte sich um. „Sie —?" Irritiert sah sie ihn an. „Hallo," sagte sie auf einmal; „Jonathan! Ich habe dich gar nicht erkannt."

Ja, es war Lore. Sie begrüßten einander, und beim Frühstück 25 stellte es sich heraus, daß sie am Zug gewesen war, um ihn abzuholen. Sie war auch noch ein paarmal am Bahnsteig auf und abgelaufen. „Aber wir müssen uns wohl verpaßt haben," schloß sie und zuckte die Schultern.

Jonathan S. sah unsicher zu ihr hinüber. „Wenn ich nur wüßte, 30 weshalb du mir plötzlich so fremd bist."

„Merkwürdig," sagte sie; „es geht mir mit dir nicht viel anders."

Sie schwiegen einen Augenblick, dann sagte sie:

„Ich hatte alles, was ich für dich empfand, auf die Rückseite meines Fotos geschrieben."

„Welchen Fotos?" fragte er schluckend.

„Dessen, das ich dir bei der Abreise gab."

5 Tödlich verlegen[14] zog er die Brieftasche. Dabei fiel die Fotografie, die ihn mit der Blondine auf dem Karussell zeigte, heraus.

„Wer ist das?" fragte Lore.

Er hustete. „Eine frühere Freundin," sagte er mühsam.

„Und wo ist *mein* Bild?"

10 Jonathan S. hob hilflos die Schultern. „Ich — ich muß es verloren haben."

Lore stand auf und trat ans Fenster. Nach einer geraumen Weile kam sie zurück und begann, das Geschirr abzuräumen.

Zwei Wochen darauf haben sie geheiratet. Es wäre ihnen sinnlos 15 vorgekommen, es nicht zu tun, da sie doch nun einmal zusammenwaren.

FRAGEN

1. Was überraschte Jonathan, nachdem er Lore kennengelernt hatte?
2. Was meinte Jonathan, als er von „der ganzen Summe" sprach?
3. Warum hat er Urlaub genommen?
4. Wieso hat Lola Jonathan falsch verstanden?
5. Warum gab Jonathan Lola das Kästchen zurück?
6. Wie wurde Jonathan in Luzies Wohnung empfangen?
7. Warum lachte Luzinde, als sie die Gardine wegzog?
8. Wem gehörten die Sachen in den Päckchen?
9. Woraus bestand seine Ausbeute, nachdem er alle früheren Freundinnen aufgesucht hatte?

[14] *Tödlich verlegen* — Extremely embarrassed.

10. Warum war Jonathan niedergeschlagen?
11. Was erwartete Jonathan, als er den Zug verließ?
12. Wo war Lore an diesem Morgen gewesen?
13. Warum kam Jonathan in Verlegenheit, als er die Brieftasche zog?
14. Warum haben sie geheiratet?

ELISABETH LANGGÄSSER

In "Jetzt geht die Welt unter" it is the death rattle of an era that we hear, an era profoundly alien to Elisabeth Langgässer (1899–1950), who was a devout Catholic. She saw the Third Reich as a destroyer of human dignity and devoutness, as a complete repudiation of all Christian values. In the poem "Ballade vom Menschen dieser Zeit," which prefaces *Der Torso*, the collection of short stories from which the following selection was taken, Christ tells Mary, who attempts to intercede: "Laß dein Bitten. Jetzt richte ich sie." Even Christ has ceased to have compassion for this world.

"Jetzt geht die Welt unter" gives an insight into the life of a family during the severe fighting in and around Berlin during the final days of World War II. With the end irresistibly approaching, brutality and quarreling seem to dominate the lives of these people, who are no longer capable of compassion or love. The miserable dog that has wandered into the house is mercilessly beaten. Even the proximity of impending doom, symbolized by the disappearance of the dog, brings about no change. Hardened by an existence divided between the bunker and their home, these people have neither faith nor fear of death. With complete indifference they descend into the underground shelter which could at any moment become their grave.

JETZT GEHT DIE WELT UNTER

ELISABETH LANGGÄSSER

Als die Leute aus ihrem Bunker kamen, lag der fremde Hund mit
dem fahlgrauen Fell immer noch in der Schlafzimmerecke und
war nicht fortzukriegen.

„Wie lange liegt er denn jetzt schon da?“ fragte der Großvater
ärgerlich und trat mit dem Fuß nach ihm.   5

„Seit ewig. Seit dem Beginn der Beschießung.[1] Vor über zwei-
einhalb Tagen ist er uns zugelaufen,“[2] sagte die junge Frau, „und
nun werden wir ihn nicht mehr los. Aus der Siedlung[3] ist er
bestimmt nicht gekommen,“ fügte sie noch hinzu.

„Nicht los werden? Na, dann laß mich mal machen,“ sagte der   10
alte Mann. Er bückte sich zu dem Hund herunter und redete ihm
zu. „Wie heißt er denn?“

„Woher soll ich das wissen?“ sagte die Frau gereizt. „Ich versteh’
nicht die Hundesprache.“

„Tell heißt er,“ rief der älteste Junge. „Tell oder Tyras.“   15

„Wieso denn: oder?[4] Heißt er nun Tell oder Tyras? Wie kommst
du bloß darauf?“ fragte der Großvater ihn.

„Nur so.“

„Oder Struppi! Gelt,[5] er heißt Struppi?“ krähte das jüngste

---

[1] *Beschießung* — barrage.
[2] *ist er uns zugelaufen* — he attached himself to us.
[3] *Siedlung* — settlement.
[4] *Wieso denn: oder?* — What do you mean by “or”?
[5] *Gelt* — isn’t that so?

41

Mädchen und nahm vor Begeisterung, auch was zu wissen, den Finger aus der Nase.

„Struppi! Du bist wohl —," fauchte der Bruder.[6]

„Man muß es eben mit allem probieren," meinte die junge Frau.

5 Inzwischen hatte der alte Mann sein Zureden fortgesetzt. Der Hund, wie vollkommen taub und gefühllos, schien gar nicht hinzuhören, obwohl seine scharfen, gespitzten Ohren steil aufgerichtet waren. Er zitterte. Unaufhörlich zitternd, lag er in seiner Ecke; wäre das Zittern nicht gewesen, so hätte man glauben können,
10 der Hund sei ausgestopft.[7] Mit ihm zusammen zitterten, bebten und klirrten die Fensterscheiben.

„Hört ihr — jetzt kommt es schon wieder näher," sagte die Tante der jungen Frau. „Das ist schwere Artillerie. Jetzt liegt der Beschuß[8] wahrscheinlich schon auf der Innenstadt."

15 „Laß ihn. Das kommt und geht hin und her. Den Bahnhof Köpenick* hat der Volkssturm[9] dem Iwan[10] bereits wieder abgenommen," sagte eine Kusine.

„Wem abgenommen? Dem Iwan?" fragte der alte Mann. In diesem Augenblick stieß der Hund ein kurzes Gewinsel aus. „Habt
20 ihr's gehört? Jetzt weiß ich, woher die Töle[11] kommt. Das ist ein Truppenhund."

„Was heißt das — ein Truppenhund?" fragte die Tante.

„Ein Hund, der der Truppe gehört hat und durchgegangen ist," sagte der alte Mann.

25 „Vielleicht ein Hund der Entsatzarmee?"[12] fragte rasch die Kusine dazwischen und blickte im Kreis herum: bin ich nicht rasch von Begriff?[13]

---

[6] „*...Du bist wohl —," fauchte der Bruder.* — "You must be [supply *crazy*]—," snarled the brother.

[7] *ausgestopft* — stuffed.

[8] *Beschuß* — barrage.

[9] *Volkssturm* — home guard.

[10] *Iwan* — the Russians.

[11] *Töle* — cur.

[12] *Entsatzarmee* — shock troops.

[13] *bin ich nicht rasch von Begriff?* — am I not smart?

„Entsatzarmee — nee.[14] Das ist doch bloß Bluff," sagte der alte Mann.

„Was ist das, Großvater?"

„Das ist Bluff. Das ist weiter gar nichts als Bluff."

„So? Bluff?" schrie die Kusine empört. „Dann ist der Hund also auch bloß Bluff? Er ist vielleicht überhaupt nicht da? Er sieht bloß aus wie ein Hund?"

„Sei still, Adele," sagte die Tante. „Rege dich doch nicht auf. Hauptsache,[15] er kommt fort."

„Wer?" fragte der Junge.

„Wer? Wer? Wer?" schalt seine Mutter. „Du hörst es doch — der Hund!"

„Der geht nicht," piepste das kleine Mädchen.

„Na wart' mal,[16] ich krieg ihn schon fort," knurrte der alte Mann. Nun bückte er sich aufs neue herunter und packte den Hund am Halsband, um ihn emporzuziehen. Der Hund ließ sich fallen. „Verdammtes Vieh!"[17] Der Alte zog ihn rücksichtslos weiter. Das miserable Geräusch der schleifenden Hundebeine hörte sich widerlich an. Indessen rauschte es durch die Luft, ein paar Bomben schlugen irgendwo ein.

„Laß ihn liegen," sagte die junge Frau mit ängstlichem Gesicht. „Wir sind wieder einmal zu früh aus unserem Bunker gegangen."

Sie faßte die Kinder fest an der Hand, die Tante und die Kusine stiegen gleichfalls über den Hund hinweg, der Großvater sagte, es sei schon besser, überhaupt erst nicht mehr nach oben zu gehen, sondern im Bunker zu bleiben: „Wofür ist der Bunker denn da?" Natürlich gingen die Leute hinterher doch noch ins Haus. „Der Hund ist fort," rief die junge Frau.

„Nein, sieh doch her, er liegt immer noch da. Er ist in die Ecke zurückgekrochen. Den werden wir nicht so rasch los," sagte der

---

[14] *nee — nein.*
[15] *Hauptsache* — The main thing is.
[16] *Na wart' mal* — just wait a moment.
[17] *Verdammtes Vieh!* — Damn cur!

alte Mann. Plötzlich schlug er mit seinem Stock auf die winselnde Töle ein. Er drosch und drosch, das erschrockene Tier duckte den Kopf auf die Pfoten und rutschte von Zeit zu Zeit hin und her, aber es war ganz deutlich: so war es nicht fortzukriegen. „Ich schlage ihm noch die Beine entzwei und werfe ihn dann auf den Mist,"[18] sagte der Alte keuchend und stützte sich auf den Stock. Seine Augen waren blutunterlaufen, die Hände bebten vor Wut.

„Warum denn?" schrie die Tante erbost. „Warum legt ihr ihm denn kein Futter hin und lockt ihn aus dem Haus?"

„Recht hat sie," sagte die junge Frau. „Ich geh' ein Stück Salzfleisch holen." Auch das war vergebens. Er schnupperte nur und drehte den Kopf wieder ab.

„Ob er krank ist?" fragte die Tante besorgt. „Vielleicht hat er Tollwut?"[19]

„Nee, er hat Angst. Ganz hundsgemeine Angst,"[20] sagte der alte Mann. „Wahrscheinlich kann er das Schießen nicht leiden."

„Als Truppenhund kann er das Schießen nicht leiden?"

„Gerade deswegen."

„Wieso: deswegen?"

„Laß den Großvater doch in Ruhe," sagte die junge Frau zu der Tante. „Siehst du nicht, wie er sich ärgert über dein dummes Geschwätz?"

„So — dummes Geschwätz?" rief die Tante erbittert. „Ich mache dummes Geschwätz?"

„Du hast schon dein Leben lang weiter gar nichts als dummes Geschwätz gemacht," sagte der Großvater bös. „Du und deine Tochter Adele —."

„Hörst du es, Adi? Diese Gemeinheit!"

„Das rührt mich nicht," sagte Adele kalt. „Das ist nichts weiter als Wut, weil die Entsatzarmee kommt." Gleich darauf keifte die

[18] *auf den Mist* — on the manure pile.
[19] *Tollwut* — rabies.
[20] *Ganz hundsgemeine Angst* — Downright afraid.

ganze Familie besinnungslos durcheinander;[21] das Tier in der Ecke
schien von dem Lärm behaglich berührt zu werden, es zog sich
in sich zusammen und wedelte mit dem Schwanz. „Na, bitte,"
sagte Adele plötzlich. „Das Schießen hat aufgehört."

„Nachmittags hört es immer auf," sagte eines der Kinder. „Am
Abend fängt es dann wieder an."

„Vielleicht auch nicht. Vielleicht niemals mehr," meinte Adele
schlau.

Am Abend war es bei weitem stärker, als es vorher gewesen
war. Die Kinder spielten „Einschlag" und „Abschuß".[22] (Das war
ein Abschuß — ein Einschlag. Abschuß. Nein, Einschlag. Wo soll
denn ein Abschuß herkommen, sag? Na, von der Entsatzarmee.)

Am nächsten Morgen war das Getöse zu einem Inferno ange-
wachsen. Neben dem Bunker hatte sich jetzt ein deutsches Geschütz postiert und schoß wie verrückt nach dem Feind. „Die sind
bald alle mit ihrem Pulver,"[23] sagte der Großvater aufgekratzt.[24]
„Dann gehen wir in das Haus."

„Ach, laß doch," gab ihm die junge Frau achselzuckend zurück.
„Der Hund wird verhungert sein oder vor Angst vollkommen
übergeschnappt.[25] Das Zimmer ist nun doch versaut —"[26]

„Ich will ihn verrecken[27] sehen," sagte der alte Mann.

Als endlich das Geschütz wieder abzog, gingen sie alle ins Haus.

„Wo ist der Hund denn?" fragte Adele. „Wo ist der Hund denn
geblieben?"

Er war nicht mehr da. In der Ecke nicht und auch nicht unter
dem Bett.

„Ich hatte die Tür doch abgeschlossen, bevor wir hinunter-
gingen," sagte die junge Frau.

[21] *keifte . . . durcheinander* — wrangled.
[22] *„Einschlag" und „Abschuß"* — "explosion" [of a shell] and "firing" [of a cannon].
[23] *alle mit ihrem Pulver* — out of ammunition.
[24] *aufgekratzt* — animatedly.
[25] *übergeschnappt* — gone crazy.
[26] *versaut* — messed up.
[27] *verrecken* — die.

„Und wenn schon![28] Wunderst du dich darüber?" fragte der Großvater hart. „So was geht durch das Schlüsselloch..." Die Leute blickten einander an, ohne ein Wort zu sprechen; das Klirren der Scheiben knallte allen wie Peitschenschlag um die Ohren, die
5 Luft war von Flugzeuggebrumm erfüllt, ab und zu hörte man näher und ferner das Schießen der fahrbaren Flak auf der Avus[29] — dann schlugen die Bomben ein. Als der Staub sich durch die zerbrochenen Scheiben wieder verzogen hatte, sagte der Alte: „Nun ist aber Schluß. Nun bleiben wir in dem Bunker, bis —"
10 Er ging voran, die anderen folgten. Zuletzt kam Adele, doch auf der Schwelle sah sie einmal um. „Was hast du denn, komm doch!" sagte die Tante. „Jetzt wird es gefährlich. Jetzt wird es schlimm." „Ja," gab Adele mechanisch zurück und stolperte aus dem Haus. „Jetzt geht die Welt unter," sagte sie...eigentlich mehr zu sich
15 selbst.

FRAGEN

1. Was fanden die Leute im Schlafzimmer, als sie aus dem Bunker kamen?
2. Was wollte der alte Mann wissen?
3. Was tat der Hund, während der Alte über ihm stand?
4. Warum klirrten die Fensterscheiben?
5. Wo kam der Hund nach Meinung des Alten her?
6. Warum gingen die Leute wieder in den Bunker?
7. Was tat der Alte, um den Hund loszuwerden?
8. Welches Mittel den Hund loszuwerden schlug die Tante vor?
9. Was passierte jeden Nachmittag?
10. Warum war das Schießen am nächsten Morgen so laut?
11. Was konnten die Leute nicht verstehen, als sie das Haus wieder betraten?
12. Warum mußten die Leute am Ende der Geschichte in den Bunker gehen?

[28] *Und wenn schon!* — And even if you did!
[29] *Avus* — auto racetrack near Berlin.

THOMAS VALENTIN

Thomas Valentin (1922–) was a teacher for several years after World War II before turning to the theater and creative writing. He studied psychology at the university and his interest in this field has carried over to his literary works.

Valentin proves to be a subtle and objective observer interested in recording but not in passing judgment on or solving the problems of his suffering characters. Superficiality and lack of understanding and human warmth seem to be responsible for the tormented isolation inflicted upon individuals who lack the inner resources to solve their problems. In the selection which follows he depicts such an individual in an absurd situation with which he is unable to cope. Herr Scharoun is a man who has been deeply hurt, who is unable to adjust to a sudden and radical change in his life. His attempt at solving his dilemma is grotesque and pathetic, leaving the reader with grave doubts about its success.

HERR SCHAROUN

THOMAS VALENTIN

Ich habe viele Narren gekannt, doch Scharoun war ein Idiot besonderen Kalibers.

Stürlikon* und Scharoun — zwei Namen, die ich nie im Archiv der Erinnerung registriert hätte, wäre mir nicht zwischen Andermatt* und diesem Stürlikon die dümmste aller Pannen passiert: 5 ein trockener Tank![1]

Ich rollte den Wagen auf das Bankett[2] und wartete. Aber diese Straße, auf der man tagsüber Schritt fahren[3] muß, weil die Touristen den Paß verstopfen, jetzt, eine Stunde vor Mitternacht, lag sie leer wie im Krieg. 10

Das Dorf konnte keine zwanzig Minuten entfernt sein. Ich packte meinen Handkoffer, schloß den Wagen ab und trabte los.

In keinem Land der Welt, Grönland* vielleicht ausgenommen, halten die Leute so viel vom Schlaf wie in der Schweiz.* Kein Liebespaar, kein Polizist, nicht einmal ein euphorischer Trinker 15 flanierte mehr durch den Haufen Finsternis.[4]

Ich bog nach dem See ab, und hier, auf einem Stück Erde, schön wie ein Werbeprospekt,[5] sickerte Licht durch die Läden eines

---

[1] *die dümmste aller Pannen . . . ein trockener Tank* — the stupidest of all breakdowns . . . an empty tank.
[2] *Bankett* — shoulder.
[3] *Schritt fahren* — creep.
[4] *flanierte . . . durch den Haufen Finsternis* — wandered through the intense darkness.
[5] *Werbeprospekt* — travel brochure.

Hotels. Ich klopfte. Fast im gleichen Augenblick riß jemand ein
Fenster auf, ich sah undeutlich einen großen Kopf mit einem
flackernden Wust[6] von gelben Haaren. Der Mann starrte auf mich
hinab, schlug das Fenster aber sofort wieder zu und ließ mich,
5 ohne ein Wort zu sagen, vor der Haustür stehen.

Nach ein paar Minuten klopfte ich wieder. Dieses Mal wurde im
Flur Licht gemacht. Eine Frau im blauen Kittel schloß auf. Ich
ging hinter ihr her in die Wirtsstube.

Vier Gäste. Drei Männer in Trachtenjoppen,[7] die ihre runden
10 Hüte nicht vom Kopf genommen hatten, saßen am Ofen und spielten Karten. Neben dem Fenster hockte der Mann mit dem
flackernden Haarpull.[8]

Die Wirtin hörte mich an und krächzte dann in ihrem Dialekt
mit einem der Jaßbrüder.[9] Er stand auf, schlurfte in den Hof und
15 kam mürrisch mit einem Benzinkanister zurück.

Ich fragte, ob ich hier übernachten könne. Diesmal wandte sich
die Wirtin an den Mann am Fenster. Sie ging zu ihm hin und
sprach leise auf ihn ein. Ich verstand kein Wort.

Der Fensterhocker musterte mich wütend und nickte sofort
20 darauf gleichgültig mit seinem Löwenschädel.[10]

Die Wirtin trat mit mir vor die Tür und beschrieb mir einen
Pfad am See entlang, der um die Hälfte kürzer war als mein
Herweg.[11] Ich blieb alle drei Minuten[12] stehen, weil mir der Kanister
zu schwer wurde, und verwünschte die grobe Gastlichkeit, der ich
25 mich für diese Nacht ausgeliefert hatte.[13]

Ich brauchte eine Viertelstunde, parkte den Wagen auf dem

---

[6] *flackernden Wust* — flickering mass.
[7] *Trachtenjoppen* — jackets (traditional for that area).
[8] *flackernden Haarpull* — flickering mass of hair.
[9] *Jaßbrüder* — card players (Jass is a Swiss card game).
[10] *Löwenschädel* — lion's head.
[11] *mein Herweg* — the path I had taken to the hotel.
[12] *alle drei Minuten* — every three minutes.
[13] *verwünschte die grobe Gastlichkeit, der ich mich für diese Nacht ausgeliefert hatte* — cursed the crude hospitality to which I had exposed myself for this night.

Hof und kehrte in die Wirtschaft zurück. Die drei Jasser[14] waren nicht mehr da.

Die Wirtin brachte mir einen Krug Wein, Käse und Brot. Sie setzte sich hinter den Ofen und strickte an einem schwarzen Strumpf. Der Mann neben dem Fenster sprach leise vor sich hin. 5 Ich hatte das eintönige Murmeln schon die ganze Zeit über gehört, zunächst aber geglaubt, im Nebenzimmer leiere ein vergessenes Radio.

Ich hatte ihn für den Wirt gehalten. Da sprach er plötzlich die Frau mit Sie an und bestellte einen Krug Veltliner.[15] 10

Sie setzte den Wein wortlos auf das Fensterbrett. Mit einmal wurde mir klar, warum die Wirtin zuerst bei ihm angefragt hatte, ehe sie mich einquartierte! Es gab gewiß für mich nur noch ein Doppelzimmer im Hotel, und in dem war schon der Fensterhocker untergebracht! Unangenehm, nicht nur seinetwegen. Ein Glück 15 wenigstens, daß er nicht betrunken war und krakeelte.[16]

Einmal stand er auf und trat vor die Tür. Ich gestand der Wirtin meine Verlegenheit.

„Nein, nein," antwortete sie rasch, „Sie haben Ihr eigenes Zimmer, aber Herr Scharoun hat sie alle gemietet." 20

Ehe ich mir das erklären lassen konnte, kam er zurück.

Ich beobachtete ihn verstohlen. Vierzig, schätzte ich, vielleicht auch fünfundvierzig, aber ich war nicht sicher. Wenn auch nur ein Hauch von Hoffnung das merkwürdig erloschene[17] Gesicht belebt hätte, wäre ich kaum über fünfunddreißig hinausgegangen. 25 Seine Hände waren auffällig jung und sensibel.

Plötzlich fing er an zu weinen. Er saß da, ohne sein Gesicht zu verbergen, und weinte lautlos vor sich hin.

Die Wirtin sah einmal zu ihm hinüber, strickte dabei aber weiter, als gehörten die Tränen ganz selbstverständlich zu diesem Gesicht, 30

---

[14] *Jasser* — Jass players (see note 9).
[15] *Krug Veltliner* — pitcher of Veltliner wine.
[16] *nicht . . . krakeelte* — was not kicking up a row.
[17] *erloschene* — lifeless.

wie der graue Monolog, wie der wilde Haarwust.[18]

Ich wartete, bis die Exaltation vorüber war, und ging dann zu ihm, um mich zu bedanken.

„Hat die Wirtin geplaudert?" fragte er mich auf englisch und zwinkerte listig.

„Nein —"

„Schon gut, schon gut. Hier kann jeder übernachten, jeder — nur sie nicht, nein!"

Er gab mir die Hand und schob mir einen Stuhl hin.

„Sie ist reich und kann überall wohnen, wo sie will, nur hier nicht, um keinen Preis der Welt!"

Er lachte verschlagen, als erwarte er einen Widerspruch.

„Früher stieg ich in den verdammten Hotels der Millionäre ab, doch immer, wenn ich ankam, war sie schon da, verstehen Sie?"

Sein großes rotes Gesicht wurde sekundenlang von einem nackten Schmerz durchrissen.

„Vor drei Jahren kam ich hierher und mietete dieses Gasthaus. Glauben Sie, daß sie eines Tages hier wohnen wird?"

„Nein," sagte ich verständnislos.

„Nein!" echote er triumphierend. „Sie kann hier nicht wohnen, dafür habe ich Sorge getragen. Alle Zimmer sind vermietet."

Er sah in gräßlicher Heiterkeit um sich.

„Ich bin frei!" schrie er und vergaß wieder, die Tränen aus den Augen zu wischen.

Scharoun sprach nicht mehr als zwei, drei Dutzend abrupter Sätze während der halben Stunde, die ich noch bei ihm saß. Wenn ich sie mir aber auch nur einigermaßen richtig zusammengebaut habe, dann war das die hirnverbrannteste[19] Geschichte, die ich kenne. Eine Liebesgeschichte! Ich sagte wohl schon: die Liebe hatte einen Narren aus ihm gemacht.

Scharoun, er war Norweger, heiratete vor zehn Jahren eine

---

[18] *wilde Haarwust* — wild mass of hair.
[19] *hirnverbrannteste* — craziest.

Amerikanerin, eine Touristin, die in Bergen⋆ an Land ging,[20] um
Souvenirs zu kaufen. Er heiratete sie vom Fleck weg[21] und war
ein paar Jahre mit ihr glücklich. Dann hatte die Amerikanerin
genug von der Liebe und reiste ab.

Scharoun hängte sich nicht auf, er fing auch nicht an zu 5
trinken, aber er kam niemals darüber hinweg, daß Liebe aufhören
kann.

Die ersten Jahre nach dem Debakel ging er auf Reisen. Er fuhr
ein paarmal um die Erde und machte Geschäfte[22] in Aluminium.
Da er wie seine Frau zu der internationalen Gesellschaft der reichen 10
Leute gehörte, traf er alle drei, vier[23] Monate an einem der kultu-
rellen Picknickplätze, Paris, Luxor,⋆ Florenz,⋆ London, unverhofft
mit ihr zusammen.

Aus dieser Zeit datierte Scharouns Narretei. Er begann besessen
nach einem Fleck auf dieser Erde zu suchen, wo sie nicht hinkommen 15
konnte, wo sie zufälligerweise noch nicht gewesen war.

Ich bin Psychiater und hätte ihm eine hübsche Diagnose stellen
können; doch als er sagte:

„Verstehen Sie, immer wenn ich ihr wieder begegne, ihr oder
ihrem Schatten, dann —," und sein Gesicht dabei zerfetzt wurde 20
wie von der Schneide eines Knochenmeißels,[24] da wußte ich, daß
Scharoun bestimmt kein Mittel unversucht gelassen hatte, sie zu
vergessen.

Vor drei Jahren kam er schließlich nach Stürlikon, sah mit
einem Blick, daß der See noch nicht von der Menschheit verhunzt 25
war, und mietete in dem einzigen Hotel alle Zimmer.

Seitdem sitzt er hier neben dem Fenster und tüftelt die abstrusesten
Taktiken aus, um allein zu bleiben. Der Masochismus, dieses Asyl

[20] *an Land ging* — landed.
[21] *vom Fleck weg* — on the spot.
[22] *machte Geschäfte* — transacted business.
[23] *alle drei, vier* — every three or four.
[24] *zerfetzt wurde wie von der Schneide eines Knochenmeißels* — was shattered as if by
   the cutting edge of a bone chisel.

ausgerechnet an der Gotthard-Straße[25] zu suchen, machte mir
seine Geschichte nur noch grotesker.

„Und die Erinnerung?" fuhr es mir heraus.[26]

Er zuckte zusammen, als hätte ich ihm in die Magengrube
5 geschlagen.

„Ich versuche, ein Buch zu schreiben," murmelte er, „ein Buch,
in dem sie nicht vorkommt. Alles, was ich erlebt habe, nur sie
nicht. Es ist schwer, mein Herr, sehr schwer: sie drängt sich zwischen
allen Zeilen hindurch."

10 Er stand auf, grüßte mit einem gleichgültigen Kopfnicken die
Wirtin, reichte mir flüchtig die Hand und ging hinaus.

„Ich muß um acht weiterfahren," sagte ich. „Werde ich Herrn
Scharoun noch einmal sehen?"

„Nein," erwiderte die Wirtin und rollte ihren schwarzen
15 Strumpf zusammen, „Herr Scharoun kommt erst mittags herunter.
Der Tag wird ihm sonst zu lang."

Sie gab mir den Schlüssel und beleuchtete das Treppenhaus.
Mein Zimmer war das letzte auf dem Flur. Nummer neunund-
vierzig.

FRAGEN

1. Wie kam der Erzähler in Stürlikon an? Warum?
2. Warum mußte er ein zweites Mal klopfen?
3. Warum verließ der eine Kartenspieler das Zimmer?
4. Was hat der Erzähler mit seinem Auto gemacht, bevor er
   wieder ins Hotel ging?
5. Was klang wie ein Radio im Nebenzimmer?
6. Was erklärte die Wirtin dem Erzähler?

---

[25] *Gotthard-Straße* — the road which goes through the Gotthard pass.
[26] *fuhr es mir heraus* — slipped from my tongue.

7. Warum wartete der Erzähler eine Weile, bevor er mit dem Mann sprach?

8. Aus welchem Grund hat der Mann alle Zimmer im Gasthaus gemietet?

9. Warum war Herr Scharouns Frau nicht in Stürlikon mit ihm?

10. Warum hörte Scharoun auf, weltbekannte Städte zu besuchen?

11. Erklären Sie, warum Herr Scharoun sich für Stürlikon entschied.

12. Warum war es für Herrn Scharoun so schwer, sein Buch zu schreiben?

JOSEF MARTIN BAUER

Josef Martin Bauer (1901–) came to fiction from journalism and is even now an active journalist in southern Germany. "Schwarzfahrt hinüber" does not concern itself with momentous events or world-shaking problems; nor does it express a clearly defined attitude toward life. It is entertainment, rather, to be taken at face value, and enjoyed and remembered for the unusual situation in which the main character unexpectedly finds himself caught.

In the story of the good-for-nothing Kajetan, Bauer tells with tongue in cheek and obvious pleasure how his protagonist, for whom he betrays considerable fondness, manages to achieve something worthwhile, despite his patent worthlessness. The title involves a play on words, and the ironically high-flown style provides a piquant contrast to the way of life the story evokes. But Bauer does not resort to elaborate devices to convince us that his hero is a real person, and no mere caricature. Like many romantics, Kajetan has an affinity to children, who in turn are attracted to him. For the unimaginative, hardworking solid citizens, however, he is nothing but a parasite; they fail to recognize in him one who is free, unburdened and happy.

SCHWARZFAHRT HINÜBER[1]

JOSEF MARTIN BAUER

Den größten Teil ihres Lebens lang blieb es Frau Weisgerber unverständlich, daß einer wie ihr Bruder Kajetan, dem ein so schöner Name mitgegeben worden war ins Leben, von diesem Leben einen so unerfreulichen Gebrauch machte. Da Kajetan von Kind auf intelligenter gewesen war als seine Geschwister, zum 5 Beispiel als seine später an den Zimmermann Georg Weisgerber verheiratete Schwester Anna, hatte man ihn sogar an die drei Jahre lang Latein lernen lassen, bis aus der Schule etwas Unsauberes an den Tag gekommen[2] und dem nicht unbegabten Lateinschüler zum Verhängnis geworden war.[3] Das Handwerk des Bücherbindens 10 hatte er nur sieben Monate zu erlernen versucht, und in der Nachbarschaft meinte man es genau wörtlich, wenn man sagte, Kajetan sei mit Schimpf und Schande[4] weggejagt worden, aber nach diesen Fehlschlägen hatte Kajetan es offenbar für recht befunden, das Ruder seines Daseins scharf herumzureißen.[5] Mit dem Ruder, mit dem 15 Steuerruder, blieb das für immer so eine Sache[6] bei ihm. In einem

---

[1] *Schwarzfahrt hinüber* — Across without a Ticket. (*Schwarzfahren* means to travel without a ticket or permission; *hinüber*, literally "across," also conveys passing away, dying. Thus the title refers both to the actual crossing of a lake and to crossing over to the land of the dead.)

[2] *etwas Unsauberes an den Tag gekommen* — something shady had come to light.

[3] *zum Verhängnis geworden war* — had become the nemesis.

[4] *mit Schimpf und Schande* — in disgrace.

[5] *das Ruder seines Daseins scharf herumzureißen* — to give the rudder of his existence a sharp turn (i.e., to change the course of his life radically).

[6] *so eine Sache* — one of those things.

Alter von etwa achtundzwanzig Jahren, da alle anderen mit schräg
gelegtem Kopf[7] grimmig auf ihr Lebensschicksal losgingen, fand
Kajetan endgültig die Mühen eines halbwegs geregelten Daseins
nicht mehr so begehrenswert, daß er den Kopf darum schräg gelegt
5 hätte, sofern er es nicht tat, um zu sehen, wie er am besten an den
Lästigkeiten des Daseins vorbeikam.

„Ach, du lieber Gott!" stöhnte seine Schwester Anna, längst
verehelichte Weisgerber,[8] als Kajetan eines Tages auftauchte und
fragte, ob er, eben zufällig auf der Durchreise, bei ihr als seiner
10 Schwester wohl übernachten könne. „Morgen früh aber geht die
Durchreise weiter!" sagte Anna so unmißverständlich, daß Kajetan,
wäre ihr auch nur noch ein einziges gleich heftiges Wort entschlüpft,
wirklich seinen Koffer wieder aufgenommen und seiner leicht
gekrümmten Wege weitergegangen wäre. Doch Anna unterließ
15 weitere Worte.

„Ist der Lump auch wieder da!" sagte wegwerfend der Zimmermann Georg Weisgerber und warf dem Gast, als man sich zum
Abendessen niedersetzte, den sauer verdienten Brotlaib so wütend
über den Tisch gegen die Brust, daß Kajetan diese Fülle heftigen
20 Benehmens[9] keinesfalls so deuten konnte, als wäre er hier etwa gar
zum Bleiben eingeladen.

Wie es kam, daß er ohne Einladung blieb, wußte später niemand
mehr zu sagen. Sein Schwager Georg ging anderntags wieder an
die Arbeit. Seine Schwester Anna war so mürrisch wie möglich und
25 riß ihm, als er keine Anstalten traf, nach der Türklinke zu greifen, in
hellem Zorn das älteste Kind aus der Hand, das im kurzen Hemdchen
die Bodentreppe heruntergekommen und dem fremden Mann in
der Wohnküche nicht ausgewichen war. Über diese wunderliche
Behandlung begann das Kind zu schreien, und es schrie ohne einen

---

[7] *mit schräg gelegtem Kopf* — with their heads tilted (i.e., with their noses to the
grindstone).

[8] *längst verehelichte Weisgerber* — who had been a Weisgerber by marriage for a long
time.

[9] *diese Fülle heftigen Benehmens* — this excess of violent behavior.

anderen ersichtlichen Anlaß als den der moralischen Unterstützung sogleich auch das andere Kind, das noch im Korb lag, und weil Frau Anna erschrocken an noch ein anderes Kind dachte, das noch nicht einmal im Korb lag, ließ sie es weiterhin bei einer unduldsamen Übellaune bewenden,[10] um so den liederlichen Bruder hinauszuekeln. Dann aber machte Kajetan ihr das Holz für den Küchenherd klein, schob den auf Holzrädern rollenden Kinderkorb in der Wohnküche hin und her, wenn das zweite Kind schrie, lobte zu Mittag die Kartoffelsuppe, obgleich Anna sie so mager und fettarm wie nur möglich auf den Tisch brachte, über alles Maß, so daß Anna wohl begreifen mußte, wie heftig der verkommene Bruder Hunger litt, Hunger zwar aus eigenem Verschulden, aber den Hunger eines frierenden Bettlers.

Und dann weinte Anna Weisgerber, Kajetans Schwester, die halbe Nacht lang, weil ihr Mann, der Zimmermann mit dem dünnen Wochenlohn, sie genau die halbe Nacht lang um ihrer Nachgiebigkeit willen beschimpfte. Das Häuschen der Zimmererseheleute Weisgerber hatte dünne Wände, wie sie eben dem Wochenlohn entsprachen, und Türen aus höchstenfalls zweitklassigem Holz, so daß Kajetan keine Mühe hatte, jedes seinetwegen so böse hingesagte oder so trostlos herausgeweinte[11] Wort zu verstehen. In dieser Nacht nahm Kajetan sich vor, gleich am Morgen wegzugehen, tunlichst[12] ohne Gruß und Dank. Was aber hatte Kajetan sich bis hieher nicht schon alles vorgenommen? Auf dem Weg all dieser Vorsätze war er hiehergekommen in die Faulheit eines Kostgängers[13] bei seiner Schwester, die ihm gegenüber zu nachsichtig war, wenn auch ihre Miene deutlich sagte, daß sie mit so einem lieber nichts zu tun hatte. Draußen war es kalt, und als Georg Weisgerber, was so

---

[10] *ließ sie es weiterhin bei einer unduldsamen Übellaune bewenden* — she contented herself for the time being with a display of impatience and bad humor.

[11] *so trostlos herausgeweinte* — so disconsolately sobbed out.

[12] *tunlichst* — if possible.

[13] *Kostgängers* — boarder.

spät im Jahr recht angenehm empfunden wurde, anderntags zeitig
zur Arbeit ging, hatte in dem still gewordenen Haus der Vorsatz
schon nicht mehr die rechte Kraft.[14] So völlig zerrann, was Kajetan
sich vorgenommen hatte, daß er am Abend den Mut besaß, hinter
5 dem Küchentisch sitzend seinen von der Arbeit heimkehrenden
Schwager zu begrüßen, als wäre das so abgemacht gewesen.

Was hier eigentlich fällig gewesen wäre, durfte Georg Weisgerber
im Augenblick nicht tun, da die beiden Kinder rechts und links
neben Kajetan auf der Bank saßen und ihm zusahen, wie er einen
10 Hanswurst schnitzte, ein Wunderstück von Hanswurst.[15] Da man
den Kindern ein gutes Beispiel schuldete, durfte Georg seinen
Schwager nicht mit der Kraft seiner Hände zur Tür hinauswerfen.
Das Hinauswerfen wurde aufgeschoben, so endlos aufgeschoben
wie bei Kajetan der Vorsatz, wieder seines Weges zu gehen. Kajetan
15 wurde der Verdruß der Familie, denn er lebte ohne Hemmnisse von
dem mit, was bei Weisgerbers spärlich verdient wurde, er arbeitete
selten, doch wenn er arbeitete, tat er es mit Hingabe, um das
Verdiente dann mit noch mehr Hingabe zu vertun, so daß er immer
nur von seinen Verwandten lebte. Eine sonderlich gute Meinung
20 hatte auch in der Nachbarschaft niemand von ihm, da er ein
Faulenzer war. Nur die Kinder des Ehepaares Weisgerber, die
allmählich bis auf sechs anwuchsen in dem Rhythmus von immer
eineinhalb Jahren, fanden an Onkel Kajetan alles gut und erfreulich
und schauten, weil er alle bewunderungswerten Künste beherrschte
25 vom Hanswurstenschnitzen[16] bis zum Finden phosphoreszierenden
Faulholzes,[17] mit viel Respekt zu Onkel Kajetan auf, der sonst nirgends Achtung genoß.

[14] *die rechte Kraft* — sufficient force.
[15] *einen Hanswurst schnitzte, ein Wunderstück von Hanswurst* — carved a clown out of
wood, a magnificent clown.
[16] *Hanswurstenschnitzen* — see note 15.
[17] *phosphoreszierenden Faulholzes* — decaying wood that gives off a phosphorescent
glow.

Nach Jahr und Tag[18] wußte Kajetan nicht einmal mehr, daß er je seines Weges hatte weiterziehen wollen, und die Menschen um ihn herum wußten nicht mehr so recht, daß dieser Lump doch nicht hieher gehörte.

Sicherlich wäre er bis ans Ende seines Lebens bei den Weisgerbers geblieben, wenn nicht damals, zehn Tage vor Weihnachten, das Unglück mit dem Überfuhrboot[19] geschehen wäre. An der Stelle, an der das Fährboot mindestens ein dutzendmal am Tag Leute übersetzte, war der See höchstens zwei Kilometer breit, und wenn ihm auch nicht ganz zu trauen war bei den Winden, die regelmäßig mit der Dämmerung einfielen, so war seit Menschengedenken hier nie ein Boot gekentert, auf jeden Fall keines so wie dieses Fährboot an diesem Abend zehn Tage vor Weihnachten, mit leider zweiundzwanzig Personen besetzt, von denen in den Tagen danach nur dreizehn lebend ins Leben zurückgezählt wurden.[20] Unter den Fahrgästen befand sich auch Kajetan, der zwar von seiner Schwester das Geld ausgeborgt hatte für die zweifache Fahrt und für einen kleinen Einkauf drüben, ausgeborgt ohne jede Absicht, es zurückzuzahlen, aber keine Karte gelöst hatte. Gerade weil Kajetan ein Lump war, kannte man ihn überall in der Gegend, und als es ans Zusammenzählen der Opfer ging,[21] wußte jedermann genau, daß er mit im Boot gewesen war.

Da es ein großes Unglück war, sagte fürs erste niemand „Es ist um den Kerl ja nicht schade.“[22] Im übrigen bestand ja immer noch die Aussicht, daß er gefunden wurde, wie die dreizehn übrigen Überlebenden, die da oder dort ans Ufer gelangt waren und sich erst am nächsten oder übernächsten Tag als lebend meldeten.

Mit Kajetan war das so, daß er, längst nicht so lebensträge wie sonst, mit aller Kraft sich über Wasser hielt und tapfer mitschwamm,

---

[18] *Nach Jahr und Tag* — after a while.
[19] *Überfuhrboot* — ferry.
[20] *lebend ins Leben zurückgezählt wurden* — survived.
[21] *als es ans Zusammenzählen der Opfer ging* — when it came to counting the victims.
[22] *„Es ist um den Kerl ja nicht schade.“* — "He's no great loss."

wie es am besten der Richtung des bösen Windes entsprach, der stets gern gewählten Richtung des geringsten Widerstandes also. Dort, an der schilfigen Seespitze,[23] wo Kajetan endlich schlammigen Boden unter den Füßen zu spüren bekam, war die übelste Gegend der ganzen Landschaft, weshalb Kajetan sich, erschöpft und ausgefroren, nicht erst auf die sicherlich lange Suche nach einem Haus machte, sondern in den ersten Sommerstall eindrang, den er in der Finsternis erschaute, darin mit seinem berühmt sturmtüchtigen Feuerzeug, das über zwanzig Mark von seiner Schwester Geld gekostet hatte, tatsächlich noch Feuer zu machen vermochte und das hölzerne Inventar so ziemlich gänzlich verbrannte,[24] bis seine Kleider endlich wieder, leider erst nach zwei Tagen, trocken waren. Mehr als die Kälte und Nässe, gegen die es ja Abhilfe gab, machte ihm allmählich der Hunger zu schaffen,[25] dem unschwer abzuhelfen war, da in den Taschen ja etwas Geld aus Frau Weisgerbers Börse war. Aber er mußte auf dieser wenig bewohnten Seeseite fast zwei Stunden lang gehen, bis er eine Wirtschaft fand, die wenigstens Knackwürste oder etwas dieser Art zu bieten hatte. Auf dem Tisch, an dem er sich, ein Fremder, niederließ, lag die Zeitung vom Morgen mit einem tief ans Herz rührenden Bericht über das Fährunglück und seine neun Todesopfer, die so aufgereiht waren, daß Kajetans Name als letzter in der Liste stand. Darüber nun, daß man ihn als tot bezeichnete, wurde Kajetan bleich und nahm sich vor, sogleich nach den drei Knackwürsten sich auf den Weg nach Hause zu machen. Er sagte „nach Hause," wenn er zu Weisgerbers wollte. Sehr gut sah er nicht aus mit dem zerknautschten Anzug und der verkrunselten Wäsche,[26] die mehr als ungebügelt war, und sicherlich machte sein Erscheinen einen starken Eindruck, so daß

---

[23] *schilfigen Seespitze* — end of the lake where reeds grew.

[24] *das hölzerne Inventar so ziemlich gänzlich verbrannte* — burned up almost everything made of wood.

[25] *machte ihm . . . zu schaffen* — he was bothered by.

[26] *zerknautschten Anzug und der verkrunselten Wäsche* — crumpled suit and wrinkled shirt.

seine Schwester und insonderheit sein Schwager nicht weiter nur von Faulenzer, Lump und Tagedieb sprachen.

Vielleicht aber machte es keinen Eindruck, zumindest keinen guten, wenn er nun, da man ihn für tot hielt und dies sicher nicht ungern[27] tat, plötzlich wieder erschien. Damit schuf er nur Ärger, 5 und es war doch nie in seinem Sinn gelegen,[28] die Weisgerbers oder sonstwen zu ärgern.

Unter Umständen war es jetzt besser, nicht nach Hause zu gehen, sondern mit den paar Mark in der Tasche irgendwo zu bleiben und möglicherweise später aus der Heimkehr eine große Sensation zu 10 machen. In einer lauen Unschlüssigkeit[29] und einem nicht schlecht entwickelten Instinkt für das Außerordentliche nahm er die Wegrichtung so, daß er immer weiter abkam von daheim. Am Abend hörte er in einer billigen Wirtschaft aus einem knarrenden Rundfunkgerät,[30] daß für die Angehörigen der Opfer des Fährun- 15 glücks eine Sammlung eröffnet worden sei, die bereits erhebliche Spenden zu buchen habe,[31] kein Wunder bei der Nähe des Weihnachtsfestes.

Sein Leben lang hatte Kajetan nie eine volle Mark ganz rechtschaffen verdient, und nun wurde er, da die Leute im ganzen Land sehr 20 in Stimmung waren zum Geben, in barem Geld aufgewogen,[32] nicht für sich, sondern für seine Angehörigen, für die Weisgerbers. Ein verteufelt schönes Gefühl! Er ging in diesem Hochgefühl seiner Wege weiter.

Mehr als siebzigtausend Mark kamen in wenigen Tagen zusam- 25 men, und wenn davon auch nicht kurzweg der gleiche Betrag gegeben wurde, wo nur ein Onkel zu Tode gekommen war, so trug

---

[27] *nicht ungern* — without reluctance.
[28] *es war doch nie in seinem Sinn gelegen* — he had never intended.
[29] *In einer lauen Unschlüssigkeit* — irresolutely.
[30] *knarrenden Rundfunkgerät* — crackling radio.
[31] *bereits erhebliche Spenden zu buchen habe* — already contained a considerable number of contributions.
[32] *wurde er . . . in barem Geld aufgewogen* — he was worth his weight in cash.

man den Weisgerbers doch fünftausend Mark ins Haus, noch vor
Weihnachten und mit dem ungefähren Versprechen, den Betrag
aus restlichen Spenden wohl noch erhöhen zu können. In einem
Gefühl wunderlicher Benommenheit ließ der Zimmerer sich das
5 Geld auf den Tisch zahlen und meinte, man müsse da wohl einiges
zurücknehmen, was man im Lauf der Jahre über Kajetan gesagt
habe. Anna, Kajetans Schwester, sprach allgemein von der Pflicht
des Menschen, dem Menschen in Not zu helfen. Die Kinder aber,
von denen nur die älteren so ganz begriffen, wie der von den
10 Erwachsenen oft geschmähte Onkel Kajetan noch aus den ewigen
Bereichen herüber beseligend auf ihre Jugend wirkte,[33] wie er es
zeit seines Aufenthaltes im Haus Weisgerbers getan hatte, ahnten
ihn bei den Heiligen und sprachen von ihm verhalten wie von
einem Heiligen, den man noch als lebenden Menschen gekannt
15 hatte.

Als erst noch, um ein erhebliches Stück nach den Feiertagen, eine
Restzahlung aus der Sammlung geleistet wurde, für die Weisgerbers
noch annähernd fünfzehnhundert Mark, vergaß Georg Weisgerber
auch den letzten Rest der Unannehmlichkeiten noch, die er mit
20 Kajetan gehabt hatte, von dem die Kinder nur leise, aber immer
selig lachend sprachen.

Damals freilich war Kajetan, den es nun ruhelos zum Wandern
trieb, zu einem Wandern, das ihn weit weg trieb von der Stätte
seines Sterbens, wohl schon wieder irgendwo schräg mit den Dingen
25 des Daseins zusammengeraten[34] wie in seinem früheren Leben, doch
wenn sie ihn mit irgendwelchen Leuten zusammen einsperrten, die
ganz gewöhnliche Lumpen und Tagediebe waren, erzählte er voll
strahlender Seligkeit den Kumpanen, daß ihn das alles eigentlich
nicht mehr berührte, denn eigentlich, so meinte er mit einem

---

[33] *aus den ewigen Bereichen herüber beseligend auf ihre Jugend wirkte* — exerted, from the
beyond, a happy effect upon their childhood.
[34] *wohl schon wieder irgendwo schräg mit den Dingen des Daseins zusammengeraten* — had
doubtless once more run athwart the shoals of life.

geheimnistuerischen Schmunzeln,[35] sei er ja schon hinüber,[36] freilich aus klugen Erwägungen,[37] da er nie Geld gehabt habe, schwarz[38] und ohne Fahrschein. Dafür nannten sie ihn dann einen Narren, Lügner und Lumpen.

FRAGEN

1. Was konnte Frau Weisgerber nicht verstehen?
2. Was mochte Kajetan nicht?
3. Warum war die Schwester nicht froh, Kajetan zu sehen?
4. Wieso durfte Kajetan länger als eine Nacht bleiben?
5. Warum weinte die Schwester manchmal die halbe Nacht lang?
6. Wie kam es dazu, daß Kajetan das Haus nicht verließ?
7. Warum durfte Georg seinen Schwager nicht hinauswerfen?
8. Was hielten die Kinder von ihrem Onkel?
9. Was geschah kurz vor Weihnachten?
10. Wie rettete sich Kajetan?
11. Was mußte Kajetan tun, sobald er aus dem Wasser war?
12. Warum konnte Kajetan nicht nach Hause gehen?
13. Was hörte er am Radio?
14. Warum mußte Georg einiges, was er über Kajetan gesagt hatte, zurücknehmen?
15. Was glaubten die Kinder?
16. Warum wurde Kajetan zuletzt Lügner und Narr genannt?

[35] *geheimnistuerischen Schmunzeln* — secretive smirk.
[36] *sei er ja schon hinüber* — see note 1.
[37] *aus klugen Erwägungen* — as a result of clever thinking.
[38] *schwarz* — as a stowaway.

HERMANN HESSE

Recipient of the Nobel prize for literature in 1946, Hermann Hesse (1877–1962) is an extraordinarily sensitive writer whose works are all the more impressive for the seeming simplicity of his technique. His relatively plain, clear prose and apparent ease of expression clothe a deeply perceptive, often pessimistic view of man and his works. In the short sketch that follows, human beings play a rather sorry part — hardly the glorious one they often like to imagine for themselves.

Even though, in "Der Wolf," Hesse may seem to be making an attempt to enlist our sympathies for the unfortunate beast, he is far more concerned with the lack of feeling in mankind for what is beautiful in nature. It would be absurd to claim that he wishes us to approve of the marauding tactics of wolves, but the implication is that man, with all his vaunted superiority, has degraded himself to the point of behaving worse than an animal.

DER WOLF

—

HERMANN HESSE

Noch nie war in den französischen Bergen ein so unheimlich kalter und langer Winter gewesen. Seit Wochen stand die Luft klar, spröde[1] und kalt. Bei Tage lagen die großen, schiefen Schnee-felder mattweiß und endlos unter dem grellblauen Himmel, nachts ging klar und klein der Mond über sie hinweg, ein grimmiger 5 Frostmond von gelbem Glanz, dessen starkes Licht auf dem Schnee blau und dumpf wurde und wie der leibhaftige[2] Frost aussah. Die Menschen mieden alle Wege und namentlich die Höhen, sie saßen träge und schimpfend in den Dorfhütten, deren rote Fenster nachts neben dem blauen Mondlicht rauchig trüb erschienen und 10 bald erloschen.

Das war eine schwere Zeit für die Tiere der Gegend. Die kleineren erfroren in Menge, auch Vögel erlagen dem Frost, und die hageren Leichname fielen den Habichten[3] und Wölfen zur Beute. Aber auch diese litten furchtbar an Frost und Hunger. Es 15 lebten nur wenige Wolfsfamilien dort, und die Not trieb sie zu festerem Verband. Tagsüber gingen sie einzeln aus. Da und dort strich[4] einer über den Schnee, mager, hungrig und wachsam, lautlos und scheu wie ein Gespenst. Sein schmaler Schatten glitt neben ihm über die Schneefläche. Spürend reckte er die spitze 20 Schnauze in den Wind und ließ zuweilen ein trockenes, gequältes

[1] *spröde* — sharp.
[2] *leibhaftig* — personified.
[3] *Habichten* — hawks.
[4] *strich* — wandered.

71

Geheul vernehmen. Abends aber zogen sie vollzählig aus und
drängten sich mit heiserem Heulen um die Dörfer. Dort war Vieh
und Geflügel wohlverwahrt, und hinter festen Fensterladen lagen
Flinten angelegt.⁵ Nur selten fiel eine kleine Beute, etwa ein Hund,
5 ihnen zu, und zwei aus der Schar waren schon erschossen worden.
Der Frost hielt immer noch an. Oft lagen die Wölfe still und
brütend beisammen, einer am andern sich wärmend, und lauschten
beklommen⁶ in die tote Öde hinaus, bis einer, von den grausamen
Qualen des Hungers gefoltert,⁷ plötzlich mit schauerlichem Ge-
10 brüll aufsprang. Dann wandten alle anderen ihm die Schnauze zu,
zitterten und brachen miteinander in ein furchtbares, drohendes
und klagendes Heulen aus.

Endlich entschloß sich der kleinere Teil der Schar, zu wandern.
Früh am Tage verließen sie ihre Löcher, sammelten sich und schno-
15 berten⁸ erregt und angstvoll in die frostklare Luft. Dann trabten
sie rasch und gleichmäßig davon. Die Zurückgebliebenen sahen
ihnen mit weiten, glasigen Augen nach, trabten ein paar Dutzend
Schritte hinterher, blieben unschlüssig und ratlos stehen und
kehrten langsam in ihre leeren Höhlen zurück.

20 Die Auswanderer trennten sich am Mittag voneinander. Drei
von ihnen wandten sich östlich dem Schweizer Jura* zu, die
anderen zogen südlich weiter. Die drei waren schöne, starke Tiere,
aber entsetzlich abgemagert.⁹ Der eingezogene helle Bauch war
schmal wie ein Riemen, auf der Brust standen die Rippen jäm-
25 merlich heraus, die Mäuler waren trocken und die Augen weit
und verzweifelt. Zu dreien kamen sie weit in den Jura hinein,
erbeuteten am zweiten Tag einen Hammel, am dritten einen Hund
und ein Füllen und wurden von allen Seiten her wütend vom
Landvolk verfolgt. In der Gegend, welche reich an Dörfern und

---

⁵ *angelegt* — in firing position.
⁶ *beklommen* — uneasily.
⁷ *gefoltert* — tortured.
⁸ *schnoberten* — sniffed.
⁹ *abgemagert* — emaciated.

Städtchen ist, verbreitete sich Schrecken und Scheu vor den
ungewohnten Eindringlingen. Die Postschlitten[10] wurden bewaff-
net, ohne Schießgewehr ging niemand von einem Dorfe zum
anderen. In der fremden Gegend, nach so guter Beute, fühlten
sich die drei Tiere zugleich scheu und wohl; sie wurden tollkühner 5
als je zu Hause und brachen am hellen Tage in den Stall eines
Meierhofes.[11] Gebrüll von Kühen, Geknatter[12] splitternder Holz-
schranken, Hufegetrampel und heißer, lechzender[13] Atem erfüllten
den engen, warmen Raum. Aber diesmal kamen Menschen dazwischen. Es war ein Preis auf die Wölfe gesetzt, das verdoppelte 10
den Mut der Bauern. Und sie erlegten zwei von ihnen, dem einen
ging ein Flintenschuß durch den Hals, der andere wurde mit einem
Beil erschlagen. Der dritte entkam und rannte so lange, bis er
halbtot auf den Schnee fiel. Er war der jüngste und schönste von
den Wölfen, ein stolzes Tier von mächtiger Kraft und gelenken 15
Formen.[14] Lange blieb er keuchend liegen. Blutig rote Kreise
wirbelten vor seinen Augen, und zuweilen stieß er ein pfeifendes,
schmerzliches Stöhnen aus. Ein Beilwurf[15] hatte ihm den Rücken
getroffen. Doch erholte er sich und konnte sich wieder erheben.
Erst jetzt sah er, wie weit er gelaufen war. Nirgends waren Men- 20
schen oder Häuser zu sehen. Dicht vor ihm lag ein verschneiter,
mächtiger Berg. Es war der Chasseral.* Er beschloß, ihn zu
umgehen. Da ihn Durst quälte, fraß er kleine Bissen von der
gefrorenen, harten Kruste der Schneefläche.

Jenseits des Berges traf er sogleich auf ein Dorf. Es ging gegen 25
Abend. Er wartete in einem dichten Tannenforst. Dann schlich er
vorsichtig um die Gartenzäune, dem Geruch warmer Ställe folgend.
Niemand war auf der Straße. Scheu und lüstern blinzelte er

---

[10] *Postschlitten* — post sleighs.
[11] *Meierhof* — dairy farm.
[12] *Geknatter* — cracking.
[13] *lechzend* — panting.
[14] *gelenken Formen* — supple form.
[15] *ein Beilwurf* — an axe which was thrown.

zwischen den Häusern hindurch. Da fiel ein Schuß. Er warf den Kopf in die Höhe und griff zum Laufen aus,[16] als schon ein zweiter Schuß knallte. Er war getroffen. Sein weißlicher Unterleib war an der Seite mit Blut befleckt, das in dicken Tropfen zäh herab-
5 rieselte. Dennoch gelang es ihm, mit großen Sätzen zu entkommen und den jenseitigen Bergwald zu erreichen. Dort wartete er horchend einen Augenblick und hörte von zwei Seiten Stimmen und Schritte. Angstvoll blickte er am Berg empor. Er war steil, bewaldet und mühselig zu ersteigen. Doch blieb ihm keine Wahl. Mit
10 keuchendem Atem klomm er die steile Bergwand hinan, während unten ein Gewirre[17] von Flüchen, Befehlen und Laternenlichtern sich den Berg entlang zog. Zitternd kletterte der verwundete Wolf durch den halbdunkeln Tannenwald, während aus seiner Seite langsam das braune Blut hinabbrann.
15 Die Kälte hatte nachgelassen. Der westliche Himmel war dunstig und schien Schneefall zu versprechen.

Endlich hatte der Erschöpfte die Höhe erreicht. Er stand nun auf einem leicht geneigten, großen Schneefelde, nahe bei Mont Crosin,* hoch über dem Dorfe, dem er entronnen. Hunger fühlte
20 er nicht, aber einen trüben, klammernden Schmerz von der Wunde. Ein leises, krankes Gebell kam aus seinem hängenden Maul, sein Herz schlug schwer und schmerzhaft und fühlte die Hand des Todes wie eine unsäglich schwere Last auf sich drücken. Eine einzeln stehende breitästige Tanne lockte ihn; dort setzte er sich und
25 starrte trübe in die graue Schneenacht. Eine halbe Stunde verging. Nun fiel ein mattrotes Licht auf den Schnee, sonderbar und weich. Der Wolf erhob sich stöhnend und wandte den schönen Kopf dem Licht entgegen. Es war der Mond, der im Südost riesig und blutrot sich erhob und langsam am trüben Himmel höher stieg.
30 Seit vielen Wochen war er nie so rot und groß gewesen. Traurig hing das Auge des sterbenden Tieres an der matten Mondscheibe,

---

16 *griff zum Laufen aus* — started to run.
17 *Gewirre* — confusion.

und wieder röchelte ein schwaches Heulen schmerzlich und tonlos
in die Nacht.[18]

Da kamen Lichter und Schritte nach. Bauern in dicken Mänteln,
Jäger und junge Burschen in Pelzmützen und mit plumpen Gamaschen[19] stapften durch den Schnee. Gejauchze erscholl.[20] Man
hatte den verendenden[21] Wolf entdeckt, zwei Schüsse wurden auf
ihn abgedrückt und beide fehlten. Dann sahen sie, daß er schon
im Sterben lag, und fielen mit Stöcken und Knütteln über ihn her.
Er fühlte es nicht mehr.

Mit zerbrochenen Gliedern schleppten sie ihn nach St. Immer*
hinab. Sie lachten, sie prahlten, sie freuten sich auf Schnaps und
Kaffee, sie sangen, sie fluchten. Keiner sah die Schönheit des
verschneiten Forstes, noch den Glanz der Hochebene, noch den
roten Mond, der über dem Chasseral hing und dessen schwaches
Licht in ihren Flintenläufen, in den Schneekristallen und in den
gebrochenen Augen des erschlagenen Wolfes sich brach.

FRAGEN

1. Inwiefern war dieser Winter ungewöhnlich?
2. Welche Wirkung hatte die Kälte auf den Menschen?
3. Inwiefern war der nächtliche Auszug der Wölfe anders als
   bei Tag?
4. Warum mußte ein Teil der Wölfe aus dem Rudel ausscheiden?
5. Warum konnten die Wölfe so wenig Beute finden?
6. Warum beschreibt Hesse die Augen der zurückgebliebenen
   Wölfe als „glasig"?
7. Warum nahmen die Leute Gewehre mit, wenn sie ausgingen?

[18] *röchelte ein schwaches Heulen schmerzlich und tonlos in die Nacht* — a weak howl,
like a death rattle, painful and toneless, sounded in the night.
[19] *plumpen Gamaschen* — heavy, awkward boots.
[20] *Gejauchze erscholl* — cheers resounded.
[21] *verendenden* — dying.

8. Was machte die drei Wölfe so kühn?
9. Was verdoppelte den Mut der Bauern?
10. Welcher von den drei Wölfen blieb am längsten am Leben?
11. Wie stillte der letzte Wolf seinen Durst?
12. Was geschah, als dieser sich den Häusern näherte?
13. Wie versuchte das Tier, den Bauern zu entrinnen?
14. Was wußte der Wolf, als er das Schneefeld erreichte?
15. Was taten die Bauern mit dem toten Wolf?
16. Was übersahen die Bauern völlig?

HEINZ PIONTEK

Heinz Piontek (1925–), one of the foremost post–World War II German writers, has been widely acclaimed for his lyric poetry, his prose works, and his radio plays. His lyric and dramatic talents reinforce and intensify the real meaning of the prose works. Piontek's concern with concise linguistic and symbolic statements is clearly evident in the title, which serves also as an important structural element in the story. Consider the meaning of *Das Tor zur Welt* for the young father, for the son, and for the father when he was a boy. Another instance of such a complex motif is the recurring poetic formula *Wind und Wolken*, which embodies the concepts of time and change.

Piontek's stories are not traditional prose narratives with emphasis on external events and happenings. He is interested primarily in problems of human existence; what transpires in the inner depth of his characters is all-important. The story which follows contains an astonishing amount of factual information about the characters, but in addition Piontek conveys to the reader how an adult and a child experience differently the same event. The work must be read and contemplated on several levels simultaneously — in the present for the son, in the past and present for the father, and on an existential plane for the father. When the young father experiences a sudden awareness of truth, the author's purpose is fulfilled and the story ends abruptly rather than continuing to a logical end. That we do not find out what the father actually did with his son before returning home with him is of no consequence,

77

because Piontek is concerned with the interaction between the young father and his illegitimate son, who is unaware of his true relationship to this man with whom he is spending the day. The worlds of these two changing beings impinge upon each other for a few brief hours and the result is a new insight into self-understanding for the father.

·

DAS TOR ZUR WELT

HEINZ PIONTEK

Einmal im Jahr hole ich Stefan ab. Ich hänge mich ein paar Tage
vorher an den Draht[1] und sage Tina Bescheid. Gewöhnlich einigen
wir uns aufs Wochenende. Wenn ich dann an ihrer Tür läute,
bin ich immer etwas nervös, denn häufig ist Werner zu Hause,
der es nicht gern hat, daß mir Tina den Jungen für einen Nach- 5
mittag überläßt. Ich verstehe das und verstehe das nicht. Jedenfalls
atme ich auf, wenn ich endlich mit Stefan auf der Straße stehe,
und eine Weile denke ich nicht daran, daß ich ihn gegen Abend
zu Tina und Werner zurückbringen muß.

Das letzte Mal war es ein Tag mit Wind und Wolken. Die 10
Mädchen im Office lästerten über mich,[2] weil ich so zerstreut war,
und nur eine, die meine Geschichte kennt, ließ mich in Ruhe
und wünschte mir ein schönes Wochenende. Ich bin bei einer
Fluggesellschaft angestellt. Samstags machen wir zu Mittag den
Laden dicht.[3] Ich wollte für jedes der Kinder eine Kleinigkeit 15
einkaufen und mußte mich beeilen, denn die Geschäfte schließen
ja früh. Nachher schlang ich schnell im Stehen etwas Heißes hinunter[4] und fuhr dann mit den Päckchen zu unserer Wohnung.
Alles leer, weil meine Mutter bei einer Freundin auf dem Land
war. Ich zog mich um und nahm wieder die Bahn und war kurz 20

[1] *hänge mich . . . an den Draht* — telephone.
[2] *lästerten über mich* — complained about me.
[3] *machen . . . den Laden dicht* — close up shop.
[4] *schlang ich schnell im Stehen etwas Heißes hinunter* — I gulped down some hot food
standing up.

nach drei draußen in Wiesbach.

Sie haben ein Reihenhaus mit Kellergarage in diesem Vorort.
Werner muß fast doppelt soviel verdienen wie ich. Natürlich
sprechen wir nicht darüber, bloß ein paar Redensarten machen
5 wir.[5] Er schimpft über die Teuerung, erzählt was Intimes über das
Getriebe seines Wagens, und ich mache Bemerkungen über die
im Augenblick bevorzugten Touristenziele und die neuen
Maschinen, die wir eingesetzt haben.[6] Doch diesmal war Werner
nicht daheim.

10   Bis sich Stefan angezogen hatte, unterhielt ich mich mit Tina.
Zu ihren Füßen kauerte Leonhard, ein Miniatursteuerrad in den
kleinen Fäusten, und nahm die Kurven schneidig wie sein Vater.
Er mußte jetzt vier Jahre alt sein, da Stefan fast acht war. Für die
Spielzeugkamera hatte er mir sehr höflich gedankt und sie dann
15 uninteressiert an Gaby weitergegeben. Gaby hielt sich mit einer
Hand am Laufgitter fest. Sie hatte einen Ausschlag,[7] und ihr kluges
Gesicht war dick mit Salbe bestrichen. Sie knabberte etwas an
der Kamera, bis sie das Gleichgewicht verlor und neben die
Musikmühle zu sitzen kam, die ich ihr geschenkt hatte. Unge-
20 schickt drehte sie die Kurbel, aber es kamen doch ein paar Töne
zustande, Töne wie vereinzelte Tropfen von einem Sommerhimmel,
und sie lauschte.

„Sie hat Musik gern," sagte Tina.

Ich sah Tina an. Sie war längst nicht mehr so schlank wie damals,
25 und die Strenge in ihrem Gesicht hatte zugenommen. Ein starkes
strenges Gesicht.

„So ist das," sagte ich.

Tina fing plötzlich an, sehr ausdauernd und geräuschvoll[8] zu reden,
doch ich spürte, daß sie sich fürchtete. Ja, es beunruhigte sie, daß

---

[5] *ein paar Redensarten machen wir* — we exchange a few desultory remarks.
[6] *die neuen Maschinen, die wir eingesetzt haben* — the new types of airplanes which we
have put into service.
[7] *Sie hatte einen Ausschlag* — She had a rash.
[8] *ausdauernd und geräuschvoll* — extensively and loudly.

ich neben ihr saß, und sie fürchtete sich noch immer vor der Erinnerung. So war mir ihr Geschwätz wie eine Zärtlichkeit, und ich ging ein auf alles und ließ die Vergangenheit ruhen, und dann stand Stefan in der Tür.

Hager stand er da, mit fast weißen Haaren, und hatte eine hübsche 5 Windjacke an und hellblaue Cordhosen.

„Du hast dich wieder nicht gekämmt," sagte die Mutter. „Ab durch die Mitte!"⁹

Er verschwand noch einmal, die Tür knallte, und ich nahm meinen Regenmantel vom Stuhl.　　　　　　　　　　　　　　　10

„Verwöhn ihn nicht zu sehr," sagte Tina. „Er hat schlechte Noten im Schönschreiben heimgebracht. Werner ist ziemlich . . ." Sie brach ab. „So schlimm ist es auch wieder nicht," sagte sie schnell und lächelte wie jemand, der insgeheim auf meiner Seite ist.

Wind und Wolken. Ich machte Stefan den Vorschlag, zum 15 Zoo hinauszufahren. Die Bahn war um diese Stunde nicht sehr besetzt, aber als der Junge die Mundharmonika, die ich ihm mitgebracht hatte, aus der Jacke zog und ausprobierte, gab es doch aus einer Ecke Protest, und ich mußte es ihm verbieten.

Stefan sagte laut: „Wie in der Schule. Da kannst du nichts 20 machen."

Alles im Wagen war mit einemmal lustig über seine aufgeschnappte Redensart.¹⁰

„Der Junge ist richtig,"¹¹ sagte jemand, indem er sich zu mir herabbeugte. Und eine ziemlich wild aussehende Frau, die schwer 25 wie ein Planiertraktor¹² durch den Gang gepflügt war, blinzelte mir zu. „Genau wie sein Vater!"

Mir fiel nichts ein, was ich darauf hätte sagen können, und ich lachte. Ich dachte daran, wie ich in Stefans Alter gewesen war.

„Das ist mein *Onkel*," stellte Stefan mich vor.　　　　　　30

---

⁹ „*Ab durch die Mitte!*" — "Off with you!"
¹⁰ *seine aufgeschnappte Redensart* — the style of speaking that he had picked up.
¹¹ *richtig* — O.K.
¹² *Planiertraktor* — road grader.

Ein Hubschrauber knatterte über uns weg. Er war nicht zu
sehen, doch ich nahm die Gelegenheit wahr und fing eilig von den
Maschinen unserer Gesellschaft zu erzählen an. Stefan hörte
hingerissen zu. Er hatte einen hageren, nicht zu kleinen Kopf,
5 graue Augen und eine etwas kurze Oberlippe, so daß seine Zahn-
lücken fast immer sichtbar waren. Vor einem Jahr hatte er sich mit
Uhren noch nicht recht ausgekannt. Jetzt wollte er nur Flugzeiten
und Geschwindigkeiten von mir hören, und obwohl er das meiste
natürlich nicht begriff, sagte er doch immer an der richtigen
10 Stelle: „Toll, Mensch!"[13] Ich versuchte ihn für Indien und Südafrika zu interessieren, umsonst, Exotik ließ ihn kalt, aber in welcher
Zeit man bis dorthin komme, wenn man die schnellste Maschine
nehme oder eine, die womöglich noch toller als die schnellste sei,[14]
darüber wollte er ganz präzise Auskünfte.
15   Während wir über die Flugzeuge redeten, mußte ich an unser
Office denken. Es schaut wie eine riesige Kajüte aus: alles in
Teakholz und Messing. Die Front zur Straße ist ganz aus Glas,
und die große Glastür, durch die man hereinkommt, heißt bei uns
ironisch „Das Tor zur Welt." Ich spreche drei Sprachen, kenne
20 alle einschlägigen Bestimmungen und werde auch mit schwierigen
Kunden fertig.[15] Draußen auf dem Flughafen war der Dienst unbequem, aber ich habe mich unter den Piloten und Stewardessen
wohler gefühlt als hier im öden Innendienst, wo ich für andere
die Tickets in die Welt ausstellen muß. Eigenartig, draußen bildete
25 ich mir ein, am Anfang eines Sprungbretts zu stehen:[16] Nur ein
paar Schritte noch, und dann schnellst du dich ab, irgendwohin!
Dabei habe ich im Büro natürlich bessere Chancen aufzusteigen.
Aber wohin?

---

[13] „*Toll, Mensch!*" — "Fantastic!"
[14] *die womöglich noch toller als die schnellste sei* — which might even be more fantastic
than the fastest one.
[15] *kenne alle einschlägigen Bestimmungen und werde auch mit schwierigen Kunden fertig* —
know all pertinent regulations and can handle the difficult customers, too.
[16] *am Anfang eines Sprungbretts zu stehen* — that I had stepped onto a diving board.

Am Vogelstern[17] mußten wir umsteigen. Plötzlich kam mir in den Sinn, daß ich Stefan einmal das Haus zeigen könnte, in dem ich geboren wurde. Er schien nicht ganz bei der Sache,[18] aber er wollte es doch sehen. Immerzu arbeitete er an seinen Zähnen herum,[19] und als wir vor dem großen, von Bomben und Stürmen mitgenommenen[20] Haus standen und ich auf unsere ehemalige Wohnung im dritten Stock wies, sagte er: „Du, der ist schon ganz locker. Hoffentlich verschluck ich ihn nicht."

Ich wurde etwas aufgeregt, denn ich hatte keine Ahnung, ob es sehr schädlich sei, wenn man in diesem Alter einen Zahn verschluckt. Ich nahm ein Tempotaschentuch[21] aus der Packung und tastete vorsichtig die Zähne in seinem rosigen Rachen ab. Stefan jammerte etwas. Dann hatte ich ihn gefunden. Er wackelte so, daß ich Stefans Bedenken[22] sogleich teilte. Ich faßte den Zahn mit dem Taschentuch und gab mir einen Ruck, und der Junge zuckte unter dem Ruck, und dann sah er ihn zart und schimmernd zwischen meinen Fingern. Überwältigt von Schreck, Staunen und Glück sah er seinen Milchzahn an.

Nachher spuckte er etwas Blut. Wir gingen weiter, und er preßte die Lippen aufeinander und wurde rot und röter im Gesicht.
„Was hast du denn?"[23]

Stefan gab keine Antwort. Erst als er mit aller Gewalt Luft holte, wußte ich, daß er vorher den Atem angehalten hatte.

„Wenn ich mal untergeh," sagte er schnaufend, „kann ich tauchen."

Mir fiel ein, daß ich dieses Spiel als Junge auch oft gespielt hatte. Und ich mußte mich sehr zusammennehmen, um ihm nicht zu verraten, daß ich sein Vater war. Warum hatten Tina

---

[17] *Vogelstern* — name of a streetcar stop.
[18] *Er schien nicht ganz bei der Sache* — He didn't seem to be really interested.
[19] *Immerzu arbeitete er an seinen Zähnen herum* — He constantly picked at his teeth.
[20] *von Bomben und Stürmen mitgenommenen* — damaged by bombs and storms.
[21] *Tempotaschentuch* — Kleenex; paper handkerchief.
[22] *Bedenken* — reservations.
[23] *„Was hast du denn?"* — "What's the matter with you?"

und ich damals nicht geheiratet? Freilich, ich ging zu dieser Zeit
noch auf die Dolmetscherschule, hatte große Rosinen im Kopf.²⁴
Ich wollte etwas werden, von dem ich nur wußte, daß ich es mit aller
Kraft meines Herzens werden wollte. Es war etwas anderes als
5 nur die Ferne, die mich lockte. Ein Geheimnis wollte ich an mich
reißen und es hüten und es nicht preisgeben, bis zum Schluß.
Aber ich lag meiner Mutter auf der Tasche²⁵ und lernte Sprachen,
und als Tina mir erzählte, daß wir ein Kind haben würden, war ich
glücklich und verzweifelt, und ich zögerte etwas mit meinem
10 Entschluß, da wir vom Heiraten sprachen, und sie nahm alles selbst
in die Hand und ging ihren nicht leichten Weg allein. Dann, als
ich die Unsicherheit abgeschüttelt hatte und sie heiraten wollte,
war plötzlich Werner da, ein Mann, groß und breit und verläßlich.
Tina sprach nicht viel. Sie blickte mich an, ihr Gesicht war hart,
15 und das Wasser lief über ihr Gesicht. Werner nahm sie zur Frau
und adoptierte ihren vorehelichen Sohn. Daß ich mit Stefan einmal
im Jahr zusammensein durfte, hatte ich mir durch das Versprechen
meines Schweigens erkauft. Solange es Werner für richtig hielt,
durfte es der Junge nicht erfahren, wer sein Vater war.
20   Wir waren nun auf dem Weg, auf dem ich sechs Jahre lang
täglich zur Schule gegangen war. Ich erzählte es meinem Sohn.
Stefan sah sich um. Rechts standen noch immer die Schuppen eines
Altwarenhändlers, dann kam eine große Gärtnerei. Auf der linken
Seite einzelne Villen hinter Hecken und Mauern. Ich war lange
25 nicht in der Gegend gewesen, aber nichts hatte sich verändert.
Stefan hob einen Zweig auf und brachte damit den rostigen
Drahtzaun der Gärtnerei zum Klingen.²⁶ Auch das hatte ich früher
oft getan. Ein paar Weiden neigten sich über den Draht. Wind
und Wolken.

²⁴ *ich ging . . . auf die Dolmetscherschule, hatte große Rosinen im Kopf* — I was attending
  the interpreter's school, had big ideas.
²⁵ *ich lag meiner Mutter auf der Tasche* — I was being supported by my mother.
²⁶ *brachte damit den rostigen Drahtzaun der Gärtnerei zum Klingen* — used it to make the
  rusty iron fence of the nursery ring.

Wie Bruchstücke eines halbvergessenen Gedichts kam mir meine Kindheit in den Sinn. Stefan legte den Kopf schräg und äugte zu mir hoch mit einem Vogelblick.[27] Es ging etwas vor in seinem hageren Gesicht. Wahrscheinlich versuchte er sich das ganz Unglaubliche vorzustellen: diesen Mann an seiner Seite mit einem Schulranzen! Der Zweig in seiner Hand zerbrach. Er merkte es nicht. Ich blieb still und atmete den Geruch des Weges ein, den Laub- und Erdgeruch, den Geruch von Rost und verwittertem Mörtel.[28]

Jetzt waren wir an der langen Mauer angelangt, über die man nicht hinwegsehen konnte. Wie eine Sturmflut kam meine Erinnerung und mit ihr eine Helligkeit des Begreifens, die ich nur mit zusammengebissenen Zähnen ertragen konnte. Ich begriff den Grund, warum ich ein Vater bin, der keiner ist; warum ich es nicht weitergebracht habe als bis zu einem langweiligen Posten in einem prächtig gepflegten Büro; warum ich allein bin. Hier, angesichts der Mauer, die hochragte mit den sonderbaren Zeichen und Hieroglyphen ihres abblätternden Putzes. Hier auf meinem einstigen Schulweg verstand ich es plötzlich. Ich mußte sprechen.

„Siehst du das Tor da vorn in der Mauer?"

Stefan nickte.

„Als ich so alt war wie du," sagte ich, „da habe ich mir oft gedacht, was wohl hinter dieser Mauer sein mag. Im Sommer ging ich täglich im Schatten der Mauer lang, und manchmal meinte ich, dahinter einen Springbrunnen zu hören. Es ist ein ganz großes Geheimnis dahinter, habe ich gedacht."

„Was war's denn?" fragte Stefan gierig.

„Ich traute mich nicht, die Klinke an dem kleinen braunen Tor herunterzudrücken und das Tor einen Spalt breit zu öffnen

---

[27] *legte den Kopf schräg und äugte zu mir hoch mit einem Vogelblick* — tilted his head and looked up at me with a birdlike expression.
[28] *den Laub- und Erdgeruch, den Geruch von Rost und verwittertem Mörtel* — the odor of leaves and earth, the odor of rust and of weathered mortar.

und hineinzuspähen. Später, dachte ich, wenn ich größer bin, später probier ich's. Und immer wieder schob ich es auf."

„Na und dann?"

„Dann ging ich hier sommers und winters lang, und vor der
5 Mauer war Schatten oder Schnee, und es hörte nicht auf, in mir zu brennen, denn ich brannte darauf, das Geheimnis zu lüften. Aber auch eine Scheu war in mir und eine Angst, daß ich vielleicht nicht stark genug wäre für das Geheimnis. Verstehst du es? So bin ich eigentlich immer gewesen."
10 Stefan sagte nichts.

„Natürlich habe ich dann einmal geklinkt, als ich älter war. Doch die Pforte war verschlossen. Es machte mich rasend, ich versuchte es immer wieder, jeden Tag, ja zehnmal am Tag. Ich wollte es nicht glauben. Aber die Tür in der Mauer blieb zu."
15 Von Stefans Augen konnte ich ablesen, daß er mich nicht verstand. Ich schlug mit dem Schuh einen Stein beiseite. „Nachher vergaß ich es," sagte ich.

Wir waren vor dem Tor angekommen. Es war frisch gestrichen, wieder hatte man eine braune Farbe dazu genommen. Stefan, mein
20 Sohn, warf einen kurzen Blick auf das Tor. Dann ging er hin und zog an der Klinke. Das Tor bewegte sich ächzend in den Angeln.[29] Ein sauberer großer asphaltierter Hof kam zum Vorschein. Ein Parkplatz, bis auf zwei, drei Wagen fast leer. Auf der gegenüberliegenden Seite mußte man die Mauer niedergerissen haben. Dort
25 stand jetzt eine Tankstelle.

„Pah," sagte Stefan.

Und ich dachte: Das Tor zur Welt.

---

[29] *ächzend in den Angeln* — creaking on its hinges.

FRAGEN

1. Warum mußte der Erzähler Tina anrufen?
2. Wer war Werner?
3. Was hatte der Erzähler getan, bevor er Stefan abholte?
4. Wer waren Leonhard und Gaby?
5. Vor welcher Erinnerung fürchtete sich Tina?
6. Warum sagte Stefan: „Wie in der Schule"?
7. Wofür interessierte sich Stefan besonders?
8. Warum nannte man die Glastür des Geschäftes „Das Tor zur Welt"?
9. Was mußte der Erzähler auf der Straße für seinen Sohn tun?
10. Warum wurde Stefan immer röter im Gesicht?
11. Warum hatte der Erzähler Tina nicht geheiratet?
12. Woran erinnerte sich der Vater, als er und sein Sohn am Zaun der Gärtnerei vorbeigingen?
13. Worauf machte der Vater den Sohn aufmerksam?
14. Warum hatte der Vater als Kind nie das Tor aufgemacht?
15. Warum sagte Stefan „Pah"?

CHRISTOPH MECKEL

Christoph Meckel (1935–) has been equally active and successful in the fields of art and literature. He has illustrated his own work with etchings and has even published picture stories in which the only words are those in the captions. His stark drawings and prints express in visual terms what he attempts to convey with language in his poems and stories.

Meckel's stories can perhaps best be described as grotesque fairy tales. His imagination fuses the impossible with the real to create an atmosphere in which the absurd seems normal. Like the fairy tale or the fable, with its moral, Meckel's stories too seem to point a lesson. Good and evil are there, but the good is not victorious; indeed, one might well ask whether the reverse is not true.

The surrealistic images Meckel superimposes on the rational world are like parables, but parables whose lessons are not immediately plain. As one feels the full impact of the images and reflects on them, a constellation of meanings begins to emerge, not one of which, by itself, can adequately convey the author's intent. These shifting meanings revolve around such concepts as good and evil, humanity, brutality, compassion. The world revealed in the pictures, poems, and stories of Christoph Meckel is usually a gruesome one, in which chances of improvement are dim, and flight seems hopeless.

DIE KRÄHE

CHRISTOPH MECKEL

Ich durchquerte die Wälder im Sommer, es waren dichte Wälder,
die kein Ende nahmen. Und an einem Morgen traf ich einen Mann,
der mit zerfetzter Jacke und schmutzigen Stiefeln im Unterholz
stand; er schrie und pfiff durch die Finger (das hatte mich auch von
meinen Wegen gelockt) und rief viele Namen wieder und wieder 5
in die endlosen Wälder voller Gemurmel und Gebalz, Geknister[1]
und grünem Schweigen. Als ich in seine Nähe kam, winkte er mich
heran und sagte, er suche einen Tiger.

Es gab in diesen Wäldern keine großen Tiere und keine Raubtiere,
aber ich fragte nicht lange, denn ich hatte Neugier genug und viel 10
Zeit, ließ mir die Namen sagen und half dem Mann den Tiger
suchen. Ich lief durch Gestrüpp und hohes, schneidendes Gras und
rief die Namen des Tigers umher in der Windstille und hörte, wie
der Mann sich entfernt vor mir durch das Dickicht arbeitete, pfei-
fend und schreiend, und nach langer Zeit vergeblichen Suchens in 15
den Wäldern traf ich ihn wieder, und er sagte: Wir müssen jetzt
einen Bären suchen, ich habe auf den Waldhügeln einen Bären
laufen sehn, und das heißt, daß der Tiger sich verwandelt hat, es
gibt keinen Tiger mehr.

Und wir machten uns von neuem auf in die Wälder, gingen 20
getrennte Wege und riefen in das viele Zwielicht[2] alle die Namen,

---

[1] *Gebalz, Geknister* — fluttering, rustling.
[2] *viele Zwielicht* — pervasive twilight.

und ich hörte Tappen und Knistern, Holz knacken und schwere
Tritte auf Laub und Stein in Nähe und Ferne, und als ich den Mann
im schwarzen Innersten der Wälder wiedertraf, sagte er: Ich habe
einen weißen Elefanten durch die Büsche gehn sehn, es gibt jetzt
5 keinen Bären mehr. Und wir trennten uns wieder und kämpften
uns durch Wald und wieder Wald, endlos und kühl, riefen viele
Namen und suchten den Elefanten und fanden ihn nicht. Und nach
Stunden sagte der Mann: Von jetzt ab müssen wir einen Wolf
suchen, und wir suchten nach dem Wolf, und am Nachmittag fand
10 ich den Mann erschöpft auf einem Baumstumpf sitzend, und er
sagte: Ich habe den Wolf sich nahe vor mir verwandeln sehn, jetzt
müssen wir einen schwarzen Fuchs suchen. Mit Ästen und Stecken
stießen wir in die Sandgruben und Baumwurzelschächte,[3] in die
ungangbaren Dickichte und Tümpelinseln;[4] und ich kletterte auf
15 einen Baum, saß hoch über den Waldböden, sah weit über die
Wälder und in den durchlichteten[5] Himmel, stieg wieder ab, kroch
über die Moose und durch die Farnfelder, aber ich fand keinen
schwarzen Fuchs.

Was soll ich mit dem Fuchs machen, wenn ich ihn finde, fragte
20 ich den Mann. Du mußt mich rufen, sagte er, du mußt ihn festhalten
bis ich komme. Also lief ich von neuem durch die Wälder, jetzt sehr
müde, und traf gegen Abend eine mannsgroße Krähe im Unterholz,
reglos stehend, und ich verhielt im Laufen[6] und fragte: Bist du es,
Krähe, die hier gesucht wird?

25 Die Krähe nickte und humpelte auf mich zu.

Weiß der Mann schon, daß du eine Krähe bist, fragte ich, hat er
dich schon gesehen?

Nein, sagte, die Krähe, er sucht den schwarzen Fuchs jetzt noch.
Die Krähe schien sehr erschöpft zu sein.

---

[3] *Baumwurzelschächte* — tunnels under the tree roots.
[4] *Tümpelinseln* — ponds.
[5] *durchlichteten* — luminous.
[6] *verhielt im Laufen* — stopped running.

Ich helfe suchen, sagte ich, das weißt du vermutlich, oder?[7]

Ja, ich weiß es, sagte die Krähe, ich sah dich an mir vorbeilaufen, als ich Bär war und hinter einem Steinhaufen verschnaufte.

Da hättest du mich leicht zerreißen können, sagte ich.

Ja, sagte die Krähe, das hätte ich leicht tun können, aber es lag mir nicht viel daran.[8] Jetzt könnte ich dich zerhacken, falls du mir nicht zuvorkommst und deinen Stecken in meinen Schnabel stößt oder sonst etwas tust, aber es liegt mir nicht viel daran.

Ich wußte nicht recht, was ich mit dem Tier anfangen sollte, ich sagte: Wenn du willst, sage ich dem Mann nichts davon, daß ich dich als Krähe getroffen habe. Du kannst hierbleiben, ich werde den Mann von dir fernhalten. Ich weiß ja eigentlich gar nicht, was hier vorgeht. Du kannst verschnaufen, aber du mußt wach bleiben. Ich komme wieder.

Die Krähe trat von einem Bein auf das andere.

Was wird der Mann mit dir tun, wenn er dich findet, fragte ich, was hat er vor?

An die Kette legen oder in einen Verschlag stecken,[9] antwortete die Krähe, ich vermute es nur. Ich weiß es nicht genau. Er kann mich auch schlachten und auffressen, es kommt darauf an, was ihm einfällt, wenn er mich als Krähe findet.

Hat er ein Recht auf dich, fragte ich, ich meine, hat er dir einen schönen Verschlag gebaut, als du Tiger warst, hat er dich gefüttert?

Er hat mich schon gejagt, bevor ich Tiger war, sagte die Krähe, er ist ein großer Jäger.

Ich fragte die Krähe: Hast du noch einmal vor, dich zu verwandeln, Krähe?

Sie antwortete: Ich kann es noch einmal tun, ein einziges Mal noch.

Gut, sagte ich, ich werde also den Mann weiterhin nach dem

---

[7] *oder?* — don't you?
[8] *es lag mir nicht viel daran* — I wasn't much interested.
[9] *An die Kette legen oder in einen Verschlag stecken* — Chain me up or put me in a pen.

schwarzen Fuchs suchen lassen. Und ich ging durch die Wälder,
traf den Mann heiser vom Brüllen und müde, und wir verabredeten
uns, weiter nach dem schwarzen Fuchs zu suchen.

Ich habe den Tiger gejagt und alle Tiere davor, sagte der Mann.
5 Ich habe den Baren gejagt und den Elefanten, jetzt jage ich den
schwarzen Fuchs. Ich bin Jäger, davon lebe ich, und ich brauche das
Tier, ich will es besitzen. Und sollte es als Papagei¹⁰ auf den Türmen
Pekings* hocken, ich würde es jagen.

Was hast du mit ihm vor, fragte ich.

10 Was ich mit ihm vorhabe? Das ist doch ganz gleich, rief der Mann
ungeduldig, haben muß ich es, besitzen will ich es; und nun geh und
such den schwarzen Fuchs!

Und wir trennten uns, und während der Jäger nach dem schwarzen Fuchs in den Wäldern brüllte, lief ich zu der Krähe. Ich war jetzt
15 selber besessen, die Krähe für mich zu haben. Sie stand noch am
alten Fleck. Willst du mit mir kommen, fragte ich sie, du gefällst
mir, du würdest nicht mehr gejagt werden . . .

Die Krähe sah mich an und nickte mit dem großen Kopf. Wir
gingen nun, torkelnd¹¹ die Krähe und schläfrig an meiner Seite, den
20 Ausgang der Wälder suchen, fanden ihn spät am Abend, als die
Dämmerung den Wald schon finster machte, und gingen hinaus in
die Ebene.

Der Jäger wird die Wälder nicht verlassen, sagte ich, hier kannst
du verschnaufen.

25 Und die Krähe legte sich ins Gras, ich legte meinen Kopf unter
die Flügel der Krähe, die Nacht über schliefen wir in der Ebene nahe
den Wäldern, aus denen es schrie und brummte, und am nächsten
Morgen standen wir auf und gingen zusammen fort.

Und wir liefen durch den heißen Tag, der auf der Ebene leuchtete.
30 Am Rand des flachen Landes verschwanden die Wälder klein und

¹⁰ *Papagei* — parrot.
¹¹ *torkelnd* — staggering, reeling.

grau, um uns war spärliches Gras, das im Wind sich bewegte. Und
nach Stunden des Laufens durch die Ebene fragte ich die Krähe, ob
sie nicht auffliegen könne, um nachzusehn, wo wir uns befänden.

Ich kann nicht fliegen, sagte die Krähe.

Ich bat die Krähe, es wenigstens zu versuchen. Sie schüttelte ihre 5
Flügel, schlug um sich, hüpfte, sie drehte sich schwerfällig, zog die
Füße ein, schleifte mit den Flügeln am Boden, daß es staubte, aber
es kam nicht mehr zustande[12] als ein paar meterhohe, kurze, unge-
schickte Sprünge. Die Krähe atmete rasselnd und hatte wilde Augen.

Ja, du kannst wirklich nicht fliegen, sagte ich, laß es also sein. Und 10
wir gingen weiter in der großen Hitze. Nach Stunden kamen wir in
ein Dorf. Dort waren Bäume, in deren Schatten wir uns ausruhten.
Wir wuschen uns an einem Brunnentrog.[13] Die Krähe sprang,
nachdem ich getrunken hatte, in das Wasser, schlug mit den Flügeln,
schüttelte sich, stäubte Wasser umher, zog Wasser durch den 15
Schnabel in großen lauten Schlucken. Es versammelten sich viele
Leute in den Haustüren und um den Brunnen, zeigten mit Fingern
auf die Krähe und lachten, umringten sie ohne Vorsicht, aber die
Krähe merkte es nicht oder achtete nicht darauf. Ich erklärte den
Leuten, daß ich das Tier zu einem Zirkus in die Stadt brächte. Ich 20
verspreche mir eine Menge Geld, sagte ich. Nach kurzer Zeit
verließen wir das Dorf (die Leute wichen nur widerwillig vor der
Krähe zurück), und ich entschuldigte mich bei der Krähe: Du mußt
mich nicht falsch verstehn, Krähe, sagte ich, ich brauche eine
Ausrede für die Leute. 25

Das habe ich schon verstanden, sagte die Krähe. Sie schien nicht
besonders verlegen zu sein.

Und wir gingen weiter in der Ebene, kamen durch leichte Hügel,
und es wurde Nachmittag. Ich will dir einen Vorschlag machen,
sagte ich, du hast doch noch eine Verwandlung übrig, nicht wahr, 30
du hast es gesagt.

---

[12] *es kam nicht mehr zustande* — nothing more was accomplished.
[13] *Brunnentrog* — trough of a fountain.

Ja, sagte die Krähe, warum willst du es wissen?

Was für eine ist es, fragte ich weiter, ist es eine auffällige?[14]

Ist es unbedingt nötig, daß du es weißt, fragte die Krähe.

Siehst du, Krähe, sagte ich, das wäre ein Vorschlag, hör ihn dir
5 an: Wir werden jetzt durch viele Dörfer kommen und gelegentlich
in eine Stadt. Wir werden viele Leute sehn, tausend und mehr an
einem Tag, du verstehst. Es wäre einfacher, wenn du dich noch
einmal verwandeltest, falls dich das unauffälliger machen würde.

Warum, fragte die Krähe, ich bin eine Krähe, jeder kann sich mit
10 einer Krähe sehen lassen.

Das schon,[15] sagte ich, aber hast du mal eine richtige Krähe
gesehn?

Nein, sagte die Krähe, ich weiß sehr wenig von Krähen. Ich
erfahre von dir zum erstenmal, daß ich Krähe bin und Krähe heiße.

15 Siehst du, das ist es, sagte ich. Die richtigen Krähen sind klein, du
bist dreißigmal, vielleicht vierzigmal so groß wie eine gewöhnliche
Krähe. Und du bist die einzige Krähe, die je so groß gewesen ist.
Deshalb bist du, wenn wir länger unter die Leute kommen, als
Krähe ungültig.[16] Als Hund zum Beispiel würdest du kaum auffallen,
20 denn es gibt hunderterlei[17] Hunde, sehr große, sehr kleine. Aber es
gibt nur eine Krähensorte, jeder kennt sie.

Die Krähe lief neben mir her und grübelte lange. Ich verstehe
dich nicht ganz, sagte sie dann. Ich will mir meinen letzten Teil
noch aufheben, verstehst du, weil er der letzte ist. Früher habe ich
25 schnell und unbedenklich gewechselt, aber jetzt muß ich mir lange
überlegen, ehe ich etwas aufgebe. Das ist das eine. Das andere ist:
warum soll ich nicht die Krähe bleiben, die ich bin. Ich bin gerne
Krähe, wie ich zum Beispiel gerne Elefant war und nur ungern
Wolf nach dem Elefanten wurde. Ich möchte schon am liebsten

---

[14] *eine auffällige* — a striking one.
[15] *Das schon* — That's true.
[16] *ungültig* — invalid, inadmissible.
[17] *hunderterlei* — hundreds of kinds of.

Krähe bleiben, auch in den Städten, durch die wir kommen werden, wie du sagst.

Du könntest wieder gejagt werden, sagte ich.

Daran habe ich nicht gedacht, sagte die Krähe.

Es wäre aber gut, daran zu denken, sagte ich. Wir übernachteten in einer Hütte in der Nähe eines Flusses, in der Nacht kam Regen nieder, der leis auf dem Blechdach der Hütte dengelte. Und am Morgen sagte mir die Krähe: Du mußt mich nicht falsch verstehn, ich habe auch meinen Stolz als Krähe, ich möchte Krähe bleiben, auch wenn wir in eine Stadt kommen, in der man so große Krähen nicht kennt. Ich bleibe Krähe.

Gut, sagte ich, du sollst Krähe bleiben. Wenn ich könnte, würde ich dich zur Verwandlung zwingen, aber ich kann es nicht. Und dein Stolz macht mir auch Freude. — Ein paar Tage gingen wir durch Gras und Ebenen flußabwärts.[18]

Wir kamen später in eine Stadt, es war Frühherbst und die Nächte waren kühl geworden. Ich führte die Krähe über die Korsos[19] und großen Straßen. Sie war noch nie in einer Stadt gewesen, aber schien nicht besonders verwirrt, sondern lief mit hellen, ruhigen Augen neben mir her. Am Abend des ersten Tages warf man Steine auf uns; die Krähe zuckte zusammen. Wir waren bald von vielen Menschen eingekreist, wurden schneller und schneller durch die Straßen getrieben. Ich wurde bald festgehalten.

Ich kenne die Stadt nicht, Krähe, sagte ich, als die Leute näher kamen, ich weiß nicht, wo du dich verkriechen könntest.

Die Krähe blieb schweigsam und unruhig in meiner Nähe.

Verwandle dich jetzt, sagte ich, als die Leute mich wegdrängten, verwandle dich, schnell!

Nein, sagte die Krähe. Ich sah, daß sie anfing zu zittern. Ihre Flügelspitzen zuckten. Sie versuchte mit den Flügeln zu schlagen.

[18] *flußabwärts* — downstream.
[19] *Korsos* — drives.

Es flogen nun schon viele Steine auf die Krähe. Ihr Schnabel stand weit offen.

Verwandle dich doch, schrie ich, los, verwandle dich!

Aber die Krähe lief und hüpfte schwerfällig weiter die Straße entlang, die Menge wich vor ihr zurück, so weit sie konnte. Es folgten der Krähe immer mehr Leute und immer schneller, und immer mehr Steine prasselten auf die Krähe, die unter den Steinschlägen schwankte und torkelte.

Da sah sich die Krähe nach mir um. Sie suchte mit ihren kleinen wilden, ratlosen Augen, bis sie mich in der Menschenmenge gefunden hatte. Dann verwandelte sie sich. Es ging sehr langsam, sie räkelte sich[20] qualvoll, schwarze Krähenfedern wirbelten über der Menge, die entsetzt zurückschreckte und sich zu einem Knäuel zusammenstaute.[21] Die Krähe veränderte sich lautlos, beulte sich ein und aus,[22] dann war sie fertig. Eine riesige schwarze blinde Katze stand allein gegen die Menge mit nassen, leeren Augenhöhlen und gesträubten Haaren, in denen Krähenfedern hingen. Sie fauchte in lauten, heiseren Stößen.[23] Sie bewegte sich nicht vom Fleck, tastete nur ein wenig am Boden um sich her.

Ich verstand die Krähe jetzt besser. Die Leute warfen nun wieder Steine auf die Katze, immer mehr Steine. Die Katze drehte sich fauchend um sich selber auf einem Fleck, bis sie umfiel. Es flogen immer noch Steine und Krähenfedern herum. Man hatte mich längst losgelassen. Und ich lief davon durch die fremde Stadt.

FRAGEN

1. Wie benahm sich der Mann im Walde?
2. Warum mußten die beiden einen Bären suchen?

---

[20] *räkelte sich* — contorted itself.
[21] *sich zu einem Knäuel zusammenstaute* — huddled together in a tight knot.
[22] *beulte sich ein und aus* — contracted and expanded.
[23] *fauchte in lauten, heiseren Stößen* — spat loudly and hoarsely.

3. Warum kletterte der Erzähler auf einen Baum?
4. Was fand er schließlich?
5. Was hätte die Krähe als Bär tun können?
6. Was versprach der Erzähler?
7. Was konnte die Krähe nur noch einmal tun?
8. Warum wollte der Jäger die Krähe fangen?
9. Warum wurde der Erzähler so aufgeregt?
10. Wieso konnten der Erzähler und die Krähe ruhig schlafen?
11. Warum bat der Erzähler die Krähe aufzufliegen?
12. Was tat die Krähe im Brunnen?
13. Was sagte der Erzähler den Dorfbewohnern?
14. Welchen Vorschlag machte der Erzähler?
15. Was antwortete die Krähe darauf?
16. Warum wollte die Krähe Krähe bleiben?
17. Was taten die Leute der Stadt am ersten Tag?
18. In was für ein Tier verwandelte sich die Krähe?
19. Was tat der Erzähler am Ende?

LEO SLEZAK

During a performance of the opera *Lohengrin* the swan boat in which the hero was to make a dignified exit was pulled off stage before the singer, Leo Slezak, had taken his place in it. Turning to the audience, he placidly inquired: "Wann fährt der nächste Schwan?"

A rare combination of successful singer and writer, Leo Slezak (1874–1946) was not only one of the outstanding German tenors of the beginning of the century, but he was also a gifted humorist. His first work, capriciously entitled *Meine sämtlichen Werke*, was hailed with delight by his admirers. When he published another volume after his "complete works," he gave it the apologetic title *Wortbruch* (Breach of Promise). It is from this book that "Lohengrin" is taken.

Slezak made his debut in *Lohengrin* in 1895 and sang the leading role many times during his career. This fact, however, did not prevent him from parodying the libretto of this opera and four others in his *Opernführer*, a whimsical imitation of those standard reference books containing summaries of operatic plots. Amusing and clever, the "guide" pokes fun at the librettos with tongue-in-cheek explanations of the action. A typical comment is that on *Il Trovatore*: "Bei dieser Oper habe selbst ich keine Ahnung was vorgeht!"

LOHENGRIN

LEO SLEZAK

Das ist eine sehr komplizierte Sache und ich muß meinen lieben
Leser ernstlich bitten, recht aufmerksam zu sein, um sich aus dem
Wirrsal[1] der Handlung herauszufinden und zu wissen, um was es
sich eigentlich handelt.

Jedermann weiß, daß in früheren Zeiten sehr viel gezaubert 5
wurde. Man verwandelte damals die schönsten Jünglinge — meistens Prinzen — in alle möglichen Tiere, und oft, wenn man der
Meinung war, einen echten Harzer Kanari[2] im Zimmer zu haben,
entpuppte[3] sich dieser eines Tages als verzauberter Erzherzog,[4] den
eine neidische, miese Fee[5] in diesen Roller[6] verwandelt hatte.   10

Also das kommt heute nicht mehr vor. —

— Wenn der Vorhang in die Höhe geht, ist die Bühne gespickt
mit Mannen.[7] — Sie werden mich korrigieren wollen und sagen:
„Männern!"; aber es heißt doch Mannen — die planlos mit den
Schwertern auf ihre Schilde schlagen und singen.   15

König Heinrich sitzt unter einer großen Eiche, hat einen langen
Umhängebart[8] und hält Gericht. —

1 *Wirrsal* — confusion.
2 *Harzer Kanari* — a canary from the Harz Mountains of Germany.
3 *entpuppte* — revealed.
4 *Erzherzog* — Archduke.
5 *miese Fee* — mean fairy.
6 *Roller* — canary.
7 *gespickt mit Mannen* — filled with men. The plural form *Mannen* is an obsolete
form which referred to followers.
8 *Umhängebart* — false beard.

103

Telramund, ein Edler, hat eine Klage gegen Elsa von Brabant eingereicht und behauptet, sie habe ihren Bruder, den kleinen Gottfried, umgebracht. —

Der König glaubt es nicht, und es ist auch nicht wahr.

5 Elsa wird vorgeladen, wird gefragt — sie leugnet.

Wer hat recht? — Der Telramund oder die Elsa?

Bald hätte ich vergessen zu erzählen, daß Telramund verheiratet ist und seine Frau Ortrud heißt. — Übrigens eine recht düstere Dame — die eigentlich Telramund zur Überreichung der Klage 10 veranlaßte.[9]

In alten Zeiten war das Gottesgericht[10] modern. —

Wenn man nicht wußte, ob jemand schuldig oder unschuldig war, so ließ man zwei Männer miteinander kämpfen, und derjenige, der unterlag, war der Verbrecher.

15 Eine äußerst unsichere Angelegenheit.

Telramund fordert jedermann auf, sich für Elsas Unschuld zu schlagen. —

Trotzdem keiner der Ritter die arme Elsa dieser Gemeinheit für fähig hält, läßt sich, trotz wiederholten Blasens auf der Trompete, 20 keiner von ihnen in dieses Gedränge ein. Da befiehlt der König, noch einmal zu blasen.

Plötzlich sieht man von weitem einen glänzenden Ritter in einem Kahne stehen, der von einem schneeweißen Schwan gezogen wird.

25 Der Chor der Mannen brüllt durcheinander, zeigt auf den Ritter und schaut krampfhaft auf den Kapellmeister, was aber offenbar nicht viel nützt, denn sie sind untereinander vollständig verschiedener Ansicht,[11] was der Lateiner „Tohuwabohu" nennt.[12]—

---

[9] *veranlaßte* — induced.

[10] *Gottesgericht* — ordeal during which God was called upon to prove a person innocent or guilty.

[11] *denn sie sind untereinander vollständig verschiedener Ansicht* — for they all have completely different opinions.

[12] *was der Lateiner „Tohuwabohu" nennt* — what the Latinist calls "tohu vabohu" (i.e., chaos; "tohu vabohu" being Hebrew, *Lateiner* is here used in mock ignorance).

Lohengrin kommt an, wird von allen Seiten beleuchtet, und singt das Schwanenlied,[13] einen Viertelton zu tief.

Der Schwan merkt das, darum fährt er davon.

Nun kommt das eigentlich Interessante. —

Telramund bebt hörbar, aber er läßt nicht nach, er darf auch 5 nicht, weil es so vorgeschrieben ist.

Zuerst geht Lohengrin zu Elsa und sagt ihr, daß er für sie kämpfen werde, und ob sie seine Frau werden wolle. Dies könne jedoch nur unter der Bedingung geschehen, daß sie ihn nie frage, wer er sei und woher er komme. — 10

Also eigentlich eine Zumutung![14] — Man soll nicht wissen, mit wem man das Vergnügen hat. — Eine wilde Sache.

Sie schwört, er geht hin, besiegt den Telramund, schenkt ihm das Leben, die Ortrud zerspringt,[15] Elsa fliegt dem Namenlosen um den Hals, die Mannen schlagen freudig bewegt mit ihren 15 Schwertern auf die Schilde, der König streicht seinen Umhänge-bart, gibt seinen Segen und der Vorhang fällt.

Dies ist der erste Akt.

Im zweiten Akte ist es vor allem einmal finster. —

Unheimlich lange Vorwürfe und gegenseitige Anklagen ertönen 20 aus irgendeiner Ecke. — Ortrud und Telramund streiten sich. — Er nennt sie eine Genossin seiner Schmach[16] und sie ist auch sehr unfreundlich mit ihm.

Nach langem Hin und Her beschließen sie, Elsa neugierig zu machen und ihr den Lohengrin zu verekeln.[17] 25

Im Mittelalter erschien in der Nacht vor der Hochzeit die Braut immer auf dem Söller[18] und sprach mit dem Monde, oder, wenn keiner da war, mit dem „Zephir."[19]

---

[13] *Schwanenlied* — the swan song, the famous farewell to the swan from *Lohengrin.*
[14] *Zumutung* — presumption.
[15] *die Ortrud zerspringt* — Ortrud flies into a rage.
[16] *Genossin seiner Schmach* — companion of his disgrace.
[17] *ihr den Lohengrin zu verekeln* — to turn her against Lohengrin.
[18] *Söller* — balcony.
[19] *Zephir* — breeze.

Das sind lauter Übertriebenheiten,[20] die man heute nicht mehr macht, weil man sonst für blödsinnig gehalten werden würde.

Während die Braut mit dem Zephir plaudert, seufzt Ortrud
5 unten so laut, daß Elsa es hören muß.

Sie geht hinunter, liest Ortrud von der Schwelle auf[21] und nimmt sie zu sich in den Palast. — Das war das Dümmste, das sie tun konnte.

Beim Brautzug erscheinen die gewiegtesten Chordamen als
10 Brautjungfern und streuen Blumen. — Die Mannen beteiligen sich am Schreiten und singen in Synkopen.[22] — Alles wallt majestätisch zur Kirche, da plötzlich drängt sich Ortrud vor Elsa und behauptet, sie gehöre nach vorne.

Es erhebt sich eine große Aufregung, und mitten in diesen
15 Wirbel kommt der König mit Lohengrin. — Der überschaut sofort die ganze Situation und schleudert Blitze aus seinen Augen.

— Er geht zu Elsa, nimmt sie beiseite und sagt ihr, sie solle sich ja nicht aufhetzen lassen und ihn fragen, weil er sonst sofort abreisen müsse. — Elsa meint, daß sie gar nicht daran denke und froh sei,
20 daß sie endlich einmal heiraten könne. Er drückt sie an seine Brust und sie schreiten weiter auf die Kirche zu.

Plötzlich, im letzten Moment, springt Telramund hinter einem Pfeiler hervor und beschimpft Lohengrin. — Sagt, daß er ein Zauberer sei, und daß die ganze Geschichte doch höchst merk-
25 würdig wäre. — Man soll mit einem Schwan angefahren kommen, man soll den Schwan wieder wegschicken, kein Mensch soll fragen dürfen, wer man ist, keine Legitimation, keine Ausweispapiere, kein Visum[23] — gar nichts! Deshalb erkläre er die ganze

---

[20] *Übertriebenheiten* — exaggerations.
[21] *liest . . . auf* — picks up.
[22] *Synkopen* — syncopation.
[23] *keine Legitimation, keine Ausweispapiere, kein Visum* — no legitimation, no identification papers, no visa.

Sache mit dem Gottesgericht für Blech[24] und verlange die Revision der Angelegenheit.

Kurz und gut, Telramund ist, nach seiner Meinung mit Recht, aufgeregt.

Aber wenn einmal ein Vorurteil zu jemandes Gunsten Platz 5 gegriffen hat,[25] so kann der machen was er will — er hat recht.

Telramund bekommt einen Stoß in den Magen und wird hinausgeschmissen. —

Lohengrin und Elsa setzen das unterbrochene Schreiten in die Kirche fort, die Mannen schlagen freudig bewegt mit den Schwer- 10 tern auf ihre Schilde, und unter beifälligem Nicken[26] des Königs fällt der Vorhang. —

Dritter Akt. —

Das Brautgemach.[27] —

Lohengrin und Elsa werden von dem König hereingeführt, der, 15 nachdem er den beiden praktische Winke diesbezüglich zuteil werden ließ,[28] sofort wieder verschwindet. —

Der Zuschauer merkt schon an der Einrichtung, daß das eine sehr unerfreuliche Brautnacht werden wird.

Lohengrin singt so lange, bis ihn Elsa endlich fragt, welchen 20 Geschlechtes[29] er sei. Die Bombe platzt. — Zu alledem kommt noch Telramund herein und will Lohengrin erschlagen. — Der Anschlag mißlingt, Telramund fällt, von dem Blitze aus dem Auge Lohengrins getroffen, tot zu Boden. —

Er wird weggeräumt. — 25

Lohengrin sagt Elsa nichts. — Erst vor dem König will er reden. — Auch wieder eine Bosheit[30] von ihm.

[24] *die ganze Sache ... für Blech* — the whole affair of the ordeal to be nonsense.
[25] *Platz gegriffen hat* — has taken hold.
[26] *unter beifälligem Nicken* — with nods of approval.
[27] *Brautgemach* — bridal chamber.
[28] *nachdem er den beiden praktische Winke diesbezüglich zuteil werden ließ* — after he has given the two practical hints about this (the bridal night).
[29] *Geschlecht* — this is a pun on the word which means both sex and family.
[30] *Bosheit* — "dirty trick."

Während Elsa mit essigsaurer Tonerde[31] gewaschen wird, fällt
der Vorhang.

Verwandlung. —

Derselbe Platz wie im ersten Akt. — Der König erscheint hoch
5 zu Roß. Dieses entledigt sich vor allem alles Innerlichen, während
die Mannen siegesverlangend[32] mit den Schwertern auf die Schilde
schlagen. — Es soll in den Krieg gehen. — Jeder einzelne lechzt[33]
nach Heldentod. —

Lohengrin soll ein Bataillon übernehmen. — Er kommt herein
10 und sagt, er könne nicht mitkommen. — Zum Glück habe ihn
Elsa gefragt und nun müsse er heimwärts ziehen. —

Zum Zeichen der Trauer schlagen die Mannen mit den Schwertern auf ihre Schilde.

Elsa wird hereingebracht. — Sie wankt. — Entweder sie schreitet
15 oder sie wankt.

Lohengrin stellt sich hin und singt die Grals-Erzählung.[34]

Er sagt nichts Stichhaltiges,[35] lauter Sachen, die er nicht beweisen
kann und angesichts derer er von keiner Musterungskommission
enthoben worden wäre.[36] Aber alle glauben es. — Vielleicht tun
20 sie nur so, weil es schon sehr spät ist, und niemand durch einen
Einspruch oder durch eine Debatte die Vorstellung noch mehr
in die Länge ziehen will.

Während Elsa nach Luft verlangt, verabschiedet sich Lohengrin
und gibt ihr ein Horn, einen Ring und ein Schwert.

25 Auf dem Horn soll sie blasen lernen, den Ring soll sie behalten
und das Schwert soll sie ihrem Bruder schenken.

Wie verwirrend!

Er geht.

---

[31] *essigsaurer Tonerde* — boric acid.
[32] *siegesverlangend* — shouting for victory.
[33] *lechzt* — is panting.
[34] *die Grals-Erzählung* — the story of the Holy Grail.
[35] *nichts Stichhaltiges* — nothing provable.
[36] *angesichts derer er von keiner Musterungskommission enthoben worden wäre* — in the
face of which he would not have been cleared by any board of review.

Die Mannen schlagen zum Zeichen der Trauer mit ihren Schwertern auf ihre Schilde.

Plötzlich erscheint die Ortrud wieder. Sie gibt keine Ruhe. — Sie schreit, daß sie den Bruder in einen Schwan verwandelt habe, und daß sie an der ganzen Unannehmlichkeit schuld sei. 5

Lohengrin durchbohrt sie mit einem Blitz aus seinem Auge. — Sie stirbt. —

Der Schwan taucht unter, und es springt ein übertrieben wonniger[87] Jüngling — ein Prinz — aus dem Wasser und umarmt Elsa. Der kleine Gottfried! — 10

Da Lohengrin nicht ohne jedes Zugtier[88] wegfahren kann, kommt eine Taube und zieht ihn fort — was sehr unwahrscheinlich ist.

Elsa wankt und schreit, da fällt Gott sei Dank der Vorhang, denn es ist schon sehr spät. — 15

Die Oper ist aus! —

FRAGEN

1. Was tun die Mannen, als der Vorhang aufgeht?
2. Was soll Elsa getan haben?
3. Wer ist Ortrud?
4. Warum soll jemand mit Telramund kämpfen?
5. Was sieht man auf einmal von weitem kommen?
6. Warum fährt der Schwan davon?
7. Unter welcher Bedingung wird Lohengrin Elsa zur Frau nehmen?
8. Was entschließen sich Ortrud und Telramund zu tun?
9. Was tut Elsa, als sie Ortrud seufzen hört?
10. Warum gehen die Leute in die Kirche?

[87] *wonniger* — attractive.
[88] *Zugtier* — draft animal.

11. Warum regen sich alle auf dem Wege zur Kirche so auf?
12. Wie beschimpft Telramund den Lohengrin?
13. Was geschieht mit Telramund?
14. Wer führt Lohengrin und Elsa ins Brautgemach?
15. Warum kommt Telramund ins Brautgemach?
16. Was geschieht Telramund im Brautgemach?
17. Warum erscheint der König auf einem Roß?
18. Warum muß Lohengrin nach Hause fahren?
19. Welche drei Geschenke gibt Lohengrin der Elsa, ehe er weggeht?
20. Was soll Elsa mit dem Schwert tun?
21. Was wird aus dem Schwan?
22. Wie verläßt Lohengrin die Bühne?

WERNER BERGENGRUEN

Bergengruen's "Die Schatulle," which begins as an intriguing episode of the French Revolution, takes on, before it ends, a puzzling and macabre twist. If its target is any one human failing, that failing is probably avarice. But since Bergengruen is an idealist who does not feel compelled to preach, he clothes his message in an adventure story — one with an almost tragic ending.

Leclef, the jeweler, is not an innocent man who suffers unjustly. Prepared to be an accessory to lawbreaking if he can get away with it, he is hoist with his own petard. To understand the skillful twist Bergengruen introduces, the reader will have to follow very carefully the exchanges with the mysterious woman at the beginning of the story and the conversation that follows at the home of Dr. Pillon. The sudden revelations at the end are confusingly simple. It is remarkable what Bergengruen has done here with a few well-placed words.

Werner Bergengruen was born in Riga, in Livonia, in 1892. After studying at several German universities, he fought in World War I. For a few years thereafter he made his living as a journalist and translator, but from 1924 until his death, in 1964, he devoted himself to literature.

DIE SCHATULLE

WERNER BERGENGRUEN

Im zweiten Jahre der Konventsherrschaft[1] verließ die Frau des
Goldschmiedes und Juweliers Leclef eines Morgens das in der Rue
St. Hilaire gelegene Haus ihres Mannes, um sich für einige Tage
zu ihrer Schwester nach Versailles zu begeben. Im Hause blieben
nur ihr Mann und der Geselle zurück, denn die Dienstmagd hatte 5
man abschaffen[2] müssen.

Am Nachmittag erschien im Laden eine verschleierte Dame, die
den Meister in einer vertraulichen Angelegenheit zu sprechen
wünschte.

Er führte sie in die Stube. Sie nahm den Schleier ab; ihr Gesicht 10
war jung und hübsch. Nachdem er ihr versichert hatte, daß sie
keinen Lauscher zu fürchten brauche, schickte sie sich an, ihm ihr
Anliegen auseinanderzusetzen.[3] Sie begann mit einigen nichts-
sagenden Höflichkeiten und nannte ihn dabei „Monsieur" und
nicht „Citoyen,"[4] und das hörte der Juwelier immer gern, voraus- 15
gesetzt, daß niemand dabei war. Er war ein Geschäftsmann, hatte
unter dem alten Regime gut verdient und fluchte im stillen auf
Jakobiner[5] und Philosophen.

„Nein, Monsieur," sagte die Dame endlich, „ich weiß, ich kann

---

[1] *Konventsherrschaft* — the government of the National Convention [one of the
parliamentary powers in France in the first years of the Revolution].

[2] *abschaffen* — give up.

[3] *ihm ihr Anliegen auseinanderzusetzen* — to explain her proposition.

[4] *„Citoyen"* — "Citizen" [form of address established by the revolutionaries to replace
"Monsieur"].

[5] *Jakobiner* — Jacobins [members of the powerful group of agitators who conducted
the Reign of Terror].

zu Ihnen Vertrauen haben. Ich will daher alle Umschweife[6] fortlassen. Einige hochgestellte Personen im Auslande, deren Namen
ich nicht zu nennen brauche, die es aber verstanden haben, große
Teile ihres Vermögens zu retten, schicken mich zu Ihnen. Es sind
5 Personen, die in verwandtschaftlichen Beziehungen[7] zu den Häusern Rohan und Montmorency stehen und den Wunsch haben,
Wertgegenstände[8] aus dem Besitz dieser und anderer ihnen ver-
bundener Familien zurückzuerwerben, soweit sich an diese Gegenstände ihnen teure Erinnerungen knüpfen."

10 „Die Personen leben im Auslande, Madame?" fragte Leclef
bedenklich. „Der Konvent hat die Ausfuhr von Edelsteinen und
Goldsachen über die Grenzen der Republik verboten."

„Niemand erwartet von Ihnen einen Verstoß[9] gegen die Gesetze.
Ich weiß, daß Glieder der Familien Rohan und Montmorency
15 Teile des Familienschmuckes an Sie veräußert[10] haben, um sich
die Mittel zur Flucht zu verschaffen. Sie sollen diese Stücke und
vielleicht noch andere ähnlicher Herkunft in Paris verkaufen. Was
weiter mit den Pretiosen[11] geschieht, das braucht Sie nicht zu
kümmern."

20 „Warum erzählen Sie mir denn, Madame, was mit den Pretiosen
weiter geschehen soll?"

„Weil ich Sie um genaueste Verschwiegenheit bitten muß. Diese
Bitte werden Sie jetzt begreifen und erfüllen."

Der Juwelier nickte. „Meine Sache ist das Verkaufen, und ein
25 Geschäftsmann soll überhaupt keine unnützen Worte machen."

Nachdem sie die Zusicherung seiner Verschwiegenheit erhalten
hatte, wurde die Dame offenherziger. Sie erzählte ihm, es habe sich
eine Art geheimen Komitees gebildet, das den Ankauf und die

---

[6] *Umschweife* — digressions.
[7] *in verwandtschaftlichen Beziehungen . . . stehen* — are related.
[8] *Wertgegenstände* — articles of value.
[9] *Verstoß* — offense.
[10] *veräußert* — disposed of.
[11] *Pretiosen* — jewels.

Wegschaffung der Kostbarkeiten in die Hände genommen habe. Er werde begreifen, daß sie ihm die Namen der Mitglieder nicht nennen wolle außer dem einen, den zu wissen ihm nötig sei. Und zwar handele es sich um einen Arzt, den Doktor Pillon an der Butte St. Roch.[12] Dieser führe die Kasse[13] und werde den Kauf- 5 preis erlegen, während sie selber Vollmacht habe, das Geschäft abzuschließen.

Als Leclef den Namen des Doktors hörte, verließ ihn sein Mißtrauen, das bis zu diesem Augenblicke noch recht groß gewesen war. Den Doktor Pillon kannte jedes Kind. Er war ein wohl- 10 habender, in allen Stücken[14] zuverlässiger Mann, dessen geschickte Kuren höchlich gerühmt wurden. Wiewohl unter seinen Patienten die Angehörigen des hohen Adels in der Mehrzahl gewesen waren, hatten die neuen Machthaber ihn unangetastet[15] gelassen; wie denn gemeinhin[16] die Ärzte gleich den Schauspielern von keinem Um- 15 sturz etwas zu fürchten haben.

„Ich kenne die Gesetze, Madame," sagte Leclef vorsichtig. „Ich weiß, daß es verboten ist, andere Zahlungsmittel zu fordern als Assignaten.[17] Allein Sie werden begreifen — —"

„Der Preis wird in Gold entrichtet,"[18] fiel die Dame ihm bestimmt 20 ins Wort. „Kein redlicher Mensch bezahlt Goldwaren und Edelsteine mit wertlosem Papier."

Nun ließ die Dame sich vorlegen, was der Juwelier an Schmuckstücken aus dem Besitz der genannten Familien an sich gebracht hatte. Einiges war bereits umgearbeitet. Aber sie erklärte sich 25 bereit, auch diese Stücke zu übernehmen. Die Wahrheit zu sagen, schob Leclef auch manches mit unter, das zu den Geschlechtern

---

[12] *Butte St. Roch* — a hill in Paris.
[13] *führe die Kasse* — had charge of the money.
[14] *in allen Stücken* — in every way.
[15] *unangetastet* — unmolested.
[16] *gemeinhin* — usually.
[17] *Assignaten* — scrip [currency issued by the Revolutionary Government].
[18] *entrichtet* — paid.

der Montmorency, Rohan oder überhaupt des französischen Adels
in gar keiner Beziehung stand.

Die Dame wählte und stellte zusammen. Dann fragte sie nach
dem Preise. Leclef rechnete eine Weile und nannte dann seine
5 Forderungen. Die Dame zuckte zusammen und erklärte, das sei
zu viel. Wenn das sein letztes Wort sei, so müsse sie ihren Ankauf
auf einige wenige Stücke beschränken.

Nun setzte Leclef seine Forderungen hinunter und schwur, er
verliere dabei. Nach einer Weile wurden sie handelseinig.[19] Die
10 Dame suchte eine dauerhaft gearbeitete[20] Schatulle aus, und dann
wurden die Pretiosen eingepackt. Die Schatulle wurde in Wachstuch geschlagen, Leclef nahm sie unter den Arm, warf seinen
Mantel um und sagte dem Gesellen, er gehe aus.

Die beiden machten sich auf den Weg zur Butte St. Roch. Ein
15 Aufwärter führte sie in das Wartezimmer des Arztes. Nach einiger
Zeit erschien er wieder und bat die Dame, ihm zu folgen. Leclef
saß da und überschlug den Gewinn, den er gemacht hatte. Die
Schatulle stand neben ihm auf dem Tisch.

Bald darauf kehrte die Dame in Begleitung des Arztes zurück,
20 den Leclef vom Sehen kannte. Auch hatte er ihn einmal selbst
bedient, als der Doktor bei ihm eine Tabatiere[21] gekauft hatte.

Pillon streckte ihm mit gutmütiger Herzlichkeit die Hand hin.
„Da sind Sie ja, mein lieber Citoyen Leclef," sagte er „Ich habe
schon den ganzen Nachmittag auf Sie gewartet. Nun, wie gehen
25 die Geschäfte?"

Der Juwelier begann zu klagen, wie es die Geschäftsleute aus
Grundsatz[22] tun, vornehmlich in bewegten Zeiten.

„Aber heute haben Sie wirklich keine Ursache zum Schelten,"
meinte die Dame, die sich neben ihn gesetzt hatte.

---

[19] *wurden sie handelseinig* — they came to an agreement.
[20] *dauerhaft gearbeitete* — solidly constructed.
[21] *Tabatiere* — snuff box.
[22] *aus Grundsatz* — on general principle.

„Meiner Treu,[23] ich verdiene kaum etwas daran," versicherte
Leclef. „Vergessen Sie nicht, daß die Sachen mehrere Jahre als
totes Kapital bei mir in den Kassetten[24] gesteckt haben."

„Nun ja, nun ja," sagte Pillon und trommelte mit den Fingern
auf der Tischplatte. „Haben Sie übrigens schon gehört, daß man
den Brückenzoll[25] wieder einführen will? Was sagen Sie dazu?"

Leclef erwiderte, er fände das unrecht, und wollte auf die Rechnung zu sprechen kommen. Indessen schalt Pillon auf die hohen
Milchpreise, die der Wöchnerinnen halber[26] ganz besonders zu
verdammen seien.

Der Juwelier wartete höflich, bis Pillon mit seinem Satz zu Ende
gekommen war; dann zog er die Rechnung aus seiner Brieftasche, die er schon eine ganze Weile in den Händen hin und her ge-
dreht hatte. Jetzt schob er das Blatt dem Arzt hin und sagte hastig:

„Ich bitte Sie, Bürger Doktor, Sie werden Einsicht nehmen[27]
wollen."

„Nun, es wird ja stimmen, lassen Sie gut sein,"[28] antwortete
Pillon.

„Nein, Ordnung muß sein, ich bin ein Geschäftsmann," beharrte
Leclef. „Sie erlauben, Bürger Doktor."

Damit setzte er sich neben den Arzt und begann ihm die einzelnen
Posten[29] zu erklären, über das Blatt gebeugt und ab und zu mit
dem gelblichen, gekrümmten Nagel des Zeigefingers eine Zeile
unterstreichend. Der Dame mochte es zu lange dauern, und sie
ging stillschweigend hinaus.

„Nicht wahr, es stimmt?" fragte Leclef, als er fertig war.

„Gewiß, gewiß," sagte der Arzt.

---

[23] *meiner Treu* — upon my faith.
[24] *Kassetten* — strongboxes.
[25] *Brückenzoll* — bridge toll.
[26] *der Wöchnerinnen halber* — because of the women in childbed.
[27] *Einsicht nehmen* — examine.
[28] *lassen Sie gut sein* — never mind.
[29] *Posten* — entries.

„Also dann darf ich wohl höflichst um geneigte Zahlung bitten,[30] mein Bürger Doktor?"

Pillon präsentierte ihm die Tabatiere, die Leclef auf den ersten Blick wiedererkannte, und sagte, „Langen Sie zu, mein Lieber. Meinen Sie nicht auch, daß wir heuer[31] einen strengen Winter haben werden?"

Des Juweliers Haut bekam plötzlich eine bleigraue Farbe. Einen Blick warf er in das väterlich-lächelnde Gesicht des Arztes, ein zweiter überflog das Zimmer. Die Dame war fort. Die Schatulle war fort.

„Tausend Teufel!" schrie Leclef, sprang auf, stürzte zur Tür, rannte durch den Korridor.

Am Ende des Korridors standen plötzlich drei Männer und vertraten ihm den Weg.

„Fort! Laßt mich!" schrie er, und seine Stimme überschlug sich.[32] Er wollte die Männer beiseitestoßen und sich durchzwängen. Allein sie packten ihn, ruhig und unerschüttert, als hörten sie sein Schreien und Flehen gar nicht, banden ihm Hände und Füße und trugen ihn davon. Dann wurde er entkleidet und in eine hölzerne Wanne mit kaltem Wasser gelegt. Endlich fand er sich in einem Zimmer, welches ein Bett enthielt, sonst nichts.

Einige Tage später stürzte Madame Leclef in das Empfangszimmer des Doktor Pillon. „Wo ist mein Mann?" schrie sie. „Wo ist mein Mann?"

„Aber so beruhigen Sie sich doch, Bürgerin," sagte der Arzt freundlich. „Er ist gut aufgehoben. Wenn es möglich ist, führe ich Sie nachher zu ihm. Haben Sie die Wäsche mitgebracht?"

Er drückte sie in einen Sessel. Es sah aus, als sei die große Frau plötzlich klein geworden, in sich zusammengesackt.[33] Sie weinte.

---

[30] *höflichst um geneigte Zahlung bitten* — please ask for payment.
[31] *heuer* — this year.
[32] *seine Stimme überschlug sich* — his voice broke.
[33] *in sich zusammengesackt* — collapsed.

„Ja, was ist denn nur? Was ist denn nur? Was haben Sie denn mit ihm gemacht? Ich komme aus Versailles. Da sagt der Geselle, mein Mann sei seit vorgestern bei Ihnen, Ihr Aufwärter sei gestern dagewesen: wir sollten Wäsche für ihn schicken. Was soll denn das heißen?"   5

„Aber Bürgerin, Ihr Mann soll doch geheilt werden. Es ist kein Wunder, er hat Verluste gehabt durch den Umsturz, wir alle. Nun will er von jedem seine Juwelen bezahlt haben. Aber ich bringe ihn wieder in Ordnung, seien Sie unbesorgt."

„Mein Mann ist gestört? Großer Gott, wie ist er denn zu Ihnen 10 gekommen?"

„Ihre Tochter war vorgestern früh bei mir und hat mir alles auseinandergesetzt. Am Nachmittag hat sie ihn dann hergeführt. Er kam gutwillig mit, weil sie ihm gesagt hatte, ich würde seine Juwelen bezahlen. Ja, hat Ihre Tochter Ihnen denn nichts davon 15 erzählt? Sie hat doch in Ihrem Auftrag die Pflegekosten für einen Monat vorausbezahlt!"

„Meine Tochter? Meine Tochter ist seit acht Jahren tot. Ich will meinen Mann wiederhaben! Ich will meinen Mann wiederhaben!"   20

Doktor Pillon erschrak. Er strich der Frau über das dünne Haar, sprach ihr verwirrt Mut zu und führte sie dann in das Zimmer des Juweliers.

„Leclef!" schrie sie und wollte auf ihn zustürzen.

Allein Leclef erkannte sie nicht. Er hockte auf dem Bettrande, 25 nickte mit einem glücklichen Lachen eifrig vor sich hin und zählte an den ausgespreizten Fingern:

„... eine Tabatiere mit Zahlperlen[34] besetzt ... achtzehn Perlen ... dreitausendachthundertfünfundsiebzig Livres[35] ...das Bracelet mit den Saphiren ... neuntausendsechshundertachtzig Livres ...   30

---

[34] *Tabatiere mit Zahlperlen* — snuff box decorated with small pearls.
[35] *Livres* — French coins worth about 19 cents at the time.

der Paragon[36] der Frau Herzogin ... *à jour* gefaßt,[37] achtundsiebzig Karat ... einundsechzigtausenddreihundertundfünfzig Livres ..."

FRAGEN

1. Warum verließ Frau Leclef das Haus?
2. Was hielt Leclef von der Revolution?
3. Wer schickte die Dame zu Leclef?
4. Was war damals in Frankreich verboten?
5. Was konnte die Dame Leclef nicht mitteilen?
6. Wer hatte nichts von der Regierung zu fürchten?
7. Worüber machte sich Leclef zuerst Sorgen?
8. Wozu wurde die Schatulle gebraucht?
9. Woher kannte Leclef den Arzt?
10. Was wollte der Doktor zur Zeit nicht besprechen?
11. Was geschah, während Leclef die Rechnung erklärte?
12. Warum stürzte Leclef aus dem Zimmer?
13. Warum konnte Leclef nicht fort?
14. Wie erklärte der Arzt Leclefs Krankheit?
15. Warum war es unmöglich für Leclefs Tochter, den Arzt zu besuchen?
16. Warum saß Leclef auf dem Bett und zählte?

[36] *Paragon* — a general term applied to large gems, especially pearls and diamonds.
[37] *à jour gefaßt* — with an openwork setting.

GUSTAV MEYRINK

Violet death, Tibet, a deaf man named Pompejus, an Afghan —
Gustav Meyrink (1868–1932) combines these incongruous elements
in the story bearing the curious title "Der violette Tod," a grotesque
and incredible tale in which he gives free rein to his bizarre imagination. As the story opens, an expedition is about to set out for a
remote section of little-known Tibet for the purpose of investigating
rumors that the inhabitants of that area are in possession of super-
natural powers. The rumors are not idle ones, as the explorers discover when they encounter the violet death.

Death, particularly in its fantastic and violent forms, was almost
an obsession with Meyrink. But his storytelling abilities transcend
the limits of the tale of fantasy and horror. Touches of his rather
morbid sense of humor not only provide needed relief in "Der
violette Tod," but help bridge the gap between the thoroughly
credible expedition into Tibet and its incredible consequences. It is
with marked pleasure, one suspects, that Meyrink has the strange
death spread from Tibet throughout the world, leaving chaos in its
wake.

DER VIOLETTE TOD

GUSTAV MEYRINK

Der Tibetaner schwieg.

Die magere Gestalt stand noch eine Zeitlang aufrecht und unbeweglich, dann verschwand sie im Dschungel. —

Sir Roger Thornton starrte ins Feuer: Wenn er kein Sannyasin — kein Büßer[1] — gewesen wäre, der Tibetaner, der überdies nach Benares* wallfahrtete,[2] so hätte er ihm natürlich kein Wort geglaubt — aber ein Sannyasin lügt weder, noch kann er belogen werden.

Und dann dieses tückische, grausame Zucken im Gesichte des Asiaten!?

Oder hatte ihn der Feuerschein getäuscht, der sich so seltsam in den Mongolenaugen gespiegelt?

Die Tibetaner hassen den Europäer und hüten eifersüchtig ihre magischen Geheimnisse, mit denen sie die hochmütigen Fremden einst zu vernichten hoffen, wenn der große Tag heranbricht.

Einerlei, er, Sir Hannibal Roger Thornton, muß mit eigenen Augen sehen, ob okkulte Kräfte tatsächlich in den Händen dieses merkwürdigen Volkes ruhen. Aber er braucht Gefährten, mutige Männer, deren Wille nicht bricht, auch wenn die Schrecken einer anderen Welt hinter ihnen stehen.

Der Engländer musterte seine Gefährten: — Dort der Afghane

---

[1] *kein Sannyasin ... kein Büßer* — not a Sannyasin ... not a penitent.
[2] *wallfahrtete* — was making a pilgrimage.

wäre der einzige, der in Betracht käme[3] von den Asiaten — furchtlos wie ein Raubtier, doch abergläubisch!

Es bleibt also nur sein europäischer Diener.

Sir Roger berührt ihn mit seinem Stock. — Pompejus Jaburek
5 ist seit seinem zehnten Jahre völlig taub, aber er versteht es, jedes Wort, und sei es noch so fremdartig, von den Lippen zu lesen.

Sir Roger Thornton erzählt ihm mit deutlichen Gesten, was er von dem Tibetaner erfahren: Etwa zwanzig Tagereisen von hier, in einem genau bezeichneten Seitentale des Himavat,* befinde sich
10 ein ganz seltsames Stück Erde. — Auf drei Seiten senkrechte Felswände; — der einzige Zugang abgesperrt durch giftige Gase, die ununterbrochen aus der Erde dringen[4] und jedes Lebewesen, das passieren will, augenblicklich töten. — In der Schlucht[5] selbst, die etwa fünfzig englische Quadratmeilen umfaßt, solle ein kleiner
15 Volksstamm leben — mitten unter üppigster[6] Vegetation —, der der tibetanischen Rasse angehöre, rote spitze Mützen trage und ein bösartiges satanisches Wesen in Gestalt eines Pfaues[7] anbete. — Dieses teuflische Wesen habe die Bewohner im Laufe der Jahrhunderte die schwarze Magie gelehrt und ihnen Geheimnisse
20 geoffenbart, die einst den ganzen Erdball umgestalten sollen; so habe es ihnen auch eine Art Melodie beigebracht, die den stärksten Mann augenblicklich vernichten könne.

Pompejus lächelte spöttisch.

Sir Roger erklärt ihm, daß er gedenke, mit Hilfe von Taucher-
25 helmen und Tauchertornistern, die komprimierte Luft enthalten sollen,[8] die giftigen Stellen zu passieren, um ins Innere der geheimnisvollen Schlucht zu dringen.

---

[3] *der in Betracht käme* — who could be considered.
[4] *aus der Erde dringen* — come out of the earth.
[5] *Schlucht* — ravine.
[6] *üppigster* — rankest.
[7] *Pfau* — peacock.
[8] *Taucherhelmen und Tauchertornistern, die komprimierte Luft enthalten sollen* — diving helmets and pack tanks which were to contain compressed air.

Pompejus Jaburek nickte zustimmend und rieb sich vergnügt die schmutzigen Hände.

— — — —

Der Tibetaner hatte nicht gelogen: dort unten lag im herrlichsten Grün die seltsame Schlucht; ein gelbbrauner, wüstenähnlicher Gürtel aus lockerem, verwittertem[9] Erdreich — von der Breite einer halben Wegstunde[10] — schloß das ganze Gebiet gegen die Außenwelt ab.

Das Gas, das aus dem Boden drang, war reine Kohlensäure.[11]

Sir Roger Thornton, der von einem Hügel aus die Breite dieses Gürtels abgeschätzt hatte, entschloß sich, bereits am kommenden Morgen die Expedition anzutreten. — Die Taucherhelme, die er sich aus Bombay* hatte schicken lassen, funktionierten tadellos.

Pompejus trug beide Repetiergewehre[12] und diverse Instrumente, die sein Herr für unentbehrlich hielt.

Der Afghane hatte sich hartnäckig[13] geweigert mitzugehen und erklärt, daß er stets bereit sei, in eine Tigerhöhle zu klettern, sich es aber sehr überlegen werde,[14] etwas zu wagen, was seiner unsterblichen Seele Schaden bringen könne. — So waren die beiden Europäer die einzigen Wagemutigen geblieben.

— — — —

Die kupfernen Taucherhelme funkelten in der Sonne und warfen wunderliche Schatten auf den schwammartigen[15] Erdboden, aus dem die giftigen Gase in zahllosen, winzigen Bläschen aufstiegen. — Sir Roger hatte einen sehr schnellen Schritt eingeschlagen, damit die komprimierte Luft ausreiche, um die gasige Zone zu passieren.

[9] *verwittertem* — weather-beaten.
[10] *Wegstunde* — hour's walk.
[11] *Kohlensäure* — carbon dioxide.
[12] *Repetiergewehre* — repeating rifles.
[13] *hartnäckig* — stubbornly.
[14] *sich es aber sehr überlegen werde* — but would have to think it over very carefully.
[15] *schwammartig* — spongy.

— Er sah alles vor sich in schwankenden Formen wie durch eine dünne Wasserschicht.[16] — Das Sonnenlicht schien ihm gespenstisch grün und färbte die fernen Gletscher — das „Dach der Welt" mit seinen gigantischen Profilen — wie eine wundersame Totenland-
5 schaft.

Er befand sich mit Pompejus bereits auf frischem Rasen und zündete ein Streichholz an, um sich vom Vorhandensein atmosphärischer Luft in allen Schichten zu überzeugen. — Dann nahmen beide die Taucherhelme und Tornister ab.

10 Hinter ihnen lag die Gasmauer wie eine bebende Wassermasse. — In der Luft ein betäubender Duft wie von Amberiablüten.[17] Schillernde handgroße Falter,[18] seltsam gezeichnet, saßen mit offenen Flügeln wie aufgeschlagene Zauberbücher auf stillen Blumen.

Die beiden schritten in beträchtlichem Zwischenraume vonein-
15 ander der Waldinsel zu, die ihnen den freien Ausblick hinderte.

Sir Roger gab seinem tauben Diener ein Zeichen — er schien ein Geräusch vernommen zu haben. — Pompejus zog den Hahn seines Gewehres auf.[19]

Sie umschritten die Waldspitze, und vor ihnen lag eine Wiese.

20 — Kaum eine viertel englische Meile vor ihnen hatten etwa hundert Mann, offenbar Tibetaner, mit roten spitzen Mützen einen Halbkreis gebildet: — man erwartete die Eindringlinge bereits. — Furchtlos ging Sir Roger — einige Schritte seitlich vor ihm Pompejus — auf die Menge zu.

25 Die Tibetaner waren in die gebräuchlichen Schaffelle gekleidet, sahen aber trotzdem kaum wie menschliche Wesen aus, so abschreckend häßlich und unförmlich waren ihre Gesichter, in denen ein Ausdruck furchterregender und übermenschlicher Bosheit lag. — Sie ließen die beiden nahe herankommen, dann hoben sie
30 blitzschnell, wie ein Mann, auf das Kommando ihres Führers die

---

[16] *Wasserschicht* — layer of water.
[17] *Amberiablüten* — Amberia blossoms.
[18] *Falter* — butterflies.
[19] *zog den Hahn seines Gewehres auf* — cocked his rifle.

Hände empor und drückten sie gewaltsam gegen ihre Ohren. —
Gleichzeitig schrien sie etwas aus vollen Lungen.

Pompejus Jaburek sah fragend nach seinem Herrn und brachte
die Flinte in Anschlag,[20] denn die seltsame Bewegung der Menge
schien ihm das Zeichen zu irgendeinem Angriff zu sein. — Was
er nun wahrnahm, trieb ihm alles Blut zum Herzen:

Um seinen Herrn hatte sich eine zitternde wirbelnde Gasschicht
gebildet, ähnlich der, die beide vor kurzem durchschritten hatten.
— Die Gestalt Sir Rogers verlor die Konturen, als ob sie von dem
Wirbel abgeschliffen[21] würden, — der Kopf wurde spitzig — die
ganze Masse sank wie zerschmelzend in sich zusammen, und an
der Stelle, wo sich noch vor einem Augenblick der sehnige Engländer befunden hatte, stand jetzt ein hellvioletter Kegel von der
Größe und Gestalt eines Zuckerhutes.[22]

Der taube Pompejus wurde von wilder Wut geschüttelt. — Die
Tibetaner schrien noch immer, und er sah ihnen gespannt auf die
Lippen, um zu lesen, was sie denn eigentlich sagen wollten.

Es war immer ein und dasselbe Wort. — Plötzlich sprang der
Führer vor, und alle schwiegen und senkten die Arme von den
Ohren. — Gleich Panthern stürzten sie auf Pompejus zu. — Dieser
feuerte wie rasend aus seinem Repetiergewehr in die Menge hinein,
die einen Augenblick stutzte.

Instinktiv rief er ihnen das Wort zu, das er vorher von ihren
Lippen gelesen hatte: „Ämälän[23] —. Äm—mä—län," brüllte er,
daß die Schlucht erdröhnte[24] wie unter Naturgewalten.

Ein Schwindel ergriff ihn, er sah alles wie durch starke Brillen,
und der Boden drehte sich unter ihm. — Es war nur ein Moment
gewesen, jetzt sah er wieder klar.

---

[20] *brachte die Flinte in Anschlag* — raised his rifle.
[21] *abgeschliffen* — worn away.
[22] *Zuckerhut* — sugarloaf.
[23] *Ämälän* — a word coined by the author with no specific meaning but functioning
as a magic term.
[24] *erdröhnte* — vibrated.

Die Tibetaner waren verschwunden — wie vorhin sein Herr —;
nur zahllose violette Zuckerhüte standen vor ihm.

Der Anführer lebte noch. Die Beine waren bereits in bläulichen
Brei[25] verwandelt, und auch der Oberkörper fing schon an zu
5 schrumpfen — es war, als ob der ganze Mensch von einem völlig
durchsichtigen Wesen verdaut würde. — Er trug keine rote Mütze,
sondern ein mitraähnliches Gebäude,[26] in dem sich gelbe lebende
Augen bewegten.

Jaburek schmetterte ihm den Flintenkolben[27] an den Schädel,
10 hatte aber nicht verhindern können, daß ihn der Sterbende mit
einer im letzten Moment geschleuderten Sichel am Fuße verletzte.

Dann sah er um sich. — Kein lebendes Wesen weit und breit. —
Der Duft der Amberiablüten hatte sich verstärkt und war fast
stechend[28] geworden. — Er schien von den violetten Kegeln aus-
15 zugehen, die Pompejus jetzt besichtigte. — Sie waren einander
gleich und bestanden alle aus demselben hellvioletten gallertartigen
Schleim.[29] Die Überreste Sir Roger Thorntons aus diesen violetten
Pyramiden herauszufinden, war unmöglich.

Pompejus trat zähneknirschend[30] dem toten Tibetanerführer ins
20 Gesicht und lief dann den Weg zurück, den er gekommen war. —
Schon von weitem sah er im Gras die kupfernen Helme in der
Sonne blitzen. — Er pumpte seinen Tauchertornister voll Luft und
betrat die Gaszone. — Der Weg wollte kein Ende nehmen.[31] Dem
Armen liefen die Tränen über das Gesicht, — Ach Gott, ach Gott,
25 sein Herr war tot. — Gestorben, hier, im fernen Indien! — Die
Eisriesen des Himalaya[32] gähnten gen Himmel, — was kümmerte
sie das Leid eines winzigen pochenden Menschenherzens. — — —

---

[25] *Brei* — mush.
[26] *mitraähnliches Gebäude* — a thing shaped like a bishop's miter.
[27] *Flintenkolben* — rifle butt.
[28] *stechend* — stinging, biting.
[29] *gallertartigen Schleim* — gelatinous mucus.
[30] *zähneknirschend* — gnashing his teeth.
[31] *wollte kein Ende nehmen* — seemed endless.
[32] *Eisriesen des Himalaya* — ice-capped mountains of the Himalayas.

Pompejus Jaburek hatte alles, was geschehen war, getreulich zu Papier gebracht, Wort für Wort, so wie er es erlebt und gesehen hatte — denn verstehen konnte er es noch immer nicht — und es an den Sekretär seines Herrn nach Bombay, Adheritollahstraße 17, adressiert. — Der Afghane hatte die Besorgung übernommen. — 5 Dann war Pompejus gestorben, denn die Sichel des Tibetaners war vergiftet gewesen. —

„Allah ist das Eins und Mohammed ist sein Prophet,"[33] betete der Afghane und berührte mit der Stirne den Boden. Die Hindujäger hatten die Leiche mit Blumen bestreut und unter frommen 10 Gesängen auf einem Holzstoße verbrannt.[34] — — —

Ali Murrad Bey, der Sekretär, war bleich geworden, als er die Schreckensbotschaft vernahm, und hatte das Schriftstück sofort in die Redaktion[35] der „Indian Gazette" geschickt. —

Die neue Sintflut[36] brach herein. — 15

Die „Indian Gazette," die die Veröffentlichung des „Falles Sir Roger Thornton" brachte, erschien am nächsten Tage um volle drei Stunden später als sonst. — Ein seltsamer und schreckenerregender Zwischenfall trug die Schuld an der Verzögerung:

Mr. Birendranath Naorodjee, der Redakteur[37] des Blattes, und 20 zwei Unterbeamte, die mit ihm die Zeitung vor der Herausgabe noch mitternachts durchzuprüfen pflegten, waren aus dem verschlossenen Arbeitszimmer spurlos verschwunden. Drei bläuliche gallertartige Zylinder standen statt dessen auf dem Boden, und mitten zwischen ihnen lag das frischgedruckte Zeitungsblatt. — 25 Die Polizei hatte kaum mit bekannter Wichtigtuerei[38] die ersten Protokolle angefertigt, als zahllose ähnliche Fälle gemeldet wurden. Zu Dutzenden verschwanden die zeitunglesenden und gesti-

---

[33] *Allah ist das Eins und Mohammed ist sein Prophet* — a quotation from the Koran — "There is no God but God and Mohammed is his prophet."
[34] *auf einem Holzstoße verbrannt* — cremated.
[35] *Redaktion* — editorial office.
[36] *Sintflut* — deluge.
[37] *Redakteur* — editor.
[38] *Wichtigtuerei* — pompousness.

kulierenden Menschen vor den Augen der entsetzten Menge, die
aufgeregt die Straßen durchzog. — Zahllose violette kleine Pyramiden standen umher, auf den Treppen, auf den Märkten und
Gassen — wohin das Auge blickte. —

5 Ehe der Abend kam, war Bombay halb entvölkert. Eine amt-
liche sanitäre Maßregel hatte die sofortige Sperrung des Hafens,
wie überhaupt jeglichen Verkehrs nach außen[39] verfügt, um eine
Verbreitung der neuartigen Epidemie, denn wohl nur um eine
solche konnte es sich hier handeln, möglichst einzudämmen. —

10 Telegraph und Kabel spielten Tag und Nacht und schickten den
schrecklichen Bericht, sowie den ganzen Fall „Sir Thornton" Silbe
für Silbe über den Ozean in die weite Welt. —

Schon am nächsten Tag wurde die Quarantäne, als bereits verspätet, wieder aufgehoben.

15 Aus allen Ländern verkündeten Schreckensbotschaften, daß der
„violette Tod" überall fast gleichzeitig ausgebrochen sei und die
Erde zu entvölkern drohe. Alles hatte den Kopf verloren, und die
zivilisierte Welt glich einem riesigen Ameisenhaufen,[40] in den ein
Bauernjunge seine Tabakspfeife gesteckt hat. —

20 In Deutschland brach die Epidemie zuerst in Hamburg★ aus;
Österreich,★ in dem ja nur Lokalnachrichten gelesen werden, blieb
wochenlang verschont.

Der erste Fall in Hamburg war ganz besonders erschütternd.
Pastor Stühlken, ein Mann, den das ehrwürdige Alter fast taub
25 gemacht hatte, saß früh am Morgen am Kaffeetisch im Kreise
seiner Lieben: Theobald, sein Ältester, mit der langen Studentenpfeife, Jette, die treue Gattin, Minchen, Tinchen, kurz alle, alle.
Der greise Vater hatte eben die eingelangte[41] englische Zeitung
aufgeschlagen und las den Seinen den Bericht über den „Fall Sir
30 Roger Thornton" vor. Er war kaum über das Wort Ämälän hin-
ausgekommen und wollte sich eben mit einem Schluck Kaffee

---

[39] *jeglichen Verkehrs nach außen* — all traffic with the outside world.
[40] *Ameisenhaufen* — anthill.
[41] *eingelangt* — arrived.

stärken, als er mit Entsetzen wahrnahm, daß nur noch violette Schleimkegel[42] um ihn herumsaßen. In dem einen stak noch die lange Studentenpfeife. —

Alle vierzehn Seelen hatte der Herr zu sich genommen. —

Der fromme Greis fiel bewußtlos um. —

Eine Woche später war bereits mehr als die Hälfte der Menschheit tot.

Einem deutschen Gelehrten war es vorbehalten, wenigstens etwas Licht in diese Vorkommnisse zu bringen. — Der Umstand, daß Taube und Taubstumme[43] von der Epidemie verschont blieben, hatte ihn auf die ganz richtige Idee gebracht, daß es sich hier um ein rein akustisches Phänomen handle. —

Er hatte in seiner einsamen Studierstube einen langen wissenschaftlichen Vortrag zu Papier gebracht und dessen öffentliche Verlesung mit einigen Schlagworten angekündigt.

Seine Auseinandersetzung[44] bestand ungefähr darin, daß er sich auf einige fast unbekannte indische Religionsschriften berief, — die das Hervorbringen von astralen und fluidischen Wirbelstürmen[45] durch das Aussprechen gewisser geheimer Worte und Formeln behandelten — und diese Schilderungen durch die modernsten Erfahrungen auf dem Gebiete der Vibrations- und Strahlungstheorie stützte. —

Er hielt seinen Vortrag in Berlin und mußte, während er die langen Sätze von seinem Manuskripte ablas, sich eines Sprachrohres[46] bedienen, so enorm war der Zulauf des Publikums. —

Die denkwürdige Rede schloß mit den lapidaren[47] Worten: „Gehet zum Ohrenarzt, er soll euch taub machen, und hütet euch vor dem Aussprechen des Wortes ‚Ämälän‘.“ —

Eine Sekunde später waren wohl der Gelehrte und seine Zuhörer

[42] *Schleimkegel* — blobs of mucus.
[43] *Taubstumme* — deaf mutes.
[44] *Auseinandersetzung* — explanation.
[45] *von astralen und fluidischen Wirbelstürmen* — of astral and fluid tornadoes.
[46] *Sprachrohr* — megaphone.
[47] *lapidaren* — concise.

nur mehr leblose Schleimkegel, aber das Manuskript blieb zurück, wurde im Laufe der Zeit bekannt und befolgt und bewahrte so die Menschheit vor dem gänzlichen Aussterben.

Einige Dezennien[48] später, man schreibt 1950, bewohnt eine neue taubstumme Generation den Erdball. —

Gebräuche und Sitten anders, Rang und Besitz verschoben. — Ein Ohrenarzt regiert die Welt. — Notenschriften zu den alchimistischen Rezepten des Mittelalters geworfen,[49] — Mozart, Beethoven, Wagner der Lächerlichkeit verfallen, wie weiland Albertus Magnus und Bombastus Paracelsus.[50] —

In den Folterkammern der Museen fletscht hie und da ein verstaubtes Klavier die alten Zähne.[51]

Nachschrift des Autors: Der verehrte Leser wird gewarnt, das Wort „Ämälän" laut auszusprechen.

FRAGEN

1. In welchem Land fängt die Geschichte an?
2. Was will Sir Roger mit eigenen Augen sehen?
3. Warum muß Pompejus die Worte seines Herrn von den Lippen lesen?
4. Wie lange müssen sie reisen, um das Tal zu erreichen?
5. Wie war das Tal von der Außenwelt abgeschlossen?
6. Warum rieb sich Pompejus vergnügt die Hände?

---

[48] *Dezennien* — decades.
[49] *Notenschriften zu den alchimistischen Rezepten des Mittelalters geworfen* — musical scores relegated to the same position as alchemistic formulae of the Middle Ages.
[50] *wie weiland Albertus Magnus und Bombastus Paracelsus* — as formerly Albertus Magnus [scholastic philosopher, 1206–1280] and Bombastus Paracelsus [noted physician, 1493–1541].
[51] *In den Folterkammern der Museen fletscht hie und da ein verstaubtes Klavier die alten Zähne.* — In the torture chambers of the museums a dusty piano bares its old teeth here and there.

7. Warum wollte der Afghane nicht durch die Gaswand gehen?
8. Warum zündete Sir Roger ein Streichholz an?
9. Was sahen die beiden plötzlich auf der Wiese, nachdem sie um die Waldspitze herumgegangen waren?
10. Was taten die Tibetaner, als die Europäer auf sie zukamen?
11. Was erblickte Pompejus an der Stelle, wo Sir Roger gestanden hatte?
12. Was tat Pompejus, als die Tibetaner ihn angreifen wollten?
13. Was tat der Führer der Tibetaner, ehe er starb?
14. Was schrieb Pompejus an Sir Rogers Sekretär?
15. Woran ist Pompejus gestorben?
16. Was tat Sir Rogers Sekretär mit dem Bericht von Pompejus?
17. Was sah man überall auf den Straßen in der Stadt Bombay?
18. In welcher Stadt Deutschlands brach der violette Tod zuerst aus?
19. Warum wurde Pastor Stühlken nicht in einen Schleimkegel verwandelt?
20. Was sollten die Leute nach der Meinung des Gelehrten tun, um nicht zu sterben?
21. Was für eine Rolle spielte die Musik in der neuen Welt?
22. Wovor wird der Leser dieser Geschichte gewarnt?

ERNST SCHNABEL

"Der Agent," by Ernst Schnabel (1913–   ), might be called a story with a psychological twist. It takes us into the mind of a man who falls prey to an overactive imagination and a guilty conscience. Told in the first person, it uses a sort of flash-back technique to bring to light episodes from the narrator's past life which he now thinks he has reason to regret.

The fact that all these episodes are so common, so universal, indicates that the narrator is a very ordinary person — almost a *Jedermann*. Has not nearly everyone, child and adult, been convinced at one time or another that he was being followed? Affected by the gloomy atmosphere of the Scottish Highlands, the narrator lets his imagination run away with him: a bulge in a breast pocket means a concealed revolver; unobtrusive dress means disguise. He suffers the tortures of the damned until — congratulating himself on his cleverness — he works out a ruse to evade his persecutor.

Schnabel is laughing at his "hero," but at the same time sympathizing with a quirk of the human personality which can give all of us a rather bad time. To show as clearly as possible how the narrator builds up an almost frightening tension in himself, Schnabel resorts to a modified stream-of-consciousness technique, which is at once dramatic and psychologically revealing.

DER AGENT[1]

___

ERNST SCHNABEL

Ich habe ihn durchschaut, das war mein Glück. So bin ich entkommen. Aber es war knapp. Sie hatten es schlau angestellt, mich zu fangen, verflixt schlau.[2] Aber eben nicht schlau genug!

Sehen Sie, ich stand so, mir nichts, dir nichts,[3] auf dem Bahnsteig. Es regnete, ich fror, es war dunkel, der Zug hatte Verspätung. 5 Shandon* hieß die Station, da stand ich und wollte nach Hause und war allein. Und mit einem Male stand da unter der Laterne auf dem Bahnsteig noch ein anderer, der wartete auch. — Wenn es bei uns daheim gewesen wäre, ich wäre hingegangen und hätte Guten Abend gesagt und etwas über den Zug und den Regen, 10 und so wären wir ins Gespräch gekommen. Aber hier tat ich das lieber nicht. Gleich habe ich nicht gewußt, was es für einer war, der da wartete, das gebe ich zu, und ich hatte auch zuerst große Lust, zu ihm hinzugehen. Aber ich war ja hier in Shandon Ausländer sozusagen, sprach auch nicht sehr gut Englisch und wußte 15 nicht, wie man es hier so macht. So blieb ich erst stehen und überlegte, dann fing ich an zu gehen, so ganz beiläufig auf ihn zu. Und wie ich so ging, hustete er plötzlich und knöpfte sich beim Husten den Mantel auf und griff sich an die Brust. Da blieb ich stehen. Er hatte nämlich ein kariertes[4] Jakett an und dort, wo er drüberstrich,[5] 20

___

[1] *Agent* — plainclothesman.
[2] *verflixt schlau* — darned clever.
[3] *mir nichts, dir nichts* — minding my own business.
[4] *kariertes* — checked.
[5] *drüberstrich* — passed over it with his hand.

auf der linken Seite, da war es geschwollen. Da hatte er was in der Tasche stecken, etwas Dickes. Es sah auch aus, als wäre es schwer, so ein kleines Ding aus Eisen. Da blieb ich stehen. Da wußt' ich Bescheid.[6]

5 Ganz unvorbereitet kam das nicht. Ich hatte schon den ganzen Tag gemerkt, daß was los war,[7] daß sie hinter mir her waren.[8] Nur wer und weshalb wußte ich nicht. Aber ich hatte so ein Gefühl. Ich weiß auch nicht, wie ich es ausdrücken soll, aber Sie wissen sicher, wie es ist, wenn man ein Gefühl hat, so eine Empfin-
10 dung: Da stimmt was nicht . . .

Ich hatte keinen gesehen, den ganzen Tag nicht. Aber das Gefühl hatte ich gehabt. — Ich war oben in den Bergen gewesen, für meine Firma. Sie bauen da ein neues Kraftwerk in den Bergen, und wir sollen die Isolatoren[9] dafür liefern. Ich war hingeschickt
15 worden, damit man mal einen Begriff von der ganzen Sache bekäme. Und das war gleich von vornherein[10] so merkwürdig. Von der letzten Autobusstation waren es zwei Stunden zu Fuß, immer steil hinauf in die Berge, und dabei hatte es geregnet. Und an einer Stelle sind ein paar Eisenträger in den Fels betoniert,[11]
20 da soll einmal das Kraftwerk hinkommen, sonst nichts als Berge und Abhänge und Felswände in den Himmel hinauf. Und wir haben dagestanden, naß bis auf die Haut, und dem Ingenieur, der mir alles zeigte, troff das Wasser nur so von seinem roten Gesicht. Er hatte unter seinem Hutrand hervorgeblinzelt und mit dem
25 Daumen in die Berge gezeigt, erst nach links, dann nach rechts, dann quer durch die Luft hindurch. So wäre der Staudamm[12]

---

6 *Da wußt' ich Bescheid* — then I knew what was going on.
7 *was los war* — something was the matter.
8 *daß sie hinter mir her waren* — that they were after me.
9 *Isolatoren* — insulators.
10 *von vornherein* — from the beginning.
11 *ein Paar Eisenträger in den Fels betoniert* — a couple of iron stanchions set in concrete in the rock.
12 *Staudamm* — power dam.

gedacht, quer durchs Tal, und dafür würden dann unsere Por-
zellanisolatoren gebraucht.

Ich habe es dem Ingenieur auch gesagt. Ich komme wohl ein
bißchen früh? hab ich gefragt. Er hat nur gelacht und gesagt, das
käme hier schon noch in Ordnung,[13] ich sollte einmal sehen. Von
zu früh könne gar keine Rede sein. Hier käme keiner zu früh her.

Und da hatte ich zum ersten Male das Gefühl, das ich vorhin
erwähnte. Sehen Sie, Sie kennen das Gebirge in Schottland nicht.
Aber Sie müssen sich vorstellen, da ist alles wild und leer. Und
jetzt im Februar ist das Gras abgestorben, das die Berghänge hinauf
wächst, und es ist knallrot[14] unter dem grauen Himmel. Und der
Himmel ist so schwer, daß Sie denken, jetzt . . . jetzt . . . jeden
Augenblick kann er herunterplatzen. Die Berggipfel auf beiden
Seiten des Tales können Sie nicht erkennen, die stecken im Himmel
drin, und was darunter zu sehen ist, ist weiß und schwarz gestreift,
weißer Schnee und schwarzer, nasser, glitteriger[15] Fels. Und es
heult im Tal, der Wind, die Regenböen,[16] die Bergwände und
die Wasserfälle aus der Höhe herab, und es ist keiner da, der
zuhört. Und wenn keiner es hört, ist das Heulen anders als sonst.
Dann schert sich keiner drum,[17] und es ist ganz umsonst und kann
sich ausheulen, und das tut es. Da merkt man erst, daß es der
Himmel ist, der ächzt und heult. Und die Berge heulen mit. Nicht
so sehr laut, nein, das ist es nicht, aber es heult überall, unten, oben,
links, rechts, und wir, der Ingenieur und ich, standen mitten drin.
Darauf war das Geheul nicht gefaßt.[18] Und mir wurde ganz schwach
zumute, und ich wollte wieder runter, doch das ging nicht so
schnell. Ich hab den Ingenieur einfach stehen lassen, der ging mir

---

[13] *das käme hier schon noch in Ordnung* — things would straighten out here yet.
[14] *knallrot* — bright red.
[15] *glitteriger* — slippery.
[16] *Regenböen* — sudden squalls.
[17] *schert sich keiner drum* — nobody pays any attention to it.
[18] *Darauf war das Geheul nicht gefaßt* — the howling hadn't counted on that.

zu langsam, und bin gelaufen. Aber trotzdem, es ist alles so groß
da, und ich kam so langsam voran, und es dauerte so lange, ehe ich
es hinter mir hatte: Die schwarzweißen Berge in den Wolken und
das brennende Gras und das Geheul und die lila Regenböen und
5 das ganze Wasser vom Himmel und von den Bergwänden, und
kein Mensch war weit und breit außer dem Ingenieur. Und der
war stumpf und merkte nichts. Da wurde mir schwach und ich
lief, und im Laufen hatte ich plötzlich dieses Gefühl. Einer sieht
dich, dachte ich plötzlich und lief schneller. Und blieb dann stehen,
10 wie ich nicht mehr konnte und sah mich um. Niemand. Der
Ingenieur war weit zurück, der war es nicht. Niemand war es, und
es war doch jemand. Einer hat geguckt. Das kann mir keiner ausreden. Und daß ich's nicht vergesse: Einmal, zwischen den Bergen
hindurch, sah ich das Meer. Ganz weit weg den Atlantischen
15 Ozean. Der ist groß, so groß, so aus der Höhe gesehen. Groß,
grau, auch leer, und von dort kam es heran, kam es über die Berge
heraufgequollen, Himmel, Regenschauer, Geheul, das kam vom
Meer her, das ist gewiß. Aber der da guckte,[19] muß woanders
gewesen sein. Wenn ich jetzt so denke, dann denk' ich, er hat
20 hinter einem Stein gesteckt.[20] Es waren ja genug Steine da. Dahinter muß er gesteckt haben und hat über den Rand geguckt und
jedesmal den Kopf eingezogen, wenn ich hingesehen habe. So
denk' ich es mir.

Nach so einem Tag sind Sie müde, das können Sie mir glauben,
25 und sind froh, wenn Sie einen treffen, mit dem Sie ein Wort reden
können, damit die Zeit vergeht, bis der Zug kommt. Und so
dacht' ich auch. Aber wie der auf dem Bahnsteig den Mantel auf-
knöpfte, wußt' ich Bescheid und dachte, lieber nicht. Paß auf,
dachte ich, jetzt, das ist er, dacht' ich.

30 Geschickt hat er sich nicht angestellt.[21] Er muß ein Anfänger

---

[19] *Aber der da guckte* — but the person who was watching.
[20] *hat . . . gesteckt* — was.
[21] *Geschickt hat er sich nicht angestellt* — he didn't manage it very cleverly.

gewesen sein. Im Abteil hat er sich zum Beispiel mir gegenüber-
gesetzt und eine Zeitung herausgezogen und getan, als läse er
darin. Aber wenn man's auch nicht sieht, diese Agenten haben ein
Loch in der Zeitung und durch das Loch schielen sie, wenn man's
auch nicht sehen kann. Und auch, daß er so ganz unauffällig an- 5
gezogen aussah und ein bißchen nach einem Pastor, in Zivil versteht sich,[22] oder nach einem kleinen Geschäftsmann mit seinem
steifen Kragen und eingehaktem Schlips,[23] war nicht geschickt.
Das weiß doch nun jeder: Wenn einer so ganz unauffällig angezogen ist, dann ist es ein Agent. Und jeder nimmt sich in Acht. 10
Und in Glasgow, beim Umsteigen, da hätte er doch verschwinden
müssen und dann im nächsten Zug wiederkommen, als Schaffner
verkleidet oder doch wenigstens mit einem anderen Mantel oder
mit einem aufgeklebten Schnurrbart.[24] Das kann man machen,
daß es keiner sieht. Aber da ist er hinter mir hergetrottet, von 15
einem Bahnhof zum andern, quer durch Glasgow hindurch. Er
hatte solche Agenten-Gummigaloschen[25] an, und die konnte ich
hinter mir hören. Pitsch, patsch, pitsch, patsch, durch die Pfützen,
über das nasse Trottoir, immer hinter mir her. Und manchmal hat
er es auch gemacht, daß ich keinen Ton hören konnte, und ist wie 20
eine Katze geschlichen, und ich wollte mich schon umdrehen, aber
da war es wieder, pitsch, patsch, pitsch, patsch. Und mir immer
auf den Fersen.[26] Das war kein schönes Gefühl, so vornweg[27] zu
gehen und hinter sich einen Agenten zu hören, denn Glasgow
abends um zehn ist eine dunkle Stadt, und ich hab mich gefragt: 25
Was tust du, wenn es plötzlich hinter dir Päng[28] macht? Kein
Mensch schert sich hier drum. Das macht Päng, und du fällst auf

---

[22] *in Zivil versteht sich* — in street clothes, of course.
[23] *eingehaktem Schlips* — his tie fastened with a clip.
[24] *aufgeklebten Schnurrbart* — false mustache.
[25] *solche Agenten-Gummigaloschen* — those typical rubbersoled shoes worn by plain-
clothesmen.
[26] *Und mir immer auf den Fersen* — and keeping right on my heels.
[27] *vornweg* — up ahead.
[28] *Päng* — Bang!

die Nase, und der Kerl ist mit zwei Schritten in einem Hauseingang, und keiner kriegt ihn, und du liegst da.

Und er ist auch in denselben Zug eingestiegen, zehn Uhr fünfunddreißig von Glasgow nach London. Das ist ein Schlafwagenzug
5 mit einem einzigen Wagen zum Sitzen, und der Wagen war leer, nur ich war drinnen — und der Agent. Er stieg direkt hinter mir ein. Da hab ich zuerst so getan, als käme ich mit meinem Koffer nicht zurecht,[29] und bin im Gang geblieben, bis er in einem Coupé verschwunden war, und hab gewartet, bis der Zug losfuhr. Dann
10 bin ich in ein anderes Coupé gegangen, obwohl das falsch war, wie mir später einfiel, denn nun konnte ich ja nicht mehr sehen, was er tat, und hab die Tür zugeschoben, aber es war kein Riegel dran, und hab die Vorhänge nach dem Gang hin zugezogen und gleich wieder aufgemacht, ich mußte doch sehen können, wer
15 draußen vorbeiging, und nur das Licht habe ich ausgemacht, daß keiner mich vom Gang aus beobachten konnte. Und da hab ich gesessen und den Gang nicht aus dem Auge gelassen. Und der Zug ist durch Glasgow gefahren und hinaus aufs freie Land und in die Dunkelheit hinein, und zehn Stunden waren es bis London.
20 Ich hab mir gesagt, jetzt mußt du auf der Wacht sein, und wenn's zehn Stunden dauert. Sonst kriegt er dich, denn der Wagen ist leer, und da ist keiner drin, der dir hilft.

So sind wir gefahren, eine Stunde durch die große Dunkelheit. Der Zug hat nicht gehalten. Er ist durch die Nacht gerast, und das
25 war kein Schienenstoßen und kein Dampfgezisch mehr,[30] das war ein dumpfes, hohles Gedröhn und Singen, wie er durch die Nacht sauste! Und durchs Fenster habe ich den Halbmond aufgehen sehen, der stand ganz allein zwischen lauter Wolken,[31] und sonst war kein Stern zu sehen, aber komisch war, daß der Mond fast

[29] *als käme ich mit meinem Koffer nicht zurecht* — as if I couldn't manage my suitcase.
[30] *das war kein Schienenstoßen und kein Dampfgezisch mehr* — that was no longer a clicking of rails and hissing of steam.
[31] *zwischen lauter Wolken* — between nothing but clouds.

immer sichtbar blieb. Es war geradezu, als sollte ich ihn sehen.
Er war nicht hell genug, um zu leuchten. Er stand nur da, daß man
sah, wo der Himmel ist, sonst war alles schwarz. Nur verstreute
Lichter auf der Erde, eine dünne Saat,[32] die im ganzen Land auf-
gegangen war. Hin und wieder ein Dachgiebel gegen eines der 5
Lichter oder ein Stück schmutziges Straßenpflaster unter einer
Laterne oder ein schwarzes Fensterkreuz[33] und das Licht drinnen
im Zimmer. Das war nicht wie Stadt, sondern wie Stadtrand und
Vorstadt, es hatte etwas Düsteres, Verkommenes an sich und sah
nach Armut aus, nach verwilderten Katzen und Hunden, die den 10
Mond anbellen, und einer Nacht im Straßengraben und Pfützen
und Verlorenheit und war nichts Halbes und nichts Ganzes.[34] Und
davon und weil ich den Tag in den Bergen herumgestiegen war,
wurde ich müde, und die Augen fielen mir zu. Wiewohl ich
genau wußte, wenn du jetzt einschläfst, ist's vorbei, stieg es in mir 15
herauf, Angst und Müdigkeit. Dagegen können Sie nichts tun.
Zuletzt wird aus der Angst und der Müdigkeit eins,[35] und dann
sehen und hören Sie nichts mehr.

Ein Ohr bleibt wach. Damit hören Sie halb, wenn der Zug
langsamer fährt, weil er eine Baustelle oder eine Brücke passiert, 20
oder wenn er durch einen Bahnhof fährt, und es von den vorbei-
wischenden Laternen auf dem Bahnsteig hell wird im Abteil. Sie
hören die Helligkeit. Natürlich nur halb. Und Sie erwachen nicht.
Aber als ich erwachte und hochfuhr, da war es, weil jemand ge-
hustet hatte. Der Agent. Ich fuhr hoch und riß die Tür auf und 25
stürzte auf den Gang hinaus und schaute ins Nachbarcoupé.
Da saß er und las die Zeitung und hustete. Ich war unvorsichtig
und brachte mein Gesicht ganz nah an die Glasscheibe. Er las
wirklich. Agenten im Dienst schlafen nicht, aber ihre Augen

---

[32] *eine dünne Saat* — a sparse crop.
[33] *ein schwarzes Fensterkreuz* — the black crosspieces of a window.
[34] *nichts Halbes und nichts Ganzes* — neither one nor the other.
[35] *Zuletzt wird aus der Angst und der Müdigkeit eins* — finally the fear and the weariness become one.

und Ohren haben sie überall. Sie sind auf alles gefaßt und wissen immer das Richtige zu tun; der hier schaute nicht einmal auf.

Ich zog mich leise zurück und schlich wieder in mein Abteil. Meine Uhr war stehengeblieben, das sah ich, als ich draufschaute. Die Zeiger standen auf kurz nach zwölf. Ich hatte sie nicht aufgezogen. Und draußen noch immer der Mond und die Dunkelheit und die verstreuten Lichter. Und da fragte ich mich: Was hast du denn verbrochen? Was will er denn von dir? Wer schickt ihn denn? Ich ging mit mir zu Rate[36] und grübelte und grübelte und fand es nicht. Aber ich war ihm ausgeliefert,[37] da gab es keine Hilfe. Wenn er jetzt aufstand und zur Tür hereinkam, dann gab es keine Rettung, dann konnte er mich umbringen, wie er wollte. Aber warum denn bloß? Ich bin doch kein Dieb und kein Mörder und reise doch nicht in geheimem Auftrage.[38] Wegen der Isolatoren bin ich nach Schottland gefahren, das ist wahr und kann jeder wissen. Was wollte er denn? Und meine Uhr stand, ich wußte nicht mehr, wie spät es war, und wo wir waren, wußte ich auch nicht. Irgendwo in den endlosen öden Vorstädten unter dem Halbmond! — Ich versuchte mich zusammenzunehmen und sah auf der Übersichtskarte[39] von England nach, die in meinem Notizbuch ist, und versuchte auszurechnen, wo wir wären. In der Gegend von Birmingham, riet ich. Aber als wir nach zehn Minuten durch einen Bahnhof fuhren, las ich auf dem Schild Preston,* und da war kein Preston auf meiner Karte zu finden, und wo war ich denn hingeraten?[40] Und drüben hustete der Agent, und ich saß in meinem Abteil und sagte mir plötzlich, er kommt, weil du ein Mörder bist. Oder wenigstens ein Dieb. Aber was hast du denn gestohlen? Ich grübelte und fand nichts in meinem Gehirn, und

---

[36] *Ich ging mit mir zu Rate* — I took counsel with myself.
[37] *war ihm ausgeliefert* — was at his mercy.
[38] *in geheimem Auftrage* — on a secret mission.
[39] *Übersichtskarte* — general map.
[40] *wo war ich denn hingeraten?* — where was I?

das ängstigte mich noch mehr, und ich begann zu beten, daß
London kommen und daß es um acht Uhr morgens und daß alles
vorbei und daß der Agent weg sein möchte. Aber es wurde nicht
später davon,[41] sondern blieb Nacht und ein unbekanntes Land
und eine fremde Zeit, und hier war ich. Und war ich denn ein 5
Dieb und ein Mörder und auf Geheimes aus?[42] War ich denn mit
einem Male kein anständiger Mensch mehr, den die Polizei nichts
anging? Ich habe ein Buch gestohlen, voriges Jahr, das gebe ich zu.
Aber muß man deshalb gleich Agenten auf meine Spur setzen?
Oder wegen des Feuerwehrhauptmanns aus Blei?[43] Da war ich 10
doch erst acht oder neun, und das ist ein Vierteljahrhundert her.
Ich habe ihn in die Tasche gesteckt, obwohl er nicht mein war, das
habe ich getan, aber das muß doch vergessen sein!

Und das mit den Schwalben, das war doch auch damals, und
da war ich doch auch erst zehn und saß auf dem Geländer unserer 15
Gartenlaube daheim, und die Sonne war im Untergehen, und ich
saß da und hatte mein Luftgewehr neben mir stehen und sah mir
ein Buch mit Bildern aus der biblischen Geschichte an. Und wie
ich zu dem Bild mit Jairi Töchterlein[44] kam, da strich die Schwalbe durch den Birnbaum. Die gehörte zu dem Nest im Gebälk der 20
Gartenlaube[45] und war auf Futtersuche aus für die Jungen, die im
Nest saßen. Und ich hatte den ganzen Nachmittag versucht, einen
Vogel zu schießen, einen anderen, und keinen getroffen. Nun
wurden es gegen Abend immer weniger Vögel im Garten und
das Licht war auch schon nicht mehr gut, und da kam die Schwalbe 25
und ich dachte: Versuch's nur, du triffst sie doch nicht, kannst's
ruhig tun.[46] Und wie ich zielte, wußte ich, du triffst sie, und ich

---

[41] *es wurde nicht später davon* — all of this didn't make it any later.
[42] *auf Geheimes aus* — on a secret mission.
[43] *Feuerwehrhauptmann aus Blei* — [toy] fire chief made out of lead.
[44] *Jairi Töchterlein* — In the Gospel of St. Mark, v: 21, is the story of how Christ
restored to life the twelve-year-old daughter of Jairus, a ruler of the synagogue.
[45] *Gebälk der Gartenlaube* — beams of the summerhouse.
[46] *kannst's ruhig tun* — go ahead.

traf sie, und sie fiel aus der blanken Luft herab wie ein Stein, wie ein in Seidenpapier eingewickelter Stein durch die Äste des Birnbaums ins Gras. — Am nächsten Tag schrien die Jungen noch, am übernächsten[47] nicht, aber sie bewegten sich noch im Nest, und
5 erst am dritten nicht mehr ...

... und im Kriege habe ich einem gesagt: Du wirst befördert. Es war gar nicht wahr, aber ich habe es gesagt, weil ich wußte, daß er gern befördert werden wollte, und in derselben Nacht haben sie einen von der Kanone weggeknallt,[48] und da ist er hin-
10 gelaufen und hat sich an die selbe Stelle gestellt, und sie haben ihn auch weggeknallt. Und er wäre nie hingegangen, wenn ich es ihm nicht gesagt hätte, denn er war eigentlich ängstlich, und nur, weil er befördert werden sollte, weil ich ihm das gesagt hatte, lief er hin. Und wenn es nicht so gekommen wäre, dann hätte ich ihm
15 am nächsten Tage sagen müssen, daß ich gelogen hatte, und er hätte gelebt; oder wenn ich es gar nicht erst gesagt hätte. ...

... und das alles brannte in mir, und ich hatte es doch vergessen, und: War es denn meine Schuld? Das kann doch jedermann passieren! Und wir sind doch nicht alle Diebe und Mörder in
20 geheimem Auftrage. Oder wenn wir es sind, dann ist der es auch, der dort drüben hustet und mich verfolgt, der auch, und er kann keinen Unterschied machen zwischen Dienst und Nicht-Dienst.[49] Wenn er außer Dienst[50] genau so ist wie ich, dann kann er mich doch nicht jagen und hetzen, und das will ich ihm sagen, jetzt
25 gleich, und was auch daraus wird,[51] jetzt sag ich's ihm. Und ich ging hinüber und hatte den Griff zu seiner Tür schon in der Hand, als er aufschaute und mich ansah. Mir direkt in die Augen. Und sah mich an und hustete wieder und sah mich trotzdem fest an

---

[47] *am übernächsten* — on the day after that.
[48] *haben sie einen von der Kanone weggeknallt* — one of the gun crew was shot at his post.
[49] *zwischen Dienst und Nicht-Dienst* — between being on duty and off duty.
[50] *außer Dienst* — off duty.
[51] *und was auch daraus wird* — no matter what happens.

und griff beim Husten wieder in seine Brusttasche, und das war
wie der Tod. Das war eine Sekunde lang wie der Tod, bis er sein
Taschentuch aus der Brusttasche zog und es sich vor den Mund
hielt. Dabei fiel seine Brust zusammen, er hatte nichts mehr in der
Tasche. Das brachte mich völlig aus der Fassung.[52] Ich drehte mich 5
um und riß das Fenster auf und schrie Hilfe! Und in diesem Augenblick lief der Zug in einem Bahnhof ein und hielt für einen Augenblick, und auf dem Bahnsteig stand ein Schaffner mit einer Lampe
in der Hand. Und ich wollte gerade noch einmal Hilfe! schreien,
als ich ihn fragte, wie die Station hieße. Der Schaffner draußen 10
sagte: Liverpool. Und die Bahnhofsuhr zeigte vier Uhr zweiundzwanzig. Ich holte noch einmal Luft und zog das Fenster dicht[53]
und ging in mein Coupé.

Das hatte mir gut getan, die frische Luft. Ich kam zur Ruhe.
Ich sagte mir: Paß auf, du willst doch leben! Oder nicht? Na also.[54] 15
Dann paß auf. Und ich dachte mir eine List aus. Zuerst stellte ich
meine Uhr richtig und zog sie auf, und dann wartete ich, bis der
Schaffner durch den Wagen kam. Das war erst gegen sechs. Wie
ich ihn hörte, ging ich auf den Gang hinaus und ihm entgegen, bis
ich vor der Tür des Agenten stand, und genau hier vor der Tür 20
fragte ich den Schaffner, ob ich in London Anschluß nach Harwich
haben könnte. Das fragte ich so laut, daß der Agent es auch hören
konnte, und er hörte es und schaute auf und wartete, bis der
Schaffner in seinem Fahrplan die richtige Seite gefunden hatte und
Ja sagte. Von Liverpool-Street-Station aus können Sie fahren. Ein 25
bißchen knapp,[55] aber Sie können's schaffen, wenn Sie sich dazu-
halten.

Und das war meine List. Denn als wir nach London kamen,
ging ich zur Untergrundbahn, und der Agent hinter mir her, und
so fuhren wir im selben Wagen bis King's Cross, wo wir um- 30

---

[52] *Das brachte mich völlig aus der Fassung* — that completely unnerved me.
[53] *zog das Fenster dicht* — closed the window tight.
[54] *Na also* — well, all right.
[55] *Ein bißchen knapp* — it will be a little close.

steigen mußten. Und hier entschied es sich. Ich stürzte zur Tür
hinaus, daß er mir kaum folgen konnte, und lief durch die unter-
irdischen Gänge, und hinter mir her, pitsch, patsch, pitsch, patsch,
seine Gummigaloschen, und wie ich an die Rolltreppe kam, die
5 steil in die Tiefe führt, da trat ich blitzschnell hinter eine Säule.
Mit rotem Gesicht schoß er vorbei, sah sich kaum um, und da
saugte ihn die Rolltreppe schon hinab.[56] Und ich stand oben.
Pst — noch konnte er zurück. Ich stand mäuschenstill und sah zu.
Das sah komisch aus: Die steile Höhle, glitzernd vor Licht, ganz
10 leer um diese Stunde, und mitten auf der Treppe der Agent, mit
hängenden Schultern vorausspähend, ein Köfferchen in der Hand,
so saugte es ihn an[57] und er wurde immer kleiner, und ich stand
oben, und — Himmel, ich war ihn los! Da kam die Freude in
mich, und ich konnte nicht anders, ich stürzte vor und konnte
15 mich nicht halten und rief ihn. Hallo! rief ich, daß die Höhle
hallte. Er fuhr herum und starrte erschrocken herauf. Und ich
rief noch einmal Hallo! und winkte ihm mit beiden Armen und
lachte ihm geradeheraus ins Gesicht hinab. Da fuhr er dahin,
klein da unten, und wurde immer kleiner und kleiner, und herauf
20 konnte er nicht mehr, denn gegen so eine Rolltreppe kann man
nicht anlaufen, und die Gegentreppe ist man auch nicht so schnell
herauf,[58] und ich war in Sicherheit und er fuhr dahin. Er stierte
nur herauf, wie ich ihm ins Gesicht schrie. Aber ich muß sagen, er
hatte sich in der Hand. Er sagte kein Wort und tat überhaupt nur,
25 als wäre er bloß ein bißchen verdutzt.[59]

Da bin ich hinaus und in die frische Luft und in ein Restaurant
gegangen und habe mir Frühstück bestellt. Kipperhering und dreimal Kaffee. Drei Tassen. Die trank ich hintereinander auf nüch-

---

[56] *saugte . . . hinab* — sucked down.
[57] *saugte . . . an* — sucked onward.
[58] *und die Gegentreppe ist man auch nicht so schnell herauf* — and one can't get up the escalator going in the other direction very quickly either.
[59] *verdutzt* — taken aback.

ternen Magen.[60] Das macht einen frisch, und wirklich, bald darauf hatte ich alles vergessen, und der Schreck ging mir aus den Gliedern, und ich war wieder ganz der Alte.[61]

FRAGEN

1. Warum sprach der Erzähler nicht mit dem Fremden?
2. Was für ein Gefühl hatte er den ganzen Tag gehabt?
3. Wie kam es, daß er in den Bergen gewesen war?
4. Wie kam er zum Kraftwerk?
5. Wie sieht es in den schottischen Gebirgen aus?
6. Warum ließ der Erzähler den Ingenieur stehen?
7. Welche Gedanken hatte er, als er den Berg hinunterlief?
8. Was sah er zwischen den Bergen, als er lief?
9. Warum dachte er, er könne den Mann, der ihn anguckte, nicht sehen?
10. Woran dachte der Erzähler, als der Agent eine Zeitung herauszog?
11. Was weiß man, wenn einer so unauffällig angezogen ist?
12. Warum konnte er den Mann hinter sich hören?
13. Wie versuchte er beim Einsteigen dem Mann zu entkommen?
14. Warum machte er das Licht im Abteil aus?
15. Was hätte geschehen können, wenn er eingeschlafen wäre?
16. Was konnte er, trotz der Wolken, fast immer sehen?
17. Warum lief er plötzlich auf den Gang hinaus?
18. Was war mit seiner Uhr los?
19. Auf welche Frage suchte er vergebens eine Antwort?
20. Was wollte er auf der Karte finden?
21. Was hatte er gestohlen?

---

[60] *auf nüchternen Magen* — on an empty stomach.
[61] *ganz der Alte* — quite my old self.

22. Was für ein Buch hatte er in der Gartenlaube angesehen?

23. Warum schrien die jungen Schwalben am dritten Tag nicht mehr? *Sie waren gestorben*

24. Wie hatte er im Kriege gelogen?

25. Was dachte der Erzähler, als der Agent in seine Tasche griff?

26. Was tat er im Bahnhof, anstatt um Hilfe zu schreien?

27. Warum sprach er mit dem Schaffner gerade vor der Tür des Agenten?

28. Was fragte er?

29. Wo versteckte er sich in der Untergrundbahn?

30. Was tat er, um seine Freude zu zeigen?

31. Welche Wirkung hat sein Frühstück gehabt?

MARIE LUISE KASCHNITZ

Marie Luise Kaschnitz (1901–   ) once said that death would always be one of her main themes. It is the subject not only of her first major postwar work, a dramatic poem entitled "Totentanz," published in 1947, but also of many of her stories, including "Gespenster." In "Totentanz" the dead, violently cut down by war before they could experience the fulfillment of life, are lost souls condemned for all eternity to a limbolike realm where they can find no peace. They have not really lived, and therefore they cannot really die. In death they restlessly seek the life they never knew on earth and never will know. "Gespenster" also deals with this problem. Like many of this writer's narratives, it begins with an account of events rooted in everyday reality; but the story gradually takes on an aura of mystery and finally defies rational explanation. So plausibly is the whole sequence of events presented, so skillful is the fusion of the real with the unreal, that the suggestion of super-natural manifestations compels belief.

Miss Kaschnitz, one of the foremost lyric poets in Germany today, has an unusually accurate feeling for language and the nuances of verbal expression. To understand better both the story and the artistry of the writer, one should read "Gespenster" several times, noting how subtly language is used to achieve a synthesis of the fantastic and the real, particularly in the evocation of an atmosphere of mystery around the English girl's actions.

GESPENSTER

MARIE LUISE KASCHNITZ

Ob ich schon einmal eine Gespenstergeschichte erlebt habe? O ja,
gewiß — ich habe sie auch noch gut im Gedächtnis, und will sie
Ihnen erzählen. Aber wenn ich damit zu Ende bin, dürfen Sie mich
nichts fragen und keine Erklärung verlangen, denn ich weiß gerade
nur so viel, wie ich Ihnen berichte und kein Wort mehr.   5
   Das Erlebnis, das ich im Sinn habe, begann im Theater, und zwar
im Old Vic Theater in London, bei einer Aufführung Richards II.
von Shakespeare. Ich war damals zum ersten Mal in London und
mein Mann auch, und die Stadt machte einen gewaltigen Eindruck
auf uns. Wir wohnten ja für gewöhnlich auf dem Lande, in Öster-   10
reich,* und natürlich kannten wir Wien* und auch München und
Rom,* aber was eine Weltstadt war, wußten wir nicht. Ich erinnere
mich, daß wir schon auf dem Weg ins Theater, auf den steilen
Rolltreppen der Untergrundbahn hinab- und hinaufschwebend und
im eisigen Schluchtenwind[1] der Bahnsteige den Zügen nacheilend,   15
in eine seltsame Stimmung von Erregung und Freude gerieten und
daß wir dann vor dem noch geschlossenen Vorhang saßen, wie
Kinder, die zum ersten Mal ein Weihnachtsmärchen auf der Bühne
sehen. Endlich ging der Vorhang auf, das Stück fing an, bald erschien
der junge König, ein hübscher Bub, ein play boy, von dem wir doch   20
wußten, was das Schicksal mit ihm vorhatte, wie es ihn beugen
würde und wie er schließlich untergehen sollte, machtlos aus

---

[1] *eisigen Schluchtenwind* — icy wind (as in a gorge).

eigenem Entschluß. Aber während ich an der Handlung sogleich den lebhaftesten Anteil nahm und hingerissen von den glühenden Farben des Bildes und der Kostüme keinen Blick mehr von der Bühne wandte, schien Anton abgelenkt und nicht recht bei der Sache, so als ob mit einem Male etwas anderes seine Aufmerksamkeit gefangen genommen hätte. Als ich mich einmal, sein Einverständnis suchend, zu ihm wandte, bemerkte ich, daß er gar nicht auf die Bühne schaute und kaum darauf hörte, was dort gesprochen wurde, daß er vielmehr eine Frau ins Auge faßte, die in der Reihe vor uns, ein wenig weiter rechts, saß und die sich auch einige Male halb nach ihm umdrehte, wobei auf ihrem verlorenen Profil[2] so etwas wie ein schüchternes Lächeln erschien.

Anton und ich waren zu jener Zeit schon sechs Jahre verheiratet, und ich hatte meine Erfahrungen und wußte, daß er hübsche Frauen und junge Mädchen gern ansah, sich ihnen auch mit Vergnügen näherte, um die Anziehungskraft seiner schönen, südländisch geschnittenen Augen zu erproben. Ein Grund zu rechter Eifersucht war solches Verhalten für mich nie gewesen, und eifersüchtig war ich auch jetzt nicht, nur ein wenig ärgerlich, daß Anton über diesem stärkenden Zeitvertreib[3] versäumte, was mir so besonders erlebenswert erschien. Ich nahm darum weiter keine Notiz von der Eroberung, die zu machen er sich anschickte; selbst als er einmal, im Verlauf des ersten Aktes meinen Arm leicht berührte und mit einem Heben des Kinns und Senken der Augenlider zu der Schönen hinüberdeutete, nickte ich nur freundlich und wandte mich wieder der Bühne zu. In der Pause gab es dann freilich kein Ausweichen mehr. Anton schob sich nämlich, so rasch er konnte, aus der Reihe und zog mich mit sich zum Ausgang, und ich begriff, daß er dort warten wollte, bis die Unbekannte an uns vorüberging, vorausgesetzt, daß sie ihren Platz überhaupt verließ. Sie machte zunächst dazu freilich keine Anstalten, es zeigte sich nun auch, daß sie nicht

[2] *verlorenen Profil* — partially glimpsed face.
[3] *über diesem stärkenden Zeitvertreib* — thanks to this bracing pastime.

allein war, sondern in Begleitung eines jungen Mannes, der, wie sie
selbst, eine zarte bleiche Gesichtsfarbe und rötlichblonde Haare
hatte und einen müden, fast erloschenen Eindruck machte. Besonders hübsch ist sie nicht, dachte ich, und übermäßig elegant auch
nicht, in Faltenrock[4] und Pullover, wie zu einem Spaziergang über 5
Land. Und dann schlug ich vor, draußen auf und ab zu gehen und
begann über das Stück zu sprechen, obwohl ich schon merkte, daß
das ganz sinnlos war.

Denn Anton ging nicht mit mir hinaus, und er hörte mir auch gar
nicht zu. Er starrte in fast unhöflicher Weise zu dem jungen Paar 10
hinüber, das sich jetzt erhob und auf uns zukam, wenn auch merkwürdig langsam, fast wie im Schlaf. Er kann sie nicht ansprechen,
dachte ich, das ist hier nicht üblich, das ist nirgends üblich, aber hier
ist es ein unverzeihliches Vergehen. Indessen ging das Mädchen
schon ganz nahe an uns vorbei, ohne uns anzusehen, das Programm 15
fiel ihm aus der Hand und wehte auf den Teppich, wie früher
einmal ein Spitzentüchlein, suivez-moi, Anknüpfungsmittel[5] einer
lange vergangenen Zeit. Anton bückte sich nach dem glänzenden
Heftchen, aber statt es zurückzureichen, bat er, einen Blick hinein-
werfen zu dürfen, tat das auch, murmelte in seinem kläglichen 20
Englisch allerlei Ungereimtes[6] über die Aufführung und die
Schauspieler und stellte den Fremden endlich sich und mich vor,
was den jungen Mann nicht wenig zu erstaunen schien. Ja, Erstaunen
und Abwehr zeigten sich auch auf dem Gesicht des jungen Mäd-
chens, obwohl es doch sein Programm augenscheinlich mit voller 25
Absicht hatte fallen lassen und obwohl es jetzt meinem Mann ganz
ungeniert in die Augen schaute, wenn auch mit trübem, gleichsam
verhangenem[7] Blick. Die Hand, die Anton nach kontinentaler Sitte
arglos ausgestreckt hatte, übersah sie, nannte auch keinen Namen,

---

[4] *Faltenrock* — pleated skirt.
[5] *ein Spitzentüchlein, suivez-moi, Anknüpfungsmittel* — a small lace handkerchief, a
"follow me" device, a means of making contact.
[6] *Ungereimtes* — disconnected remarks.
[7] *verhangenem* — clouded.

sondern sagte nur, wir sind Bruder und Schwester, und der Klang
ihrer Stimme, der überaus zart und süß und gar nicht zum Fürchten
war, flößte mir einen merkwürdigen Schauder ein. Nach diesen
Worten, bei denen Anton wie ein Knabe errötete, setzten wir uns in
5 Bewegung, wir gingen im Wandelgang[8] auf und ab und sprachen
stockend belanglose Dinge, und wenn wir an den Spiegeln vorüber-
kamen, blieb das fremde Mädchen stehen und zupfte an seinen Haaren und lächelte Anton im Spiegel zu. Und dann läutete es, und
wir gingen zurück auf unsere Plätze, und ich hörte zu und sah zu
10 und vergaß die englischen Geschwister, aber Anton vergaß sie
nicht. Er blickte nicht mehr so oft hinüber, aber ich merkte doch,
daß er nur darauf wartete, daß das Stück zu Ende war und daß er
sich den entsetzlichen und einsamen Tod des gealterten Königs kein
bißchen zu Herzen nahm. Als der Vorhang gefallen war, wartete er
15 das Klatschen und das Wiedererscheinen der Schauspieler gar nicht
ab, sondern drängte zu den Geschwistern hinüber und sprach auf sie
ein, offenbar überredete er sie, ihm ihre Garderobemarken[9] zu
überlassen, denn mit einer ihm sonst ganz fremden, unangenehmen
Behendigkeit schob und wand er sich gleich darauf durch die ruhig
20 wartenden Zuschauer und kehrte bald mit Mänteln und Hüten
beladen zurück; und ich ärgerte mich über seine Beflissenheit und
war überzeugt davon, daß wir von unseren neuen Bekannten am
Ende kühl entlassen werden würden und daß mir, nach der Erschütterung, die ich durch das Trauerspiel erfahren hatte, nichts anderes
25 bevorstand, als mit einem enttäuschten und schlechtgelaunten
Anton nach Hause zu gehen.

Es kam aber alles ganz anders, weil es, als wir angezogen vor die
Tür traten, stark regnete, keine Taxis zu haben waren und wir uns
in dem einzigen, das Anton mit viel Rennen und Winken schließlich
30 auftreiben konnte, zu viert zusammenzwängten,[10] was Heiterkeit

---

[8] *Wandelgang* — foyer.
[9] *Garderobemarken* — coat checks.
[10] *zu viert zusammenzwängten* — crowded in, all four of us.

und Gelächter hervorrief und auch mich meinen Unmut vergessen
ließ. Wohin? fragte Anton, und das Mädchen sagte mit seiner hellen
süssen Stimme: Zu uns. Es nannte dem Chauffeur Straße und
Hausnummer und lud uns, zu meinem großen Erstaunen, zu einer
Tasse Tee ein. Ich heiße Vivian, sagte sie, und mein Bruder heißt 5
Laurie, und wir wollen uns mit den Vornamen nennen. Ich sah das
Mädchen von der Seite an und war überrascht, um wieviel lebhafter
es geworden war, so als sei es vorher gelähmt gewesen und sei erst
jetzt in unserer oder in Antons körperlicher Nähe imstande, seine
Glieder zu rühren. Als wir ausstiegen, beeilte sich Anton, den 10
Fahrer zu bezahlen, und ich stand da und sah mir die Häuser an, die
aneinandergebaut und alle völlig gleich waren, schmal mit kleinen,
tempelartigen Vorbauten und mit Vorgärten,[11] in denen überall
dieselben Pflanzen wuchsen, und ich dachte unwillkürlich, wie
schwer es doch sein müsse, ein Haus hier wiederzuerkennen, und 15
war fast froh, im Garten der Geschwister doch etwas Besonderes,
nämlich eine sitzende steinerne Katze zu sehen. Währenddem hatte
Laurie die Eingangstür geöffnet, und nun stiegen er und seine
Schwester vor uns eine Treppe hinauf. Anton nahm die Gelegenheit
wahr, um mir zuzuflüstern, ich kenne sie, ich kenne sie gewiß, wenn 20
ich nur wüßte, woher. Oben verschwand Vivian gleich, um das
Teewasser aufzusetzen, und Anton fragte ihren Bruder aus, ob sie
beide in letzter Zeit im Ausland gewesen seien und wo. Laurie
antwortete zögernd, beinahe gequält, ich konnte nicht unterscheiden,
ob ihn die persönliche Frage abstieß oder ob er sich nicht erinnern 25
konnte, fast schien es so, denn er strich sich ein paarmal über die
Stirn und sah unglücklich aus. Er ist nicht ganz richtig,[12] dachte ich,
alles ist nicht ganz richtig, ein sonderbares Haus, so still und dunkel
und die Möbel von Staub bedeckt, so als seien die Räume seit langer

---

[11] *tempelartigen Vorbauten und mit Vorgärten* — templelike porticoes and with gardens
in front.
[12] *Er ist nicht ganz richtig* — There is something peculiar about him.

Zeit unbewohnt. Sogar die Birnen[13] der elektrischen Lampen waren
ausgebrannt oder ausgeschraubt, man mußte Kerzen anzünden, von
denen viele in hohen Silberleuchtern[14] auf den alten Möbeln standen.
Das sah nun freilich hübsch aus und verbreitete Gemütlichkeit.
5 Die Tassen, welche Vivian auf einem gläsernen Tablett hereinbrach-
te, waren auch hübsch, zart und schön blau gemustert, ganze
Traumlandschaften waren auf dem Porzellan zu erkennen. Der Tee
war stark und schmeckte bitter, Zucker und Rahm gab es dazu
nicht. Wovon sprecht ihr, fragte Vivian, und sah Anton an, und
10 mein Mann wiederholte seine Fragen mit beinahe unhöflicher
Dringlichkeit. Ja, antwortete Vivian sofort, wir waren in Österreich,
in — aber nun brachte auch sie den Namen des Ortes nicht heraus
und starrte verwirrt auf den runden, von einer feinen Staubschicht
bedeckten Tisch.
15   In diesem Augenblick zog Anton sein Zigarettenetui heraus, ein
flaches goldenes Etui, das er von seinem Vater geerbt hatte, und
das er, entgegen der herrschenden Mode, Zigaretten in ihren
Packungen anzubieten, noch immer benutzte. Er klappte es auf und
bot uns allen an, und dann machte er es wieder zu und legte es auf
20 den Tisch, woran ich mich am nächsten Morgen, als er es vermißte,
noch gut erinnern konnte.
    Wir tranken also Tee und rauchten, und dann stand Vivian
plötzlich auf und drehte das Radio an und über allerhand grelle
Klang- und Stimmfetzen[15] glitt der Lautsprecherton in eine sanft
25 klirrende Tanzmusik. Wir wollen tanzen, sagte Vivian, und sah
meinen Mann an, und Anton erhob sich sofort und legte den Arm
um sie. Ihr Bruder machte keine Anstalten, mich zum Tanzen
aufzufordern, so blieben wir am Tisch sitzen und hörten der Musik
zu und betrachteten das Paar, das sich im Hintergrund des großen
30 Zimmers hin und her bewegte. So kühl sind die Engländerinnen

---

[13] *Birnen* — bulbs.
[14] *Silberleuchtern* — silver candelabras.
[15] *Klang- und Stimmfetzen* — fragments of music and voices.

also nicht, dachte ich und wußte schon, daß ich etwas anderes meinte, denn Kühle, eine holde, sanfte Kühle ging nach wie vor[16] von dem fremden Mädchen aus, zugleich aber auch eine seltsame Gier, da sich ihre kleinen Hände wie Saugnäpfe einer Kletterpflanze[17] an den Schultern meines Mannes festhielten und ihre Lippen sich 5 lautlos bewegten, als formten sie Ausrufe der höchsten Bedrängnis und Not.[18] Anton, der damals noch ein kräftiger junger Mann und ein guter Tänzer war, schien von dem ungewöhnlichen Verhalten seiner Partnerin nichts zu bemerken, er sah ruhig und liebevoll auf sie herunter und manchmal schaute er auf dieselbe Weise auch zu 10 mir herüber, als wolle er sagen, mach dir keine Gedanken, es geht vorüber, es ist nichts. Aber obwohl Vivian so leicht und dünn mit ihm hinschwebte, schien dieser Tanz, der, wie es bei Radiomusik üblich ist, kein Ende nahm und nur in Rhythmus und Melodie sich veränderte, ihn ungebührlich[19] anzustrengen, seine Stirn war bald 15 mit Schweißtropfen bedeckt, und wenn er einmal mit Vivian nahe bei mir vorüberkam, konnte ich seinen Atem fast wie ein Keuchen oder Stöhnen hören. Laurie, der ziemlich schläfrig an meiner Seite saß, fing plötzlich an, zu der Musik den Takt zu schlagen, wozu er geschickt bald seine Fingerknöchel, bald den Teelöffel verwendete, 20 auch mit dem Zigarettenetui meines Mannes synkopisch auf den Tisch klopfte, was alles der Musik etwas atemlos Drängendes verlieh und mich in plötzliche Angst versetzte. Eine Falle, dachte ich, sie haben uns hier heraufgelockt, wir sollen ausgeraubt oder verschleppt werden, und gleich darauf, was für ein verrückter Gedanke, wer 25 sind wir schon, unwichtige Fremde, Touristen, Theaterbesucher, die nichts bei sich haben als ein bißchen Geld, um notfalls nach der Vorstellung noch etwas essen zu gehen. Plötzlich wurde ich sehr schläfrig, ich gähnte ein paarmal verstohlen. War nicht der Tee, den

---

[16] *nach wie vor* — now as before.
[17] *Saugnäpfe einer Kletterpflanze* — suction cups of a climbing vine.
[18] *der höchsten Bedrängnis und Not* — of extreme anguish.
[19] *ungebührlich* — unduly.

wir getrunken hatten, außergewöhnlich bitter gewesen, und hatte Vivian die Tassen nicht schon eingeschenkt hereingebracht, so daß sehr wohl in den unseren ein Schlafmittel hätte aufgelöst sein können und in denen der englischen Geschwister nicht? Fort, dachte ich, heim ins Hotel, und suchte den Blick meines Mannes wieder, der aber nicht zu mir hersah, sondern jetzt die Augen geschlossen hielt, während das zarte Gesicht seiner Tänzerin ihm auf die Schulter gesunken war.

Wo ist das Telefon? fragte ich unhöflich, ich möchte ein Taxi bestellen. Laurie griff bereitwillig hinter sich, der Apparat stand auf einer Truhe, aber als Laurie den Hörer abnahm, war kein Summzeichen[20] zu vernehmen. Laurie zuckte nur bedauernd mit den Achseln, aber Anton war jetzt aufmerksam geworden, er blieb stehen und löste seine Arme von dem Mädchen, das verwundert zu ihm aufschaute und beängstigend schwankte, wie eine zarte Staude[21] im Wind. Es ist spät, sagte mein Mann, ich fürchte, wir müssen jetzt gehen. Die Geschwister machten zu meiner Überraschung keinerlei Einwände, nur noch ein paar freundliche und höfliche Worte wurden gewechselt. Dank für den reizenden Abend und so weiter, und dann brachte der schweigsame Laurie uns die Treppe hinunter zur Haustür, und Vivian blieb auf dem Absatz oben stehen, lehnte sich über das Geländer und stieß kleine, vogelleichte Laute aus, die alles bedeuten konnten oder auch nichts.

Ein Taxistand war in der Nähe, aber Anton wollte ein Stück zu Fuß gehen, er war zuerst still und wie erschöpft und fing dann plötzlich lebhaft zu reden an. Gesehen habe er die Geschwister bestimmt schon irgendwo und vor nicht langer Zeit, wahrscheinlich in Kitzbühel* im Frühjahr, das sei ja gewiß ein für Ausländer schwer zu behaltender Name, kein Wunder, daß Vivian nicht auf ihn gekommen sei. Er habe jetzt sogar etwas ganz Bestimmtes im Sinn, vorhin, beim Tanzen sei es ihm eingefallen, eine Bergstraße, ein

---

[20] *Summzeichen* — dial tone.
[21] *zarte Staude* — fragile plant.

Hinüber- und Herübersehen von Wagen zu Wagen,[22] in dem einen
habe er gesessen, allein, und in dem andern, einem roten Sportwagen,
die Geschwister, das Mädchen am Steuer, und nach einer kurzen
Stockung im Verkehr, einem minutenlangen Nebeneinanderfahren,
habe es ihn überholt und sei davongeschossen auf eine schon nicht 5
mehr vernünftige Art. Ob sie nicht hübsch sei und etwas Besonderes, fragte Anton gleich darauf, und ich sagte, hübsch schon und
etwas Besonderes schon,[23] aber ein bißchen unheimlich, und ich
erinnerte ihn an den modrigen Geruch in der Wohnung und an den
Staub und das abgestellte Telefon. Anton hatte von dem allem 10
nichts bemerkt und wollte auch jetzt nichts davon wissen, aber
streitlustig waren wir beide nicht, sondern sehr müde, und darum
hörten wir nach einer Weile auf zu sprechen und fuhren ganz friedlich nach Hause ins Hotel und gingen zu Bett.

Für den nächsten Vormittag hatten wir uns die Tate-Galerie[24] 15
vorgenommen, wir besaßen auch schon einen Katalog dieser
berühmten Bildersammlung, und beim Frühstück blätterten wir
darin und überlegten uns, welche Bilder wir anschauen wollten und
welche nicht. Aber gleich nach dem Frühstück vermißte mein Mann
sein Zigarettenetui, und als ich ihm sagte, daß ich es auf dem Tisch 20
bei den englischen Geschwistern zuletzt gesehen hätte, schlug er vor,
daß wir es noch vor dem Besuch des Museums dort abholen sollten.
Ich dachte gleich, er hat es absichtlich liegenlassen, aber ich sagte
nichts. Wir suchten die Straße auf dem Stadtplan, und dann fuhren
wir mit einem Autobus bis zu einem Platz in der Nähe. Es regnete 25
nicht mehr, ein zartgoldener Frühherbstnebel lag über den weiten
Parkwiesen, und große Gebäude mit Säulen und Giebel tauchten
auf und verschwanden wieder geheimnisvoll im wehenden Dunst.

Anton war sehr guter Laune und ich auch. Ich hatte alle Beun-

---

[22] *ein Hinüber- und Herübersehen von Wagen zu Wagen* — a looking back and forth
from one car to the other.
[23] *schon . . . schon* — certainly . . . certainly.
[24] *Tate-Galerie* — one of the great art museums in London.

ruhigung des vergangenen Abends vergessen und war gespannt, wie sich unsere neuen Bekannten im Tageslicht ausnehmen und verhalten würden. Ohne Mühe fanden wir die Straße und auch das Haus und waren nur erstaunt, alle Läden heruntergelassen zu sehen, so als
5 ob drinnen noch alles schliefe oder die Bewohner zu einer langen Reise aufgebrochen seien. Da sich auf mein erstes schüchternes Klingeln hin nichts rührte, schellten wir dringlicher, schließlich fast ungezogen lange und laut. Ein altmodischer Messingklopfer[25] befand sich auch an der Tür, und auch diesen betätigten wir am
10 Ende, ohne daß sich drinnen Schritte hören ließen oder Stimmen laut wurden. Schließlich gingen wir fort, aber nur ein paar Häuser weit die Straße hinunter, dann blieb Anton wieder stehen. Es sei nicht wegen des Etuis, sagte er, aber es könne den jungen Leuten etwas zugestoßen sein, eine Gasvergiftung[26] zum Beispiel, Gaska-
15 mine[27] habe man hier überall, und er habe auch einen im Wohnzimmer gesehen. An eine mögliche Abreise der Geschwister wollte er nicht glauben, auf jeden Fall müsse die Polizei gerufen werden, und er habe auch jetzt nicht die Ruhe, im Museum Bilder zu betrachten. Inzwischen hatte sich der Nebel gesenkt, ein schöner,
20 blauer Nachsommerhimmel[28] stand über der wenig befahrenen Straße und über dem Haus Nr. 79, das, als wir nun zurückkehrten, noch ebenso still und tot dalag wie vorher.

Die Nachbarn, sagte ich, man muß die Nachbarn fragen, und schon öffnete sich ein Fenster im nächsten, zur Rechten gelegenen
25 Haus, und eine dicke Frau schüttelte ihren Besen über den hübschen Herbstastern des Vorgärtchens aus. Wir riefen sie an und versuchten, uns ihr verständlich zu machen. Einen Familiennamen wußten wir nicht, nur Vivian und Laurie, aber die Frau schien sofort zu wissen, wen wir meinten. Sie zog ihren Besen zurück, legte ihre starke

---

[25] *Messingklopfer* — brass door knocker.
[26] *eine Gasvergiftung* — gas poisoning.
[27] *Gaskamine* — gas heaters.
[28] *Nachsommerhimmel* — Indian summer sky.

Brust in der geblümten Bluse auf die Fensterbank und sah uns
erschrocken an. Wir waren hier im Haus, sagte Anton, noch gestern
abend, wir haben etwas liegengelassen, das möchten wir jetzt
abholen, und die Frau machte plötzlich ein mißtrauisches Gesicht.
Das sei unmöglich, sagte sie mit ihrer schrillen Stimme, nur sie 5
habe den Schlüssel, das Haus stünde leer. Seit wann, fragte ich
unwillkürlich und glaubte schon, daß wir uns doch in der Hausnummer geirrt hätten, obwohl im Vorgarten, nun im hellen
Sonnenlicht, die steinerne Katze lag.

Seit drei Monaten, sagte die Frau ganz entschieden, seit die jungen 10
Herrschaften tot sind. Tot? fragten wir und fingen an, durcheinander
zu reden, lächerlich, wir waren gestern zusammen im Theater, wir
haben bei ihnen Tee getrunken und Musik gemacht und getanzt.

Einen Augenblick, sagte die dicke Frau und schlug das Fenster zu,
und ich dachte schon, sie würde jetzt telefonieren und uns fort- 15
bringen lassen, ins Irrenhaus oder auf die Polizei. Sie kam aber gleich
darauf auf die Straße hinaus, mit neugierigem Gesicht[29], ein großes
Schlüsselbund[30] in der Hand. Ich bin nicht verrückt, sagte sie, ich
weiß, was ich sage, die jungen Herrschaften sind tot und begraben,
sie waren mit dem Wagen im Ausland und haben sich dort den 20
Hals gebrochen, irgendwo in den Bergen, mit ihrem blödsinnig
schnellen Fahren.

In Kitzbühel,* fragte mein Mann entsetzt, und die Frau sagte, so
könne der Ort geheißen haben, aber auch anders, diese ausländischen
Namen könne niemand verstehen. Indessen ging sie uns schon 25
voraus, die Stufen hinauf und sperrte die Tür auf, wir sollten nur
sehen, daß sie die Wahrheit spreche und daß das Haus leer sei, von
ihr aus könnten wir auch in die Zimmer gehen, aber Licht könne sie
nicht anmachen, sie habe die elektrischen Birnen für sich herausge-
schraubt, der Herr Verwalter[31] habe nichts dagegen gehabt. 30

[29] *mit neugierigem Gesicht* — with an expression of curiosity on her face.
[30] *Schlüsselbund* — bunch of keys.
[31] *Herr Verwalter* — superintendent.

Wir gingen hinter der Frau her, es roch dumpf und muffig, und ich faßte auf der Treppe meinen Mann bei der Hand und sagte, es war einfach eine ganz andere Straße, oder wir haben alles nur geträumt, zwei Menschen können genau denselben Traum haben in 5 derselben Nacht, so etwas gibt es, und jetzt wollen wir gehen. Ja, sagte Anton ganz erleichtert, du hast recht, was haben wir hier zu suchen, und er blieb stehen und griff in die Tasche, um etwas Geld herauszuholen, das er der Nachbarsfrau für ihre Mühe geben wollte. Die war aber schon oben ins Zimmer getreten, und wir mußten ihr 10 nachlaufen und auch in das Zimmer hineingehen, obwohl wir dazu schon gar keine Lust mehr hatten und ganz sicher waren, daß das Ganze eine Verwechslung oder eine Einbildung war. Kommen Sie nur, sagte die Frau und fing an, einen Laden heraufzuziehen, nicht völlig, nur ein Stückchen, nur so weit, daß man alle Möbel deutlich 15 erkennen konnte, besonders einen runden Tisch mit Sesseln drum herum und mit einer feinen Staubschicht auf der Platte, einen Tisch, auf dem nur ein einziger Gegenstand, der jetzt von einem Sonnenstrahl getroffen aufleuchtete, ein flaches, goldenes Zigarettenetui, lag.

FRAGEN

1. Was wird die Erzählerin tun?
2. Wo fängt die erzählte Geschichte an?
3. Warum schaute der Mann gar nicht auf die Bühne? stage
4. Warum ärgerte sich die Frau?
5. Was geschah in der Pause?
6. Wie gelang es Anton, mit der Frau zu sprechen?
7. Waren die zwei Engländer Mann und Frau?
8. Was tat Anton, sobald das Stück zu Ende war?
9. Warum gingen die vier nicht vor dem Theater auseinander?
10. Was tat Anton, als sie ausstiegen?
11. Was flüsterte Anton seiner Frau zu, als sie auf der Treppe waren?

12. Was für einen Eindruck machte die Wohnung?
13. Erklären Sie, was Vivian tat, als sie in der Wohnung waren!
14. Was tat Anton, als Tee serviert wurde?
15. Warum tanzte Antons Frau nicht?
16. Was für Gedanken gingen Antons Frau durch den Kopf, als sie alleine da saß?
17. Warum wurde kein Taxi telefonisch bestellt?
18. Woran dachte Anton, als er mit dem Mädchen tanzte?
19. Was bemerkte Anton gar nicht, als er bei den Engländern war?
20. Was wollten Anton und seine Frau am nächsten Vormittag machen?
21. Warum konnte Anton sein Zigarettenetui nicht finden?
22. Was beschlossen die beiden zu tun?
23. Was behauptete die Nachbarin?
24. Wie endet die Geschichte?

GÜNTER EICH

Günter Eich, born in 1907 in Lebus on the Oder, studied law and Oriental languages at the Universities of Leipzig and Berlin. He fought in World War II and was made an American prisoner of war. Married to Ilse Aichinger, herself a prominent writer, Eich now lives in the small town of Lenggries in Upper Bavaria.

He is noted primarily for his lyric poetry and his contributions to a relatively new literary form, the *Hörspiel* or radio play, for which his pioneering and original work has helped set high artistic standards. In these works Eich is concerned with man's relationship to his world. Every individual, according to him, must give his life some sense of direction, some meaning. If he succeeds, he will have attained the highest end a man may hope and strive for. The goals of Eich's characters have little resemblance to those pursued in the normal workaday world. The emphasis is on the inner life, on the ability to reconcile what one must do with what one wishes to do. Dream and reality are the poles of life, and he who is able to fuse these into a whole enters upon an entirely new existence. That such a person might appear ridiculous to others does not matter in the least.

In the story that follows, Eich writes of just such a person, a man whose success, measured by worldly and materialistic standards, is slight, but who has learned how to live in two worlds without divorcing himself from either. Eich does not poke fun at his stiltwalker; rather, he seems to regard him with a gentle sympathy, and even envy, for having realized the ideal that so many seek but so few can attain.

DER STELZENGÄNGER

—

GÜNTER EICH

Ich komme mit vielen Menschen zusammen, und es gibt kaum
einen darunter, der glücklich wäre. Ich aber bin es, denn mir ist es
gelungen, das Ziel zu erreichen, das ich seit frühester Jugend er-
strebte. Ich habe den Beruf, den ich wollte: ich bin Vertreter der
Firma Astrol, die Schuhkreme herstellt und vertreibt.   5

Damit ist die praktische Seite meiner Tätigkeit bezeichnet, aber
erst in Verbindung mit dem Höheren,[1] das zu jedem wahren Beruf
und auch zu meinem gehört, erfüllt er mich mit immerwährendem
Glück. Wie soll ich dem, der es nicht kennt, dieses Glück erklären?

Der oberflächliche Zuschauer ist nicht imstande, die beiden   10
Aufgaben meines Berufes als eine einzige zu sehen. Habe ich in einer
Ortschaft alle Läden, die Schuhkreme führen, besucht und die
Bestellungen aufgenommen, so kehre ich zu meinem Wagen zurück, um den sich meist schon eine größere oder kleinere Menge
versammelt hat. Vor allem kommen Kinder. Nicht die grellfarbigen   15
Reklameflächen auf den Seitenwänden des Autos locken die Kinder
an — Wagen dieser Art sieht man viele, wenn man auch zugeben
muß, daß die Astrolfarben[2] (Giftgrün und Purpurrot hart neben-
einandergesetzt) auf eine gewissermaßen schmerzhafte Weise anziehend wirken, wie das Auge der Viper auf den Frosch. Indessen   20
ist es doch der ungewöhnliche Aufbau meines Wagens, der die

---

[1] *Höheren* — higher aspect.
[2] *Astrolfarben* — colors of the Astrol firm.

169

Aufmerksamkeit erregt und hin und wieder auch denjenigen betroffen[3] stehen läßt, der viel gesehen und die natürliche Neugier verloren hat. An den Seitenwänden nämlich sind Leitern angebracht, eine rechts, eine links, schräg zur Mitte geneigt, sich nach oben
5 verjüngend[4] und über die Decke des Wagens hinaus in die Höhe ragend. Zwischen den beiden Leitern dreht sich ein überlebensgroßer giftgrüner Herrenschuh im Kreise. Purpurne Schnürriemen hängen groß wie Vorhangtroddeln[5] seitlich an ihm herab. Zieht man daran, und die Kinder verfallen bald genug darauf, so wird
10 damit das Gangwerk eines Grammophons bewegt, das sich im Innern des Wagens befindet, und es ertönt je nach der Reihenfolge[6] eine getragene,[7] muntere oder innige Musik, von einigen werbenden Worten[8] gefolgt. Die besondere Wirkung besteht darin, daß die Reklame durch eine Handlung ausgelöst wird, die die Kinder
15 für verboten halten, während sie durch diese Meinung zu eben jener Handlung recht eigentlich verführt werden sollen. So stürzen denn auch, wenn ich mich dem Wagen nähere, immer einige Übeltäter, unwissentlich meine Helfershelfer, mit schlechtem Gewissen davon. Die anderen blicken mir erwartungsvoll entgegen. Ich sehe ernst an
20 ihnen vorbei, öffne die Tür in der Rückwand, steige ein und schließe hinter mir zu. Im Dunkeln kleide ich mich um.

Ich muß gestehen, daß mich auch heute noch, wenn ich allein in dem engen Wageninnern bin, bisweilen ein Herzklopfen befällt, eine dem Weinen nahe Spannung vor dem Augenblick, da ich die
25 Wagentür wieder öffnen werde. Vielleicht ist dem Schauspieler ähnlich zumute, der sich in seiner Garderobe für seinen Auftritt vorbereitet. Dabei ist das, was ich zu tun habe, ein viel innigeres und

---

[3] *betroffen* — taken aback.
[4] *schräg zur Mitte geneigt, sich nach oben verjüngend* — sloping toward each other, tapering at the top.
[5] *Vorhangtroddeln* — curtain tassels.
[6] *je nach der Reihenfolge* — according to the cycle.
[7] *getragene* — solemn.
[8] *einigen werbenden Worten* — a few words of advertising.

tieferes Beginnen als ein Auftritt auf dem Theater: bin ich doch dabei, zu mir selbst zu gelangen.[9]

Wenn ich die purpurne Hose angezogen habe, die doppelt so lang ist wie meine Beine und deshalb sorgfältig hochgekrempelt werden muß, und das giftgrüne Wams, das auf Rücken und Brust die Aufschrift „Astrol" trägt, nehme ich den roten Zylinder in die Hand und setze ihn auf, wenn ich die Tür wieder geöffnet und den Kopf als erstes hinausgestreckt habe.

So gekleidet gehe ich an eine der Leitern — ich pflege dabei regelmäßig abzuwechseln — und steige die Sprossen empor, während ich gleichzeitig rechts und links zwei an der Leiter verborgen befestigte Stelzen löse. Bin ich auf der vorletzten Stufe angelangt, lasse ich die beiden überlangen Hosenbeine über die Stelzen gleiten, so daß sie bis zur vollen Länge ausrollen, steige dann einige Stufen hinunter, bis meine Hände das Holz unter dem Gewand fassen können und die Füße auf den Tritten der Stelzen Halt finden. Ich stoße mich leicht vom Wagen ab und beginne meinen Gang durch die Straßen, hoch über den Köpfen der jauchzenden und johlenden Menge.

Ich weiß noch wohl, wie ich als Kind zum erstenmal einen solchen Stelzengänger erblickte. Mit wehenden Frackschößen[10] kam er durch die Allee. Von den Feldern zog ein Rauch von Kartoffelkraut herüber. Immer erinnern mich die Kartoffelfeuer an ihn. Meine Mutter hielt mich auf dem Arm, und ich schaute zu ihm empor, gegen meine Gewohnheit still, denn dies erschien mir als das Wunderbarste, was ich bisher gesehen hatte. Der Stelzenmann beugte sich zu mir herab, wahrhaftig, das konnte er, und während mir sein bärtiges Gesicht ganz nahe schien, steckte er mir ein Malzbonbon in den Mund. Mit diesem Bonbon nahm ich das Verlangen in mir auf, so zu werden wie er.

Als ich ihn nach Jahren noch einmal sah, hatte er von seinem

---

[9] *zu mir selbst zu gelangen* — of finding my real self.
[10] *Frackschößen* — coattails.

Zauber nichts eingebüßt.[11] Immer deutlicher wurde mir, daß es nichts Größeres auf der Welt gab, als ein Stelzengänger zu sein.

Die Menschen verstehen es nicht, glücklich zu werden, weil sie ihre Ziele ändern oder aufgeben, von jeder Schwierigkeit zum Ausweichen verführt.[12] Auch bei mir gab es Hindernisse, und ich habe viel Geduld gebraucht, sie zu überwinden und die Rückschläge ohne Verzweiflung hinzunehmen. Schon die Übung des Stelzengehens, das ich in frühester Jugend begann, hätte mich in die Wüste der Hoffnungslosigkeit führen können. Denn sich recht und schlecht fortzubewegen,[13] genügte nicht, ich mußte es ja zur Meisterschaft bringen, und diese Gangart durfte mir keine Geheimnisse verborgen halten. Es kommt dabei vor allem darauf an, den Eindruck des Selbstverständlichen[14] hervorzurufen und schließlich eine gewisse tänzerische Anmut zu erreichen, die ohne Schwerkraft scheint. Bis dahin ist es freilich weit, aber ich darf sagen, daß ich es nicht an Opfern habe fehlen lassen.[15] Seit meinem sechsten Lebensjahr ist kein Tag vergangen, an dem ich nicht mehrere Stunden trainiert hätte. Noch heute verbringe ich, von meinen Vorführungen abgesehen, drei bis vier Stunden täglich auf den Stelzen, sommers, wie winters, gleichgültig gegen Regen, Schnee, Glatteis oder Morast,[16] im Autoverkehr der Großstadt, auf Wiesen und in Wäldern; ich überquere Flüsse, Gletscher und Felsgebiete. Von alpinistischem Rang ist meine Stelzenbesteigung der Dufourspitze.[17] Als Kind schon gewöhnte ich mich daran, auf den Stelzen zu schlafen, gegen einen Baum oder eine Mauer gelehnt. Ich gewann Wettläufe gegen Kurzstreckenläufer und galoppierende Pferde. Auf langen Wande-

---

[11] *eingebüßt* — lost.
[12] *zum Ausweichen verführt* — diverted.
[13] *sich recht und schlecht fortzubewegen* — just managing to move along.
[14] *des Selbstverständlichen* — of second nature.
[15] *ich es nicht an Opfern habe fehlen lassen* — I did not spare any pains.
[16] *Glatteis oder Morast* — ice or mud.
[17] *Von alpinistischem Rang ist meine Stelzenbesteigung der Dufourspitze* — My ascent of Mount Dufour on stilts was a mountain-climbing achievement of the first order.

rungen erprobte ich meine Ausdauer, auf Treppen und fahrenden Lastwagen meine Geschicklichkeit. Es gelang mir, die üblichen Stelzenmodelle durch verschiedene Verbesserungen zu vervollkommnen, und ich glaube, daß die Geräte, die ich jetzt benutze, in dieser Hinsicht unübertrefflich sind. Ich fertige sie mir selbst an und habe 5 nur drei Paare in Gebrauch, eines mit Licht- und Läutesignalen für den Großstadtverkehr, ein hölzernes für Langstreckenläufe und eines aus Leichtmetall für die Vorführungen.

Was indessen bedeuten die Schwierigkeiten auf dem Wege zur Meisterschaft im Vergleich zu jenen anderen, die mir die ver- 10 ständnislose Umwelt bereitete? Ich will vom Spott und allen Demütigungen schweigen, die ich erdulden mußte, ehe ich die erste Etappe[18] auf meinem Wege, die Lehrstelle[19] in den Astrolwerken, erreicht hatte.

Hier aber, wo ich glaubte, meinem Ziel nahe zu sein, erhob sich 15 ein neues Hindernis, das mich fast gezwungen hätte, meine Pläne aufzugeben. Ich entdeckte bald, daß die Stelzenreklame von der Firma nicht mehr geübt wurde, glaubte aber zunächst, diese Tatsache zu meinem Vorteil auslegen zu können. Offenbar fehlte es an geschultem Nachwuchs. Doch als ich es eines Tages wagte, mich in 20 der Reklameabteilung zu erkundigen, erfuhr ich zu meinem Schrecken, daß nicht die Absicht bestand, diese Art der Werbung wieder aufzunehmen. Sie galt als veraltet.

Ich war wie betäubt und grübelte wochenlang über einen Ausweg nach. Sollte ich mich wirklich für besiegt erklären und zugeben, 25 daß all meine Pläne verfehlt waren, weil es einigen wenigen an Einsicht mangelte? Wie anderseits konnte ich, der letzte Angestellte, die Direktoren überzeugen, daß sie die höchsten Werte über Bord geworfen, daß sie alles, was die Welt mit ihrem Namen verknüpfte, leichtsinnig vertan hatten? Eine Idee nach der anderen kam mir, alle 30

---

[18] *Etappe* — stage.
[19] *Lehrstelle* — apprenticeship.

verwarf ich wieder. Ich las die Biographie des Demosthenes,[20] vielleicht half eine schnelle feurige Rede. Aber die Steine unter der Zunge bewiesen mir, daß ich kein Redner war. Sollte ich statt dessen einen Brief an die Werkleitung schreiben und mit unwiderleglichen
5 Argumenten ihre bessere Einsicht wecken? Nein, die Sätze, die ich ins Konzept schrieb,[21] waren matt und ungeeignet, Begeisterung zu entfachen. Ich begriff: wenn überhaupt etwas überzeugen konnte, so waren es meine Stelzen.

Ich stahl in der Fabrik zwei grün-purpurne Emailleschilder[22] mit
10 der Aufschrift „Astrol," befestigte sie mir mit Draht auf Rücken und Brust und stelzte täglich nach Dienstschluß[23] durch die Straßen. Das blieb nicht ohne Eindruck. Nach drei oder vier Tagen ließ man mich in die Werkleitung rufen.

Dieser unbeschreibliche Augenblick, wo ich mein Ziel in einem
15 Blitz dicht vor mir sah! Halb im Rausch ging ich über den Fabrikhof und die glänzend gewachsten Treppen zu den Büros hinauf. Ich vergaß anzuklopfen und stand unvermittelt in der Stille der Räume, die ich noch nie betreten hatte. Ein unfreundliches, weiß gepudertes Gesicht wandte sich nach mir um. Ich glaubte, dieser Unmut würde
20 sich in Freundlichkeit verwandeln, wenn ich meinen Namen sagte, aber eine scharfe Stimme belehrte mich anders. Entweder der Unfug, so hieß es, unterbliebe, oder ich sei zum nächsten Ersten[24] entlassen. Ich weiß nicht, wie ich die Tür und die Klinke fand.

Nachdem ich den Flur entlang und die Treppe hinabgegangen
25 war, blieb ich auf dem Absatz stehen und sah auf den Fabrikhof. Das Fenster stand offen, und ein lauer trauriger Wind wehte von den Schrebergärten[25] herüber.

---

[20] *Demosthenes* — Greek orator (384–322 B. C.), who corrected a speech impediment by speaking with pebbles under his tongue.
[21] *ins Konzept schrieb* — drafted.
[22] *Emailleschilder* — enamel signs.
[23] *nach Dienstschluß* — after work.
[24] *zum nächsten Ersten* — as of the first of next month.
[25] *Schrebergärten* — tiny private garden plots.

Ich schloß das Fenster, ging wieder hinauf, den Flur entlang, und trat zum zweitenmal ohne anzuklopfen in das Zimmer. Das Mädchen saß jetzt schreibend vor ihrer Maschine, und ich beeilte mich zu sprechen, bevor sie noch aufblicken konnte. „Ich werde den Unfug fortsetzen," sagte ich, „ich werde ihn fortsetzen, auch wenn 5 man mich entläßt. Ich werde auch nach meiner Entlassung nicht damit aufhören." Das Mädchen zog die Brauen hoch. „Warten Sie einen Augenblick!" sagte sie und verschwand im Nebenzimmer. Ich blieb ganz ruhig stehen, während mir gleichsam die Seele heftig zitterte.   10

Es war die gleiche Ruhe, mit der ich wenige Augenblicke später dem Leiter der Astrolwreke gegenübertrat. Ich erwartete Erregung und scharfe Worte, aber zu meiner Überraschung begegnete er mir mit fast väterlicher Freundlichkeit. Ich glaubte meinen Ohren nicht zu trauen, als er sich für meine Stelzengänge im Dienste der Firma 15 bedankte. „Ich wünschte," sagte er, „alle Angehörigen der Astrolwerke wären von demselben Geist beseelt. Aber — " fuhr er fort, und er stand hinter seinem Schreibtisch auf und beugte sich vor, um mich von seinem Platz aus recht betrachten zu können, „aber haben Sie nicht bedacht, daß Sie uns vielleicht eher schaden als nützen, 20 wenn Sie, entschuldigen Sie, in Ihren geflickten Hosen, ein Blechschild auf der Brust und Draht an den Hüften, die Astrolwerke repräsentieren?"

Ich merkte, wie ich errötete. Er hatte natürlich recht. „Ich werde das ändern," sagte ich. „Ändern?" erwiderte er, „die Firma hat kein 25 Geld dafür." — „Ich habe nicht gemeint," sagte ich erstaunt, „daß die Firma es ändern soll, ich will es ändern. Ich werde der Firma keine Schande machen. Ich werde nicht eher wieder auf Stelzen gehen, als bis Sie mit meinen Hosen zufrieden sind. Das verspreche ich. Ich habe ohnedies schon auf einen Anzug gespart.[26] Ich werde mir rote 30 Hosen kaufen und ein grünes Jackett. Sie haben völlig recht." Er

---

[26] *auf einen Anzug gespart* — been saving a to buy a suit.

starrte mich an und murmelte: „Gut, gut." Dann reichte er mir die Hand über den Tisch, und ich schlug ein. „Ich bin einverstanden," sagte er. „Ich danke Ihnen," erwiderte ich. Er nickte mir zu, und ich wandte mich zum Gehen. „Noch eins," sagte er, „warum tun Sie
5 das eigentlich?" Ich verstand die Frage nicht. Was meinte er denn? Erwartete er, daß ich tagsüber für die Firma arbeite und abends für mich auf den Stelzen ginge? Es gibt freilich heute noch Leute, die meinen, Vertreterbesuch und Stelzengang seien voneinander zu trennen. Aber wie das Geschäft niedrig ist ohne die ideale Erhöhung
10 durch die Stelzen, so schwebte ich anderseits gleichsam im luftleeren Raum, falls ich ohne die Verbindung mit dem Gemeinen die Stelzen bestiege.[27] Eines ist nicht ohne das andere — nur so bleibt die Welt in Harmonie.

Man verzeihe mir, daß ich glücklich bin. Ich möchte mein Glück
15 nicht nur für mich — ich möchte es auch anderen mitteilen, und bisweilen glaube ich, daß es mir gelingt. In der Dämmerung stelze ich durch die Straßen einer kleinen Stadt. Im leichten Spiel der Arme, im mühelosen Schritt fühle ich mich dem blassen Sichelmond[28] und dem aufziehenden Nachtgewölk[29] nahe. Unter den
20 Stelzen spüre ich die wunderbare Erde, die Kugel, die im Weltraum kreist. Auf Rücken und Brust leuchten mir die Buchstaben „Astrol." Unermüdlich folgen mir trippelnde Schritte, und ich höre den eifrigen Atem und abgerissene Worte des Entzückens, sie klingen wie Gesang. Da wo die erste Laterne brennt, beuge ich mich hinab
25 und blicke in das heiße, gerötete Gesicht eines Kindes. Es schaut mich an, und in seinen Augen sehe ich die Flamme der Begeisterung leuchten, die nie mehr erlöschen wird. So ist es bisweilen.

---

[27] *Aber wie das . . . Stelzen bestiege* — But business is base without the ideal elevation given it by stilts; conversely, I should hover in a vacuum, as it were, if I got on stilts without maintaining contact with the ordinary business world.

[28] *Sichelmond* — crescent moon.

[29] *aufziehenden Nachtgewölk* — gathering clouds of night.

FRAGEN

1. Warum war der Erzähler glücklich?
2. Wer versammelte sich um seinen Wagen?
3. Was wirkte so anziehend auf seine Zuschauer?
4. Was geschah, wenn man an den purpurnen Schnürriemen zog?
5. Was machte der Erzähler in seinem Wagen?
6. Was für ein Gefühl hatte er, während er im Wagen war?
7. Wie sah er aus, als er aus dem Wagen stieg?
8. Warum mußte er die Leiter gebrauchen?
9. Welche Wirkung hatte das Malzbonbon auf den Erzähler gehabt, als er ein Kind war?
10. Warum mußte er sehr geduldig sein?
11. Wo trainierte er jeden Tag?
12. Was hatte er schon als Kind tun können?
13. Was für Stelzen hatte der Erzähler?
14. Was war seine größte Leistung?
15. Was brachte ihn fast zur Verzweiflung?
16. Warum las er die Biographie des Demosthenes?
17. Warum wurde er in die Werkleitung gerufen?
18. Was sagte ihm das Mädchen im Büro des Direktors?
19. Warum war die Sekretärin überrascht, als er wieder zurückkam?
20. Wie benahm sich der Leiter der Werke?
21. Warum errötete der Erzähler?
22. Was versprach er?
23. Welche Frage konnte er nicht verstehen?
24. Wie versuchte er, anderen sein Glück mitzuteilen?
25. Wann wußte er, daß er sein Ziel erreicht hatte?

HORST BIENEK

Horst Bienek (1930–) was born in Gleiwitz, a small town in Silesia, and thus was automatically a resident of East Germany after the war. In 1951 he was arrested for political reasons and sentenced to twenty-five years at hard labor. Sent to the Workuta (Siberia) forced labor camp, he served approximately four years of his sentence before being released in 1955. Upon returning from Russia, he went to West Germany, where he still lives and works as a writer and editor.

Like so many of his generation in Germany, Bienek is deeply concerned with the threats to man's freedom, intellectual and spiritual as well as physical. The hostile forces can take the form of actual physical constraints, or they may manifest themselves as more subtle and often more dangerous intellectual and spiritual oppressions, for these can destroy the last vestiges of human dignity. In "Stimmen im Dunkel" these threats are combined into one terrifying blend, which exerts such a strong dehumanizing influence that human life and values lose all meaning and, in a Kafkaesque manner, human beings are transformed into animals. The author knows from personal experience the extent, both literal and figurative, external and internal, of the blackness which he portrays. Reduced to the verge of madness, to the status of an animal, man is lost with no hope of salvation. The uncomplicated straightforward language of the story serves to impress even more firmly upon the reader the horror which spreads in the wake of these forces of oppression.

STIMMEN IM DUNKEL

HORST BIENEK

Der Gedanke, daß er sich in einem nachtdunklen Gefängnis
befinden könnte, erschien Robert so lächerlich und absurd, daß
er sich mit der Hand über das Gesicht strich, verwundert die harten
und zwickenden Bartstoppeln[1] bemerkte, aber noch in der Unsicherheit des Begreifens aufstand und sich an der feuchtkalten 5
Wand vorwärtstastete. Kaum war er zwei Schritte gegangen,
da stolperte er über einen Strohsack, der auf dem Boden ausge-
breitet lag. Er stürzte und schlug mit dem Kopf heftig gegen den
Leib eines Mannes, der, plötzlich aus dem Schlaf geschreckt, laut
aufschrie wie ein Tier. Robert sprang zurück, er drückte sich 10
zitternd an die Wand, und da fiel ihm alles wieder ein: die Verhaftung, die Verhöre, die Protokolle, das Gericht und die Verurteilung,[2] und jetzt diese Zelle, von der man nicht wußte, ob es
eine Zelle war, weil einfach nur Dunkelheit da war, nach allen
Seiten hin undurchdringliche Finsternis, die wie ein enges Gewand 15
seinen Körper einschnürte,[3] die durch Nase, Mund und Ohren
in ihn einfloß, so daß er nichts mehr fühlte, nur noch die bittere,
verschwenderische Finsternis. Von irgendwo drangen jetzt auch
Geräusche an sein Ohr, er hörte ein Kratzen und Scharren, dann
Stimmen, die immer lauter wurden und nach Ruhe riefen. Der 20

[1] *harten und zwickenden Bartstoppeln* — prickly beard stubble.
[2] *die Verhaftung, die Verhöre, die Protokolle, das Gericht und die Verurteilung* — the
arrest, the hearings, the transcripts, the court, and the sentence.
[3] *wie ein enges Gewand seinen Körper einschnürte* — cramped his body like a corsetlike
garment which was laced too tightly.

Mann auf dem Strohsack verstummte langsam. Robert lehnte gebückt an der Wand, etwas zusammengekauert wie ein Mensch, der Angst hat. Aber er hatte keine Angst; in ihm war nur der Wunsch, das Dunkel zu durchdringen, wenn nicht mit den Augen, 5 so mit den Ohren. Der Mann, der vorhin aufgeschrien hatte, sagte etwas, er sagte es mit einer Stimme, in der noch die Furcht zitterte: „Mein Gott, was ist los? Was ist denn passiert?"

Aber keiner antwortete. Auch Robert nicht. Robert war nur verwundert, eine menschliche Stimme zu hören, eine Sprache, die 10 er verstand. Vorhin, als das Schreien war, glaubte er, so müsse ein Tier schreien, wenn es getötet wird. Robert hielt den Atem an, um sich nicht zu verraten. Die Stimmen von vorhin waren verstummt. Es war wieder ganz still. Nur der Mann, der eben gesprochen hatte, wälzte sich unruhig und verängstigt auf seinem 15 Strohsack hin und her. Er murmelte noch leise und unverständlich vor sich hin, dann aber blieb auch er ganz ruhig.

Die Stille drang mit Schwertern auf Robert ein.[4] Und je lautloser die Finsternis wurde, desto mehr schmerzte sie ihn. Er mußte etwas sagen. Er mußte dieses Schweigen zerstören. Er hielt einfach 20 die Stille nicht mehr aus, in der sich der ungewisse Raum ausdehnte bis in die Unendlichkeit. „Sie da! Sie haben doch geschrien vorhin, nicht wahr?" Er sagte es stockend, und fast schien es ihm, als ob jedes seiner Worte von den Wänden widerhallte. Keine Antwort erfolgte. Aber der Mann, der vorhin so geschrien 25 hatte, bewegte sich wieder auf seinem Strohsack. Das gab Robert Mut, weiterzusprechen. „Ich muß mich bei Ihnen entschuldigen. Ich habe Sie erschreckt. Ich ging ein paar Schritte und bin über einen Strohsack gestürzt. Dabei ... dabei ..." Er schwieg plötzlich. Er fühlte, wie der andere sich aufrichtete. Er konnte es nicht sehen, 30 und doch wußte er genau, daß der andere jetzt aufrecht saß und ihn anblickte.

---

[4] *Die Stille drang mit Schwertern auf Robert ein.* — The silence pierced Robert like a sword.

„Wie finster es ist!" sagte der andere langsam und bedächtig.

„Ja. Man kann nicht einmal die Hand vor den Augen sehen."

Die Worte schwirrten wie Insekten durch die Dunkelheit.

„Wo sind wir hier?"

„Das wollte ich Sie gerade fragen." Beide fühlten, daß es besser 5
wäre, hier zu verstummen. Wer diese Frage nicht beantworten
kann, kann überhaupt nicht antworten. Und doch sprachen sie
weiter; sie klammerten sich an leere, fremde Worte, um in der
Dunkelheit nicht zu ertrinken.

„Gibt es hier überhaupt ein Fenster?"   10

„Nein. Nur einen Luftschacht. Da drüben." Der andere schien
mit der Hand in irgendeine Richtung zu zeigen. Er vergaß, daß
niemand ihn sehen konnte. „Manchmal hört man durch den
Schacht Schreie von oben. Und Türenklappen. Seitdem ich hier
bin, habe ich dreimal Schießen gehört."   15

„Sind Sie schon lange hier?"

„Ich weiß es nicht. Manchmal dünkt es mich, es müßten schon
Jahre vergangen sein, seitdem sie mich hier eingesperrt haben.
Und manchmal glaube ich, ich bin erst seit einigen Stunden
hier. Ich weiß es wirklich nicht." Robert schwieg eine Weile. 20
Dann fragte er: „Wird es hier niemals hell? Ich meine, weiß
man denn nie, wann Tag und wann Nacht ist?"

„Hier ist immer Nacht. Das weiß man. Es ist das einzige, was
wir wissen."

Robert biß sich auf die Lippen. Er wußte nicht, wie er fragen 25
sollte. Der andere schien aber noch mehr zu wissen. Das mußte
er aus ihm herausbekommen. „Wie ist es denn mit dem Essen?"
fragte er zögernd.

„Es ist nicht schlecht. Aber es gibt immer nur Eintopf,[5] so daß
man nie weiß, wann es morgens oder abends ist. Das Essen wird 30
durch eine Klappe gereicht, aber auch draußen im Gang ist es
dunkel. Man kann nichts sehen."

---

[5] *Eintopf* — a one-course meal (cooked in a pot like stew).

„Aber wenn ein Neuer gebracht wird oder einen von uns holt man heraus, dann muß doch die Tür geöffnet werden, dann kann man doch sehen, wer uns bewacht . . ."

„Ich habe noch keinen gesehn. Es geschieht, daß plötzlich, wenn
5 alle schlafen, die Tür aufgeht, und ein Neuer wird hereingestoßen. So wie Sie vorhin. Nur ein kurzer Lichtschein, ein kalter Luftzug weht herein — das ist alles."

„Mein Gott," sagte Robert mehr zu sich selbst, „das ist ja unheimlich." Und lauter: „Sie sagen immer ‚wir.' Sind denn noch
10 andere hier?"

„Ja. Ich glaube, wir sind jetzt fünf. Die andern liegen hinten. Genau weiß man es nie, wieviel hier drinnen sind. Sie haben in der letzten Zeit mehr herausgeholt als gebracht."

Robert fühlte, wie es ihn heiß durchrann.[6] Er krallte seine Hände
15 fest in den nassen und bröckelnden Kalkputz.[7] Die schwarze Finsternis wurde violett und begann zu tanzen.

„Gehen Sie zwei Schritte zurück," hörte er den andern sprechen, „dort ist ein Strohsack, der ist für Sie bestimmt. Wenn Ihnen schlecht ist, drüben in der Ecke ist ein Kübel."
20 Robert taumelte zwei Schritte zurück und fiel auf den Strohsack. Er wunderte sich, daß er auf etwas Weiches fiel. Aber noch mehr wunderte er sich, daß der andere so genau Bescheid wußte. Wie konnte er in dieser Finsternis den Strohsack sehen, wie konnte er wissen, wo sich der Kübel befand? Vielleicht war die Dunkelheit,
25 die würgende, flatternde, schmerzende Dunkelheit nur für ihn da; vielleicht war er blind? Da überfiel ihn die Angst. Seit langem spürte er sie wieder in seinen Adern. Die Verhöre, das Urteil, die Schüsse: das konnte ihm keine Furcht mehr einflößen. Aber blind zu sein, nichts mehr zu sehen und doch dabei zu denken, das war
30 es, was ihn so erschreckte. Er tastete nach seinen Augen, er fühlte

---

[6] *wie es ihn heiß durchrann* — how a hot wave surged through him.
[7] *Er krallte seine Hände fest in den nassen und bröckelnden Kalkputz* — He dug his hands hard into the wet, crumbling plaster.

die Lider zucken. „Vielleicht bin ich blind?" schrie er.

Die Stimme des andern klang ruhig und besonnen. Robert horchte auf. „Nein, es ist nur die Finsternis in diesem Loch hier, die uns blind macht. Wenn Sie erst eine Weile hier sind, werden Sie auch im Dunkel sehen lernen. Wir haben uns alle daran 5 gewöhnt." Der Mann erhob sich. Robert hörte es, er richtete sich halb auf und starrte dorthin. Er glaubte, als er die schlurfenden Schritte hörte, einen Schatten zu sehen. Der Mann öffnete den Kübel und harnierte. Robert hörte das Wasser plätschern, er mußte daran denken, daß der Mann vorhin geschrien hatte wie 10 ein Tier, und er dachte, so schreit ein Reh, wenn es getötet wird. Der Mann ging wieder auf seinen Platz.

Robert legte sich zurück und verschränkte die Arme unter seinem Kopf. Müdigkeit lähmte für Sekunden seine Gedanken. Dann plötzlich spürte er matt und verlangend eine Sehnsucht, 15 Lärm zu hören, ein lautes, ohrenbetäubendes Geräusch, nicht nur dieses leise Scharren und Kratzen ganz hinten in der Finsternis. Er hatte Lust auf den Lärm einer Maschinenhalle, er hatte Lust auf das Dröhnen eines Bombengeschwaders. Er sank in sich zusammen. Er fragte leise: „Wie heißen Sie?" 20

Der andere antwortete nicht. „Ich werde Sie Reh nennen," sagte Robert. „Als Sie schrien, dachte ich, so müsse ein Reh schreien, wenn es getötet wird." Er fügte hinzu: „Sie sind verurteilt?"

„Hier sind nur Verurteilte," antwortete Reh.

„Sie sind auch . . . ?" 25

„Nein," unterbrach Reh ihn, „ich habe jemand erschlagen. Aber die gleiche Strafe . . . Sie fragen viel . . ."

Robert schwieg. Hinten in der Finsternis scharrten Fledermäuse. Sie wisperten und berieten sich. Eine spannte breit ihre Flügel und schwirrte durch den Raum. Robert sah einen Schatten, 30 dunkler als die Dunkelheit. Oder täuschte er sich? Er wartete auf den Flügelschlag. Er wartete auf das Signal. Er wartete darauf, daß die Finsternis sich erhellen würde. Nicht auf einmal, wie wenn

man an einem Schalter dreht und die Leere ringsum ist plötzlich
Raum, sondern darauf, daß sie sich langsam färben würde. Erst
blau vielleicht, und die Luft wäre wie Seide, und dann heller,
und die Luft wäre wie Rauch, der sich zersetzt, und zuletzt wäre
5 die gelbe Wand wirklich gelb und der schwarze Fußboden wirklich
schwarz, und die Fledermäuse würden sich in den Ecken drängen
und erschrocken die Spinnweben zerstören. Der Schatten, der wie
eine Fledermaus näher kam, hockte sich vor dem Strohsack nieder:
ein Mensch saß da und sprach zu ihm: „Sie sind doch der Neue,
10 nicht wahr?"

Robert starrte auf den vermeintlichen Schatten, der sich dicht
vor seinem Kopf niedergelassen hatte. Er nickte. Da fiel ihm ein,
daß der andere sein Nicken nicht sehen konnte. Er sagte laut:
„Ja, ich bin noch nicht lange hier. Ich weiß nicht, wo ich bin."
15 Der andere schien etwas zu überlegen. Dann fragte er: „Sie
kommen von oben? — Sind Sie meinem Bruder begegnet?" Und
wie erklärend fügte er hinzu: „Ich suche nämlich meinen Bruder."

Robert setzte sich. Er fühlte ganz deutlich sein Gegenüber. Er
hätte ihn beschreiben können, so deutlich glaubte er ihn zu sehen:
20 er mußte noch jung sein, höchstens zwanzig, das Haar kurz ge-
schoren, das Gesicht zart, mit weichen Zügen, aber von Trauer
überschattet, der Mund groß und rot wie eine blutende Wunde,
eine schwarze Flügeljacke,[8] bis zum Hals hoch geschlossen: so
lebte er in Roberts Vorstellung.
25 „Wer ist dein Bruder?" fragte Robert. „Ich weiß nicht, wer du
bist!" Der andere beeilte sich zu erklären: „Ich bin Arkadij, und
Oliver ist mein Bruder. Er ist zwei Jahre älter. Aber er sieht mir
sehr ähnlich. Nur hat er einen schmalen, verkniffenen Mund.
Und er ist sehr schweigsam. Du mußt ihn oben gesehen haben!"
30 Robert versuchte, sich zu erinnern. Seit seiner Verhaftung war
er nur mit ganz wenigen Menschen zusammengekommen. Er

---

[8] *Flügeljacke* — tunic.

verneinte. „Ich weiß nicht, ob ich von oben komme. Ich war vorher in einer Einzelzelle." Der andere, der seinen Bruder suchte, sagte mit Bestimmtheit: „Alle kommen von oben. Man wird immer tiefer nach unten geschafft. Damit die Hoffnung geringer wird."

Als Robert noch zu den Verhören geschleppt wurde, hatte er von 5 einem gehört, der fliehen wollte und draußen von der Wache erschossen wurde. Man sprach davon, man klopfte es durch alle Zellen.[9] Er erinnerte sich plötzlich daran, der Name fiel ihm wieder ein: Oliver. So war es wohl der Bruder, den sie getötet haben. Bis hierher mag die Nachricht noch nicht gedrungen sein. Sollte 10 er nun davon berichten? Konnte man diese blutende Wunde noch mehr aufreißen? Mund, der schon welk war von soviel Tod.

„Du kannst ruhig alles sagen," hörte er den andern reden. „Wir sind hier alles Politische. Nur der da" (er machte eine Bewegung in der Dunkelheit) „ist ein Mörder. Aber er ist ein guter Mensch. — 15 Mein Bruder ist unschuldig, weißt du. Ich habe alles auf mich genommen. Vielleicht haben sie ihn freigelassen?"

„Ja," sagte Robert ganz verwirrt. Vielleicht war dieser Oliver gar nicht tot. Vielleicht war er, Robert, es selbst, den sie auf der Flucht erschossen hatten. Er hatte immer den Gedanken gehabt, 20 zu fliehen. Vielleicht ist so der wirkliche Tod: eine ewige, undurchdringliche, fesselnde Finsternis. Und in diesem unendlichen Raum ein paar Verdammte, unlösbar an die Nacht geschmiedet. Würde er jetzt die Wahrheit sagen, wenn er ihm sagte, sein Bruder sei tot? Er schwieg. 25

„Du weißt also nichts? Schade!" sagte der Junge. „Mein Bruder und ich, wir haben uns sehr geliebt." Robert schwieg noch immer. Er strich sich mit der Hand über den stoppligen Schädel. Ganz hinten stand jemand geräuschvoll auf und ging schweren Schrittes zum Kübel. Er ging mit einer Sicherheit durch die Finsternis, 30 die Robert erstaunte. Für ein paar Sekunden schien er abgelenkt,

---

[9] *klopfte es durch alle Zellen* — passed on the news to everyone by rapping on the walls of the cells.

dann wandte er sich wieder dem Jungen zu. „Kannst du mich sehen?" fragte er ihn.

„Ja," antwortete der Junge, ohne zu zögern. „Du siehst wie ein großer Hund aus. Wir hatten daheim einen schwarzen Wachhund, der sah dir ähnlich."

Robert wollte lachen. Aber er erschrak vor sich selbst. Unwillkürlich tastete er nach seinem Gesicht, fühlte mit der Handfläche über Nase, Mund und Kinn. Dann streckte er beide Hände aus, als wollte er etwas abwehren. Hinten schloß jemand den Kübel und stapfte wieder zurück. „Wer ist das?" fragte Robert.

„Ein alter Bauer. Er behauptet, schon als junger Mann ins Gefängnis gekommen zu sein. Wir nennen ihn einfach Pferd, weil er wie eine Schindmähre trottet." Der Junge lachte kurz. Es klang, als lachte etwas aus ihm heraus, das er gar nicht gewollt.

Langes Schweigen. Da sagte hinten eine abgerissene Stimme: „Im Namen des Vaters und des Sohnes . . ."

Der Junge hockte noch immer dicht vor Robert. Er flüsterte jetzt: „Es gibt gleich etwas zu essen. Der Alte hat mit seinem scharfen Katzengehör[10] schon das Klappern der Kessel gehört. Bleib hier sitzen, bis ich dich rufe. Du kannst mich übrigens Fledermaus nennen; alle nennen mich hier Fledermaus, ich weiß auch nicht warum. Aber es ist besser, wenn niemand den richtigen Namen weiß." Dann sprang er davon.

Robert schüttelte den Kopf. Er stand auf und ging langsam in die Richtung, in der er den Kübel vermutete. Er nahm sich vor, nicht umzukehren, bevor er nicht den Kübel erreicht hatte. Sein Fuß berührte etwas Weiches. Das war die Stelle, wo der Mann lag, den er Reh nannte. Er ging weiter. Unter sich glaubte er warme, atmende Leiber zu sehen, wie dunkle Tiere auf der Nachtweide. Er schritt an ihnen vorbei, er ging hundert, ging tausend Schritte, ohne an eine Wand zu stoßen, ohne den Kübel zu

---

[10] *scharfen Katzengehör* — keen, feline sense of hearing.

erreichen. Aber immer noch waren die Geräusche der Schläfer
ganz nahe um ihn, und er fühlte, daß er sich im Dickicht aus
Dunkelheit verirrt hatte. Plötzlich hörte er das Klirren von
Schüsseln. Die dunklen Tierleiber sprangen auf und stürzten
davon. Er ging den Geräuschen nach. Er stieß gegen einen, der 5
die Arme angewinkelt[11] hielt. Robert stellte sich hinter ihn. Er
tastete über dessen Kopf, den Hals, den Leib: es war ein Mensch.
Da bekam er einen Stoß in die Seite. Robert zuckte zusammen.
Er schob sich weiter und kam an eine zugige Öffnung. Ein magerer,
blaß aufschimmernder Arm reichte ihm eine dampfende Schüssel 10
heraus. Er nahm sie, versuchte einen Blick durch die Öffnung
zu werfen, aber von hinten stieß ihn jemand weiter. So ging er
mit seiner Schüssel weg; er fand jetzt ohne Schwierigkeiten zu
seinem Strohsack zurück.

Er saß da und aß. Er hörte die andern in der Suppe rühren oder 15
laut schlürfen. Er dachte: Mein Gott, soll es ewig so finster bleiben?
Er dachte: Hier werde ich wahnsinnig. Und dann dachte er: Das
ist die Hölle.

Nach dem Essen kam Fledermaus und holte die Schüssel. Robert
streckte sich auf dem Strohsack aus und schlief ein. Fledermaus 20
hatte eine alte, zerschlissene Decke gebracht und ihn damit
zugedeckt.

Als er erwachte, hörte er hinten die drei sprechen. Reh lag nicht
weit vor ihm und sang leise mit halbgeöffneten Lippen vor sich
hin. Die Geräusche waren im Meer der Dunkelheit aufgespannt 25
wie Rettungsseile. Das beruhigte ihn. Die Einsamkeit war ge-
schwunden. Er stand auf und ging, noch unsicheren Schrittes,
aber geradewegs, zum Kübel. Er fand ihn gleich.

Als er zurückkam, hielt ihn Reh an der Hose fest. „He! Hund!"
zischte er leise, „setz dich hierher!" Robert setzte sich auf eine 30
Ecke des Strohsacks. Der andere hielt ihn noch immer fest.

---

[11] *angewinkelt* — bent.

„Glaubst du, daß wir hier noch einmal herauskommen?" fragte Reh mit ängstlicher Stimme.

Robert wußte nicht warum, aber sein Herz schlug laut. „Ich weiß es nicht. Ich weiß es nicht!" sagte er ganz schnell. „Wenn es 5 nicht bald geschieht, werde ich wahnsinnig." Er spürte die Dunkelheit wie einen Wasserfall auf sich einstürzen. Er fühlte sich wie betäubt. Der Lärm des Bombengeschwaders brach herein, die Luft erzitterte. Robert schrie auf, als er unter sich in den Abgrund sah, tausendäugig starrte ihm das Tier entgegen: der 10 Wahnsinn. Die Luft schwirrte, die Luft roch nach Aas,[12] die Luft bestand aus Nadeln, und das Tier leckte ihn mit blutigen Zungen.

Als der Abgrund sich wieder schloß, saßen sie um ihn, und Robert hörte sie reden. Sie sprachen leise. Sie erzählten vom Sonntag und was sie an jenem Tage machten — als sie noch draußen in 15 der Freiheit eines sonnenglänzenden Tages waren. Robert hörte ihre Stimmen aufsteigen; wie Rauch aus stillen Häusern schwebten die Worte und zeichneten erfundene Bilder. Er ging zu seinem Strohsack, er bestieg die Insel. Hinter ihm brandete der Schmerz.

Robert verließ kaum noch seinen Strohsack. Er lag da, die 20 Hände aufgestützt,[13] und starrte mit schmerzenden Augen in die Dunkelheit. Er wartete nur auf den Augenblick, da sich die Tür öffnen würde und ein Lichtschein hereinfiel. Auf diesen Augenblick des Lichts wartete er. Manchmal übermannte ihn die Müdigkeit, sein Kopf fiel zurück, er versank in einen dämmernden 25 Schlaf,[14] aus dem ihn das leiseste Geräusch riß. Die Angst, das Öffnen der Tür zu versäumen, summte wie ein böses Insekt in seinem Hirn.

Und dann geschah es, als sie alle schliefen. Ein Schlüssel drehte sich im Schloß. Ein Riegel wurde zurückgeschoben. Die Tür öffnete 30 sich. Ein weißer Lichtschein zerschnitt die Dunkelheit mit scharfem

---

[12] *Aas* — carrion.
[13] *die Hände aufgestützt* — supported on his hands.
[14] *einen dämmernden Schlaf* — a half-sleep.

Messer. Wie eine schräge Mauer aus weißem Marmor erstarrte
das Licht in der Zelle. Robert kniete auf dem Strohsack und
starrte mit fiebrigen Augen ins Licht. In der Tür stand ein Soldat
mit hoher Schildmütze. Robert erschauerte. Er fühlte sich allein
und nackt und einsam. Er hörte den Soldaten schreien. Er hörte 5
ihn fluchen. Dann sah er die dunklen Leiber der Tiere in den
Lichtstrahl trotten. Wie ein Magnet zog das Licht die Sträubenden
herbei. Das Pferd ging voran, schlaftrunken und schwerfällig,
die lange schmutziggraue Mähne hing zottig den mageren Hals
herab. Der Leib war aufgedunsen[15] und schaukelte zwischen den 10
lahmen Beinen. Das Pferd war wirklich ein Pferd! Und dahinter
folgte die Fledermaus. Der kleine Kopf hing ein wenig zur Seite,
die Flügel waren nur halb aufgespannt. Und trotzdem waren sie
erschreckend groß. Robert fühlte eine Sekunde lang die Augen
der Fledermaus auf sich gerichtet, und er wußte, daß er sich so 15
die Augen Arkadijs vorgestellt hatte. Er spürte, wie Ungeziefer
ihn umschwirrte, Gewürm fraß von seiner Zunge.[16] Seine Backenmuskeln arbeiteten.[17] Er fürchtete, sich jeden Augenblick zu
erbrechen. Da sah er das Reh. Es war groß und von aschgrauer
Farbe. Die Ohren hingen schlapp vom gesenkten Kopf. Wie ein 20
blindes Tier taumelte das Reh im Licht, verfing sich in den eigenen
Füßen, stürzte auf die Vorderläufe.[18] Der Soldat schob es mitleidlos
mit dem Stiefel durch die Türöffnung. Der Leib scharrte auf dem
Boden. Bevor der Uniformierte die Tür von außen verschloß,
rannte mit schnellen Sprüngen noch ein kleines schwarzes Tier 25
hinaus. Robert konnte es nicht erkennen. Schon knallte der Riegel.
Die Finsternis schäumte auf und schlug wie eine Meereswoge über
ihm zusammen.[19]

---

[15] *aufgedunsen* — bloated.
[16] *wie Ungeziefer ihn umschwirrte, Gewürm fraß von seiner Zunge* — how noxious
insects buzzed around him, worms fed upon his tongue.
[17] *Seine Backenmuskeln arbeiteten.* — His cheek muscles labored.
[18] *Vorderläufe* — forelegs.
[19] *schäumte auf und schlug wie eine Meereswoge über ihm zusammen* — foamed up and
broke over him like an ocean wave.

Dann schlich die Stille heran, das große, gierige, lautlose Tier, und fiel Robert an. Er schrie laut auf und stürzte sich auf den Platz, den der Mann, der Reh genannt wurde, bewohnt hatte. Der Strohsack war leer. Robert rief nach Arkadij, seine Stimme überschlug sich, er brachte nur noch ein heiseres Bellen hervor. Er sprang nach hinten, zerwühlte die anderen Strohsäcke. Alles war leer. Nur er allein war noch in dieser verfluchten, mörderischen, wahnsinnigen Finsternis. Er allein. Er spürte das Gewürm in seinem Munde, und der Ekel würgte ihn. Er streckte die Zunge weit heraus, so wie das bei Hunden üblich ist, und wartete, bis man auch ihn mit Flüchen rufen würde.

FRAGEN

1. Was kam Robert absurd vor?
2. Warum sprang Robert auf einmal zurück?
3. Warum verstummten beide?
4. Warum wußten sie nicht, ob es Tag oder Nacht war?
5. Wann wurde die Tür aufgemacht?
6. Was erschreckte Robert?
7. Warum nannte Robert den anderen Reh?
8. Warum war Reh im Gefängnis?
9. Was wollte ein anderer Mann in der Zelle wissen?
10. Wieso wußte Robert, was dem Oliver passiert war?
11. Wer sah wie ein Hund aus?
12. Wer wurde Pferd gennant?
13. Warum sprangen alle Männer in der Zelle auf einmal auf?
14. Was war für Robert die Hölle?
15. Wann redeten die anderen in der Zelle?
16. Wovor hatte Robert Angst?
17. Warum kam der Soldat in die Zelle?
18. Was tat Robert, nachdem der Soldat die Zelle wieder abgeschlossen hatte?

FRIEDO LAMPE

Friedo Lampe (1899–1945) published only two small books during his lifetime, one in 1934 and the other in 1937. After his death in Berlin (he was shot by a Russian soldier for not stopping when ordered to do so) his scattered works, published and unpublished, were collected and brought out in one modest volume. A close friend has characterized him as a "Glückskind des Lebens" who was able to adapt to most situations, an unproblematical individual whose life revolved around art and literature. The following work reveals him as an optimist who experienced little difficulty in conjuring up with a light touch an atmosphere reminiscent of the fairy tale, a world in which evil is duly punished and the good young hero wins the fair princess.

"Das magische Kabinett" is an entertaining tale, a blend of detective story, complete with disguises, accusations, and suspicions, and a naïve love story with a typical motion-picture happy ending. Lampe is not concerned with social or political problems and is not interested in changing the world. On the contrary, he seems to be unaware in his works of the problems Germany faced during his lifetime. There is no mood of pessimism or despair and no bitter humor; the author is revealed as a modern romanticist, albeit with tongue in cheek. The masquerading thief is captured and the merchant from Bremen wins the magician's daughter. All's well that ends well!

DAS MAGISCHE KABINETT

FRIEDO LAMPE

Anton, ein junger Kaufmann aus Bremen,* fuhr aus dem Schlaf
in die Höhe,[1] die Balkontür stand offen, das Meer flimmerte im
Mondenschein, still war es im Kaiserhof,[2] nur vom Strande tönte
das hohle Rauschen der Wellen herauf. Was war los? Hab' ich
nicht eben noch einen dumpfen Schlag gehört? Er mußte auf 5
einmal an den unheimlichen Menschen denken, der seit Tagen
die Insel terrorisierte. In immer neuen Gestalten drang er nachts
in die Hotelzimmer und schreckte die Gäste und bestahl sie, und
immer kam er als ein anderer, so daß man nicht wußte, war das
nur *eine* Person oder eine ganze Bande. Wäre doch erst der 10
berühmte Detektiv aus Berlin da, den man in den nächsten Tagen
erwartete, dann bestand doch Hoffnung, daß dies Schreckgespenst[3]
endlich gebannt wurde. Der klare, runde Mond spiegelte sich in
der großen Scheibe des Kleiderschrankes,[4] der Anton gegenüber
an der Wand stand. Aber was war das? Der Mond bewegte sich 15
im Spiegel, begann in ihm zu wandern, zu zittern, seine Form
zu verändern, die Schranktür knarrte, öffnete sich, öffnete sich weit
— und in dem Schrank zwischen Antons Anzügen stand eine
dunkle Gestalt, mondbeschienen,[5] ein Mann im Frack, ein Cape
über der Schulter, einen Zylinderhut in der Hand, bleich das 20

[1] *fuhr aus dem Schlaf in die Höhe* — started up out of his sleep.
[2] *Kaiserhof* — Hotel Kaiserhof.
[3] *Schreckgespenst* — phantom.
[4] *Scheibe des Kleiderschrankes* — glass panel of the wardrobe.
[5] *mondbeschienen* — illuminated by the moon.

Gesicht, mit großem hochgezwirbeltem Schnurrbart, diabolischem, spitzem Kinnbärtchen,[6] die Augen starr und stechend auf Anton gerichtet, und der Mann sprang elegant aus dem Schrank, sein Cape flog im Mondenschein, er verbeugte sich und schwang
5 triumphierend den Zylinder: „Voilà!"[7] Anton saß aufrecht starr im Bett, wollte schreien, konnte nicht, wollte die Hand zur Klingelschnur heben, die dicht neben dem Bett hing, aber schon beugte sich der Mann über das Bett, holte eine kleine Schere heraus und schnitt hoch oben die Klingelschnur ab, wie eine Schlange
10 fiel das abgeschnittene Ende in Antons Schoß. „Bitte, bleiben Sie in dieser hübschen Pose, rühren Sie sich nicht — warum sollen wir uns das Leben schwerer machen, als es so schon ist?" sagte der Mann liebenswürdig-kalt mit einer metallharten Stimme und ließ einen kleinen Browning[8] zwischen den Fingern blinken. „Ach,
15 das ist nett, daß Sie bereits alle Ihre bescheidenen Wertsachen auf dem Nachttisch für mich parat gelegt haben — sehen Sie — hokus, pokus, fidibus,"[9] und er strich mit graziösem Schwung Brieftasche, Geldbörse, goldene Uhr und goldene Kette (Anton hatte sie gerade von Onkel Henry geerbt) in den Zylinderhut.
20 „Aber ich vermisse noch die Schlipsnadel mit der großen Perle, die Sie so stolz zu tragen pflegen. Nun, wo ist sie?" — „Weiß ich nicht, sag' ich nicht," stieß Anton hervor. Oh, ich bin eine Memme, daß ich nicht auf den Balkon hinausspringe und schreie, schreie. „Aber, aber — ist das ein Benehmen?[10] Sieh, da kommt
25 ja schon wieder der kleine Frechdachs[11] aus der Tasche. Ja, was willst du denn, mein Junge?" Der Herr im Frack legte sein Ohr an den Browning. „Pfui, sei doch nicht so ungezogen, so stürmisch.

---

[6] *hochgezwirbeltem Schnurrbart, diabolischem, spitzem Kinnbärtchen* — mustache with the ends turned up and twisted to points, a diabolical-looking pointed goatee.
[7] *„Voilà!"* — "Here I am!"
[8] *Browning* — pistol.
[9] *hokus, pokus, fidibus* — now you see it, now you don't.
[10] *Aber, aber — ist das ein Benehmen?* — Now, now — is that the way to act?
[11] *der kleine Frechdachs* — the little rascal (i.e., the pistol).

Wissen Sie, was er meinte? Ich will's lieber nicht sagen. Es war
zu frech. Also, wo ist die Perle, hm?" — „Sie steckt noch im
Schlips, der da überm Stuhl hängt," brummte Anton, „aber sie
ist ja gar nicht echt." — „Na also, warum dann die Aufregung?
Freuen Sie sich, daß Sie das Ding los sind. Talmi-Schmuck, wie 5
unsolide.[12] So, nun muß ich aber machen, daß ich weiterkomme,
hab' noch allerlei zu tun hier im Hotel, und die Nachtstunde ist
schon weit vorgeschritten. Damit Sie aber fein artig[13] sind und die
Gäste nicht durch ungehöriges Lärmen um ihren wohlverdienten
Schlaf bringen, so erlauben Sie wohl, daß ich Ihnen diesen kleinen 10
äthergetränkten Wattebausch[14] an die Nase halte, man schläft
herrlich danach, aber nun zieren Sie sich doch nicht,[15] so, sehen
Sie, nun sind Sie endlich vernünftig, tief atmen, so, so, so . . ."

Am nächsten Morgen stellte es sich heraus, daß der Herr im
Frack tatsächlich nicht nur Anton, sondern noch fünf andere 15
Gäste des Kaiserhofes in der Nacht besucht und in launig-grausamer
Weise[16] um einige überflüssige Besitztümer erleichtert hatte.
Zum Glück traf am Mittag der berühmte Detektiv Herr Boltz
aus Berlin, den man erst in den nächsten Tagen erwartet hatte,
auf der Insel ein, ein energischer Herr mit stachliger Bürstenfrisur,[17] 20
dicken Augenbrauen, durchdringendem Blick und knapper
Sprechweise. Er stieg im Kaiserhof ab, und gleich bei seiner
Ankunft übergab ihm der Portier einen Brief: „Nun lesen Sie
das! Nun lesen Sie das!" rief Herr Boltz, wie von der Tarantel
gestochen,[18] und gab den Brief den Umstehenden. „Warte, Bursche, 25
dir soll der Humor bald vergehen! Boltz fackelt[19] nicht lange!"
In dem Brief war zu lesen: „Gruß und Segen, mein Meister!

[12] *Talmi-Schmuck, wie unsolide.* — Imitation jewels, how gauche.
[13] *fein artig* — nice and well-behaved.
[14] *äthergetränkten Wattebausch* — cotton ball soaked with ether.
[15] *zieren Sie sich doch nicht* — don't make a fuss.
[16] *in launig-grausamer Weise* — in a whimsically cruel manner.
[17] *mit stachliger Bürstenfrisur* — with a bristly crew cut.
[18] *wie von der Tarantel gestochen* — hopping from one foot to the other.
[19] *fackelt* — dally.

Endlich ein Mann von Format auf der Insel, ein Mann, vor dem
unsereiner Respekt haben kann. Wie langweilig war der Kampf
mit diesen schlappen Philisterseelen[20] und Dilettanten. Nun gibt
es echte Gegnerschaft, dramatisches Gegeneinander. Zugleich regt
5 mich Ihre werte Person zu einer neuen Maske an. Der Himmel
gebe, daß ich den kurzen Haarschnitt und die dicken Augenbrauenpolster[21] naturgetreu treffe. Leider ist meine Figur etwas zu
groß und zu schlank für einen richtigen Boltz, aber was mir an
Gestalt abgeht,[22] will ich durch mimischen Ausdruck, durch
10 detektivisches Blitzen der Augen zu ersetzen, ja, zu übertreffen
versuchen. Sollten Ihre Bemühungen diesmal nicht von Erfolg
gekrönt sein, so trösten Sie sich damit, daß eine Reise an die See
doch immer ihre Reize hat. Ja, nutzen Sie die Gelegenheit und
mieten Sie sich einen Strandkorb und vergessen Sie im träumerischen
15 Anschaun des Wellenspiels wenigstens für Augenblicke die
Existenz Ihres Sie tief bewundernden Proteus."[23] — „Du gehst
mir doch noch ins Netz, mein Proteus," murmelte Herr Boltz
und entfaltete unverzüglich eine fieberhafte Tätigkeit, versammelte
einen Trupp Polizisten um sich und gab jedem einzelnen seine
20 Direktiven, sah die Kurliste[24] durch, ließ sich über alle verdächtigen
Gestalten der Insel Bericht geben und unterzog alle Personen, die
Herr Proteus mit seinem liebenswürdigen Besuch beehrt hatte, es
war bereits eine überaus stattliche Anzahl, einem ganz genauen
Verhör. Aber die Gestalt des Verwandlungsfähigen[25] wurde
25 dadurch nicht deutlicher, alle Aussagen widersprachen sich.
Einmal war er als der gute alte Fürst B., der alljährlich die Insel
besuchte, ein andermal als der bekannte Seifenfabrikant aus Chem-

---

[20] *schlappen Philisterseelen* — spineless Philistines.
[21] *dicken Augenbrauenpolster* — thick eyebrows.
[22] *was mir an Gestalt abgeht* — what I lack in physical stature.
[23] *Proteus* — Greek mythological figure noted for his ability to take on different
    shapes.
[24] *die Kurliste* — directory of the guests at the spa.
[25] *Verwandlungsfähigen* — one capable of changing his form (i.e., Proteus).

nitz,* der am Strande eine Villa besaß, dann wieder als der joviale, lustige Kurdirektor²⁶ aufgetreten, und jedesmal hatte er getreulich das Wesen des Betreffenden²⁷ nachgeahmt. „Wären Sie nicht ein solcher Schlappschwanz²⁸ gewesen, wir hätten ihn schon," sagte Herr Boltz zu Anton. „Sitzt da im Bett und rührt sich nicht." 5 — „Herr Boltz, das nehmen Sie zurück," rief Anton, „er hatte einen magischen Blick, er hat mich hypnotisiert." — „Als er zum Stuhl ging, um die Nadel zu holen, wie leicht hätten Sie ihn da von hinten packen können. Keinen Mumm in den Knochen,²⁹ das ist alles." — „Wie wissen Sie, daß die Nadel beim 10 Stuhl war?" fragte Anton überrascht. „Kombination, Intuition, mein Lieber," funkelte³⁰ Herr Boltz ihn an, „haben Sie mir nicht gesagt, daß die Nadel noch im Schlips steckte? Na, und wo pflegt man den Schlips hinzulegen? Auf den Anzug, der überm Stuhl hängt." 15

Verärgert über Herrn Boltzens ruppiges Wesen und nicht recht zufrieden mit sich selber, ging Anton an den Strand und machte eine große Wanderung, um auf andere Gedanken zu kommen. Bald hatte er den belebteren Teil des Strandes mit seinen Burgen, Badenden, Strandkörben, Badekarren³¹ und wehenden Flaggen 20 hinter sich, der Strand wurde einsam und leer, breit und weiß, auf der einen Seite das Meer, auf der anderen die Dünen mit dem falben Dünengras; da lagen unberührt die schönen großen Muscheln, die gläsernen Quallen,³² nur hin und wieder noch traf Anton auf ein Kind, das einen Drachen stramm an der Leine hielt; oh, 25 hier war Frieden, hier konnte man aufatmen und allen Ärger vergessen. Sein Schritt wurde immer munterer und kühner, er

---

²⁶ *Kurdirektor* — director of the spa.
²⁷ *das Wesen des Betreffenden* — the basic character traits of the person in question.
²⁸ *Schlappschwanz* — spineless creature.
²⁹ *Keinen Mumm in den Knochen* — No spunk.
³⁰ *funkelte . . . an* — said with a twinkle in his eye.
³¹ *Burgen, Badenden, Strandkörben, Badekarren* — (sand) castles, bathers, beach chairs, bathing machines.
³² *Quallen* — jellyfish.

begann zu summen, zu singen und schwenkte kämpferisch sein
dünnes Pfefferrohrstöckchen,[33] das er immer bei sich trug. Das
war das letztemal, daß ich mich so überrumpeln lasse! Man muß
Jiu-Jitsu können, ja, gleich wenn ich nach Hause komme, will
5 ich Jiu-Jitsu lernen. Und dann komm mal an, Proteus. Ein Ruck —
und du liegst am Boden. Doch allmählich erlahmt auch der kühnste
Schwung. Anton kraxelte auf eine hohe Düne, um sich ein wenig
auszuruhen. Der Wind ließ immer mehr nach, wurde zu einem
sanften Fächeln, es war die Stunde der blauen Nachmittagsstille,
10 warm war der Sand, weiß und zuckrig, und Anton ließ ihn gedankenlos durch die Finger rinnen und schaute dabei auf einen großen
Ozeandampfer, der fern am Horizont hinfuhr, der Rumpf schwarz,
mit weißem Aufbau, gelben Schornsteinen und einer niedlichen
Rauchfahne — hinfuhr in ferne Länder, in den Süden, in die
15 Südsee. Ach, es faßte Anton eine so bittere Wehmut, mitzufahren,
fort von allen Inseln, wo es so scheußliche Proteuse[34] gab, und
plötzlich fielen ihm Verse ein, richtige Verse, die sich reimten,
denn er war nicht nur ein tüchtiger Kaufmann, sondern auch ein
heimlicher Dichter:

20   In der Südsee liegt eine Insel
             Im blauen Meer,
             Der Strand ist weiß
             Und die Bäume
             Von glühenden Früchten schwer.

25 Oh, das muß ich mir aufschreiben. Schnell holte Anton sein
Notizbuch heraus. Wie geht das weiter?

             Dort gehn die Menschen unschuldig
             Sanftbraun und nackt
             Und lachen so gut,
30   Wie mich Heimweh
             Nach dieser Insel packt.

[33] *Pfefferrohrstöckchen* — slender walking stick.
[34] *Proteuse* — plural of *Proteus*.

Anton sagte sich die Verse noch einmal laut und mit klangvoller Stimme vor. Da hörte er dicht neben sich einen Seufzer. Er drehte sich rum und errötete: „Mein Gott, wie peinlich." In einer Dünenmulde saß ein junges Mädchen, mit hochgezogenen Knien, eine rundliche Blondine in einem weißen Mullkleid, das 5 mit blauen Vergißmeinnicht bestickt war, und neben ihr stand aufgespannt ein roter Sonnenschirm, und das Mädchen sah Anton so freundlich und traurig an aus ihren hellen, grauen Augen. „Ja, auf so einer Insel, da möchte man leben," sagte das Mädchen. „Haben Sie es auch satt, möchten Sie auch fort?" fragte Anton 10 und setzte sich neben sie. „O so satt," sagte das Mädchen, „ich möchte endlich meine Ruhe haben. Dies Wanderleben, ich sage Ihnen, bis hierher steht es mir.[35] Und dann die ewige Aufsicht. Vierzehn Tage sind wir nun schon hier, aber glauben Sie mir, dies ist der erste Nachmittag, den ich allein bin. Und auch nur 15 deshalb, weil ich meinem Vater einfach ausgekniffen bin." — „Warum läßt er Sie denn nicht allein?" fragte Anton. — „Weil er Angst hat, daß ich irgendeine Herrenbekanntschaft mache — er fürchtet, mich zu verlieren, und er braucht mich doch bei seiner Arbeit, ich bin doch sein Hauptclou.[36] Ich kann ihn ja ver- 20 stehen, aber sehen Sie, andererseits möchte ich doch auch so gerne heiraten. Ich passe ja gar nicht für dies Wanderleben. Ich möchte so gerne einen eigenen Haushalt haben und Kinder kriegen und kochen, ich bin keine Künstlernatur, und er will mich partout[37] dazu machen." — „Was sind Sie denn, sind Sie Schau- 25 spielerin? Wer ist Ihr Vater?" — „Haben Sie schon mal von Bufferini gehört?" fragte das Mädchen. „Bufferini?" sagte Anton. „Das ist doch der Zauberkünstler, der jetzt im Konversationshaus auftritt." — „Ja, das ist mein Vater." — „Ein Zauberkünstler?" rief Anton, „und Bufferini — dann sind Sie wohl gar eine 30

---

[35] *bis hierher steht es mir* — I'm fed up with it.
[36] *Hauptclou* — chief assistant.
[37] *partout* — absolutely.

Italienerin?" — „Nein, nein," sagte das Mädchen, „wir heißen in Wirklichkeit Baumann und sind aus Hannover."* — „Und Sie müssen auftreten, mit Ihrem Vater zusammen?" — „Ja, ich helfe ihm, muß ihm die Geräte reichen, alles sauber halten, die Ma-
5 schinerie bedienen, und dann bin ich doch seine Hauptnummer. Ich bin ein großartiges Medium für ihn. Er hypnotisiert mich, und dann habe ich ganz fabelhafte hellseherische Fähigkeiten. Ich hab's ja zuerst selber nicht geglaubt, daß ich das kann, aber es muß ja wohl wahr sein, alle Leute sagen es." — „Eine Hell-
10 seherin sind Sie?" Anton konnte es gar nicht fassen. „Und dabei sind Sie so einfach und natürlich." — „Bin ich auch," sagte Fräulein Baumann, „bitte, glauben Sie nicht, daß etwas Geheimnisvolles und Dämonisches an mir dran ist.[38] Ich bin ein ganz nüchternes, vernünftiges Mädchen, und ich möchte auch nichts anderes sein.
15 Aber nun muß ich machen, daß ich nach Hause komme, um acht beginnt ja schon die Vorstellung. Nein, bitte, begleiten Sie mich nicht, Papa könnte uns zufällig sehen — er würde mir furchtbare Szenen machen, er ist ja so reizbar. Wollen Sie heute abend nicht mal in die Vorstellung kommen? Ja? Oh, das wäre
20 nett!"

Als Anton im Kaiserhof ankam, trat ihm Herr Boltz mit grimmigem Gesicht entgegen. „Wissen Sie, wer in meiner Abwesenheit hier war? Proteus! In meiner Maske, als Hans Boltz. Er hat sich meinen Zimmerschlüssel geben lassen und meine ganzen Papiere
25 durchwühlt und flegelhafte[39] Bemerkungen an den Rand meiner Akten geschrieben. Mein Koffer ist aufgebrochen und mein Geld daraus verschwunden. Ein paar Polizisten, die mich aufsuchen wollten, hat er die irrsinnigsten Befehle erteilt, und sie haben sich wahrhaftig düpieren lassen. Stranddisteln[40] sollen sie für ihn in
30 den Dünen suchen! Man faßt sich an den Kopf." — „Wer garan-

---

[38] *etwas Geheimnisvolles und Dämonisches an mir dran ist* — there is something secretive and demonic about me.
[39] *flegelhafte* — rude.
[40] *Stranddisteln* — sand thistles.

tiert uns nun dafür, daß Sie wirklich Herr Boltz sind und nicht
Herr Proteus," sagte Anton hinterlistig lächelnd, aber auf einmal
wurde ihm ganz sonderbar zumut, verwirrt guckte er sich Herrn
Boltz an. „Das werde ich Ihnen bald beweisen, daß ich Boltz bin.
Proteus' letzte Stunde hat geschlagen. Hier, lesen Sie." Herr Boltz 5
blätterte die Kurzeitung[41] auf und wies auf eine Anzeige: „Heute
abend erstes Auftreten des weltberühmten Magiers Giacomo
Bufferini. Unübertroffener Meister der Zauberei, des Hellsehens
und der indischen Geheimkunst. Ausgezeichnet mit der großen
Medaille von Mailand.* Beginn acht Uhr im kleinen Saal des 10
Konversationshauses." — „Das ist er," rief Herr Boltz. — „Unmöglich, das ist ja unmöglich," sagte Anton. — „Sind Sie hier
Detektiv oder ich? Na also! Ich habe sein Bild im Konversationshaus gesehen. Höchst verdächtig. Ich fordere Sie auf, heute
abend mit mir zur Vorstellung zu kommen." — „Das wäre ja 15
schrecklich," flüsterte Anton. — „Schrecklich?" sagte Herr Boltz,
„Mann, freuen Sie sich doch — heute abend wird sich alles klären!"
Gegen Abend kam ein stärkerer Wind auf, die verkrüppelten,
zähen Bäume, die um den Platz vorm Konversationshaus standen,
rauschten, Wolken fuhren über den Himmel und verdeckten 20
für Augenblicke den matt aufglimmenden Vollmond. Auf dem
Platz vorm Konversationshaus waren Gerüste für ein Feuerwerk
errichtet, das am Abend zu Ehren des Fürsten B., der heute seinen
siebzigsten Geburtstag feierte, abgebrannt werden sollte. Lange
vor Anfang hatte sich schon eine große Menge versammelt. Herr 25
Boltz und Anton schritten eilig über den Platz ins Konversationshaus.
Kaum hatten sie sich auf ihre Stühle gesetzt, den Blick noch einmal
über den dichtgefüllten Saal schweifen lassen — es war ein kleiner
intimer Raum, weiß und elegant, von duffen Milchglaskugeln
erhellt,[42] da erklangen ein paar abgehackte Tanzrhythmen, die 30

---

[41] *Kurzeitung* — the spa newspaper.
[42] *von duffen Milchglaskugeln erhellt* — illuminated by the subdued light from fixtures
of milk glass.

Milchglaskugeln erloschen, und Giacomo Bufferini trat vor den
roten Samtvorhang, um den ersten Teil des Programms, Doktor
Faustus' magisches Kabinett' einzuleiten. Das Rampenlicht zeigte
einen Herrn im Frack mit bleichem Gesicht, langem hochgezwir-
5 beltem Schnurrbart und spitzem, diabolischem Kinnbärtchen,[43]
der sich graziös verbeugte, seinen Zylinderhut schwenkte, sein
kurzes Cape wehen ließ und mit einer harten, schneidenden Stimme
maliziös lächelnd sang:

Ich bin der Doktor Faust,
10   Vor dem es allen graust,
Aus Blech da mach' ich Gold,
Bin allen Frauen hold,
Dem Teufel hab' ich mich verschrieben,[44]
Nun darf ich alle, alle lieben,
15   Das Gretchen und die Helena —
Moment, Moment, gleich ist sie da.
Euch alle führ' ich hinters Licht,[45]
Und merkt es nicht, nein, merkt es nicht!

„Verdammt," flüsterte Anton, „das ist er, das ist der Kerl, der
20 in meinem Zimmer war." — „Abwarten, wollen ihn erst noch
etwas beobachten, um ganz sicher zu gehen," antwortete Herr
Boltz. Der rote Samtvorhang glitt auseinander, Doktor Faust
stand in seinem magischen Kabinett. Ein reizend eingerichtetes
Zimmer, ein kleiner Salon mit grüner Seidentapete, einem
25 schöngeschwungenen Biedermeiersofa, das blauseiden überzogen
war,[46] Marmortischchen, auf denen Glaskästchen, Flaschen, ein
Goldfischbehälter, ein Vogelbauer,[47] Vasen und hohe Palmen
standen, am Boden schwarzlackierte Truhen, an den Wänden

---

[43] *hochgezwirbeltem Schnurrbart und spitzem, diabolischem Kinnbärtchen* — see note 6.
[44] *Dem Teufel hab' ich mich verschrieben* — I've sold my soul to the devil.
[45] *Euch alle führ' ich hinters Licht* — I'll trick all of you.
[46] *schöngeschwungenen Biedermeiersofa, das blauseiden überzogen war* — a Biedermeier
    sofa with beautiful curved lines, upholstered in blue silk.
[47] *Vogelbauer* — bird cage.

altertümliche Porträts und Musikinstrumente, von der Decke
hing ein kleiner Kristallüster, der den Salon strahlend erhellte.
Doktor Faust warf sein Cape auf einen Stuhl und tanzte mit
eckigen Bewegungen durch das magische Kabinett und summte:
„Ich bin der Doktor Faust, vor dem es allen graust." Und dann 5
vollführte Doktor Faust, immer tanzend und summend und leise
hart auflachend, die tollsten Kunststücke. Er nahm ein Kartenspiel
vom Tisch, und die Karten flogen langsam, einzeln, aus seiner
Hand an die Wand und blieben dort sitzen, er zerschnitt einen
großen Bogen Seidenpapier, den er zusammengefaltet hatte, die 10
kreuz und quer in fiebernder Eile, und es entstanden die wunder-
barsten Ornamente, er holte aus seinem Zylinderhut ein kleines
rosa Kaninchen, setzte es auf einen Stuhl, deckte ein Tuch darüber,
und als er es wieder wegzog, stand eine Palme da — Eier liefen
über seine Schulter den Arm hinunter und verwandelten sich in 15
seiner Hand in Küken — roter Wein in einem Glase wurde blau
und weiß und grün — die Bilder an den Wänden begannen sich
zu bewegen und ihre Plätze zu verändern — eine Lampe auf dem
Tisch führte einen kleinen Tanz auf — der Teppich rollte sich auf
und zurück — die Deckel der lackierten Truhen sprangen hoch, 20
und Schlangen, Löwenköpfe, Teufelsfratzen[48] schossen heraus.
Doktor Faust wurde immer wilder, begeisterter, berauschter, er
griff in ein Goldfischglas, aß einen Goldfisch auf, noch einen und
noch einen, und dann zog er aus dem Frackhemd, in der Magengegend, einen Fisch nach dem anderen wieder hervor — er schoß 25
mit einer Pistole in die Luft, und ein Schwarm Tauben flog aus
der Mündung und flatterte im Zimmer umher — und dazu spielte
immer das Klavier leise, jazzartig, in ruckenden, aufstachelnden
Rhythmen. Aber plötzlich blieb Doktor Faust starr und sinnend
stehen, und dann rief er mit beschwörenden Armbewegungen: 30
„Jetzt Helena, jetzt Helena, jetzt endlich ist die Stunde da."
Grüner Dunst quoll aus dem Boden, ballte sich immer dicker,

---

[48] *Teufelsfratzen* — grotesque devil-faces.

undurchdringlicher, das Klavier wirbelte Trommelschläge, von
draußen, vom Platz vorm Konversationshaus drang das Geknatter
des beginnenden Feuerwerks herein, das Aufjauchzen der Menge,
der grüne Dunst verzog sich, das Klavier spielte eine schmelzende
5 Melodie, und an eine Säule gelehnt stand Helena, steinern wie
eine Statue, mitten auf der Bühne im strahlenden Licht des
Kristallüsters. Doktor Faust nahm seinen Zylinderhut ab und
sank in einer vergötternden Geste[49] vor ihr auf die Knie.

Anton gab es einen Stich.[50] Denn trotz der gräßlichen Aufma-
10 chung erkannte er sie wohl. Die Arme, die Gute, die Rührende,
de mußte sie nun als schöne Helena auftreten, in einem lang
fließenden weißen Gewand, um die Hüften einen goldenen Gürtel,
und das Gewand floß über ihre Füße und den Sockel, auf dem
sie stand, damit sie größer erschien und stattlicher, und auf ihrem
15 Kopf türmte sich eine hohe schwarze Lockenperücke,[51] in die
ein silbernes Band geschlungen war, und eine lange Locke fiel
ihr nach vorn über die Schulter, und ihr Gesicht war weiß ge-
schminkt mit einem knallroten Mund und scharfgezogenen[52]
schwarzen Augenbrauen, und sie rührte und regte sich nicht und
20 sah starr lächelnd ins Publikum mit ihren grauen, klaren Augen.
Und der Doktor Faust sprang hoch und rief:

> Weit kommst du aus dem Reich der Schatten,
> Nun sollst du Kunde uns erstatten[53]
> Von dem, o schöne Helena,
25 > Was kommen wird, was einst geschah ·
> Denn alle Zeiten sind dir nah.
> Du schwebest in der Ewigkeit,
> Durchblickest allen Raum und Zeit!

[49] *in einer vergötternden Geste* — with a worshipful gesture.
[50] *Anton gab es einen Stich.* — Anton's heart missed a beat.
[51] *Lockenperücke* — curly wig.
[52] *scharfgezogenen* — sharply outlined.
[53] *Kunde uns erstatten* — report to us.

Und er fixierte sie lange und scharf — fuhr ihr leicht mit der Hand über die Stirn[54] — das Klavier spielte gedämpft in weichen Mollakkorden[55] — da fielen ihr die Augen zu, und sie stand da, schlafend, steinern, in dem magischen Kabinett. Von draußen hörte man den wimmernden Jammerschrei einer Rakete, ihr 5 Aufplatzen in einem sanften Puff, das „Ah" der Zuschauer und das einsetzende Blechgeschmetter einer Marinekapelle.[56] Doktor Faust wandte sich dem Publikum zu: „Nun, meine verehrten Herrschaften, werde ich zu Ihnen hinunterkommen, und die schöne Helena wird wahrheitsgetreu alle meine Fragen, die ich 10 an sie richte, beantworten." Er stieg über eine kleine Holztreppe ins Publikum und ging durch die Reihen und begann Schlag auf Schlag Fragen zu stellen: „Wie heißt diese Dame? Ist sie verheiratet? Wieviel Kinder hat sie? Wo wohnt sie auf der Insel? — Hier das Taschentuch des Herrn, was für ein Monogramm steht darauf? — 15 Dieser Herr, wie lange gedenkt er noch auf der Insel zu bleiben? — Diese junge Dame, wo war sie heute nachmittag um vier Uhr? — Dieser Herr, wo ist er zu Hause? Was hat er für einen Beruf? — Diese Brieftasche, die ich hier aus der Jacke ziehe, was enthält sie? Dieser Brief, an wen ist er gerichtet? Wird der Herr 20 die Dame heiraten? — Dieser Herr, ist er ein Raucher, und was raucht er? Er ist Witwer? Und seit wann? Hat er wieder Heiratsabsichten? — Dieser Schüler, was will er werden? Mediziner? Und warum? Weil sein Vater Mediziner ist?" — Und so weiter, und so weiter, und mit klarer, ruhiger Stimme, teilnahmslos wie 25 die Wahrheit selbst, sagte die schöne Helena ihre Antworten, und alles stimmte, und die Leute schüttelten die Köpfe vor Staunen, lachten, waren peinlich berührt, flüsterten, summten, das war ja

---

[54] *fuhr ihr leicht mit der Hand über die Stirn* — stroked her forehead lightly with his hand.
[55] *Mollakkorden* — minor chords.
[56] *das einsetzende Blechgeschmetter einer Marinekapelle* — the opening brassy blare of music by a navy band.

unheimlich, ein Teufelsmädchen, wenn er nur nicht zu mir kommt und was über mich fragt, säßen wir doch etwas weiter hinten im Saal. Auch Anton und Herr Boltz saßen ziemlich weit vorne in der fünften Reihe und direkt neben dem Gang. Und schon stand
5 Doktor Faust neben Herrn Boltz und fragte: „Wie heißt dieser Herr?" — „Er hat viele Namen, deshalb nennt er sich Proteus, aber sein wahrer Name ist Paskin," sagte die schöne Helena. Proteus? Proteus? ging ein Gemurmel durch das Publikum. „Was für einen Beruf hat der Herr?" — „Er war Schauspieler, aber jetzt
10 ist er Einbrecher," klang es klar und unerbittlich. Herr Boltz sprang auf, auch Anton. „Nun aber Schluß, das ist ja eine bodenlose Frechheit.⁵⁷ Also so wollen Sie das drehen, nee, mein Lieber,⁵⁸ so haben wir nicht gewettet. Meine Herrschaften, ich glaube, wir müssen die Vorstellung abbrechen, ich habe ein Wörtchen mit
15 Herrn Bufferini zu reden. Herr Bufferini, folgen Sie mir." Das Publikum hatte sich von den Stühlen erhoben: „Das ist ja unerhört! Was bedeutet das? Was ist denn los? So eine Flegelei⁵⁹ — den Herrn einen Einbrecher zu nennen!" Ein dichter Kreis schloß sich um Herrn Boltz, Anton und Bufferini. Da drängte sich der
20 dicke, gemütliche Kurdirektor zu ihnen durch: „Aber Herr Bufferini — das geht doch ein bißchen zu weit, das ist doch kein Scherz mehr, wie können Sie Herrn Boltz so beleidigen!" Herr Bufferini stand ganz verdattert⁶⁰ da und biß sich auf die Lippen, seine hochgezwirbelten Schnurrbartspitzen zitterten: "Tut mir
25 furchtbar leid, aber sie sagt die Wahrheit, sie kann ja gar nicht anders. Sollte sie sich denn diesmal irren? Das ist noch nie vorgekommen." — „Die Wahrheit," lachte Herr Boltz, „nun gut, mein Lieber, wenn Sie denn absolut die Wahrheit hören wollen,

---

⁵⁷ *Nun aber Schluß, das ist ja eine bodenlose Frechheit.* — That's enough! This is absolutely unheard-of insolence!
⁵⁸ *Also so wollen Sie das drehen, nee, mein Lieber* — so that's the way you want to twist the facts; no, my good fellow.
⁵⁹ *So eine Flegelei* — Such rudeness.
⁶⁰ *verdattert* — flabbergasted.

so sei es denn! Wär' mir lieber gewesen, wir hätten die Sache in
aller Stille abgemacht. Herr Kurdirektor, meine Herrschaften,
dieser Mann, der mich durch seine Tochter beschuldigt, der
berüchtigte Proteus zu sein, er selber ist dieser Proteus. Ich bin
heute hierhergekommen, um ihn zu entlarven, Herr Bufferini 5
hat wohl Wind davon bekommen und möchte mich auf diese
Weise unschädlich machen." Herr Boltz wandte sich an Anton.
„Erkennen Sie in Herrn Bufferini den Mann wieder, der in der
vorigen Nacht in Ihr Zimmer im Kaiserhof gedrungen ist und
Sie bestohlen hat?" Anton guckte zu Boden und nickte bedrückt: 10
„Ja." — „Na also," sagte Herr Boltz, „Herr Bufferini, folgen
Sie mir sofort zur Polizei. Draußen stehen bereits zwei Polizisten,
die Sie mitnehmen werden." Herr Bufferini begann am ganzen
Körper zu fliegen:[61] „Was sagen Sie? Ich ein Einbrecher? Ich dieser
Proteus? Ich bin ein ehrlicher Mann, der im Schweiße seines 15
Angesichts[62] sein Brot verdient. Aber mit uns Artisten kann man
ja alles machen. Uns traut man ja alles zu.[63] Herr Kurdirektor,
ich bin nicht der Proteus, glauben Sie mir doch. Oh, es ist eine
Gemeinheit. Sie wollen mich diese Nacht in Ihrem Zimmer gesehen
haben, junger Mann? Das ist eine Verleumdung, die Ihnen noch 20
teuer zu stehen kommen wird.[64] Geschlafen hab' ich, meine
Tochter kann es bezeugen. Hannchen," wandte er sich zur Bühne,
„wo war ich die ganze letzte Nacht?" Die schöne Helena stand
noch immer regungslos mit geschlossenen Augen da und sagte
leise: „In deinem Bett, Papa." Und dann begann sie zu wanken 25
und zu schwanken und schlug plötzlich auf den Boden hin wie
eine gestürzte Marmorfigur. Eine Welle der Erregung im Publikum.
„Meine Tochter, mein Kind," schrie Doktor Faust und stürzte auf
die Bühne. Anton, Herr Boltz, der Kurdirektor und viele Leute

---

[61] *fliegen* — quiver.
[62] *im Schweiße seines Angesichts* — by the sweat of his brow.
[63] *Uns traut man ja alles zu.* — People believe us capable of anything!
[64] *die Ihnen noch teuer zu stehen kommen wird* — that will cost you dearly.

ihm nach. „Nun fassen Sie doch mal mit an," rief Herr Bufferini
Anton zu, „anstatt ehrliche Leute um ihren guten Ruf zu bringen,
tun Sie lieber was Nützliches." Und Anton und Herr Bufferini
trugen die ohnmächtige schöne Helena zu dem blauen Sofa und
5 betteten sie darauf. „Hannchen, mein Täubchen, was fehlt dir
denn, ach, ich hatte dich in der Aufregung ja ganz vergessen."
Herr Bufferini streichelte ihr den Arm und die Backen. „Lassen Sie
das, Herr Bufferini, oder richtiger Herr Max Baumann aus Hannover," sagte Herr Boltz kalt und triumphierend, „es nützt Ihnen
10 nichts mehr, den liebenden Vater zu spielen. Lassen Sie Ihre Tochter
jetzt — das ist ja doch nur alles Anstellerei, Ablenkungsmanöver,[65]
ich muß sagen, Sie sind gut aufeinander eingespielt[66]—folgen Sie
mir endlich." — „Nein, nein," stöhnte Herr Bufferini auf, „es
ist zu unverschämt! Ich bin schuldlos! Ich bin nicht Proteus, zum
15 Teufel noch mal, ich lasse mich nicht abführen. Ein Glas Wasser
für mein Hannchen." — „Herr Boltz, sind Sie denn auch wirklich
so sicher, daß Herr Bufferini identisch mit diesem Proteus ist?"
fragte schüchtern der Kurdirektor. „Es kann doch auch sein,"
wagte Anton plötzlich zu sagen, Herrn Boltzens unnachsichtliche
20 Härte empörte ihn, „daß Proteus nur die Maske von Herrn
Bufferini benutzt hat." — „Sehr richtig, junger Mann, sehr
richtig, Sie scheinen allmählich zur Vernunft zu kommen," rief
Herr Bufferini mit einem leisen Aufzucken von Hoffnung im
Gesicht. „Ja," fuhr Anton fort mit festerer Stimme, „das hat
25 doch sogar eine gewisse Wahrscheinlichkeit, denn Proteus hat
doch auch andere Rollen gehabt, den Fürsten B., den Herrn
Kurdirektor, und da muß er doch ohne Bart gewesen sein, Herr
Bufferini aber hat einen Schnurrbart und einen Kinnbart, Herr
Boltz, ich verstehe nicht, daß Sie das nicht bedacht haben." —
30 „Unsinn," sagte Herr Boltz, „nun faseln Sie doch nicht so törichtes

---

[65] *Anstellerei, Ablenkungsmanöver* — pretense, diversionary tactics.
[66] *Sie sind gut aufeinander eingespielt* — you really work well together.

Zeug,[67] das hält uns doch nur auf — Herr Bufferini, Herr Max
Baumann aus Hannover, hat keinen Bart." Und Herr Boltz trat
dicht an Herrn Bufferini, an Doktor Faust, an Herrn Max Baumann
aus Hannover heran und riß ihm kalt und rücksichtslos die Bärte
aus dem Gesicht. „Angeklebt, sind Sie nun überzeugt?" Hilflos 5
und zuckend trat Herrn Baumanns blasses, knochiges Gesicht
mit den nervös flackernden Augen hervor. „Nein, nein, jetzt
aber Schluß," rief Herr Boltz, „da nützen alle Gefühlsduseleien
nichts.[68] Baumann, kommen Sie!" — „Holla, holla, langsam,
langsam," tönte da eine Stimme aus dem Hintergrund. Aller 10
Augen richteten sich voll Erstaunen auf den Kühnen, der es in
diesem Augenblick noch wagte, den großen gefürchteten Boltz
in der Ausführung seiner Pflichten zu unterbrechen, oder wohl
gar ihm zu widersprechen. Der arme Narr, wie würde der harte
Boltz ihn zurechtstauchen, ihm den Kopf waschen![69] In der 15
ersten Reihe des Zuschauerraums saß ein Herr, ein freundlicher,
korpulenter Fünfziger, mit grauen Schläfen, Glatze, einer Brille
auf der Nase, die Hände im Schoß gefaltet, und schaute gemütlich
betrachtend zur Bühne hinauf, als sähe er sich ein Schauspiel an.
Dann stand er auf und kam langsam auf die Bühne geschritten. 20
Ganz still war es unter den Zuschauern geworden, und alle ver-
folgten mit Spannung die Dinge, die sich nun entwickeln würden.
Mein Gott, was war das für ein interessanter Abend. Diese Proteus-
Affäre war ja viel prickelnder als alle Zauberkünste des Herrn
Bufferini. „Wissen Sie, mein Lieber," sagte der fremde Herr, 25
„für Ihre Verwandlungskünste habe ich ja immer durchaus Verständnis und Bewunderung gehabt, für Ihre Menschenquälereien
aber nie. Ja, mein lieber Paskin, ich bin nun doch gekommen,
obgleich Sie mir telegraphiert haben, daß meine Anwesenheit nicht
mehr nötig ist. Ich sehe ja, sie ist nötig. Sie finden den richtigen 30

---

[67] *faseln Sie doch nicht so törichtes Zeug* — don't invent such silly stuff.
[68] *da nützen alle Gefühlsduseleien nichts* — all that romantic nonsense won't help.
[69] *ihn zurechtstauchen, ihm den Kopf waschen* — jolt him, give him a piece of his mind.

Proteus doch nicht. Ihr Blick ist zu sehr getrübt. Aber das ist ja
verständlich, das ist ja menschlich." Herr Boltz hatte den korpulenten Herrn angeglotzt wie eine Erscheinung, sein Mund bebte:
„Nein, nein, nein . . ." Aber dann lachte er plötzlich höhnisch auf:
5 „Aha, verstehe, ein Komplice von Bufferini — den Dreh kennen
wir. Sollte mich nicht wundern, wenn er gleich behauptet, ich sei
der Proteus, haha, und er sei Boltz." — „Paskin, lassen Sie doch
die Fisimatenten.⁷⁰ Nachdem Sie Herrn Bufferini seiner schönen
Bärte beraubt haben, gestatten Sie wohl, daß ich nun an Ihnen
10 einige kleine Demaskierungskünste vornehme." Und der fremde
Herr streifte ihm das Bürstenhaar vom Kopf, zog ihm die dicken
Augenbrauen ab — es kam das scharfe, brutale Gesicht eines jungen
blonden Mannes heraus, der verlegen und tückisch vor sich hin-
lächelte. „Darf ich Ihnen vorstellen," sagte der fremde Herr,
15 „Herr Proteus, der Sie so geärgert hat. Ja, Herr Bufferini, Ihr
Fräulein Tochter hat ihn ganz richtig erkannt, alle Achtung, sie
hat Talent. Paskin ist ein alter Bekannter von mir, ein erstklassiger
Verwandlungskünstler, ein ausgezeichneter Schauspieler, aber
kein großer Menschenfreund. Ja, Paskin, nun müssen Sie wohl
20 mal wieder mit mir kommen." Der Herr holte eine Handschelle
aus der Tasche und legte sie Paskin um das Handgelenk. Was war
denn mit Paskin los? Wo war sein Mut, sein Witz, seine Frechheit?
Er war in sich zusammengesackt, den Kopf auf der Brust, und ließ
ja alles willenlos mit sich geschehen. Eine traurige Gestalt! Mit den
25 Haaren schien ihm, wie Simson,⁷¹ alle Kraft genommen, ja, wie ein
Schauspieler stand er da, der eben noch einen großen König
gespielt hat und dem der Direktor nun das Engagement für die
nächste Saison aufkündigt. — „Ach, verzeihen Sie, daß ich mich
noch nicht vorgestellt habe," sagte der Herr, „ich bin Boltz. Hier
30 meine Karte. Ja, Paskin, hat mir vor langer Zeit einmal Ausweise⁷²

---

⁷⁰ *Fisimatenten* — humbug.
⁷¹ *Simson* — Samson.
⁷² *Ausweise* — identification papers.

gestohlen und liebt es seitdem, hin und wieder als Boltz aufzutreten.
Ich muß sagen, er macht es nicht übel. Er trifft da genau die
populäre Vorstellung, die sich durch schlechte Filme und Groschenromane[73] in den Köpfen festgesetzt hat. Paskin hat mir im Namen
der hiesigen Polizei ein Telegramm geschickt, daß mein Kommen 5
nicht mehr vonnöten sei, da man Proteus bereits gefaßt habe.
Nun, das Telegramm hat mich nur zu noch größerer Eile ange-
trieben. Ach, da sind ja schon die beiden Polizisten, die Paskin
für Herrn Bufferini herbestellt hatte. Leute, führt Paskin nun zur
Polizei, aber aufgepaßt, daß er euch nicht entflutscht. Der Junge 10
ist flink und falsch wie eine Schlange. Herr Bufferini, darf ich Sie
noch einen Augenblick sprechen? Verehrte Herrschaften, bitte,
gehen Sie nach Hause, ich glaube, für heute ist die Vorstellung
aus. Ich nehme an, Sie sind trotzdem alle auf Ihre Kosten gekommen.[74] Guten Abend, guten Abend." Völlig perplex, sprachlos 15
standen die Leute da, wollten gar nicht weggehen, wollten immer
mehr sehen. „Aber nun gehen Sie doch," sagte Herr Boltz, der
wirkliche Boltz, „sehen Sie denn nicht, daß Fräulein Baumann die
Ruhe nötig hat?" Und es war etwas so Befehlendes und Drohendes
in seiner Stimme, daß sich der Saal nun schnell leerte. Paskin wurde 20
abgeführt, Herr Boltz verschwand mit Herrn Bufferini in einem
Nebenraum — und auf einmal stand Anton allein auf der Bühne,
dunkel wurde der Zuschauerraum, nur die Bühne erglänzte scharf
im Licht des Kristallüsters, und nur sie war noch da, da lag sie
noch immer bewußtlos, Fräulein Hannchen Baumann, verkleidet 25
als die schöne Helena, lag auf dem blauen Sofa inmitten des
magischen Kabinetts und ringsherum all die Zaubergeräte, die
Kästen, Gläser, Kugeln, Pistolen, das Goldfischglas, das Vogelbauer,
die Palmen und Musikinstrumente. Und es war auf einmal ganz
still. Nur von ferne das Zischen und Knattern vom Feuerwerk und 30

---

[73] *Groschenromane* — dime novels.
[74] *Sie sind trotzdem alle auf Ihre Kosten gekommen* — in spite of what happened you all
got your money's worth.

die Klänge der Marinekapelle, an den Fenstern das dumpfe Stoßen des Seewinds.

Und Hannchen Baumann schlug plötzlich die Augen auf und sah Anton vor sich stehen: „Was ist denn? Warum liege ich 5 hier? Wie kommen Sie hierher? Mein Gott, was ist denn los? Ist die Vorstellung zu Ende? Der Saal ist ja ganz leer. Wo ist Papa? Träume ich? Sagen Sie, träume ich?" Sie richtete sich auf, setzte sich im Sofa zurecht und ordnete die hohe schwarze Lokkenperücke: „Wie kommt es denn, daß ich hier als die schöne 10 Helena sitze?" — „Ach, Fräulein Baumann," sagte Anton, „Sie sind während der Vorstellung etwas ohnmächtig geworden." — „Ohnmächtig," rief Fräulein Baumann, „Gott, wie schrecklich! Ist es sehr aufgefallen? Was hat Papa gesagt? Das ist mir ja noch nie passiert." — „Nein, nein, es ist gar nicht aufgefallen. Ach, 15 Sie ahnen ja nicht, was sich alles ereignet hat, während Sie — abwesend waren. Nein, nein, Ihr Vater kann stolz auf Sie sein, das hat Herr Boltz auch gesagt, denn Sie haben ja diesen gräsigen[75] Kerl, diesen Paskin entlarvt." — „Ich — entlarvt? Paskin? Wer ist das? Ich verstehe nichts." — „Das erfahren Sie alles später. 20 Ich sage Ihnen, toll war das. Aber nun ist alles geklärt. Nun erholen Sie sich erst mal." — „In Ohnmacht gefallen mitten in der Vorstellung! Papa, ich sage ja, daß die Hypnose meine Gesundheit angreift. Ich halte das nicht länger aus." — „Ja, Fräulein Baumann, Sie müssen hier raus, das ist mir ganz klargeworden, Sie passen ja 25 gar nicht in dies Milieu." — „Wie soll ich hier denn raus? Ich möchte ja so gern, aber wie soll ich denn?" — „Ich wüßte wohl schon einen Weg," sagte Anton zögernd, „aber ich weiß nicht — vielleicht lachen Sie mich aus. Sie kennen mich ja kaum, Sie müßten mich natürlich erst noch etwas genauer kennenlernen. 30 Aber meinen Sie nicht, daß Sie mich eines Tages — ich meine nur, daß so ganz in der Ferne die Möglichkeit besteht — komisch,

---

[75] *gräsigen* — unpleasant, grumpy.

ich hatte vom ersten Augenblick an das Gefühl, Sie wären eine
Frau für mich." Anton blickte sie herzlich und verschämt an mit
seinem guten, runden Gesicht. „O Gott," sagte Fräulein Baumann
und saß ganz steif da. Man konnte unter der Schminke nicht sehen,
ob sie rot wurde, aber ihre Augen glänzten, und dann liefen ihr die 5
Tränen über die Backen und tropften in ihren Schoß. „Das wollten
Sie tun? Wie schön! Mich wollen Sie haben?" Anton setzte
sich neben sie und faßte ihre Hand und streichelte sie sacht: „Ich
suche ja schon so lange eine Frau, aber Sie sind die erste, die mir
gefällt. Sie sollen es gut bei mir haben. Sie kennen meine Ver- 10
hältnisse ja nicht, aber ich kann gut eine Frau ernähren, ich habe
ein Haus geerbt mit einem Garten." — „Einem Garten," flüsterte
Fräulein Baumann, „mit einer Laube? Nein, nein, es geht nicht,
was werden die Leute sagen, wenn Sie die Tochter eines Zauberers
heiraten?" — „Pah, die Leute, darum kümmere ich mich auch 15
gerade. Und was wollen Sie denn? Sie sind die Tochter eines
Künstlers, eines ausgezeichneten Künstlers, vor dem man nur
Respekt haben kann." — „So, kann man das?" ertönte da die
Stimme Herrn Bufferinis, der gerade noch beim Eintreten diese
letzten Worte gehört hatte, „freut mich, junger Mann, daß Sie 20
die Meinung über mich geändert haben. Aber was machen Sie
hier bei meiner Tochter?" — „O Papa," sagte Hannchen Baumann,
„stell dir vor — aber reg' dich nicht gleich so auf — Herr . . .
Herr . . ." — „Wolde," flüsterte Anton ihr zu, „Anton Wolde."
— „Wie?" fragte Hannchen Baumann. „Anton Wolde," flüsterte 25
Anton noch einmal. „Ja, Herr Wolde und ich . . ." — „Kennt ihr
euch denn?" — „Wir haben uns heute am Strand kennengelernt."
— „Mit diesem Menschen läßt du dich ein, der deinen Vater in den
schlimmsten Verdacht bringt?" — „Aber Herr Bufferini," rief
Anton, „das war doch ein Mißverständnis, es tut mir ja so leid, 30
können Sie mir denn nicht vergeben? Wie konnt' ich denn wissen,
wenn Herr Paskin so täuschend Ihre Gestalt annimmt, daß . . ." —
„Na gut, lassen wir das! Und was ist nun, Hannchen?" — „Ja,

Papa, also Herr Wolde und ich . . . wir haben eventuell die Absicht . . . wir möchten uns wohl — natürlich nur, wenn du auch einverstanden bist . . ." Fräulein Baumann bekam einen merkwürdigen kleinen Hustenanfall und konnte nicht weiterreden.

5 „Was denn? Was denn? Müssen denn heute alle an meinen Nerven zerren? Mein Kopf, mein Kopf." — „Ja, wir möchten uns wohl heiraten." — „Was? Was? Ich werde wahnsinnig! Auch das noch! Nein, das ist zuviel." Herr Bufferini sank in einen Sessel und streckte die Beine von sich. „Herr, haben Sie es denn darauf abgesehen,[76]
10 mich zugrunde zu richten? Erst sagen Sie, daß ich dieser Proteus bin, und nun haben Sie die Stirn,[77] mir meine Tochter zu nehmen, und das alles in einer Stunde." — „Was hat er denn, warum ist er denn so böse auf Sie?" fragte Fräulein Baumann. „Fräulein Baumann, das kann ich Ihnen nicht so schnell erzählen, aber ich
15 bin unschuldig, das weiß Ihr Vater auch ganz genau. Herr Bufferini, lernen Sie mich kennen, dann werden Sie sehen, daß ich ein anständiger Mensch bin. Ich werde Ihre Tochter auf Händen tragen.[78] Begreifen Sie denn immer noch nicht, daß sie nicht für die Bühne geschaffen ist, daß sie dies Leben, diese Hypnose, nicht
20 aushält?" Plötzlich sprang Herr Bufferini auf vom Sessel und stellte sich vor Anton hin und sah ihn sich genau an. Sein blasses Gesicht zuckte, und seine flackrigen Augen blickten verzweifelt: „Wie heißen Sie?" — „Anton Wolde." — „Wo sind Sie zu Hause?" — „In Bremen." — „Beruf?" — „Kaufmann, See- und
25 Feuerversicherungen."[79] — „Und Sie meinen es wirklich gut mit meiner Tochter? Und Hannchen, du hast Vertrauen zu ihm?" — „Ja, Papa." — „Na, ich muß mir die Sache überlegen. Ich weiß ja schon seit langem, daß du weg von mir willst. Der Augenblick mußte ja kommen. Aber was mach' ich denn ohne schöne Helena?

---

[76] *haben Sie es denn darauf abgesehen* — is it your purpose.
[77] *haben Sie die Stirn* — you have the gall.
[78] *auf Händen tragen* — treat her like a queen.
[79] *See- und Feuerversicherungen* — marine and fire insurance.

Meine Hauptnummer ist kaputt." — „Papa, da findest du doch ein anderes Medium. Dora Schneider, zum Beispiel, wollte doch schon lange mit dir zusammen arbeiten. Soll ich morgen mal an sie schreiben?" — „Wollen mal sehen, ich kann jetzt nicht mehr, es ist alles zuviel für mich. Ich muß erst mal schlafen, bin ja so 5 müde, so müde." — „Armer, guter Papa," sagte Hannchen Baumann und schmiegte sich an ihn an, „aber kannst du denn nicht verstehen, daß ich auch mal etwas glücklich sein möchte?" — „Sollst du ja auch, sollst du ja auch, mein Kind, es ist ja vielleicht alles richtig so, aber es ist doch so schwer für mich." Und er begann 10 zu schluchzen und seine Tochter zu umarmen und zu küssen. „Meine Nerven, meine Nerven. Entschuldigt mich, ich kann nicht mehr." Und er schwankte hinaus.

Und nun standen sie allein einander gegenüber, Hannchen Baumann, die Tochter des Zauberers, die schöne Helena, und 15 Anton Wolde, der Kaufmann aus Bremen, See- und Feuerversicherungen, allein in dem magischen Kabinett, und der Kristallüster funkelte, und draußen knallten, knatterten, zischten und rauschten die Raketen und großen Feuerräder zusammen in einem gewaltigen Schlußeffekt, und Goldregen sprühte in Fontänen und 20 üppigen Garben,[80] und die Menge schrie „Ah" und „Oh," und die Marinekapelle spielte einen Triumphmarsch. Und Fräulein Baumann sagte: „Wer hätte heute nachmittag, als wir uns in den Dünen trafen, gedacht, daß alles so kommen würde." — „Ja," sagte Anton, „und nun stehen wir auf einmal zusammen in dem 25 magischen Kabinett, wie ist das alles komisch." Und er druckste so herum[81] und guckte sie so sonderbar an und lächelte verschämt, und da nahm sie sein gutes Gesicht in beide Hände und zog es zu sich heran und gab ihm einen herzhaften Kuß.

---

[80] *Goldregen sprühte in Fontänen und üppigen Garben* — golden fire sprayed in fountains and splendid bursts.
[81] *druckste so herum* — bumbled around.

FRAGEN

1. Warum sollte ein berühmter Detektiv aus Berlin kommen?
2. Warum wollte Anton in der Nacht schreien?
3. Was machte der fremde Mann in Antons Zimmer?
4. Warum zwang der Fremde Anton Äther einzuatmen?
5. Was geschah am Mittag?
6. Wer war Proteus?
7. Was machte es so schwer, Proteus zu fangen?
8. Was tat Anton, nachdem Herr Boltz mit ihm fertig war?
9. Woran dachte Anton, als er das große Schiff sah?
10. Warum holte Anton sein Notizbuch heraus?
11. Warum errötete er auf einmal?
12. Was machte das Mädchen?
13. Wer war das Mädchen?
14. Wo wird das Mädchen am abend sein?
15. Was berichtete Herr Boltz dem Anton, als er ins Hotel zurückkehrte?
16. Was verlangte Herr Boltz von Anton?
17. Was behauptete Anton, als er Herrn Bufferini auf der Bühne sah?
18. Was gab Anton einen Stich?
19. Was tat Faust auf der Bühne, als er Helena sah?
20. Warum staunten die Leute im Konversationshaus?
21. Was behauptete Helena von Herrn Boltz?
22. Wie reagierte Herr Boltz auf die Behauptung Helenas?
23. Was mußte Anton tun?
24. Was passierte der Tochter des Zauberkünstlers auf der Bühne?
25. Wie versuchte Herr Boltz zu beweisen, daß Bufferini Proteus war?
26. Von wem wurde Herr Boltz unterbrochen?
27. Von wem entfernte der fremde Herr Augenbrauen und Haar?
28. Wer war wer?

29. Warum hatte Paskin dem Herrn Boltz ein Telegram geschickt?
30. Warum war Fräulein Baumann überrascht, als sie die Augen aufschlug?
31. Was schlug Anton Fräulein Baumann vor?
32. Was besprachen Anton und Hannchen?
33. Wieso hatte Hannchen Schwierigkeit, Anton ihrem Vater vorzustellen?
34. Was machte Herrn Baumann besonders unglücklich?
35. Was schlug Hannchen ihrem Vater vor?
36. Wie endet die Geschichte?

OSKAR JELLINEK

"Der Schauspieler" is the tragedy of a man who discovers that he has lost the power of simple, direct emotional response. Oskar Jellinek (1886–1949) shows how the actor Ernst Ludwig becomes aware that his concentration on his profession has rendered him incapable of genuine feeling. His every thought, word, and gesture has become a performance; it is as though Shakespeare's metaphor "All the world's a stage" had come literally true for him.

Our sympathy for Ernst would be less poignant if he did not *know* what was the matter. Were he merely the kind of person who is always playing a part — for effect or because he had never experienced a genuine emotion — we should despise him or, at best, laugh at him. But Ernst is intelligent enough to detect his own falsity, to realize that something alien has imposed itself on his character, stifling it.

The introduction of some ironical twists contributes to the special flavor of the story. The reader will discover that their chief source is the role that Ernst's mother plays at various points in his life, especially at the climactic moment of his greatest triumph.

DER SCHAUSPIELER

OSKAR JELLINEK

Der junge Schauspieler Ernst Ludwig erhielt zugleich mit seiner
neuen Rolle die Nachricht von der schweren Erkrankung seiner
Mutter. Der die Rollen austragende Diener hatte die an das
Theater adressierte Depesche[1] mitgebracht. Ernst Ludwig reiste
mit dem nächsten Zug. Immerhin waren bis dahin einige Stunden   5
verflossen, die er zum Teil im Theater zubringen mußte, um dem
Direktor seine Urlaubsbitte vorzutragen, eine Kostümangelegenheit zu ordnen und seinem großen Kollegen Lawin ein Deklamatorium zurückzustellen,[2] das dieser dringend benötigte. Da sich
das Erscheinen des Direktors verzögerte, wohnte Ludwig durch   10
einige Zeit auch der Probe eines neueinstudierten Stückes bei, in
dem er nicht beschäftigt war, und bildete natürlich den Gegenstand
teilnehmender Fragen, auf die er keine andere Antwort wußte als
den Inhalt des von seinem Schwager unterzeichneten Telegrammes:
„Mutter schwer erkrankt, komm sofort."   15
Auf dieses Stichwort hin[3] hatte er mechanisch auch die übrigen
Reisevorbereitungen getroffen, ohne daß es ihm gelungen wäre,
alle seine Gedanken auf den traurigen Grund der Abreise zu vereinigen. Auch jetzt, im Zuge, der ihn binnen vier Stunden in die
kleine mährische[4] Stadt bringen sollte, die seine Heimat war,   20
wurde der Gedanke, seiner Mutter sei etwas Ernstliches zugestoßen,

[1] *Depesche* — telegram.
[2] *ein Deklamatorium zurückzustellen* — to return an anthology of pieces to be recited.
[3] *Auf dieses Stichwort hin* — on the basis of this cue.
[4] *mährisch* — Moravian.

von allen möglichen Tagesfragen des bunten Betriebes[5] durch-
kreuzt, aus dem ihn die Nachricht jäh herausgerissen hatte. Schuld
daran trug allerdings auch der Umstand, daß er sich seine noch
sehr rüstige Mutter nicht anders als aufrecht und tätig denken konnte.
5 Er liebte sie sehr. Sie allein hatte ihn erzogen, der Vater war
lange tot. In den sieben Jahren seiner bisherigen Bühnenlaufbahn
hatte er es stets schmerzlich empfunden, daß diese für seine Mutter
nur ein Quell der Kränkung und Sorge war. Und es wollte ihm
nicht glücken,[6] dieser Beschwerde ihres Herzens die einzige Be-
10 schwichtigung[7] zu bieten, die es hätte entlasten können: den Ruhm.
Denn, wenn er auch, nach einigen bitteren Provinzjahren,[8] an das
große Wiener Theater engagiert worden war, so mußte er dort zu
bescheidene Rollen spielen, als daß eine Mutter darauf hätte stolz
sein können.[9] Er hatte sich, mündlich und schriftlich, oft bemüht,
15 ihr vorzustellen, daß die von ihr so beklagte Unsicherheit der
Existenz in diesem Berufe schließlich nicht größer sei als in jedem
andern — aber sie hatte dies unter Hinweis auf[10] das Los alter
Schauspieler immer lebhaft bestritten: und wenn er ihr leiden-
schaftlich beteuerte, daß er auf keinem anderen Wege jemals
20 glücklich werden könnte, so erklärte sie das rund für eine fixe
Idee.[11] Dennoch hatte er niemals die Hoffnung aufgegeben, ihr und
der Welt einst zu beweisen, daß er mehr sei als ein vom Regisseur
gedrillter Dutzendepisodist,[12] und in erwartungsvoller Erregung
griff er nach jeder neuen Rolle, ob sie ihm etwa die ersehnte
25 Gelegenheit bringe. So hatte er wenige Minuten vor der Abreise
einen hastigen Blick auch in seine neueste Rolle geworfen: die des
Grafen Paris in „Romeo und Julia." Er kannte sie, doch schien sie

---

[5] *des bunten Betriebes* — of the colorful activity.
[6] *es wollte ihm nicht glücken* — he failed.
[7] *Beschwichtigung* — alleviation.
[8] *Provinzjahren* — years in the provincial theaters.
[9] *zu bescheidene Rollen spielen, als daß eine Mutter darauf hätte stolz sein können* — to
play parts which were too modest for a mother to have been proud of them.
[10] *unter Hinweis auf* — with reference to.
[11] *rund für eine fixe Idee* — nothing but an obsession.
[12] *Dutzendepisodist* — character actor.

ihm wenig verheißungsvoll.[13] Dies alles ging ihm bruchstückweise
durch den Kopf, während er unruhig in den Märzabend hinaussah,
der sich auf die Ebene dämmernd niedersenkte.

Bei seiner Ankunft war es schon dunkel. Der Schwager stand
auf dem Perron.[14] Jetzt erst erschrak der Schauspieler. Denn sein 5
Schwager war nichts weniger als sentimental — dennoch hatte er
depeschiert,[15] dennoch stand er hier, ihn zu empfangen! Sie drück-
ten einander die Hand; dann sagte ihm der Schwager, daß die
Mutter gestorben sei. Dem Schauspieler entfuhr ein Laut des
Schreckens. Der Schwager berichtete unbeholfen[16] weiter: am 10
Vormittag war es geschehen, ganz plötzlich, mitten in der Arbeit
... Die beiden Männer schritten durch die schwach erhellten
Straßen. Der Schauspieler hatte noch seinen Aufschrei im Ohr.
War der nicht zu laut gewesen, wie es unlängst auf der Probe der
Regisseur an ihm bemängelt hatte?[17] Ludwig nahm den Hut ab 15
und strich sich über die Stirne. Es beschämte und befremdete ihn,
daß er sich auf solcher Überlegung ertappte. Daran war nur diese
enge Gasse mit ihrer spärlichen Beleuchtung schuld — sie erinnerte
ihn an das Szenenbild jener Probe. Und dann: er konnte eben den
Tod der Mutter noch gar nicht fassen. 20

Nun standen sie vor dem Hause. Bange betrat es der Schauspieler
— bange, obwohl doch schon alles entschieden war. Jetzt stand er
in der Stube, die er von Kindheit an kannte, Wohnstube und
Arbeitsstätte der Mutter zugleich. Seine Schwester kam ihm
weinend entgegen. Er umarmte sie. Einige Leute, Verwandte, 25
Bekannte, drückten ihm die Hand. Im Alkoven stand das Bett. Er
schob den Vorhang zur Seite — da lag die Mutter vor ihm ausgestreckt. Das Licht der Totenlampe fiel auf ihre mageren Hände,
das Antlitz ruhte im Dunkel. Der Schauspieler kniete nieder, ergriff

---

[13] *wenig verheißungsvoll* — not very promising.
[14] *Perron* — platform.
[15] *depeschiert* — telegraphed.
[16] *unbeholfen* — awkwardly.
[17] *wie es unlängst auf der Probe der Regisseur an ihm bemängelt hatte* — just as the
director had criticized him recently in rehearsal.

die Hand der Mutter und küßte sie: dann preßte er seine Stirne an
die Kante[18] des Bettes. Aber jede seiner Bewegungen blieb ihm
genau bewußt und er fühlte in seinem Rücken die Blicke der
Zuschauer, wie auf dem Theater. Er trachtete,[19] sich von dieser
5 Empfindung zu befreien und sich ganz dem Schmerze hinzugeben.
Aber die Erinnerung an die zahlreichen Rollen, in denen er so
gekniet hatte an Särgen, an Bettkanten, an Armlehnen, in „stummer
Andacht," in „stillem Schmerz" oder wie sonst es die Regiemerkung[20] vorschrieb, hielt sein Inneres starr umfangen; ja, in einem
10 Stück hatte es sogar ausdrücklich geheißen: „preßt seine Stirn an
die Kante des Bettes." Er hob rasch den Kopf und ergriff wieder
mit beiden Händen die herabhängende Hand der Mutter. Aber er
fühlte sofort, wie gut er auch diese Bewegung kannte. „Es ist
die Mutter," lispelte er kaum hörbar. „Deine Mutter, deine wirk-
15 liche Mutter" ... Doch er hatte schon oft beim Rollenstudium
und auf der Bühne, im Interesse eines möglichst lebenswahren
Spieles,[21] die Wirklichkeit in dieser Weise sich einzureden versucht,
was ihm ebensowenig geglückt war wie jetzt. Da sprang er entsetzt auf. War er kein Mensch mehr? Hatte ihn das Theater in eine
20 Puppe verwandelt? Er biß die Lippen aufeinander, er krampfte die
Hände zusammen, er rang danach, sich zu beweisen, daß er Schmerz
empfinde, wahren Schmerz, daß er einfach menschlich leide angesichts des Todes eines innig geliebten Wesens. Eine Locke fiel ihm
in die Stirn, er strich sie hastig zurück. Aber dabei durchzuckte ihn
25 ein Gedanke: Wenn er weinen könnte, wenn er Tränen hätte —
das wäre der Beweis! So kniete er denn nieder und versuchte zu
weinen, doch vergebens. „Tränen," hörte er den Regisseur sagen,
„Tränen sollt ihr erst gar nicht mal versuchen, Kinder, das wirkt
nicht gut. Man kann sie nicht machen, sie sind nur den Größten

---

[18] *Kante* — edge.
[19] *trachtete* — strove.
[20] *Regiemerkung* — stage directions.
[21] *im Interesse eines möglichst lebenswahren Spieles* — in the interest of making his acting as true to life as possible.

gegeben." Ernst Ludwig erhob sich und wandte sich den Leidtragenden[22] zu. Dabei streifte er den Vorhang des Alkovens, und ihm war, als trete er vor den Vorhang, um für Beifall zu danken.

Des Nachts warf er sich in seinem alten Bette schlaflos hin und her. Er war sich fremd und wertlos geworden, er begriff sich nicht. War er nicht stets ein ehrlicher Mensch gewesen? Hatte er außerhalb der Bühne je geschauspielert?[23] Und doch hatte das Theater die Gleise seiner Seele so ausgefahren,[24] daß ihm für das größte Unglück seines Lebens nichts mehr übrig geblieben war als ein Repertoire komödiantischer Gebärden![25] Er hätte glauben können, daß die Tote ihn strafen wolle, weil sein Weg wider den Willen der Lebenden verstoßen habe. Aber er glaubte es nicht. Hatte sie doch, wie die Schwester erzählte, noch gestern abend geäußert, sie habe sich mit seinem Berufe abgefunden und wünsche nur noch, daß er bald größere Rollen und eine größere Gage[26] erhalte. Der wirtschaftliche Sinn der Mutter fiel ihm ein, ihr sorgliches Walten für ihn, dieser und jener Zug aus längst entschwundenen Knabentagen, und immer stärker drückte ihn sein Gebaren an ihrer Hülle,[27] immer mehr dünkte es ihn Undank und Sünde. In seiner fieberischen Erregung suchte er nach einer Erklärung und meinte endlich, sie gefunden zu haben: die Leute waren schuld gewesen, die Zuschauer, nicht zahlreich zwar, aber doch Zuschauer! Jetzt aber lag die Mutter allein hier nebenan, jetzt könnte keines Dritten Auge[28] mehr seine Andacht stören und fälschen. Ernst Ludwig verließ sein Lager, warf fröstelnd den Mantel über das Hemd und betrat wieder das Zimmer der Toten. Doch er erschrak, als er zu

[22] *Leidtragenden* — mourners.
[23] *geschauspielert* — play-acted.
[24] *hatte das Theater die Gleise seiner Seele so ausgefahren* — the theater had taken such complete possession of his soul.
[25] *ein Repertoire komödiantischer Gebärden* — a repertoire of theatrical gestures.
[26] *Gage* — salary (used only in the theater).
[27] *sein Gebaren an ihrer Hülle* — his behavior at the side of her earthly remains.
[28] *keines Dritten Auge* — no third person.

ihren Häupten[29] eine alte Frau sitzen sah. Man hatte sie zur Totenwacht gemietet, und jetzt erhob sie sich breit lächelnd und erinnerte ihn durch ihre ergebene[30] Haltung und ihre dicke, stark gerötete Nase an eine der Garderobieren[31] des Theaters. Rasch kehrte er in
5 sein Zimmer zurück. Dort saß er lange am Rande des Bettes und brütete vor sich hin. Dann legte er sich wieder zur Ruhe und schlief wirklich ein. Aber er träumte von einer Rolle, die er schlecht spiele.

Am nächsten Tage ging er durch die Straßen der Heimat. Der
10 Frühling lag in der Luft und keimte[32] zwischen den kleinen Häusern. Aber der Schauspieler wagte nicht aufzublicken, aus Angst, das vertraute Bild könnte ihm als gemalte Leinwand[33] erscheinen. Seit ihm das Theater bis an die Bahre der Mutter gefolgt war, traute er sich selbst nicht mehr. Bloßen Hauptes schritt er dahin,
15 wie immer zu solcher Zeit, und erwiderte flüchtig die Händedrücke alter Bekannter, während er spürte, wie andere Leute ihm nachschauten, als hätten sie noch niemals einen Schauspieler gesehen. Er hatte ein Ziel. Des Morgens war die Mutter in die Totenkammer[34] überführt worden, dorthin wollte er, dort würde
20 er allein mit ihr sein, allein wie ein Mensch, der keine Mutter mehr hat. Dort würde er, dort müßte er zurückfinden zu der Reinheit und Echtheit des kindlichen Gefühls, das er der nun Verblichenen stets entgegengebracht hatte[35] — dort würde er Tränen finden.

Ludwig war beim Friedhof angelangt, am Rande der Stadt.
25 Vielleicht wäre es gut gewesen, wenn er einen Blick auf diesen Garten des Friedens geworfen hätte, der vom ersten Blühen über-

---

[29] *zu ihren Häupten* — at her head (this is an obsolete usage of the plural form of "Haupt").
[30] *ergebene* — respectful.
[31] *Garderobieren* — wardrobe mistresses.
[32] *keimte* — sprouted.
[33] *Leinwand* — canvas.
[34] *Totenkammer* — funeral chapel.
[35] *der nun Verblichenen stets entgegengebracht hatte* — had always had for the one who was now dead.

haucht,[36] als ein abgegrenzter, aber durchaus lebendiger Teil des weithin sich breitenden Gemeindeangers[37] dalag. Dort spielten Kinder uralte Spiele, wie auch er sie dort gespielt hatte, und diesseits und jenseits der Mauer waltete über Jenseits und Diesseits in gleicher Eindringlichkeit und Süße die Macht der Natur.[38] Sie hätte ihn vielleicht zu sich bringen, seinen Krampf in natürlichen Schmerz auflösen können, aber er achtete ihrer nicht. Hastend suchte er den Totengräber, der ihm die Totenkammer willig aufschloß. Zwei Särge standen darin, von schwarzen Tüchern bedeckt; im rechten lag, wie der Mann ihm bedeutete, die Mutter. Dann entfernte sich der Totengräber, und Zugluft[39] bewegte die Bahrtücher[40] und die Locken des Schauspielers. Der stand nun allein in dem kahlen, düsteren Raume mit den drei lückenartigen[41] Fenstern. Langsam trat er näher an den Sarg, mit gleichen Schritten. „Wie abgemessen[42] sie sind!" dachte er — und im nächsten Augenblick erkannte er sie als dieselben, die er stets machte, wenn er auf der Bühne feierlich an eine Bahre trat. „Nur Mut, nur Mut!" flüsterte er, konnte aber nicht mehr verhindern, daß er sich als Shakespeare-Jüngling sah, im schwarzen Wamse,[43] den Degen an der Seite, niedersteigend in das Grabgewölbe der Capulets.[44] Und mit unwiderstehlicher Gewalt drängte sich auf seine Lippen der Rollenvers:[45] „Dir streu ich Blumen…" Da floh er, wie vom Satan gepeitscht, in den sonnigen Tag hinaus.

[36] *überhaucht* — tinged.
[37] *Gemeindeangers* — communal pasture.
[38] *und diesseits und jenseits der Mauer waltete über Jenseits und Diesseits in gleicher Eindringlichkeit und Süße die Macht der Natur* — and on this side and that side of the wall the power of nature held sway over the other world and this one with the same penetrating sweetness.
[39] *Zugluft* — draft.
[40] *Bahrtücher* — palls.
[41] *lückenartig* — hole-like.
[42] *abgemessen* — measured.
[43] *Wams* — doublet.
[44] *Grabgewölbe der Capulets* — vault of the Capulets [one of the two feuding families in "Romeo and Juliet"].
[45] *drängte sich auf seine Lippen der Rollenvers* — he felt the strong urge to recite the line.

Zu Hause fiel seine Verstörtheit auf; er sprach und aß nichts. Aber man hielt es für ein begreifliches Übermaß des Schmerzes und äußerte sich anerkennend[46] darüber. Ein Onkel war nahe daran, ihm seine Berufswahl zu verzeihen, und ein entfernter Ver-
5 wandter sprach verstehend von der größeren Empfindsamkeit der Künstler. „Wenn nur schon das Begräbnis vorüber wäre!" dachte der Schauspieler. Es war für den kommenden Tag angesetzt und er hatte keine Hoffnung mehr, seine dem Trug verpflichtete Seele am offenen Grabe der Mutter zu schlichter Empfindungswahrheit
10 heimzurufen.[47] Denn es schien ihm nicht mehr zweifelhaft, daß die Feierlichkeit des Todes und der damit verbundenen Bräuche ihm eine Rolle zugeteilt hatte, die er ebenso spielen mußte wie jede andere, wenn der Theaterzettel seinen Namen nannte. So trat er denn im gegebenen Augenblick angesichts der Trauergemeinde[48]
15 an die offene Grube und warf mechanisch die vorgeschriebenen drei Schollenhäufchen[49] auf den Sarg in die Tiefe. Und als er, rechts abgehend, hörte, wie jemand sagte: „Der Sohn," murmelte er voll bitteren Hohnes: „Jawohl: Der Sohn — Herr Ludwig. Eine gute Besetzung[50] . . . !"
20 Am Abend ging sein Zug. Die Schwester packte ihm den Koffer und legte eine Wegzehrung[51] hinein, die wohl noch lange über den Weg hinaus reichen sollte. Als er sie so liebevoll walten sah, wie früher die Mutter, umarmte er sie innig und dankte ihr. „Daß man endlich ein liebes Wort von dir hört!" schluchzte sie. Da durchfuhr
25 es ihn: Wort! Wenn er hineilte an das Grab der Mutter und zu ihr spräche! Er hatte noch zwei Stunden Zeit. Ja, das wollte er tun! Zu ihr sprechen, wie er zur Lebenden gesprochen hatte, ihre

---

[46] *anerkennend* — sympathetically.
[47] *seine dem Trug verpflichtete Seele am offenen Grabe der Mutter zu schlichter Empfindungswahrheit heimzurufen* — at his mother's open grave of recalling his soul, dedicated to deception, to simple genuine feeling.
[48] *angesichts der Trauergemeinde* — in full view of the group of mourners.
[49] *Schollenhäufchen* — small clumps of earth.
[50] *eine gute Besetzung* — good casting.
[51] *eine Wegzehrung* — food for the trip.

Antwort sich in Erinnerung rufen und darauf wieder antworten. Mochte das Theater seine Mienen und Gebärden mit Bann belegt haben[52] — die Worte, die er mit seiner Mutter wirklich getauscht hatte, diese unzähligen zärtlichen oder trotzigen, stürmischen oder beruhigenden, ungehaltenen oder versöhnenden Worte, die standen 5 in keiner Rolle. Diese lebendigsten Blutzeugen des stärksten Bandes der Natur[53] wollte er aufrufen am Grabe der Mutter und so in letzter Stunde noch ins reine kommen.[54]

Der Friedhof lag im letzten Dämmerlicht. Wolkenzüge formten sich, morgigen Regen verkündend, am Horizont. Der Schauspieler 10 trat an das frische Grab, und da er es nicht als bloßes Requisit[55] empfand, wie gestern den Sarg in der Totenkammer, löste sich seine Spannung ein wenig. Hier unten lag also die Mutter, entschwunden und doch so nah! Nein, es konnte ihm nicht schwerfallen, sie anzurufen, durch ein schlichtes Wort sie zurückzuholen 15 und jenen unermeßlichen Schmerz in seiner Seele zu erwecken, nach dem er dürstete. Doch welches Wort sollte das sein, welches den Anfang machen? Ludwig schaute in die Ferne, aber ein gelblicher Schein am Horizont berührte ihn peinlich, und er versenkte seinen Blick rasch in das Hügelerdreich[56] zu seinen Füßen. So 20 stand er und suchte, nicht ohne Bangen, das Wort. Da rauschten an seinem klanggewohnten Ohr längst verklungene Worte[57] vorüber. Kinder-, Knaben-, Jünglings-, Mutterworte. „Mutter!" rief er plötzlich über das Grab hin, „Mutter!" Aber schon hatte sein Ohr den Ton aufgefangen, prüfte sein Spielsinn berufsmäßig 25 Stärke und Wohlklang.[58] Er wollte sich nicht beirren lassen.

[52] *Mochte das Theater seine Mienen und Gebärden mit Bann belegt haben* — No matter whether the theater did have his expressions and gestures under its spell.

[53] *Diese lebendigsten Blutzeugen des stärksten Bandes der Natur* — these most vital witnesses of the strongest ties of nature.

[54] *ins reine kommen* — put things in order.

[55] *bloßes Requisit* — mere theatrical prop.

[56] *Hügelerdreich* — realm of graves.

[57] *längst verklungene Worte* — words which had died away long ago.

[58] *prüfte sein Spielsinn berufsmäßig Stärke und Wohlklang* — his actor's instinct was testing in a professional way strength and resonance.

„Mutter . . .," sagte er noch einmal, leiser und tiefer — inniger auch, wie ihm schien. Aber es war kaum anders als beim Rollenstudium. Da raffte er alle Kraft zusammen. Wahllos sprach er durcheinander, was er je zu seiner Mutter gesprochen, je von ihr
5 vernommen hatte. Er rang danach, den Worten ihren einstigen Klang und Tonfall zu geben, sie mit der vollen Wärme und Natürlichkeit zu erfüllen, die ihnen damals eigen gewesen waren. Aber eben das brachte sein Beginnen um[59] alle selbstverständliche Inbrunst[60] und verstrickte ihn immer tiefer in Schauspielerei. Heiße
10 Empörung stieg in ihm auf gegen den Beruf, der sein Menschentum unterjocht,[61] allen seinen Äußerungen das Brandmal des Scheines aufgedrückt,[62] seine Worte in der Wurzel gefärbt, ihm den Schmerz in der Brust zurückgehalten und ihn des Opferquells[63] der Tränen beraubt hatte. Frenetisch rief er sich alle Ein-
15 wände zurück, die seine Mutter gegen das Theater vorzubringen pflegte, und gab ihnen die schärfsten Akzente. Es war, wie er sich mit fanatischer Ironie gestehen durfte, alles in allem eine schöne Sprechleistung.[64] Ein letztes fahles Licht ließ die Wolken gespenstig hervortreten, während eine nahe Laterne seine blassen Züge
20 beschien. Der Regisseur hätte seine Freude gehabt. Erschöpft, verzweifelt, gebrochen, aber nicht von kindlichem Schmerze, verließ der Schauspieler das Grab seiner Mutter.

Die Rückfahrt empfand er als Heimreise. Von der Heimat fühlte er sich abgeschnitten wie durch einen eisernen Vorhang.
25 Zurück, zurück ins Theater! Um Mitternacht traf er in Wien ein. Zu Hause fand er einen Zettel vor, der ihn für morgen zur Probe rief. Dieser Willkomm war ihm gerade recht. Es lebe das Theater! Er holte die Rolle hervor, um sie vor dem Einschlafen durchzu-

---

[59] *brachte . . . um* — robbed . . . of.
[60] *Inbrunst* — fervor.
[61] *unterjocht* — subdued.
[62] *das Brandmal des Scheines aufgedrückt* — impressed the stamp of make-believe.
[63] *Opferquell* — consecrated spring.
[64] *Sprechleistung* — rhetorical achievement.

fliegen, aber er war zu müde und legte sie bald auf das Nachtkästchen neben das dort stehende Bild der Mutter.

In den folgenden Wochen hielt er sich wenig zu Hause auf.
Während er früher die Gesellschaft seiner Kollegen eher gemieden
und für einen Stubenhocker[65] gegolten hatte, nahm er jetzt mit
einem gewissen Fanatismus an ihren Zusammenkünften, ihrem
ganzen Leben und Treiben auch außerhalb der Bühne teil. Trotzig
gab er den Winkel auf, den er einst seinem bürgerlichen Leben
vorzubehalten pflegte.[66] Hatte das Theater ihn selbst in seiner hei-
ligsten Stunde nicht freigegeben, so mochte es ihn ganz haben!
Doch er hatte noch einen geheimen Grund dafür, den er sich kaum
einzugestehen wagte: Er traute sich nicht, das Bild der Mutter in
seinem Zimmer anzusehen, und floh daher, wann immer er konnte,
dessen Nähe.

Er gefiel sich jetzt in einem gewissen komödianten Gebaren,[67]
das ihm vordem fremd gewesen war. Im Theater war er nicht
stark beschäftigt, auch die Proben für die neue Inszenierung[68] von
„Romeo und Julia" nahmen ihn nicht allzusehr in Anspruch,
zumal er ihnen des öfteren fernblieb, um einer Filmgesellschaft,
der er sich verpflichtet hatte, zur Verfügung zu stehen. Es war
daher kein Wunder, daß er auf der Generalprobe steckenblieb und
sich eine Rüge[69] des Regisseurs zuzog. Dies veranlaßte ihn, die
Rolle kurz vor der Vorstellung noch einmal durchzugehen.

Er hatte die Nacht durchtollt[70] und daher einen Nachmittags-
schlaf gehalten, von dem er erquickt erwacht war. Nun stand er,
wie er das in letzter Zeit zu tun liebte, vor dem Spiegel und
agierte[71] seine Rolle. Sein Antlitz war bleicher denn je, um so

[65] *Stubenhocker* — stay-at-home.
[66] *Trotzig gab er den Winkel auf, den er einst seinem bürgerlichen Leben vorzubehalten pflegte* — defiantly he gave up the privacy which he had once been accustomed to reserve for his domestic life.
[67] *komödianten Gebaren* — theatrical gesturing.
[68] *Inszenierung* — production.
[69] *Rüge* — reprimand.
[70] *durchtollt* — been out gallivanting.
[71] *agierte* — acted out.

ähnlicher fand er sich dem Grafen Paris, Julia Capulets unglück-
lichem Bräutigam. Er sprach seine ersten beiden Szenen — da
schlug es sechs. Gerade noch Zeit, die letzte durchzunehmen: die
Totenklage. Rasch rezitierte er die einleitenden Verse und fuhr
5 dann fort:

Dir streu' ich Blumen, Blume du der Frauen.

Da erblickte er im Spiegel das Bild der Mutter. Ernst und
schmerzlich schaute sie ihn an, aus dunklen Augen unter ergrauen-
den Haaren. Durchs Fenster strich der Frühlingswind zärtlich über
10 seine Locken. Eine lösende Bewegung ergriff sein Herz und ließ
es aus seiner Starrheit erwachen, ein leiser Schmerz, der sich stei-
gerte, erfüllte es und ergoß sich in den Rhythmus der Verse. Das
Rollenheft entfiel seiner zitternden Hand, seine Augen füllten sich
mit Tränen, er konnte nicht länger an sich halten,[72] wandte sich,
15 eilte auf das Bild zu und nahm es in seine beiden Hände. Lange sah
er es an, dann preßte er in heißem Weh einen Kuß darauf.

Aber es war höchste Zeit geworden, ins Theater zu gehen. Über-
flutet von der Welle des lange gehemmten Schmerzes, eilte er
dahin und kam gerade zurecht.

20 Schon in den Szenen mit Capulet und mit Julia war sein Vortrag
von einem Hauch ahnungsschwerer Melancholie durchweht[73] und
stand im Banne[74] verhaltener Tränen. Die Drehbühne sorgte für
eine rasche Abwicklung der Bilderfolge.[75] Während er unbeschäftigt war, lehnte er mit geschlossenen Augen hinter der Szene und
25 sah den Blick der Mutter auf sich gerichtet. Die Scheibe drehte
sich[76] und ein Zeichen rief ihn wieder auf die Bühne. Niedersteigend ins Grabgewölbe der Capulets sprach er die Weisung[77] an
den Pagen hastig, als könne er nicht erwarten, die Tote zu beweinen.

---

[72] *an sich halten* — restrain himself.
[73] *war sein Vortrag von einem Hauch ahnungsschwerer Melancholie durchweht* — his
delivery was colored by an aura of portentous melancholy.
[74] *im Banne* — under the spell.
[75] *eine rasche Abwicklung der Bilderfolge* — a rapid change of scene.
[76] *die Scheibe drehte sich* — the stage revolved.
[77] *Weisung* — instructions.

Dann trat er an die Bahre. Aber ihm war nicht, als stünde er auf
Brettern, zwischen bemalter Pappe.[78] Er stand in der Totenkammer,
am Sarge der Mutter. Und während er Blumen streuend die
Aufgebahrte[79] umkreiste und des Paris Klage um Julia anhub, war
sein Herz von unsäglichem Schmerze um die dahingegangene 5
Mutter erfüllt. Immer inniger vermählte sich sein Weh mit dem
Trauerklang[80] der Verse, immer heißer stieg's in ihm empor, und
bei den Worten: „Ich komme hier dein Grab bestreuen und
weinen," warf er sich, von übermächtigem Schluchzen geschüttelt,
fassungslos zu Füßen der Bahre hin. Es war ihm im letzten nicht 10
unbewußt, daß Hunderte ihm zuschauten. Aber gerade das trieb
den Ausbruch seines Schmerzes auf die höchste Höhe und gab dem
zuckend hervorgeschluchzten Verse die letzte Stoßkraft. Und
während die Tränen am frischen Grabe der Mutter sich ihm geweigert hatten,[81] strömten sie jetzt — reichlichster Tribut echtester 15
Trauer — über sein geschminktes Gesicht auf die hölzerne Tribüne
des Theaters.[82]

Das Haus, zutiefst erschüttert, hielt den Atem an. Am Schlusse
der Vorstellung rief es mit den Hauptdarstellern, zum erstenmal,
jubelnd auch Ernst Ludwig. Und am nächsten Tage schrieb der 20
führende Kritiker, gefürchtet wegen seines unerbittlichen Urteils:
„Nicht Herr Lawin, der mit seinen schönen Mitteln und in bewährter Auffassung[83] den Romeo spielte, war der Gewinn des Abends.
Vielmehr war dies überraschenderweise Herr Ludwig, der aus
einem ureigensten Quell mächtigsten Empfindens[84] der sonst im 25
Schatten verschwebenden Tragödie des Grafen Paris Blut, Leben

---

[78] *Pappe* — cardboard.
[79] *Aufgebahrte* — body on the bier.
[80] *Trauerklang* — melancholy sound.
[81] *sich ihm geweigert hatten* — had failed to come.
[82] *über sein geschminktes Gesicht auf die hölzerne Tribüne des Theaters* — down his face
covered with make-up, on to the wooden stage.
[83] *in bewährter Auffassung* — in traditional interpretation.
[84] *einem ureigensten Quell mächtigsten Empfindens* — a particularly original source of
most intense feeling.

und Tränen spendete. In diesem noch jugendlichen Künstler wächst ein großer Menschendarsteller heran…" Direktor, Regisseur, Kollegen gratulierten ihm, und die es neidvoll unterließen, waren sich erst recht klar darüber, daß er „gemacht" sei.

5 Aufgewühlt und verwirrt verbrachte Ludwig den folgenden Tag zu Hause. Er starrte auf das Zeitungsblatt, er antwortete stockend und leise auf die telephonischen Glückwünsche und stand oft viertelstundenlang vor dem Bildnis der Mutter. Jetzt war der Weg zum Ruhme offen — und — er spürte ein wehes Lächeln — zur

10 hohen Gage,[85] die sie für ihn erwünscht hatte. Aber je näher der Abend kam, um so angstvoller, um so beklemmender[86] empfand er die Nötigung, die Bühne wieder zu betreten. Würde er Tränen haben, wieder so aufschluchzen können wie gestern? Er wußte, daß es unmöglich war und — daß er sein Menschlichstes verraten

15 und geschändet[87] hätte, wenn es möglich gewesen wäre. Er meldete sich krank. Aber die Furcht blieb: am nächsten Tage, am darauffolgenden, an allen kommenden Tagen. Der Direktor, der Regisseur, freundschaftliche Kollegen erschienen, man suchte ihn umzustimmen, zu überreden, zu überzeugen. Vergebens: er hörte

20 das Theater, und wieder das Theater, jene furchtbare Macht, die ihm Schmerz und Tränen, Kindesliebe und Kindessehnsucht gab und nahm, wann sie wollte, die seinen Leib und sein Leben auf ihr Schwungrad geschnallt hatte[88] und ihn im Kreise trieb. Stundenlang sprach der Theaterarzt mit ihm. Endlich schien es gelungen,

25 ihn zum Wiederauftreten in einer kleinen, harmlos-ruhigen Rolle zu bewegen. Als aber der Arzt erschien, um ihn abzuholen, fand er ihn unzugänglich, abgeschlossen, das Bild der Mutter in den Händen. Und während er hartnäckig, bald murmelnd, bald tief aufseufzend, beteuerte: „Ich kann nicht weinen—nicht weinen…"

---

[85] *Gage* — salary.
[86] *beklemmender* — oppressive.
[87] *geschändet* — dishonored.
[88] *die seinen Leib und sein Leben auf ihr Schwungrad geschnallt hatte* — which had bound him physically and spiritually on its wheel.

rann über seine eingefallenen Wangen Träne um Träne auf das
Bild hinab.

FRAGEN

1. Was stand in Ernst Ludwigs Telegramm?
2. Wo verbrachte der Schauspieler einige Stunden, ehe der Zug abfuhr?
3. Wie lange sollte die Reise nach Hause dauern?
4. Warum wurde es Ernst schwer, an seine Mutter zu denken?
5. Wie lange war er schon Schauspieler?
6. Warum war seine Mutter mit seiner Laufbahn unzufrieden?
7. Was behauptete Ernst von seinem Beruf als Schauspieler?
8. Warum studierte er jede neue Rolle so eifrig?
9. Wer wartete auf Ernst auf dem Bahnhof?
10. Was erzählte der Schwager dem Schauspieler?
11. Woran wurde Ernst durch die dunkle Gasse erinnert?
12. Was konnte der Schauspieler nicht begreifen, als er mit dem Schwager nach Hause ging?
13. Wer war im Hause, als Ernst kam?
14. Wo glaubte Ernst zu sein, als er am Bett kniete?
15. Warum wollte Ernst weinen?
16. Woran dachte er, als er die tote Mutter verließ?
17. Was wünschte die Mutter für Ernst am Abend vor ihrem Tode?
18. Wo ging Ernst hin, als er in der Nacht aufstand?
19. Warum kehrte er in sein Zimmer zurück und blieb nicht bei seiner Mutter?
20. Warum traute der Schauspieler sich nicht mehr?
21. Was hoffte er in der Totenkammer tun zu können?
22. Warum mußte Ernst den Totengräber suchen?
23. An welches Drama dachte er, als er in der Totenkammer stand?

24. Wie wußten die Leute im Hause, daß er verstört war?
25. Wie lange nach dem Begräbnis blieb er zu Hause?
26. Was machte einen großen Eindruck auf die Schwester?
27. Was tat Ernst, ehe er wegfuhr?
28. Warum stand er zuerst sprachlos am Grabe?
29. Wie sprach er zu seiner Mutter?
30. In welchem Zustand verließ er das Haus?
31. Wie wurde er in Wien empfangen?
32. Wie änderte sich sein Leben nach seiner Rückkehr?
33. Warum blieb er jetzt wenig zu Hause?
34. Warum kam Ernst manchmal nicht zur Probe für „Romeo und Julia"?
35. Was geschah auf der Generalprobe?
36. Was liebte Ernst in letzter Zeit zu tun?
37. Welche Wirkung hatte das Bild der Mutter auf ihn?
38. Was tat er mit dem Bild?
39. Was sah Ernst, als er auf seinen nächsten Auftritt wartete?
40. Wo glaubte Ernst in seiner letzten Szene zu sein?
41. Warum wurden die Zuschauer so tief erschüttert?
42. Was war das Resultat seiner Darstellung?
43. Was für Ansichten über Ernsts Zukunft hatte der Kritiker?
44. Wovor hatte Ernst jetzt Angst?
45. Wie gelang es ihm, vom Theater weg zu bleiben?
46. Wer versuchte Ernst zu überreden, wieder aufzutreten?
47. Was sagte er, während er vor dem Bild seiner Mutter weinte?

ARTHUR SCHNITZLER

In "Der Witwer" Schnitzler records the collapse of a bereaved man's world under the shock of a profoundly disturbing discovery. In rapid succession love, marriage, and friendship are revealed to him as deceptions. For a time he manages to persuade himself that he understands and forgives, unaware that he is in fact rationalizing his longing to save the one relationship he values above all others. But the respite he gains is only momentary; the truth is finally forced on him, and he is left totally disillusioned. No real contact or understanding exists among the people who inhabit Schnitzler's world. Life is a deceptive game in which the players never really know anything about one another.

Arthur Schnitzler (1862–1931) practiced medicine in Vienna before he turned to literature. He was very much interested in the psychological aspects of medical treatment, and the experience he gained in this field proved of great value to him when he began to write about the *fin de siècle* environment in which he spent a part of his life. He saw around him a society in which the basic values had deteriorated, a world of individuals seeking escape from themselves. In the face of a crisis human relationships collapsed, revealing that they were empty forms, and those who had put their faith in these relationships found themselves betrayed, like the widower in the story that follows.

DER WITWER

ARTHUR SCHNITZLER

Er versteht es noch nicht ganz; so rasch ist es gekommen.

An zwei Sommertagen ist sie in der Villa krank gelegen, an
zwei so schönen, daß die Fenster des Schlafzimmers, die auf den
blühenden Garten sehen, immer offen stehen konnten; und am
Abend des zweiten Tages ist sie gestorben, beinahe plötzlich, ohne 5
daß man darauf gefaßt war. — Und heute hat man sie hinausgeführt, dort über die allmählich ansteigende Straße, die er jetzt
vom Balkon aus, wo er auf seinem Lehnstuhl sitzt, bis zu ihrem
Ende verfolgen kann, bis zu den niederen weißen Mauern, die den
kleinen Friedhof umschließen, auf dem sie ruht. 10

Nun ist es Abend; die Straße, auf die vor wenig Stunden, als die
schwarzen Wagen[1] langsam hinaufrollten, die Sonne herabgebrannt
hat, liegt im Schatten; und die weißen Friedhofsmauern glänzen
nicht mehr.

Man hat ihn allein gelassen; er hat darum gebeten. Die Trauer- 15
gäste[2] sind alle in die Stadt zurückgefahren; die Großeltern haben
auf seinen Wunsch auch das Kind mitgenommen, für die ersten
paar Tage, die er allein sein will. Auch im Garten ist es ganz still;
nur ab und zu hört er ein Flüstern von unten: die Dienstleute
stehen unter dem Balkon und sprechen leise miteinander. Er fühlt 20
sich jetzt müde, wie er es noch nie gewesen, und während ihm die
Lider immer und immer von Neuem zufallen, — mit geschlossenen

---

[1] *die schwarzen Wagen* — the black funeral carriages.
[2] *Trauergäste* — mourners.

241

Augen sieht er die Straße wieder in der Sommerglut des Nachmittags, sieht die Wagen, die langsam hinaufrollen, die Menschen,
die sich um ihn drängen, — selbst die Stimmen klingen ihm wieder
im Ohr.

5 Beinah alle sind dagewesen, welche der Sommer nicht allzu-
weit fortgeführt hatte, alle sehr ergriffen von dem frühen und
raschen Tod der jungen Frau, und sie haben milde Worte des
Trostes zu ihm gesprochen. Selbst von entlegenen Orten sind manche
gekommen, Leute, an die er gar nicht gedacht; und Manche, von
10 denen er kaum die Namen kannte, haben ihm die Hand gedrückt.
Nur der ist nicht dagewesen, nach dem er sich am meisten gesehnt,
sein liebster Freund. Er ist freilich ziemlich weit fort — in einem
Badeort an der Nordsee,* und gewiß hat ihn die Todesnachricht zu
spät getroffen, als daß er noch rechtzeitig hätte abreisen können.
15 Er wird erst morgen da sein können.

Richard öffnet die Augen wieder. Die Straße liegt nun völlig
im Abendschatten, nur die weißen Mauern schimmern noch durchs
Dunkel, und das macht ihn schauern. Er steht auf, verläßt den
Balkon und tritt ins angrenzende³ Zimmer. Es ist das seiner Frau
20 — gewesen. Er hat nicht daran gedacht, wie er rasch hineingetreten
ist; er kann auch in der Dunkelheit nichts mehr darin ausnehmen;
nur ein vertrauter Duft weht ihm entgegen. Er zündet die blaue
Kerze an, die auf dem Schreibtisch steht, und wie er nun das
ganze Gemach in seiner Helle und Freundlichkeit zu überschauen
25 vermag, da sinkt er auf den Diwan hin und weint.

Lange weint er; — wilde und gedankenlose Tränen, und wie
er sich wieder erhebt, ist sein Kopf dumpf und schwer. Es flimmert
ihm vor den Blicken,⁴ die Kerzenflamme auf dem Schreibtisch
brennt trüb. Er will es lichter haben, trocknet seine Augen und
30 zündet alle sieben Kerzen des Armleuchters an, der auf der kleinen
Säule neben dem Klavier steht. Und nun fließt Helle durchs ganze

---

³ *angrenzende* — adjoining.
⁴ *Es flimmert ihm vor den Blicken* — There is a flickering before his eyes.

Gemach, in alle Ecken, der zarte Goldgrund der Tapete glitzert, und es sieht hier aus wie an manchem Abend, wenn er hereingetreten ist und sie über einer Lektüre[5] oder über Briefen fand. Da hat sie aufgeschaut, sich lächelnd zu ihm gewandt und seinen Kuß erwartet. — Und ihn schmerzt die Gleichgültigkeit der Dinge um ihn, die weiter starr sind und weiter glitzern,[6] als wüßten sie nicht, daß sie nun etwas Trauriges und Unheimliches geworden sind. So tief wie in diesem Augenblick hat er es noch nicht gefühlt, wie einsam er geworden ist; und so mächtig wie in diesem Augenblick hat er die Sehnsucht nach seinem Freunde noch nicht empfunden. Und wie er sich nun vorstellt, daß der bald kommen und liebe Worte zu ihm reden wird, da fühlt er, daß doch auch für ihn das Schicksal noch etwas übrig hat, das Trost bedeuten könnte. Wär' er nur endlich da!... Er wird ja kommen, morgen früh wird er da sein. Und da muß er auch lang bei ihm bleiben; viele Wochen lang; er wird ihn nicht fortlassen, bevor es sein muß. Und da werden sie beide im Garten spazierengehen und, wie früher so oft, von tiefen und seltsamen Dingen sprechen, die über dem Schicksal des gemeinen Tages sind. Und abends werden sie auf dem Balkon sitzen wie früher, den dunklen Himmel über sich, der so still und groß ist; werden da zusammen plaudern bis in die späte Nachtstunde, wie sie es ja auch früher so oft getan, wenn sie, die in ihrem frischen und hastigen Wesen an ernsteren Gesprächen wenig Gefallen fand,[7] ihnen schon längst lächelnd gute Nacht gesagt hatte, um auf ihr Zimmer zu gehn. Wie oft haben ihn diese Gespräche über die Sorgen und Kleinlichkeiten der Alltäglichkeit[8] emporgehoben; — jetzt aber werden sie mehr, jetzt werden sie Wohltat, Rettung für ihn sein.

Immer noch geht Richard im Zimmer hin und her, bis ihn end-

---

[5] *über einer Lektüre* — with a book.

[6] *die weiter starr sind und weiter glitzern* — which remain lifeless and continue to gleam.

[7] *die in ihrem frischen und hastigen Wesen an ernsteren Gesprächen wenig Gefallen fand* — who with her fresh, lively personality found little pleasure in more serious conversations.

[8] *Kleinlichkeiten der Alltäglichkeit* — pettiness of everyday life.

lich der gleichmäßige Ton seiner eigenen Schritte zu stören anfängt. Da setzt er sich vor den kleinen Schreibtisch, auf dem die blaue Kerze steht, und betrachtet mit einer Art von Neugier die hübschen und zierlichen[9] Dinge, die vor ihm liegen. Er hat sie doch eigentlich

5 nie recht bemerkt, hat immer nur das Ganze gesehen. Die elfenbeinernen Federstiele,[10] das schmale Papiermesser, das schlanke Petschaft mit dem Onyxgriff,[11] die kleinen Schlüsselchen, welche eine Goldschnur zusammenhält; er nimmt sie nacheinander in die Hand, wendet sie hin und her und legt sie wieder sachte auf ihren

10 Platz, als wären es wertvolle und gebrechliche Dinge. Dann öffnet er die mittlere Schreibtischlade und sieht da im offenen Karton das mattgraue Briefpapier liegen, auf dem s i e zu schreiben pflegte, die kleinen Kuverts mit i h r e m Monogramm, die schmalen, langen Visitenkarten mit i h r e m Namen. Dann greift er mechanisch an

15 die kleine Seitenlade, die versperrt ist. Er merkt es anfangs gar nicht, zieht nur immer wieder, ohne zu denken. Allmählich aber wird das gedankenlose Rütteln ihm bewußt, und er müht sich und w i l l endlich öffnen und nimmt die kleinen Schlüssel zur Hand, die auf dem Schreibtisch liegen. Gleich der erste,[12] den er versucht,

20 paßt auch; die Lade ist offen. Und nun sieht er, von blauen Bändern sorgfältig zusammengehalten, die Briefe liegen, die er selbst an sie geschrieben. Gleich den, der oben liegt, erkennt er wieder. Es ist sein erster Brief an sie, noch aus der Zeit der Brautschaft.[13] Und wie er die zärtliche Aufschrift liest, Worte, die wieder ein

25 trügerisches Leben in das verödete Gemach zaubern,[14] da atmet er schwer auf und spricht dann leise vor sich hin, immer wieder dasselbe: ein wirres, entsetzliches: Nein . . . nein . . . nein . . .

Und er löst das Seidenband und läßt die Briefe zwischen den

---

[9] *zierlichen* — dainty.

[10] *elfenbeinernen Federstiele* — ivory penholders.

[11] *das schlanke Petschaft mit dem Onyxgriff* — the slender seal with the onyx handle.

[12] *Gleich der erste* — The very first one.

[13] *Brautschaft* — engagement.

[14] *ein trügerisches Leben in das verödete Gemach zaubern* — conjure an illusion of life into the desolate room.

Fingern gleiten. Abgerissene Worte[15] fliegen vor ihm vorüber,
kaum hat er den Mut, einen der Briefe ganz zu lesen. Nur den
letzten, der ein paar kurze Sätze enthält — daß er erst spät abends
aus der Stadt herauskommen werde — daß er sich unsäglich freue,
das liebe, süße Gesicht wiederzusehen —, den liest er sorgsam, 5
Silbe für Silbe — und wundert sich sehr; denn ihm ist, als hätte
er diese zärtlichen Worte vor vielen Jahren geschrieben — nicht
vor einer Woche, und es ist doch nicht länger her.

Er zieht die Lade weiter heraus, zu sehen, ob er noch was fände.

Noch einige Päckchen liegen da, alle mit blauen Seidenbändern 10
umwunden, und unwillkürlich lächelt er traurig. Da sind Briefe
von ihrer Schwester, die in Paris lebt — er hat sie immer gleich
mit ihr lesen müssen; da sind auch Briefe ihrer Mutter mit dieser
eigentümlich männlichen Schrift, über die er sich stets gewundert
hat. Auch Briefe mit Schriftzügen[16] liegen da, die er nicht gleich 15
erkennt; er löst das Seidenband und sieht nach der Unterschrift —
sie kommen von einer ihrer Freundinnen, einer, die heute auch
dagewesen ist, sehr blaß, sehr verweint.[17] — Und ganz hinten
liegt noch ein Päckchen, das er herausnimmt wie die anderen und
betrachtet. — Was für eine Schrift? Eine unbekannte. — Nein, 20
keine unbekannte... Es ist Hugos Schrift. Und das erste Wort,
das Richard liest, noch bevor das blaue Seidenband herabgerissen
ist, macht ihn für einen Augenblick erstarren... Mit großen
Augen schaut er um sich, ob denn im Zimmer noch alles ist, wie
es gewesen, und schaut dann auf die Decke hinauf, und dann 25
wieder auf die Briefe, die stumm vor ihm liegen und ihm doch in
der nächsten Minute alles sagen sollen, was das erste Wort ahnen
ließ... Er will das Band entfernen — es ist ihm, als wehrte es sich,
die Hände zittern ihm, und er reißt es endlich gewaltsam auseinander. Dann steht er auf. Er nimmt das Päckchen in beide Hände 30
und geht zum Klavier hin, auf dessen glänzend schwarzen Deckel

[15] *Abgerissene Worte* — random words.
[16] *Schriftzügen* — handwriting.
[17] *sehr verweint* — with eyes swollen from weeping.

das Licht von den sieben Kerzen des Armleuchters fällt. Und mit
beiden Händen auf das Klavier gestützt, liest er sie, die vielen
kurzen Briefe mit der kleinen verschnörkelten Schrift,[18] einen nach
dem andern, nach jedem begierig, als wenn er der erste wäre. Und
5 alle liest er sie, bis zum letzten, der aus jenem Orte an der Nordsee
gekommen ist — vor ein paar Tagen. Er wirft ihn zu den übrigen
und wühlt[19] unter ihnen allen, als suche er noch etwas, als könne
irgend was zwischen diesen Blättern aufflattern, das er noch nicht
entdeckt, irgend etwas, das den Inhalt aller dieser Briefe zunichte
10 machen und die Wahrheit, die ihm plötzlich geworden, zum
Irrtume wandeln könnte... Und wie endlich seine Hände innehalten, ist ihm, als wäre es nach einem ungeheuren Lärm mit
einem Male ganz still geworden... Noch hat er die Erinnerung
aller jener Geräusche: wie die zierlichen Gerätschaften auf dem
15 Schreibtisch klangen... wie die Lade knarrte... wie das Schloß
klappte... wie das Papier knitterte und rauschte... den Ton
seiner hastigen Schritte... sein rasches, stöhnendes Atmen — nun
aber ist kein Laut mehr im Gemach. Und er staunt nur, wie er das
mit einem Schlage[20] so völlig begreift, obwohl er doch nie daran
20 gedacht. Er möchte es lieber so wenig verstehen wie den Tod; er
sehnt sich nach dem bebenden heißen Schmerz, wie ihn das Unfaßliche bringt,[21] und hat doch nur die Empfindung einer unsäglichen
Klarheit, die in all seine Sinne zu strömen scheint, so daß er die
Dinge im Zimmer mit schärferen Linien sieht als früher und die
25 tiefe Stille zu hören meint, die um ihn ist. Und langsam geht er
zum Diwan hin, setzt sich nieder und sinnt...

Was ist denn geschehen?

Es hat sich wieder einmal zugetragen,[22] was alle Tage geschieht,
und er ist einer von denen gewesen, über die Manche lachen. Und

[18] *verschnörkelten Schrift* — florid handwriting.
[19] *wühlt* — rummages.
[20] *mit einem Schlage* — suddenly.
[21] *wie ihn das Unfaßliche bringt* — as it is caused by the incomprehensible.
[22] *Es hat sich wieder einmal zugetragen* — It has happened again.

er wird ja auch gewiß —, morgen oder in wenigen Stunden schon
— wird er all das Furchtbare empfinden, das jeder Mensch in
solchen Fällen empfinden muß ... er ahnt es ja, wie sie über ihn
kommen wird, die namenlose Wut, daß dieses Weib zu früh für
seine Rache gestorben; und wenn der andere wiederkehrt, so 5
wird er ihn mit diesen Händen niederschlagen wie einen Hund.
Ah, wie sehnt er sich nach diesen wilden und ehrlichen Gefühlen
— und wie wohler[23] wird ihm dann sein als jetzt, da die Gedanken
sich stumpf und schwer durch seine Seele schleppen[24] ...

Jetzt weiß er nur, daß er plötzlich alles verloren hat, daß er sein 10
Leben ganz von vorne beginnen muß wie ein Kind; denn er kann
ja von seinen Erinnerungen keine mehr brauchen. Er müßte jeder
erst die Maske herunterreißen, mit der sie ihn genarrt.[25] Denn er
hat nichts gesehen, gar nichts, hat geglaubt und vertraut, und der
beste Freund, wie in der Komödie, hat ihn betrogen ... Wäre 15
es nur der, gerade der nicht gewesen! Er weiß es ja und hat es ja
selbst erfahren, daß es Wallungen[26] des Blutes gibt, die ihre Wellen
kaum bis in die Seele treiben, und es ist ihm, als wenn er der Toten
alles verzeihen könnte, was sie wieder rasch vergessen hätte, irgend
wen,[27] den er nicht gekannt, irgendeinen, der ihm wenigstens 20
nichts bedeutet hätte — nur diesen nicht, den er so lieb gehabt
hat wie keinen anderen Menschen und mit dem ihn ja mehr ver-
bindet, als ihn je mit seinem eigenen Weib verbunden, die ihm
niemals auf den dunkleren Pfaden seines Geistes gefolgt ist;[28] die
ihm Lust und Behagen,[29] aber nie die tiefe Freude des Verstehens 25
gegeben. Und hat er es denn nicht immer gewußt, daß die Frauen
leere und verlogene Geschöpfe sind, und ist es ihm denn nie in den

---

[23] *wie wohler* — how much better.
[24] *die Gedanken sich stumpf und schwer durch seine Seele schleppen* — the thoughts drag themselves dully and heavily through his mind.
[25] *genarrt* — made a fool of.
[26] *Wallung* — agitation.
[27] *irgend wen* — anyone.
[28] *auf den dunkleren Pfaden seines Geistes* — along the more secret paths of his mind.
[29] *Behagen* — comfort.

Sinn gekommen, daß ein Weib ein Weib ist, wie alle anderen, leer, verlogen und mit der Lust, zu verführen? Und hat er denn nie gedacht, daß sein Freund den Weibern gegenüber,[30] so hoch er sonst gestanden sein mag, ein Mann ist wie andere Männer und
5 dem Rausch eines Augenblickes erliegen konnte? Und verraten es nicht manche scheuen Worte dieser glühenden und zitternden Briefe, daß er anfangs mit sich gekämpft, daß er versucht hat, sich loszureißen, daß er endlich dieses Weib angebetet und daß er gelitten hat? ... Unheimlich ist es ihm beinahe, wie ihm alles
10 das so klar wird, als stünde ein Fremder da, ihm's zu erzählen. Und er kann nicht rasen, so sehr er sich danach sehnt; er v e r s t e h t es einfach, wie er es eben immer bei andern verstanden hat. Und wie er nun daran denkt, daß seine Frau da draußen liegt, auf dem stillen Friedhof, da weiß er auch, daß er sie nie wird hassen können
15 und daß aller kindische Zorn, selbst wenn er noch über die weißen Mauern hinflattern könnte, doch auf dem Grabe selbst mit lahmen Flügeln hinsinken würde. Und er erkennt, wie manches Wort, das sich kümmerlich als Phrase fristet, in einem grellen Augenblicke seine ewige Wahrheit zu erkennen gibt,[31] denn plötzlich
20 geht ihm der tiefe Sinn eines Wortes auf, das ihm früher schal geklungen: Der Tod versöhnt. Und er weiß es: wenn er jetzt mit einem Male jenem anderen gegenüberstände, er würde nicht nach gewaltigen und strafenden Worten suchen, die ihm wie eine lächerliche Wichtigtuerei irdischer Kleinlichkeit der Hoheit des
25 Todes gegenüber erschienen[32] — nein, er würde ihm ruhig sagen: Geh, ich hasse dich nicht.

Er k a n n ihn nicht hassen, er sieht zu klar. So tief kann er in andere Seelen schauen, daß es ihn beinahe befremdet. Es ist, als

---

[30] *den Weibern gegenüber* — as far as women are concerned.
[31] *das sich kümmerlich als Phrase fristet, in einem grellen Augenblicke seine ewige Wahrheit zu erkennen gibt* — which lives on miserably as a commonplace phrase, reveals its eternal truth in a blinding flash.
[32] *die ihm wie eine lächerliche Wichtigtuerei irdischer Kleinlichkeit der Hoheit des Todes gegenüber erschienen* — which seemed to him a ridiculous exaggeration of earthly pettiness compared to the dignity of death.

wäre es gar nicht mehr sein Erlebnis — er fühlt es als einen zu-
fälligen Umstand, daß diese Geschichte gerade ihm begegnet ist.
Er kann eigentlich nur eines nicht verstehen: daß er es nicht immer,
nicht gleich von Anfang an gewußt und — begriffen hat. Es war
alles so einfach, so selbstverständlich, und aus denselben Gründen 5
kommend wie in tausend anderen Fällen. Er erinnert sich seiner
Frau, wie er sie im ersten, zweiten Jahre seiner Ehe gekannt, dieses
zärtlichen, beinahe wilden Geschöpfes, das ihm damals mehr eine
Geliebte gewesen ist als eine Gattin. Und hat er denn wirklich
geglaubt, daß dieses blühende und verlangende Wesen, weil über 10
ihn die gedankenlose Müdigkeit der Ehe[33] kam — eine andere
geworden ist? Hat er diese Flammen für plötzlich erloschen gehalten, weil er sich nicht mehr nach ihnen sehnte? Und daß es
gerade — Jener war, der ihr gefiel, war das etwa verwunderlich?
Wie oft, wenn er seinem jüngeren Freunde gegenübersaß, der 15
trotz seiner dreißig Jahre noch die Frische und Weichheit des
Jünglings in den Zügen und in der Stimme hatte — wie oft ist es
ihm da durch den Sinn gefahren: Der muß den Weibern wohl
gefallen können ... Und nun erinnert er sich auch, wie im vorigen
Jahre gerade damals, als ... es begonnen haben mußte, wie Hugo 20
damals eine ganze Zeit hindurch ihn seltener besuchen kam als
sonst ... Und er, der richtige Ehemann, hat es ihm damals gesagt:
Warum kommst du denn nicht mehr zu uns? Und hat ihn selbst
manchmal aus dem Büro abgeholt, hat ihn mit herausgenommen
aufs Land, und wenn er fort wollte, hat er selbst ihn zurückgehalten 25
mit freundschaftlich scheltenden Worten. Und niemals hat er was
bemerkt, nie das geringste geahnt. Hat er denn die Blicke der
beiden nicht gesehen, die sich feucht und heiß[34] begegneten? Hat
er das Beben ihrer Stimmen nicht belauscht, wenn sie zueinander
redeten? Hat er das bange Schweigen nicht zu deuten gewußt, das 30
zuweilen über ihnen war, wenn sie in den Alleen des Gartens hin

---

[33] *die gedankenlose Müdigkeit der Ehe* — the thoughtless routine of marriage.
[34] *feucht und heiß* — passionately.

und her spazierten? Und hat er denn nicht bemerkt, wie Hugo
oft zerstreut, launisch und traurig gewesen ist — seit jenen Sommertagen des vorigen Jahres, in denen . . . es begonnen hat? Ja, das
hat er bemerkt, und hat sich auch wohl zuweilen gedacht: Es sind
5 Weibergeschichten,[35] die ihn quälen — und sich gefreut, wenn er
den Freund in ernste Gespräche ziehen und über diese kleinlichen
Leiden erheben konnte . . . Und jetzt, wie er dieses ganze vergan-
gene Jahr rasch an sich vorübergleiten läßt, merkt er nicht mit
einem Mal, daß die frühere Heiterkeit des Freundes nie wieder
10 ganz zurückgekommen ist, daß er sich nur allmählich daran gewöhnt hatte, wie an alles, was allmählich kommt und nicht mehr
schwindet? . . .

Und ein seltsames Gefühl quillt in seiner Seele empor,[36] das er
sich anfangs kaum zu begreifen traut, eine tiefe Milde — ein
15 großes Mitleid für diesen Mann, über den eine elende Leidenschaft
wie ein Schicksal hereingebrochen ist; der in diesem Augenblick
vielleicht, nein, gewiß, mehr leidet als er; für diesen Mann, dem
ja ein Weib gestorben, die er geliebt hat, und der vor einen Freund
treten[37] soll, den er betrogen.

20 Und er kann ihn nicht hassen; denn er hat ihn noch lieb. Er
weiß ja, daß es anders wäre, wenn — sie noch lebte. Da wäre
auch diese Schuld etwas, das von ihrem Dasein und Lächeln den
Schein des Wichtigen liehe.[38] Nun aber verschlingt dieses unerbittliche Zuendesein[39] alles, was an jenem erbärmlichen Abenteuer
25 bedeutungsvoll erscheinen wollte.

In die tiefe Stille des Gemachs zieht[40] ein leises Beben . . . Schritte
auf der Treppe. — Er lauscht atemlos; er hört das Schlagen seines
Pulses.

[35] *Weibergeschichten* — affairs with women.
[36] *quillt in seiner Seele empor* — wells up in his soul.
[37] *treten* — appear.
[38] *das von ihrem Dasein und Lächeln den Schein des Wichtigen liehe.* — which would
receive from *her* existence and smile the appearance of being important.
[39] *unerbittliche Zuendesein* — inexorable finality.
[40] *zieht* — penetrates.

Draußen geht die Tür.[41]

Einen Augenblick ist ihm, als stürze alles wieder hin, was er in seiner Seele aufgebaut; aber im nächsten steht es wieder fest. — Und er weiß, was er ihm sagen wird, wenn er hereintritt: Ich hab' es verstanden — bleib! 5

Eine Stimme draußen, die Stimme des Freundes.

Und plötzlich fährt ihm durch den Kopf, daß dieser Mann jetzt, ein Ahnungsloser, da hereintreten wird, daß er selbst es ihm erst wird sagen müssen . . .

Und er möchte sich vom Diwan erheben, die Tür verschließen 10 — denn er fühlt, daß er keine Silbe wird sprechen können. Und er kann sich ja nicht einmal bewegen, er ist wie erstarrt. Er wird ihm nichts, kein Wort wird er ihm heute sagen, morgen erst . . . morgen . . .

Es flüstert draußen. Richard kann die leise Frage verstehen: 15 „Ist er allein?"

Er wird ihm nichts, kein Wort wird er ihm heute sagen; morgen erst — oder später . . .

Die Tür öffnet sich, der Freund ist da. Er ist sehr blaß und bleibt eine Weile stehen, als müßte er sich sammeln, dann eilt er auf 20 Richard zu und setzt sich neben ihn auf den Diwan, nimmt seine beiden Hände, drückt sie fest, — will sprechen, doch versagt ihm die Stimme.

Richard sieht ihn starr an, läßt ihm seine Hände. So sitzen sie eine ganze Weile stumm da. 25

Mein armer Freund, sagt endlich Hugo ganz leise.

Richard nickt nur mit dem Kopf, er kann nicht reden. Wenn er ein Wort herausbrächte, könnte er ihm doch nur sagen: Ich weiß es . . .

Nach ein paar Sekunden beginnt Hugo von neuem: Ich wollte 30 schon heute früh da sein. Aber ich habe dein Telegramm erst spät abends gefunden, als ich nach Hause kam.

---

[41] *geht die Tür* — the door opens.

Ich dachte es, erwidert Richard und wundert sich selbst, wie laut und ruhig er spricht. Er schaut dem andern tief in die Augen . . . Und plötzlich fällt ihm ein, daß dort auf dem Klavier — die Briefe liegen. Hugo braucht nur aufstehen, ein paar Schritte zu
5 machen — und sieht sie . . . und weiß alles. Unwillkürlich faßt Richard die Hände des Freundes — das darf noch nicht sein; er ist es, der vor der Entdeckung zittert.

Und wieder beginnt Hugo zu sprechen. Mit leisen, zarten Worten, in denen er es vermeidet, den Namen der Toten auszu-
10 sprechen, fragt er nach ihrer Krankheit, nach ihrem Sterben. Und Richard antwortet. Er wundert sich anfangs, daß er das kann; daß er die widerlichen und gewöhnlichen Worte für all das Trau-rige der letzten Tage findet. Und ab und zu streift sein Blick[42] das Gesicht des Freundes, der blaß, mit zuckenden Lippen lauscht.
15 Wie Richard innehält, schüttelt der andere den Kopf, als hätte er Unbegreifliches, Unmögliches vernommen. Dann sagt er: es war mir furchtbar, heute nicht bei dir sein zu können. Das war wie ein Verhängnis.[43]

Richard sieht ihn fragend an.
20 Gerade an jenem Tag . . . in derselben Stunde waren wir auf dem Meer.

Ja, ja . . .

Es gibt keine Ahnungen! Wir sind gesegelt, und der Wind war gut, und wir waren so lustig . . . Entsetzlich, entsetzlich.
25 Richard schweigt.

Du wirst doch aber jetzt nicht hier bleiben, nicht wahr?

Richard schaut auf. Warum?

Nein, nein, du darfst nicht.

Wohin soll ich denn gehen? . . . Ich denke, du bleibst jetzt bei
30 mir? . . . Und eine Angst überfällt ihn, daß Hugo wieder weg-gehen könnte, ohne zu wissen, was geschehen.

[42] *streift sein Blick* — he glances at.
[43] *Das war wie ein Verhängnis* — It was as though it were predestined.

Nein, erwiderte der Freund, ich nehme dich mit, du fährst mit
mir weg.

Ich mit dir?

Ja ... Und das sagt er mit einem milden Lächeln.

Wohin willst du denn?

Zurück! ...

Wieder an die Nordsee?

Ja, und mit dir. Es wird dir wohltun. Ich lasse dich ja gar nicht
hier, nein! ... Und er zieht ihn wie zu einer Umarmung an sich
... Du mußt zu uns! ...

Zu uns? ...

Ja.

Was bedeutet das „zu uns"? Bist du nicht allein?

Hugo lächelt verlegen: Gewiß bin ich allein ...

Du sagst „uns" ...

Hugo zögert eine Weile. Ich wollte es dir nicht gleich mitteilen, sagt er dann.

Was? ...

Das Leben ist so sonderbar — ich habe mich nämlich verlobt ...

Richard schaut ihn starr an ...

Darum meint' ich: „Zu uns" ... Darum geh' ich auch wieder
an die Nordsee zurück, und du sollst mit mir fahren. — Ja? Und
er sieht ihm mit hellen Augen ins Gesicht.

Richard lächelt. Gefährliches Klima an der Nordsee.

Wieso?

So rasch, so rasch! ... Und er schüttelt den Kopf.

Nein, mein Lieber, erwidert der andere, nicht eben rasch. Es ist
eigentlich eine alte Geschichte.

Richard lächelt noch immer. Wie? ... eine alte Geschichte?

Ja.

Du kennst deine Braut von früher her? ...

Ja, seit diesem Winter.

Und hast sie lieb? ...

Seit ich sie kenne, erwidert Hugo und blickt vor sich hin, als kämen ihm schöne Erinnerungen.

Da steht Richard plötzlich auf, mit einer so heftigen Bewegung, daß Hugo zusammenfährt und zu ihm aufschaut. Und da sieht er, wie zwei große fremde Augen auf ihm ruhen, und sieht ein blasses, zuckendes Gesicht über sich, das er kaum zu kennen glaubt. Und wie er angstvoll sich erhebt, hört er, wie von einer fremden, fernen Stimme, kurze Worte zwischen den Zähnen hervorgepreßt: „Ich weiß es." Und er fühlt sich an beiden Händen gepackt und zum Klavier hingezerrt, daß der Armleuchter auf der Säule zittert. Und dann läßt Richard seine Arme los und fährt[44] mit beiden Händen unter die Briefe, die auf dem schwarzen Deckel liegen, und wühlt, und läßt sie hin und her fliegen . . .

Schurke![45] schreit er, und wirft ihm die Blätter ins Gesicht.

FRAGEN

1. Was kann der Mann von seinem Balkon aus sehen?
2. Wo ist das Kind?
3. Wer ist gestorben?
4. Was kann der Mann ab und zu hören, wenn er auf dem Balkon sitzt?
5. Wer ist nicht rechtzeitig angekommen?
6. Wo geht Richard hin, nachdem er den Balkon verlassen hat?
7. Was tat der Witwer zuerst, nachdem er zu weinen aufhörte?
8. Was hat seine Frau früher immer erwartet, wenn Richard in ihr Zimmer hineinging?
9. Warum sehnt Richard sich nach dem Freund?
10. Wie möchte Richard den Abend mit Hugo verbringen, nachdem er ankommt?

[44] *fährt* — digs.
[45] *Schurke!* — Scoundrel!

11. Warum ließ die Frau die zwei Freunde abends öfters allein auf dem Balkon?

12. Was tat Richard, nachdem er aufgehört hatte, im Zimmer auf und ab zu gehen?

13. Was fand er in der mittleren Schublade des Schreibtisches?

14. Was war in der kleinen Seitenlade?

15. Wann hatte Richard den letzten Brief an seine Frau geschrieben?

16. Welchen von den Briefen an seine Frau liest Richard?

17. Von wem sind die anderen Briefe in der Seitenlade?

18. Wie macht Richard das Paket mit Hugos Briefen auf?

19. Wo geht er mit Hugos Briefen hin?

20. Wann schrieb Hugo den letzten Brief an Richards Frau?

21. Wo ging Richard hin, nachdem er die Briefe gelesen hatte?

22. Was will Richard tun, sobald er Hugo sieht?

23. Was hätte Richard seiner toten Frau verzeihen können?

24. Was will er seinem Freund sagen, wenn er ihn sieht?

25. Was kann der Witwer nicht begreifen?

26. Wann muß das Verhältnis zwischen Hugo und Richards Frau begonnen haben?

27. Woran erinnert sich Richard jetzt, wie er über das vorige Jahr nachdenkt?

28. Wieso hat Hugo sich im Laufe des vergangenen Jahres verändert?

29. Worauf lauschte Richard mit einemmal atemlos?

30. Wann will Richard dem Freund sagen, daß er alles weiß?

31. Was tat Hugo, als er hereinkam?

32. Warum kam Hugo nicht früher?

33. Warum fängt Richard an zu zittern?

34. Wo war Hugo, als Richards Frau starb?

35. Wohin will Hugo Richard mitnehmen?

36. Wie lange hatte Hugo seine Braut schon gekannt?

37. Was tat Richard schließlich mit den Briefen, die Hugo an seine Frau geschrieben hatte?

GEORG HEYM

Georg Heym (1887–1912) was one of the most important of the young expressionist poets who about 1910 began to rebel against the traditional views of language and art. The eyes of these young writers were directed inward: they were interested in expressing their personal reactions to the world, not in describing it objectively.

In addition to the unique poems by which Heym built his reputation, he wrote a series of short stories most of which, like "Das Schiff," are steeped in an atmosphere of horror. The pictures of misery, torture, terror, and violent death so frequent in his works are prophetic glimpses of the chaos that was to sweep across Europe soon after his premature death. Heym was one of many who sensed that the old order was about to end, and his apocalyptic images vividly evoke the infernal forces about to be unleashed. There is no calm or peace, no dignity or heroism, in the universe he envisions. Death and destruction are the only realities in a world without hope and without salvation.

A ship at sea, one of the oldest metaphors for life, is the focal point in the following story. Heym, a master of the German language, has woven about the image of the ship that will never reach port a pitiless tale of the utter hopelessness of man's existence. The reader should notice particularly how adjectives denoting colors intensify the expressive value of the images, whose vivid clarity and emotional force account in great part for the impact of the work.

257

DAS SCHIFF

——

GEORG HEYM

Es war ein kleiner Kahn, ein Korallenschiffer, der über Kap York★
in der Harafuhra★ seekreuzte. Manchmal bekamen sie im blauen
Norden die Berge von Neuguinea★ ins Gesicht, manchmal im
Süden die öden australischen Küsten wie einen schmutzigen
Silbergürtel, der über den zitternden Horizont gelegt war.   5
  Es waren sieben Mann an Bord. Der Kapitän, ein Engländer, zwei
andere Engländer, ein Ire, zwei Portugiesen und der chinesische
Koch. Und weil sie so wenig waren, hatten sie gute Freundschaft
gehalten.
  Nun sollte das Schiff herunter nach Brisbane★ gehen. Dort sollte 10
gelöscht werden,[1] und dann gingen die Leute auseinander, die einen
dahin, die andern dorthin.
  Auf ihrem Kurs kamen sie durch einen kleinen Archipel, rechts
und links ein paar Inseln, Reste von der großen Brücke, die einmal
vor einer Ewigkeit die beiden Kontinente von Australien und   15
Neuguinea verbunden hatte. Jetzt rauschte darüber der Ozean, und
das Lot[2] kam ewig nicht auf den Grund.
  Sie ließen den Kahn in eine kleine schattige Bucht der Insel
einlaufen und gingen vor Anker.[3] Drei Mann gingen an Land, um
nach den Bewohnern der Insel zu suchen.   20

---

[1] *sollte gelöscht werden* — they were to unload the ship.
[2] *Lot* — sounding lead.
[3] *gingen vor Anker* — dropped anchor.

Sie wateten durch den Uferwald, dann krochen sie mühsam über einen Berg, kamen durch eine Schlucht, wieder über einen bewaldeten Berg. Und nach ein paar Stunden kamen sie wieder an die See. Nirgends war etwas Lebendes auf der ganzen Insel. Sie hörten
5 keinen Vogel rufen, kein Tier kam ihnen in den Weg. Überall war eine schreckliche Stille. Selbst das Meer vor ihnen war stumm und grau. „Aber jemand muß doch hier sein, zum Teufel," sagte der Ire. Sie riefen, schrien, schossen ihre Revolver ab. Es rührte sich nichts, niemand kam. Sie wanderten den Strand entlang durch
10 Wasser, über Felsen und Ufergebüsch, niemand begegnete ihnen. Die hohen Bäume sahen auf sie herab wie große gespenstische Wesen ohne Rauschen, wie riesige Tote in einer furchtbaren Starre.[4] Eine Art Beklemmung,[5] dunkel und geheimnisvoll, fiel über sie her. Sie wollten sich gegenseitig ihre Angst ausreden. Aber wenn sie
15 einander in die weißen Gesichter sahen, so blieben sie stumm.

Sie kamen endlich auf eine Landzunge, die wie ein letzter Vorsprung, eine letzte Zuflucht in die See hinauslief. An der äußersten Spitze, wo sich ihr Weg wieder umbog, sahen sie etwas, was sie für einen Augenblick starr werden ließ.
20 Da lagen übereinander drei Leichen, zwei Männer, ein Weib, noch in ihren primitiven Waschkleidern.[6] Aber auf ihrer Brust, ihren Armen, ihrem Gesicht, überall waren rote und blaue Flecken wie unzählige Insektenstiche. Und ein paar große Beulen waren an manchen Stellen wie große Hügel aus ihrer geborstenen Haut
25 getrieben.

So schnell sie konnten, verließen sie die Leichen. Es war nicht der Tod, der sie verjagte. Aber eine rätselhafte Drohung schien auf den Gesichtern dieser Leichname zu stehen, etwas Böses schien unsichtbar in der stillen Luft zu lauern, etwas, wofür sie keinen Namen
30 hatten, und das doch da war, ein unerbittlicher eisiger Schrecken.

---

[4] *in einer furchtbaren Starre* — in horrible rigidity.
[5] *Beklemmung* — fear.
[6] *Waschkleidern* — cotton clothes.

Plötzlich begannen sie zu laufen, sie rissen sich an den Dornen. Immer weiter. Sie traten einander fast auf die Hacken.[7]

Der letzte, ein Engländer, blieb einmal an einem Busch hängen;[8] als er sich losreißen wollte, sah er sich unwillkürlich um. Und da glaubte er hinter einem großen Baumstamm etwas zu sehen, eine kleine schwarze Gestalt wie eine Frau in einem Trauerkleid.[9]

Er rief seine Gefährten und zeigte nach dem Baum. Aber es war nichts mehr da. Sie lachten ihn aus, aber ihr Lachen hatte einen heiseren Klang.

Endlich kamen sie wieder an das Schiff. Das Boot ging zu Wasser[10] und brachte sie an Bord.

Wie auf eine geheime Verabredung[11] erzählten sie nichts von dem, was sie gesehen hatten. Irgend etwas schloß ihnen den Mund.

Als der Franzose am Abend über die Reeling lehnte, sah er überall unten aus dem Schiffsraum, aus allen Luken und Ritzen scharenweise[12] die Armeen der Schiffsratten ausziehen. Ihre dicken, braunen Leiber schwammen im Wasser der Bucht, überall glitzerte das Wasser von ihnen.

Ohne Zweifel, die Ratten wanderten aus.

Er ging zu dem Iren und erzählte ihm, was er gesehen hatte. Aber der saß auf einem Tau,[13] starrte vor sich hin und wollte nichts hören. Und auch der Engländer sah ihn wütend an, als er zu ihm vor die Kajüte kam. Da ließ er ihn stehen.

Es wurde Nacht und die Mannschaften gingen herunter in die Hängematten. Alle fünf Mann lagen zusammen. Nur der Kapitän schlief allein in einer Koje[14] hinten unter dem Deck. Und die Hängematte des Chinesen hing in der Schiffsküche.

---

[7] *Hacken* — heels.
[8] *blieb . . . hängen* — got caught.
[9] *Trauerkleid* — mourning dress.
[10] *Das Boot ging zu Wasser* — The boat was launched.
[11] *Wie auf eine geheime Verabredung* — As though by secret agreement.
[12] *aus allen Luken und Ritzen scharenweise* — in swarms from all portholes and cracks.
[13] *Tau* — coil of rope.
[14] *Koje* — cabin.

Als der Franzose vom Deck herunterkam, sah er, daß der Ire und der Engländer miteinander ins Prügeln geraten waren.[15] Sie wälzten sich zwischen den Schiffskisten herum, ihr Gesicht war blau vor Wut. Und die andern standen herum und sahen zu. Er fragte den einen von den Portugiesen nach dem Grund dieses Zweikampfes und erhielt die Antwort, daß die beiden um einen Wollfaden zum Strumpfstopfen,[16] den der Engländer dem Iren fortgenommen hätte, ins Hauen[17] gekommen wären.

Endlich ließen sich die beiden los, jeder kroch in einen Winkel der Kajüte und blieb da sitzen, stumm zu den Späßen der andern.

Endlich lagen sie alle in den Hängematten, nur der Ire rollte seine Matte zusammen und ging mit ihr auf Deck.

Oben durch den Kajüteneingang war dann wie ein schwarzer Schatten zwischen Bugspriet und einem Tau[18] seine Hängematte zu sehen, die zu den leisen Schwingungen des Schiffes hin und her schaukelte.

Und die bleierne Atmosphäre einer tropischen Nacht, voll von schweren Nebeln und stickigen Dünsten, senkte sich auf das Schiff und hüllte es ein, düster und trostlos.

Alle schliefen schon in einer schrecklichen Stille, und das Geräusch ihres Atems klang dumpf von fern, wie unter dem schweren Deckel eines riesigen schwarzen Sarges hervor.

Der Franzose wehrte sich gegen den Schlaf, aber allmählich fühlte er sich erschlaffen[19] in einem vergeblichen Kampf, und vor seinem zugefallenen Auge zogen die ersten Traumbilder, die schwankenden Vorboten[20] des Schlafes. Ein kleines Pferd, jetzt waren es ein paar Männer mit riesengroßen altmodischen Hüten, jetzt ein

---

[15] *miteinander ins Prügeln geraten waren* — had got into a fight.
[16] *Wollfaden zum Strumpfstopfen* — woolen thread for darning socks.
[17] *ins Hauen* — to blows.
[18] *Bugspriet und einem Tau* — the bowsprit and a rope.
[19] *erschlaffen* — weaken.
[20] *schwankenden Vorboten* — wavering heralds.

dicker Holländer mit einem langen weißen Knebelbart,[21] jetzt ein paar kleine Kinder, und dahinter kam etwas, das aussah wie ein großer Leichenwagen, durch hohle Gassen[22] in einem trüben Halbdunkel.

Er schlief ein. Und im letzten Augenblick hatte er das Gefühl, als ob jemand hinten in der Ecke stände, der ihn unverwandt anstarrte. Er wollte noch einmal seine Augen aufreißen, aber eine bleierne Hand schloß sie zu.

Und die lange Dünung[23] schaukelte unter dem schwarzen Schiffe, die Mauer des Urwaldes warf ihren Schatten weit hinaus in die kaum erhellte Nacht, und das Schiff versank tief in die mitternächtliche Dunkelheit.

Der Mond steckte seinen gelben Schädel[24] zwischen zwei hohen Palmen hervor. Eine kurze Zeit wurde es hell, dann verschwand er in die dicken, treibenden Nebel. Nur manchmal erschien er noch zwischen den treibenden Wolkenfetzen, trüb und klein, wie das schreckliche Auge der Blinden.

Plötzlich zerriß ein langer Schrei die Nacht, scharf wie mit einem Beil.[25]

Er kam hinten aus der Kajüte des Kapitäns, so laut, als wäre er unmittelbar neben den Schlafenden gerufen. Sie fuhren in ihren Hängematten auf, und durch das Halbdunkel sahen sie einander in die weißen Gesichter.

Ein paar Sekunden blieb es still; auf einmal hallte es wieder, ganz laut, dreimal. Und das Geschrei weckte ein schreckliches Echo in der Ferne der Nacht, irgendwo in den Felsen, nun noch einmal, ganz fern, wie ein ersterbendes Lachen.

Die Leute tasteten nach Licht, nirgends war welches zu finden. Da krochen sie wieder in ihre Hängematten und saßen ganz aufrecht darin wie gelähmt, ohne zu reden.

[21] *Knebelbart* — goatee.
[22] *hohle Gassen* — cavernous streets.
[23] *Dünung* — swell.
[24] *Schädel* — skull.
[25] *scharf wie mit einem Beil* — as sharply as if an ax had struck.

Und nach ein paar Minuten hörten sie einen schlürfenden Schritt[26] über Deck kommen. Jetzt war es über ihren Häuptern, jetzt kam ein Schatten vor der Kajütentür vorbei. Jetzt ging es nach vorn. Und während sie mit weit aufgerissenen Augen einander anstarrten,
5 kam von vorn aus der Hängematte des Iren noch einmal der laute, langgezogene Schrei des Todes. Dann ein Röcheln,[27] kurz, kurz, das zitternde Echo und Grabesstille.

Und mit einem Male drängte sich der Mond wie das fette Gesicht eines Malaien[28] in ihre Tür, über die Treppe, groß und weiß, und
10 spiegelte sich in ihrer schrecklichen Blässe.[29]

Ihre Lippen waren weit auseinander gerissen, und ihre Kiefer vibrierten[30] vor Schrecken.

Der eine der Engländer hatte einmal den Versuch gemacht, etwas zu sagen, aber die Zunge bog sich in seinem Munde nach rückwärts,
15 sie zog sich zusammen; plötzlich fiel sie lang heraus wie ein roter Lappen[31] über seine Unterlippe. Sie war gelähmt, und er konnte sie nicht mehr zurückziehen.

Ihre Stirnen waren kreideweiß. Und darauf sammelte sich in großen Tropfen der kalte Schweiß des maßlosen Grauens.[32]
20 Und so ging die Nacht dahin in einem phantastischen Halbdunkel, das der große versinkende Mond unten auf dem Boden der Kajüte ausstreute. Aber auf den Händen der Matrosen erschienen manchmal seltsame Figuren, uralten Hieroglyphen vergleichbar, Dreiecke, Pentagrammata,[33] Zeichnungen von Gerippen[34] oder Totenköpfen,
25 aus deren Ohren große Fledermausflügel[35] herauswuchsen.

[26] *einen schlürfenden Schritt* — shuffling footsteps.
[27] *Röcheln* — death rattle.
[28] *Malaien* — Malay.
[29] *Blässe* — pallor.
[30] *Kiefer vibrierten* — jaws were shaking.
[31] *Lappen* — rag.
[32] *maßlosen Grauens* — utter horror.
[33] *Pentagrammata* — five-pointed stars.
[34] *Gerippen* — skeletons.
[35] *Fledermausflügel* — batwings.

Langsam versank der Mond. Und in dem Augenblick, wo sein riesiges Haupt oben hinter der Treppe verschwand, hörten sie aus der Schiffsküche vorn ein trockenes Ächzen und dann ganz deutlich ein leises Gemecker, wie es alte Leute an sich haben,[36] wenn sie lachen.

Und das erste Morgengrauen flog mit schrecklichem Fittich[37] über den Himmel.

Sie sahen sich einander in die aschgrauen Gesichter, kletterten aus ihren Hängematten, und mit zitternden Gliedern krochen sie alle herauf auf das Verdeck.

Der Gelähmte mit seiner heraushängenden Zunge kam zuletzt herauf. Er wollte etwas sagen, aber er bekam nur ein gräßliches Stammeln heraus. Er zeigte auf seine Zunge und machte die Bewegung des Zurückschiebens. Und der eine der Portugiesen faßte seine Zunge an mit vor Angst blauen Fingern und zwängte ihm die Zunge in den Schlund[38] zurück.

Sie blieben dicht aneinandergedrängt vor der Schiffsluke[39] stehen und spähten ängstlich über das langsam heller werdende Deck. Aber da war niemand. Nur vorn schaukelte noch der Ire in seiner Hängematte im frischen Morgenwind, hin und her, hin und her, wie eine riesige schwarze Wurst.

Und gleichsam, wie magnetisch angezogen, gingen sie langsam in allen Gelenken schlotternd[40] auf den Schläfer zu. Keiner rief ihn an. Jeder wußte, daß er keine Antwort bekommen würde. Jeder wollte das Gräßliche solange wie möglich hinausschieben. Und nun waren sie da, und mit langen Hälsen starrten sie auf das schwarze Bündel da in der Matte. Seine wollene Decke war bis an seine Stirn hochgezogen. Und seine Haare flatterten bis über seine Schläfen. Aber

---

[36] *Gemecker, wie es alte Leute an sich haben* — bleating sound, of the kind that old people make.

[37] *Fittich* — pinions.

[38] *Schlund* — throat.

[39] *Schiffsluke* — hatchway.

[40] *in allen Gelenken schlotternd* — trembling in every limb.

sie waren nicht mehr schwarz, sie waren in dieser Nacht schlohweiß[41] geworden. Einer zog die Decke von dem Haupte herunter, und da sahen sie das fahle Gesicht einer Leiche, die mit aufgerissenen und verglasten Augen in den Himmel starrte. Und die Stirn und die
5 Schläfen waren übersät mit roten Flecken, und an der Nasenwurzel[42] drängte sich wie ein Horn eine große blaue Beule heraus.

„Das ist die Pest." Wer von ihnen hatte das gesprochen? Sie sahen sich alle feindselig an und traten schnell aus dem giftigen Bereich des Todes zurück.

10 Mit einem Male kam ihnen allen zugleich die Erkenntnis, daß sie verloren waren. Sie waren in den mitleidlosen Händen eines furchtbaren unsichtbaren Feindes, der sie vielleicht nur für eine kurze Zeit verlassen hatte. In diesem Augenblick konnte er aus dem Segelwerk heruntersteigen oder hinter einem Mastbaum hervorkriechen; er
15 konnte in der nämlichen Sekunde schon aus der Kajüte kommen oder sein schreckliches Gesicht über den Bord heben, um sie wie wahnsinnig über das Schiffsdeck zu jagen.

Und in jedem von ihnen keimte[43] gegen seine Schicksalsgenossen eine dunkle Wut, über deren Grund er sich keine Rechenschaft
20 geben konnte.[44]

Sie gingen auseinander. Der eine stellte sich neben das Schiffsboot, und sein bleiches Gesicht spiegelte sich unten im Wasser. Die andern setzten sich irgendwo auf die Bordbank,[45] keiner sprach mit dem andern, aber sie blieben sich doch alle so nahe, daß sie in dem
25 Augenblick, wo die Gefahr greifbar wurde, wieder zusammenlaufen konnten. Aber es geschah nichts. Und doch wußten sie alle, es war da und belauerte sie.

Irgendwo saß es. Vielleicht mitten unter ihnen auf dem Verdeck,

---

[41] *schlohweiß* — pure white.
[42] *Nasenwurzel* — root of the nose.
[43] *keimte* — arose.
[44] *über deren Grund er sich keine Rechenschaft geben konnte* — the reason for which he could not explain to himself.
[45] *Bordbank* — railing.

wie ein unsichtbarer weißer Drache,[46] der mit seinen zitternden Fingern nach ihrem Herzen tastete und das Gift der Krankheit mit seinem warmen Atem über das Deck ausbreitete.

Waren sie nicht schon krank, fühlten sie nicht irgendwie eine dumpfe Betäubung[47] und den ersten Ansturm eines tödlichen Fiebers? Dem Mann an Bord schien es so, als wenn unter ihm das Schiff anfing zu schaukeln und zu schwanken, bald schnell, bald langsam. Er sah sich nach den andern um und sah in lauter grüne Gesichter, wie sie in Schatten getaucht waren und schon ein schreckliches Blaßgrau in einzelnen Flecken auf den eingesunkenen Backen trugen.

Vielleicht sind die überhaupt schon tot und du bist der einzige, der noch lebt, dachte er sich. Und bei diesem Gedanken lief ihm die Furcht eiskalt über den Leib. Es war, als hätte plötzlich aus der Luft heraus eine eisige Hand nach ihm gegriffen.

Langsam wurde es Tag.

Über den grauen Ebenen des Meeres, über den Inseln, überall lag ein grauer Nebel, feucht, warm und erstickend. Ein kleiner roter Punkt stand am Rande des Ozeans, wie ein entzündetes[48] Auge. Die Sonne ging auf.

Und die Qual des Wartens auf das Ungewisse trieb die Leute von ihren Plätzen.

Was sollte nun werden? Man mußte doch einmal heruntergehen, man mußte etwas essen.

Aber der Gedanke, dabei vielleicht über Leichen steigen zu müssen . . .

Da, auf der Treppe hörten sie ein leises Bellen. Und nun kam zuerst die Schnauze des Schiffshundes zum Vorschein. Nun der Leib, nun der Kopf, aber was hing an seinem Maul? Und ein rauher Schrei des Entsetzens kam aus vier Kehlen zugleich.

---

[46] *Drache* — dragon.
[47] *Betäubung* — dulling of the senses.
[48] *entzündetes* — inflamed.

An seinem Maule hing der Leichnam des alten Kapitäns; seine
Haare zuerst, sein Gesicht, sein ganzer fetter Leib in einem schmutzi-
gen Nachthemde kam heraus, von dem Hunde langsam auf das
Deck gezerrt. Und nun lag er oben vor der Kajütentreppe, aber auf
5 seinem Gesicht brannten dieselben schrecklichen roten Flecken.
Und der Hund ließ ihn los und verkroch sich.

Plötzlich hörten sie ihn fern in einem Winkel laut murren, in ein
paar Sätzen[49] kam er von hinten wieder nach vorn, aber als er an
dem Großmast vorbeikam, blieb er plötzlich stehen, warf sich
10 herum, streckte seine Beine wie abwehrend[50] in die Luft. Aber
mitleidlos schien ihn ein unsichtbarer Verfolger in seinen Krallen[51]
zu halten.

Die Augen des Hundes quollen heraus,[52] als wenn sie auf Stielen[53]
säßen, seine Zunge kam aus dem Maul. Er röchelte ein paarmal, als
15 wenn ihm der Schlund zugedrückt würde. Ein letzter Krampf
schüttelte ihn, er streckte seine Beine von sich, er war tot.

Und gleich darauf hörte der Franzose den schlürfenden Schritt
neben sich ganz deutlich, während das Grauen wie ein eherner
Hammer auf seinen Schädel schlug.

20 Er wollte seine Augen schließen, aber es gelang ihm nicht. Er
war nicht mehr Herr seines Willens.

Die Schritte gingen geradeswegs auf das Deck, auf den Portugiesen zu, der sich rücklings gegen die Schiffswand gelehnt hatte und
seine Hände wie wahnsinnig in die Bordwand[54] krallte.

25 Der Mann sah offenbar etwas. Er wollte fortlaufen, er schien seine
Beine mit Gewalt vom Boden reißen zu wollen, aber er hatte keine
Kraft. Das unsichtbare Wesen schien ihn anzufassen. Da riß er

---

[49] *Sätzen* — leaps.
[50] *wie abwehrend* — as if to ward off something.
[51] *Krallen* — claws.
[52] *quollen heraus* — popped out.
[53] *Stielen* — stalks.
[54] *Bordwand* — planking.

gleichsam wie im Übermaß seiner Anstrengung[55] seine Zähne auseinander, und er stammelte mit einer blechernen[56] Stimme, die wie aus einer weiten Ferne heraufzukommen schien, die Worte: „Mutter, Mutter."

Seine Augen brachen,[57] sein Gesicht wurde grau wie Asche. Der 5 Krampf seiner Glieder löste sich. Und er fiel vornüber, und er schlug schwer mit der Stirn auf das Deck des Schiffes.

Das unsichtbare Wesen setzte seinen Weg fort, er hörte wieder die schleppenden Schritte. Es schien auf die beiden Engländer loszugehen. Und das schreckliche Schauspiel wiederholte sich noch 10 einmal. Und auch hier war es wieder derselbe zweimalige Ruf, den die letzte Todesangst aus ihrer Kehle preßte, der Ruf: „Mutter, Mutter," in dem ihr Leben entfloh.

Und nun wird es zu mir kommen, dachte der Franzose. Aber es kam nichts, alles blieb still. Und er war allein mit den Toten.   15

Der Morgen ging dahin. Er rührte sich nicht von seinem Fleck. Er hatte nur den einen Gedanken, wann wird es kommen. Und seine Lippen wiederholten mechanisch immerfort diesen kleinen Satz: „Wann wird es kommen, wann wird es kommen?"

Der Nebel hatte sich langsam verteilt. Und die Sonne, die nun 20 schon nahe am Mittag stand, hatte das Meer in eine ungeheure strahlende Fläche verwandelt, in eine ungeheure silberne Platte, die selber wie eine zweite Sonne ihr Licht in den Raum hinausstrahlte.

Es war wieder still. Die Hitze der Tropen brodelte[58] überall in der Luft. Die Luft schien zu kochen. Und der Schweiß rann ihm in 25 dicken Furchen[59] über das graue Gesicht. Sein Kopf, auf dessen Scheitel die Sonne stand,[60] kam ihm vor wie ein riesiger roter Turm, voll von Feuer. Er sah seinen Kopf ganz deutlich von innen heraus

---

[55] *im Übermaß seiner Anstrengung* — with superhuman energy.
[56] *blechernen* — tinny.
[57] *brachen* — grew dim.
[58] *brodelte* — smoldered.
[59] *Furchen* — furrows.
[60] *die Sonne stand* — the sun beat down.

in den Himmel wachsen. Immer höher und immer heißer wurde er
innen. Aber drinnen, über eine Wendeltreppe,[61] deren letzte Spiralen
sich in dem weißen Feuer der Sonne verloren, kroch ganz langsam
eine schlüpfrige weiße Schnecke.[62] Ihre Fühler tasteten sich in den
5 Turm herauf, während ihr feuchter Schweif[63] sich noch in seinem
Halse herumwand.

Er hatte die dunkle Empfindung, daß es doch eigentlich zu heiß
wäre, das könnte doch eigentlich kein Mensch aushalten.

Da — bum — schlug ihm jemand mit einer feurigen Stange auf
10 den Kopf, er fiel lang hin. Das ist der Tod, dachte er. Und nun lag
er eine Weile auf den glühenden Schiffsplanken.

Plötzlich wachte er wieder auf. Ein leises dünnes Gelächter schien
sich hinter ihm zu verlieren. Er sah auf, und da sah er: das Schiff
fuhr, das Schiff fuhr, alle Segel waren gesetzt. Sie bauschten sich
15 weiß und blähend,[64] aber es ging kein Wind, nicht der leiseste
Hauch. Das Meer lag spiegelblank, weiß, eine feurige Hölle. Und in
dem Himmel oben, im Zenith, zerfloß die Sonne wie eine riesige
Masse weißglühenden Eisens. Überall troff sie über den Himmel
hin, überall klebte ihr Feuer, und die Luft schien zu brennen. Ganz
20 in der Ferne, wie ein paar blaue Punkte, lagen die Inseln, bei denen
sie geankert hatten.

Und mit einem Male war das Entsetzen wieder oben, riesengroß
wie ein Tausendfüßler,[65] der durch seine Adern lief und sie hinter
sich erstarren machte, wo er mit dem Gewimmel[66] seiner kalten
25 Beinchen hindurchkam.

Vor ihm lagen die Toten. Aber ihr Gesicht stand nach oben.
Wer hatte sie umgedreht? Ihre Haut war blaugrün. Ihre weißen

---

[61] *Wendeltreppe* — spiral staircase.
[62] *Schnecke* — snail.
[63] *Schweif* — tail.
[64] *bauschten sich weiß und blähend* — bellied out white and bloated.
[65] *Tausendfüßler* — millipede.
[66] *Gewimmel* — scrabbling.

Augen sahen ihn an. Die beginnende Verwesung[67] hatte ihre Lippen
auseinandergezogen und die Backen in ein wahnsinniges Lächeln
gekräuselt.[68] Nur der Leichnam des Iren schlief ruhig in seiner
Hängematte. Er versuchte, sich langsam an dem Schiffsbord in die
Höhe zu ziehen, gedankenlos.   5

Aber die unsagbare Angst machte ihn schwach und kraftlos. Er
sank in seine Knie. Und jetzt wußte er, jetzt wird es kommen.
Hinter dem Mastbaum stand etwas. Ein schwarzer Schatten. Jetzt
kam es mit seinem schlürfenden Schritte über Deck. Jetzt stand es
hinter dem Kajütendache, jetzt kam es hervor. Eine alte Frau in   10
einem schwarzen altmodischen Kleid, lange weiße Locken fielen ihr
zu beiden Seiten in das blasse, alte Gesicht. Darin steckten ein Paar
Augen von unbestimmter Farbe wie ein Paar Knöpfe, die ihn
unverwandt ansahen. Und überall war ihr Gesicht mit den blauen
und roten Pusteln[69] übersät, und wie ein Diadem standen auf ihrer 15
Stirn zwei rote Beulen, über die ihr weißes Großmutterhäubchen[70]
gezogen war. Ihr schwarzer Reifrock knitterte,[71] und sie kam auf
ihn zu. In einer letzten Verzweiflung richtete er sich mit Händen
und Füßen auf. Sein Herz schlug nicht mehr. Er fiel wieder hin.

Und nun war sie schon so nahe, daß er ihren Atem wie eine   20
Fahne[72] aus ihrem Munde wehen sah.

Noch einmal richtete er sich auf. Sein linker Arm war schon
gelähmt. Etwas zwang ihn stehenzubleiben, etwas Riesiges hielt ihn
fest. Aber er gab den Kampf noch nicht auf. Er drückte es mit seiner
rechten Hand herunter, er riß sich los.   25

Und mit schwankenden Schritten, ohne Besinnung, stürzte er
den Bord entlang, an dem Toten in der Hängematte vorbei, vorn,

---

[67] *Verwesung* — decomposition.
[68] *gekräuselt* — distorted.
[69] *Pusteln* — pustules.
[70] *Großmutterhäubchen* — grandmother's cap.
[71] *Reifrock knitterte* — hoopskirt rustled.
[72] *Fahne* — streamer.

wo die große Strickleiter[73] vom Ende des Bugspriets zu dem vorder-
sten Maste herauflief.

Er kletterte daran herauf, er sah sich um.

Aber die Pest war hinter ihm her. Jetzt war sie schon auf den
5 untersten Sprossen.[74] Er mußte also höher, höher. Aber die Pest ließ
nicht los, sie war schneller wie er, sie mußte ihn einholen. Er griff
mit Händen und Füßen zugleich in die Stricke, trat da und dorthin,
geriet mit einem Fuße durch die Maschen,[75] riß ihn wieder heraus,
kam oben an. Da war die Pest noch ein paar Meter entfernt. Er
10 kletterte an der höchsten Rahe[76] entlang. Am Ende war ein Seil[77]
Er kam an dem Ende der Rahe an. Aber wo war das Seil? Da war
leerer Raum.

Tief unten war das Meer und das Deck. Und gerade unter ihm
lagen die beiden Toten.

15 Er wollte zurück, da war die Pest schon am andern Ende der Rahe.

Und nun kam sie freischwebend[78] auf dem Holze heran wie ein
alter Matrose mit wiegendem Gang.[79]

Nun waren es nur noch sechs Schritte, nur noch fünf. Er zählte
leise mit, während die Todesangst in einem gewaltigen Krampf
20 seine Kinnbacken[80] auseinanderriß, als wenn er gähnte. Drei Schritte,
zwei Schritte.

Er wich zurück, griff mit den Händen in die Luft, wollte sich
irgendwo festhalten, überschlug sich[81] und stürzte krachend auf das
Deck, mit dem Kopf zuerst auf eine eiserne Planke. Und da blieb
25 er liegen mit zerschmettertem Schädel.[82]

[73] *Strickleiter* — rope ladder.
[74] *Sprossen* — rungs.
[75] *geriet mit einem Fuße durch die Maschen* — slipped through the mesh with one foot.
[76] *Rahe* — yard.
[77] *Seil* — rope.
[78] *freischwebend* — balancing along.
[79] *mit wiegendem Gang* — with a rolling gait.
[80] *Kinnbacken* — jaws.
[81] *überschlug sich* — tumbled head over heels.
[82] *mit zerschmettertem Schädel* — with a crushed skull.

Ein schwarzer Sturm zog schnell im Osten über den stillen Ozean auf. Die Sonne verbarg sich in den dicken Wolken, wie ein Sterbender, der ein Tuch über sein Gesicht zieht. Ein paar große chinesische Dschunken,[83] die aus dem Halbdunkel herauskamen, hatten alle Segel besetzt und fuhren rauschend vor dem Sturm einher 5 mit brennenden Götterlampen und Pfeifengetön.[84] Aber an ihnen vorbei fuhr das Schiff riesengroß wie der fliegende Schatten eines Dämons. Auf dem Deck stand eine schwarze Gestalt. Und in dem Feuerschein schien sie zu wachsen, und ihr Haupt erhob sich langsam über die Masten, während sie ihre gewaltigen Arme im Kreise 10 herumschwang gleich einem Kranich[85] gegen den Wind. Ein fahles Loch tat sich auf in den Wolken. Und das Schiff fuhr geradeswegs hinein in die schreckliche Helle.

FRAGEN

1. Warum waren die Männer auf dem Schiff gute Freunde?
2. Was sollte in Brisbane geschehen?
3. Warum gingen drei Männer an Land?
4. Warum wirkte die Insel so geheimnisvoll?
5. Was fanden sie auf der Insel?
6. Warum liefen sie plötzlich fort?
7. Was merkte der Franzose, als er am Abend über die Reeling lehnte?
8. Wo schlief der Ire?
9. Beschreiben Sie das Einschlafen des Franzosen!
10. Warum fuhren alle aus dem Schlaf auf?
11. Wo kam der Schrei her?

[83] *Dschunken* — junks.
[84] *Götterlampen und Pfeifengetön* — lanterns to appease the gods and the sound of flutes.
[85] *Kranich* — crane.

12. Was konnten die Männer nicht finden?
13. Was war mit dem einen Engländer geschehen?
14. Was taten die Männer, als sie auf Deck waren?
15. Woran starb der Ire?
16. Warum gingen die Männer auseinander?
17. Wie war das Wetter am frühen Morgen?
18. Woher wußten die Männer, daß der Kapitän tot war?
19. Warum konnte der Franzose seine Augen nicht schließen?
20. Warum rief der Portugiese nach seiner Mutter?
21. Welcher Gedanke bewegte den Franzosen?
22. Was merkte der Franzose, als er aufwachte?
23. Was konnte er nicht verstehen, als er die Toten sah?
24. Was sah er hinter dem Mastbaum?
25. Wie versuchte der Franzose, sich zu retten?
26. Was sah er unten auf dem Deck?
27. Wie starb der Franzose?

HEINZ RISSE

Heinz Risse (1898–) belongs to the current literary scene in Germany, for although he was born at the end of the nineteenth century, he did not begin his career as a writer until 1948. The main themes recurring in his works are crime, punishment, and death. Again and again he portrays human beings ensnared in destinies over which they have no control. Like Buschner in "Das zersprungene Glas," the people in his stories and novels are guilty-innocent tools in the hands of fate. Relegated beyond the pale of society, they must go on living as outsiders, driven to assume an ever heavier burden of guilt. The sins of the past, though atoned for, are never forgiven and never forgotten. They rise up like specters and deal the helpless individual blow upon blow. Under such treatment even the sturdiest glass must crack.

It should be noted that the glass of Risse's title is cracked, not broken. Man, often the victim of an arbitrary fate, is endowed with great powers of recovery; a cracked glass is not yet a broken one. Many of Risse's characters are highly resilient. They continue fighting even after they have begun to question whether the struggle is worth the effort, and their stories suggest some vital questions: How much adversity can a guilt-laden human being bear? Is it possible for a man who has paid for his crimes to start a new life?

DAS ZERSPRUNGENE GLAS

HEINZ RISSE

Als der Waldbauer oben im Hochmoor[1] gestorben war, gab es viel
Schreiberei für den Bürgermeister, denn der Verstorbene war un-
verheiratet gewesen, und man fand auch in seinem Nachlaß[2] keine
Papiere, aus denen man hätte schließen können, ob er Verwandte
hatte, die sich für erbberechtigt[3] halten durften. Die Bauern, soweit 5
ihre Höfe beim Hochmoor lagen, hätten es sicherlich gern gesehen,
wenn der Bürgermeister mit seinen Nachforschungen nicht zum
Ziele gekommen wäre[4] — und es sah auch zunächst so aus, als wenn
dies das Ende sein würde —, denn dann konnten sie hoffen, den
hinterlassenen Besitz vom Staat als dem Erben allen herrenlosen 10
Gutes[5] billig zu erwerben.

Der Bürgermeister aber war ein zäher Mann, ohne daß dies für
die Unablässigkeit seiner Bemühungen in diesem Falle entscheidend
gewesen wäre. Doch spürte er wenig Neigung, den Moorbauern
den von ihnen erwarteten Gefallen zu tun, denn er verdachte ihnen, 15
daß allzuoft in der letzten Zeit gerade dort oben beim Moor Häuser
oder Hütten, die sich zwar in kümmerlichem Zustand befanden,
aber hoch versichert waren, gebrannt hatten, ohne daß es möglich
gewesen wäre, die Ursache zu ermitteln. Der Bürgermeister hatte

[1] *Waldbauer oben im Hochmoor* — farmer in the upland moor.
[2] *in seinem Nachlaß* — among the possessions he had left behind.
[3] *für erbberechtigt* — as legal heirs.
[4] *nicht zum Ziele gekommen wäre* — had not been successful.
[5] *Erben allen herrenlosen Gutes* — heir to all ownerless property.

bei seinen Bemühungen den Eindruck gewonnen, daß die Moorbauern, wenn es bei einem von ihnen brannte, keinerlei ernsthafte
Hilfe leisteten; sie veranstalteten zwar eine beachtliche Betriebsamkeit,[6] die aber nicht der Löschung des Feuers diente. Denn meistens
5 behinderten sie sich gegenseitig bei ihren Bemühungen, mitunter
auch beschädigten oder verloren sie Teile der Spritze, so daß sie
eigentlich immer erst zu löschen begannen, wenn ohnehin nicht
mehr viel brannte. Hörte man allerdings — und dazu ergab sich
Gelegenheit in den Gerichtsverhandlungen, die sich stets an die
10 Brände anzuschließen pflegten — die als Zeugen erschienenen
Moorbauern, so erfuhr man, daß sie nach Kräften bemüht gewesen
waren[7] zu löschen, daß aber leider eine Fülle von beklagenswerten
Mißgeschicken sich ereignet hatte, die die Schuld daran trugen, daß
ihre Hilfe wirkungslos geblieben war. Sie sprachen auch von dem
15 heftigen Wind, der meist über das Moor zu gehen pflege und eine
absonderlich schnelle Ausbreitung des Feuers zur Folge habe, und
beklagten schließlich den Geschädigten, der mit versteinertem Gesicht dies alles hörte, später aber, nach Beendigung der immer
fruchtlos verlaufenen Ermittlungen, mit der gleichen Ruhe die
20 Versicherungssumme in Empfang nahm, die ihm erlaubte, an die
Stelle der früheren Hütte einen festeren Steinbau zu setzen. Damit
war er ohne wesentliche Mühe auf dem Wege der Verbesserung
seiner Vermögenslage[8] ein Stück vorangekommen; wenn jemand
bei diesem Ablauf der Dinge[9] zu beklagen war, so war es die
25 Versicherungsgesellschaft, von der aber die Moorbauern offenbar
die Vorstellung einer mit einem unerschöpflichen Füllhorn versehenen Göttin[10] hatten.

Derartige geheimnisvolle Brände waren im Laufe des letzten

---

[6] *eine beachtliche Betriebsamkeit* — considerable activity.
[7] *nach Kräften bemüht gewesen waren* — had tried their best.
[8] *Vermögenslage* — economic situation.
[9] *Ablauf der Dinge* — course of affairs.
[10] *einer mit einem unerschöpflichen Füllhorn versehenen Göttin* — of a goddess provided
with an inexhaustible cornucopia.

Jahres vor dem Tode des Waldbauern bei den Moorhöfen[11] so
regelmäßig ausgebrochen, daß mit einiger Sicherheit berechnet
werden konnte, bis wann der letzte der Moorbauern seine Hütte
umgetauscht haben würde. Denn daß hier nicht nur Kräfte am
Werk waren, die den roten Hahn,[12] wenn er einmal auf dem Dache 5
saß, davor bewahrten, wieder herunterzufallen, sondern auch solche,
die ihm hinaufhalfen, schien dem Bürgermeister sicher, seitdem er
von einem Gerede im Wirtshaus gehört hatte, aus dem hervorging,
daß es unter den Moorbauern Leute gab, die wußten, bei wem es
demnächst brennen und wann ungefähr dies sein werde. Trotzdem 10
hätte dies alles dem Bürgermeister, der ja nicht Staatsanwalt oder
Untersuchungsrichter[13] war, gleichgültig sein können, wenn nicht
die Versicherungsgesellschaft ein Unternehmen gewesen wäre, das
auf Gegenseitigkeit beruhte und an dem viele Gemeinden des
Bezirks beteiligt waren,[14] die keinerlei Freude an dem auf ihre 15
Kosten betriebenen Ausbau der Moorhöfe hatten und ihren Unmut
mit wachsender Unfreundlichkeit dem Bürgermeister zum Ausdruck brachten.

Es ist also verständlich, daß dieser wenig geneigt war, den
Moorbauern noch besondere Liebesdienste zu erweisen; er tat also 20
alles, was er konnte, um dem Nachlaßrichter[15] einen Erben des
Waldbauern ausfindig zu machen, was ihm nach vielen Bemühungen auch gelang, und zwar, indem er auf den Sohn einer Nichte des
Verstorbenen stieß, der als Schlosser[16] in einem großen Unternehmen der Bezirkshauptstadt[17] beschäftigt war. Dem kam die Erb- 25

[11] *Moorhöfen* — farms in the moor area.
[12] *den roten Hahn* — the red rooster (i.e., fire).
[13] *Staatsanwalt oder Untersuchungsrichter* — public prosecutor or examining magistrate.
[14] *das auf Gegenseitigkeit beruhte und an dem viele Gemeinden des Bezirks beteiligt waren* —
which was a cooperative and in which many of the communities of the district
had shares.
[15] *Nachlaßrichter* — judge of the probate court.
[16] *Schlosser* — locksmith.
[17] *Bezirkshauptstadt* — county seat.

schaft sehr zupaß;[18] er wollte sich nämlich damals gerade an einem kleineren Betrieb beteiligen und hätte gern neben seiner Arbeitskraft ein paar tausend Mark eingeschossen, die er aber nicht besaß. Als er von der Erbschaft hörte, die ihm unvermutet zugefallen war, fuhr
5 er sogleich zu dem Bürgermeister, worauf denn alles, wenn auch wegen des umständlichen Verwandschaftsverhältnisses und im Hinblick auf bürokratische Hindernisse, die aber die Leute, die sie aufgestellt hatten, mit Geschick auch wieder zu beseitigen wußten, nicht zu schnell, doch nach einer gewissen Zeit in Ordnung kam.
10 Da dem Erben an dem Hof nichts lag, er vielmehr den Wunsch hatte, bares Geld zu erhalten, um seine Pläne ausführen zu können, versuchte er, den Hof an einen Bauern der Gegend zu verkaufen, aber er fand dort keine Gegenliebe,[19] denn für einen Bauern, der nicht auf dem Hochmoor wohnte, war der Hof zu abgelegen, und
15 die Moorbauern selbst waren wohl schon zu sehr an das freundliche Füllhorn[20] der Versicherungsgesellschaft gewöhnt, als daß sie geneigt gewesen wären, den Hof anders denn als halbes oder ganzes Geschenk entgegenzunehmen. Der Erbe übertrug deshalb den Verkauf des Hofes einem Makler;[21] dieser erinnerte sich, daß er
20 kurz vorher ein Haus mit einer Schuhmacherwerkstatt für zehntausend Mark verkauft hatte; dieses Haus lag in einer kleinen Stadt in der Nähe und hatte einem Mann namens Buschner gehört, der nach dem Abschluß geäußert hatte, er wolle die Stadt verlassen, die ihm irgendwie vergrämt sei,[22] und wenn der Makler einmal von
25 einem kleinen Besitz höre, der einsam liege, so sei er vielleicht Käufer. Dem Makler schien es, daß der Hof des verstorbenen Waldbauern gerade das sei, was sein Kunde suchte, er schrieb ihm also und besichtigte mit ihm den Hof; da Buschner nicht wählerisch

---

[18] *kam die Erbschaft sehr zupaß* — the inheritance came at just the right time.
[19] *keine Gegenliebe* — no one interested.
[20] *Füllhorn* — cornucopia (see note 10).
[21] *Makler* — real-estate agent.
[22] *die ihm irgendwie vergrämt sei* — on which he had somehow soured.

war, offenbar auch nur Wert darauf legte, in die Einsamkeit zu ziehen, wurde man schnell einig.

Der Mann Buschner, der wenig später auf den Waldhof zog, war ein ruhiger Mann von etwas mehr als vierzig Jahren und kam, wenn man von der kurzen Zeitspanne absieht, die er benötigte, um sein 5 Haus zu verkaufen und den Hof zu erwerben, geradenwegs aus dem Gefängnis, in dem er fast sechs Jahre gesessen hatte. Von den Gründen, die zu seiner Bestrafung geführt hatten, ist nicht viel zu sagen: der Mann war wenige Wochen nach dem Kriege in das Haus zurückgekehrt, das er von seinem Vater ererbt und in dem er vor 10 dem Kriege sein Handwerk als Schuhmacher betrieben hatte — das gleiche Haus, das nunmehr verkauft worden war —; dort hatte er, unerwartet eintretend, seine Frau mit einem Fremden in einer Situation vorgefunden, die ihm kaum zu denken geben konnte,[23] so daß er seine Pistole aus der Tasche nahm und, was sich an Patronen 15 im Magazin befand,[24] auf beide verschoß. Das Gericht war der Ansicht, daß er jedenfalls so weit hätte denken müssen, um zu wissen, daß er sich keinesfalls zum Richter über Leben und Tod machen durfte; es verurteilte ihn also wegen Totschlags zu einer Reihe von Jahren Gefängnis; daß daneben eine Strafe für verbotenen Waffen- 20 besitz verhängt, wenn auch mit der für den Totschlag zusammen- gefaßt, wurde, wunderte ihn nach so vielen Jahren befohlenen Waffenbesitzes am meisten. Er nahm aber das Urteil an, ohne dessen Sinn ganz zu verstehen; vielleicht hatte er das Gefühl, das Urteil könne nicht schlimmer sein als die Tat. Das Glas hatte jetzt eben 25 einen Sprung.[25]

Dieser Mann also zog mit seinen Habseligkeiten[26] in die Hütte, die der Waldbauer hinterlassen hatte. Er dachte, sein Leben neu anzu-

---

[23] *die ihm kaum zu denken geben konnte* — about which there could hardly be any doubt.
[24] *was sich an Patronen im Magazin befand* — all the cartridges the magazine contained.
[25] *Sprung* — crack.
[26] *Habseligkeiten* — belongings.

fangen, aber das hat seine Schwierigkeit, denn die Jahre, die vor dem
neuen Anfang liegen, sind immer da und regen sich und sind nicht
einfach fortzuwischen. Zunächst freilich ging alles gut, denn die
Moorbauern wußten nichts von ihm, woher er kam und was mit
5 ihm gewesen war, und er wußte nichts von ihnen. Er arbeitete
seinen Tag ab, pflügte sein Land um, setzte Kartoffeln, säte den
mageren Hafer,²⁷ der dort oben noch gedeih, und sorgte mit Holz
und Torf²⁸ für den Winter. Die Leute sagten, es sei genauso wie zu
der Zeit, da der Waldbauer noch lebte; der hatte auch alles selber
10 gemacht und sich um niemanden gekümmert.

Mit Rätsch freilich, dem Nachbarn, traf Buschner manchmal
zusammen, denn dem ging es schlecht, so daß er gezwungen war,
sich von Buschner dann und wann Geräte²⁹ auszuleihen. Der alte
Rätsch war ein merkwürdiger Mann, die Leute glaubten, es sei
15 nicht ganz richtig mit ihm;³⁰ er lief im Walde herum, hörte den
Vögeln zu und erzählte den Leuten, was sie gesagt hatten. Auch
braute er abenteuerliche Tränke³¹ gegen Krankheiten, wobei er
geheimnisvoll murmelte; manchmal halfen seine Mixturen, manchmal auch nicht; das ist bei den meisten Mixturen nicht anders.
20 Seine Frau hieß Mathilde — Rätsch hatte den Namen so schön
gefunden, daß er seine beiden Töchter ebenso genannt hatte; als es
dann zu einem Verfahren kam, weil die Behörde es ablehnte, für die
jüngere Tochter denselben Namen einzutragen wie für die ältere,
solange diese noch lebte, erklärte er, daß er die ältere deshalb nicht
25 totschlagen könne, verschwur sich im übrigen aber Stein und Bein,³²
daß er, wenn er noch eine dritte Tochter bekäme, auch dieser den
Namen geben werde, der ihm so gut gefalle. Es hatte aber bei zweien

---

²⁷ *mageren Hafer* — poor grade of oats.
²⁸ *Torf* — peat.
²⁹ *Geräte* — tools.
³⁰ *es sei nicht ganz richtig mit ihm* — he was not in his right mind.
³¹ *abenteuerliche Tränke* — strange potions.
³² *verschwur sich im übrigen aber Stein und Bein* — swore, moreover, by all that was holy.

sein Bewenden,[33] und die Behörde mußte nachgeben, weil es kein
Gesetz gab, das darauf paßte, so daß immerhin drei Frauen in seiner
Hütte auf den gleichen Vornamen hörten, das heißt, eigentlich
hörten sie nicht darauf, sondern taten, was ihnen gefiel, und diese
Weiberherrschaft[34] hatte denn auch zur Folge, daß das Hauswesen 5
und — wegen der Eigenart des Alten — auch alles übrige immer
mehr zurückging. Trotzdem trugen die Töchter die Nasen hoch,
arbeiteten wenig, fehlten auf keinem Tanzboden und dachten daran,
durch irgendeinen wunderbaren Glücksfall einmal reiche Bauern-
söhne zu heiraten. Denn sie waren leidlich hübsch, und wenn sie 10
jetzt kein Geld hatten, so konnte sich das jederzeit ändern, wie sie
dachten.

Als Buschner ein halbes Jahr im Moordorf wohnte, an einem
Herbstabend, an dem ein kalter Wind über das Moor ging und das
Brackwasser in den Löchern kräuselte,[35] traf er bei der Heimkehr 15
vom Acker die jüngste der drei Mathilden, wie sie eben die Ziege in
den Stall führte; bei ihr war ein junger Mann, den Buschner der
Dämmerung wegen nicht erkannte. Es mochte einer von ihren
Freunden aus dem Dorf sein, vielleicht stammte er auch von einem
der anderen Moorhöfe. Die Mathilden waren nicht engherzig.   20

Buschner kümmerte sich nicht darum, sondern ging in seine
Hütte, wo er sein Abendbrot zurechtmachte und sich zum Schlafen
legte. Er mochte wohl zwei Stunden geschlafen haben — freilich
hatte er kein sicheres Gefühl dafür, wie lange es gewesen war —, als
er zu träumen begann, daß um ihn eine grosse Helligkeit sei; als der 25
Traum ihn weckte und er, sich aufrichtend, durchs Fenster blickte,
sah er, daß der Hof von Rätsch brannte; es schien ihm, daß nur der
Stall in Flammen stand, aber genau konnte er das nicht erkennen.
Er sprang also auf, zog sich notdürftig an und lief aus dem Hause.

---

[33] *Es hatte aber bei zweien sein Bewenden* — The matter rested, however, with two
[daughters: he did not have any more].
[34] *Weiberherrschaft* — rule of women.
[35] *das Brackwasser in den Löchern kräuselte* — rippled the brackish water in the holes.

Nun hatte er von seiner Hütte bis zu Rätsch mehrere hundert
Meter zu laufen; er merkte, als er die Tür schloß, sogleich, daß der
Wind sich seit dem Abend verstärkt hatte, denn die Klinke wurde
ihm fast aus der Hand gerissen. Er hastete den Weg entlang,
5 mitunter stapfte er durch Pfützen, und als er an die Biegung kam,
trieb ihm der Wind den Brandgeruch ins Gesicht. In diesem Augenblick erkannte er, daß nicht nur der Stall von Rätsch brannte,
sondern auch das Wohnhaus; es hatte wie der Stall ein Strohdach
und mochte wohl durch die Funken aus dem Stall entzündet worden
10 sein. Er lief auf den Hof; da er dort keinen Menschen sah, kam ihm
der Gedanke, daß sie vielleicht noch schliefen im Hause und von
dem Feuer nichts gemerkt hatten, denn es brannte nur im Dach. Er
riß also die Tür auf, die nicht verschlossen war, und schrie nach
Rätsch, erhielt aber keine Antwort; als er dann eine der Zimmer-
15 türen öffnete, sah er, daß hier zwei Betten standen, die leer waren.
Gleichzeitig aber erkannte er, daß die Stiege zum Dachboden noch
nicht verbrannt war, so daß es vielleicht noch möglich war, das
Haus zu retten, wenn man das Stroh vom Dach herunterschlug. Er
sprang also hinüber in den Schuppen, wo Rätsch, wie er wußte,
20 sein Holz bewahrte, fand eine Axt und lief sogleich wieder ins Haus
zurück und auf den Boden; hier zerhackte er die Sparren,[36] danach
versuchte er, das brennende Stroh nach außen zu werfen. Es gelang
ihm auch, an der Ecke, auf die der Wind blies, eine Lücke zu
schaffen, gerade hier war das Stroh ein wenig faul; dabei ragte er aus
25 dem Dachboden heraus, denn der war ziemlich niedrig, und riß mit
den Händen die Strohdecke auseinander. In diesem Augenblick
hörte er ein Geräusch, das er gut kannte, obwohl er es lange nicht
mehr gehört hatte, er duckte sich auch sogleich, obwohl das ja
zwecklos war, denn als er das Pfeifen und sofort danach den Knall
30 vernahm, war die Kugel längst in der Nacht verschwunden. Aber er
wußte, daß da einer auf ihn geschossen hatte, also hielt er den Kopf

---

[36] *Sparren* — rafters.

unten; der Schütze, dachte er, hat vielleicht den Brand angelegt und wohl gar Rätsch und seine Familie ermordet. Er entschloß sich, das Feuer zu lassen und nach dem Mann zu suchen, der auf ihn geschossen hatte, ging also die Stiege hinunter und verließ den Flur durch die hintere Türe, von wo er um das Haus herumschlich, dessen 5 Dachstuhl[37] nun, nachdem er seine Arbeit eingestellt hatte, von der einen Ecke zur anderen in Flammen gehüllt war. Als er aber ein paar Schritte getan hatte, kam in einem dunklen Mantel eine Frau auf ihn zu, die er erst im letzten Augenblick erkannte; es war die ältere Mathilde. Ob sie ihm nicht beim Löschen des Brandes helfen wolle, 10 fuhr er sie an, wo in des Henkers Namen[38] ihre Eltern steckten und ob sie den Schuß nicht gehört habe? Hier sei, sagte das Mädchen, nichts mehr zu löschen, denn inzwischen hätten die Flammen ja auch das Haus ergriffen, ihre Eltern seien mit der jüngeren Tochter ins Dorf gegangen, und wenn einer geschossen habe, so habe dieser 15 Schuß vielleicht jemandem gegolten, der sich um Dinge kümmere, die ihn nichts angingen. Ihm selbst, sagte Buschner, habe der Schuß gegolten; darauf erwiderte das Mädchen aber nichts, sondern blickte in das Feuer, das gerade jetzt besonders eindrucksvoll brannte.

Während Buschner überlegte, warum das Mädchen sich so gleich- 20 gültig verhielt, sah er plötzlich an der Hausecke rechts einen Schatten, der sogleich wieder verschwand. Er sprang auf die Ecke zu; als er sich hinter dem Hause befand, glaubte er Schritte zu hören, die sich eilig entfernten. Er lief hinterher, aber der andere hatte wohl gemerkt, daß er verfolgt wurde; er blieb nicht auf dem Wege, 25 sondern lief über die Wiesen auf den Wald zu, hin und wieder sah Buschner das unsichere Bild eines Schattens vor sich. Er versuchte, schneller zu laufen, aber er kam dem anderen nicht näher. Als dieser den Wald erreicht hatte, schoß er zum zweiten Male; diesmal traf er besser, denn Buschner hatte das Gefühl, als hätte ihn jemand an die 30 linke Hand geschlagen, und er spürte, als er sie zum Gesicht hob, das

---

[37] *Dachstuhl* — framework of the roof.
[38] *wo in des Henkers Namen* — where the devil.

Blut, das an ihr entlanglief. Da gab er den ungleichen Kampf auf und ging zu dem brennenden Hof zurück, wo inzwischen die ganze Familie Rätsch wieder eingetroffen war, auch kam auf dem Wege vom Dorf her soeben die Spritze, die nicht ganz in Ordnung war, 5 was freilich keine Bedeutung mehr hatte, weil das Feuer nun ohnehin fast erloschen war. Der alte Rätsch beklagte sein Schicksal lebhaft, indessen seine Frauen mit steinernen Gesichtern in die Asche starrten. Er habe, sagte Buschner, den Brandstifter bis zum Walde verfolgt, doch habe der ihn angeschossen; dabei zeigte er seine 10 Hand, die er mit einem Tuch umwickelt hatte. Der Herr Buschner, sagte die ältere Mathilde, leide offenbar an der Fähigkeit, Gespenster zu sehen, denn hier habe niemand einen Schuß gehört, was doch wohl bei der kurzen Entfernung bis zum Wald unmöglich sei, wenn dort wirklich jemand geschossen hätte; vielleicht habe er sich beim 15 Holzhacken verletzt und wolle nun etwas Wichtiges daraus machen. Ihre Worte waren Buschner ebenso unverständlich wie ihr Verhalten vorhin; da er aber das Gefühl hatte, daß niemand von den Leuten, die auf dem Hof standen, sich um ihn zu kümmern wünschte, ja daß sie es vermieden, mit ihm zu sprechen, kehrte er in seine Hütte 20 zurück.

Die Versicherungsgesellschaft war nun, wie schon gesagt wurde, nicht mehr der Überzeugung, daß die Brände bei den Moorbauern übernatürlicher Herkunft seien, und da Rätsch seine Hütte erst kurz vor dem Brande höher versichert hatte, beschloß sie, 25 nicht zu zahlen, sondern zunächst Anzeige zu erstatten.[39] Sie behauptete also, ohne für ihre Behauptung Beweise zu haben, daß hier Brandstiftung, sei es von Rätsch selbst, sei es in seinem Auftrag, vorliege,[40] und als es zur Verhandlung kam, ließ der Anwalt der Versicherungsgesellschaft sämtliche Moorbauern als Zeugen laden.[41] 30 So kam es, daß auch Buschner nach vielen Jahren zum ersten Mal

---

[39] *Anzeige zu erstatten* — to file charges.
[40] *vorliege* — it was a case of.
[41] *als Zeugen laden* — summoned as witnesses.

wieder vor Gericht erscheinen mußte, nicht als Angeklagter freilich, sondern als Zeuge.

Die Verhandlung begann am frühen Morgen, Buschner aber wurde erst gegen Mittag vernommen, als die meisten der Zeugen ihre Aussagen schon gemacht hatten; sie saßen jetzt im Zuhörer- 5 raum. Buschner wußte sogleich, wie es beginnen würde, und als der Richter ihn fragte, ob er vorbestraft sei,[42] antwortete er zwar: „Jawohl, mit sechs Jahren Gefängnis," aber er sprach so leise, daß er die Antwort wiederholen mußte. Sogleich erhob sich in seinem Rücken[43] eine Unruhe, wie wenn sich viele Leute über etwas wun- 10 dern, ohne es äußern zu können; sie bewegen sich und stoßen einander an. Buschner spürte die Blicke der Moorbauern in seinem Rücken, aber er wandte den Kopf nicht, sondern sah den Richter an, der ihn aufforderte, nunmehr zu erzählen, wo er in der Brandnacht gewesen sei und was er davon wisse. Hätte Buschner nun gesagt, was 15 die anderen alle gesagt hatten, nämlich: er wisse von nichts, er sei erst wach geworden, als der Brand erloschen war, aber der Wind sei sehr heftig gewesen, so daß die Ausdehnung, die das Feuer genommen habe, verständlich gewesen sei — hätte Buschner dies gesagt, so wäre vielleicht alles noch einmal gut ausgegangen, und Buschner 20 hätte nach Hause gehen dürfen; zwar hätten die Leute gewußt, daß er im Gefängnis gesessen hatte, aber auch das vergißt sich, und er wäre wohl im Laufe der Zeit wieder in das unbeachtete Dasein zurückgesunken, das er seit seiner Ankunft im Moordorf geführt hatte. Aber Buschner erzählte mit klarer Stimme, was er in der 25 Brandnacht erlebt hatte, und vergaß nicht die kleinste Einzelheit. Der Richter ließ den Mann sprechen, und wenn auch der Rechtsanwalt von Rätsch mitunter versuchte, ihn zu unterbrechen, um das Unheil, das sich über seiner Partei zusammenballte,[44] mit geschickten

---

[42] *vorbestraft sei* — had a criminal record.
[43] *in seinem Rücken* — behind him.
[44] *das Unheil, das sich über seiner Partei zusammenballte* — the disaster that was descending upon his client.

Querfragen zu wenden, so ließ der Richter das nicht zu, sondern bat
den Rechtsanwalt zu schweigen; er werde zu Wort kommen, wenn
Buschner fertig sei. Da rückten nun freilich die Hoffnungen der drei
Mathilden auf ein hübscheres Haus in die Ferne, und sie sahen eine
5 Zukunft in den zusammengeflickten Resten einer Brandruine vor
sich, so daß ihre Gesichter den Ausdruck einer wahrhaft steinernen
Trauer bekamen. Der Verteidiger tat zwar alles, um die Worte
Buschners zu entkräften; vor allem gab er zu bedenken, daß man
einem Manne, der sechs Jahre im Gefängnis gesessen habe, nicht
10 mehr glauben dürfe als den Moorbauern, von denen keiner das
gesehen habe, was Buschner gesehen haben wolle. Aber der Richter
war ein kluger Mann, und als er die Mathilden einzeln fragte, wie
dies denn gewesen sei und jenes, da merkten sie plötzlich, daß die
eine das Garn[45] spann, mit dem die andere gefesselt wurde, und zum
15 Schluß standen sie alle in ihrem Lügengewebe wie in einem Panzerhemd[46] und konnten kein Glied mehr rühren. Aber wenn sie
auch sahen, daß ihre Sache jetzt verloren war, so gaben sie doch ein
Geheimnis nicht preis: wer denn der Mann gewesen sei, der auf
Buschner geschossen habe, wollte der Richter von ihnen wissen.
20 Darauf gaben sie keine Antwort.

Buschner sah allerdings in den Wochen, die nun folgten, daß er,
wenn er auch für seine Zukunft gefürchtet hatte, keine rechte Vorstellung von dem, was wirklich kam, gehabt hatte. Es begann damit,
daß er, wenn er vom Felde heimkehrte, eine eingeworfene Fenster-
25 scheibe fand oder einen abgerissenen Laden. Da machte er den Hund
los und ließ ihn frei im Hofe laufen. Aber wenig später lag der
Hund tot am Zaun mit einem Rest vergifteten Fleisches neben sich.
Das ging schon tiefer als Fensterscheiben und Läden. Aber es war
damit nichts zu Ende: die Hühner wurden mit Körnern vergiftet,
30 Stücke aus seinem Zaun wurden herausgerissen, sein Gemüsegarten
wurde in einer Nacht in eine Wüste verwandelt, in der keine Pflanze

---

[45] *Garn* — cord.
[46] *Panzerhemd* — coat of mail.

mehr stand. Der Mann war eisern; er wußte, daß er mit Menschen
zu tun hatte, die man nur packen muß, also legte er sich auf die
Lauer.[47] Er paßte hier auf und dort, aber wo er wachte, geschah
nichts, indes an anderer Stelle die Vernichtung ihren Weg zog. Er
sah, daß er weg sollte, man wollte ihn hier nicht mehr haben; sein 5
Gruß wurde nicht erwidert, und selbst die Kinder mieden ihn. So
schlichen mit täglich neuer Qual die Tage, und schließlich war der
Mann Buschner am Ende; er ging in die Stadt zu dem Makler:
wenn er jemanden wisse, sagte er, der seinen Hof kaufen wolle,
so gebe er ihn gern her, auch für weniger, als er bezahlt habe. Sie 10
sprachen noch einiges hin und her, und der Makler versprach, sich
zu bemühen. Dann ging Buschner wieder.

Als er aber am Abend zurückkam ins Moor, waren Haus und
Stall abgebrannt. Es kümmerte sich keiner um ihn, während er
zwischen den Häusern weiterging; er sah die Brandstelle schon von 15
weitem, aus der noch eine dünne Rauchwolke stieg. Nichts mehr,
was zu retten gewesen wäre. Er begab sich also wieder hinunter ins
Dorf zum Bürgermeister; der sagte ihm, es liege eine Anzeige gegen
ihn vor, wegen Brandstiftung,[48] fügte er hinzu, denn die Polizei
habe in der nicht ganz niedergebrannten Scheune eine Lunte[49] 20
gefunden und eine Konservendose, in der zuletzt, wie die Untersuchung ergeben habe, Benzin gewesen sei. Man verhaftete ihn
sogleich und brachte ihn in die Stadt zurück.

Wenige Wochen später stand er zum dritten Male vor Gericht.
Seine Stimme hatte nicht mehr die Schärfe wie beim letzten Mal, 25
doch war, was er sagte, deutlich. Es war freilich nicht zu verkennen,[50]
daß vieles gegen ihn sprach; die Lunte, das Gefäß mit Benzin, die
Tatsache, daß der Brand wenige Stunden nach seinem Weggehen

---

[47] *legte er sich auf die Lauer* — he lay in wait.
[48] *es liege eine Anzeige gegen ihn vor, wegen Brandstiftung* — a charge of arson had been
filed against him.
[49] *Lunte* — fuse.
[50] *nicht zu verkennen* — unmistakable.

ausgebrochen war, ohne daß einer der Nachbarn jemanden bei dem
Hof gesehen hatte; der Angeklagte habe sich nur ein Alibi schaffen
wollen, meinte der Staatsanwalt. Es war schwer für Buschner, gegen
den Nebel von bösem Willen, der um ihn lag, anzukämpfen, und es
5 gelang ihm auch nicht, seine Unschuld zu beweisen. Da das Gericht
aber auch seine Schuld nicht zu beweisen vermochte, sprach es ihn
mit dieser Begründung frei, was für einen Mann von Ehre ein
zweifelhafter Freispruch sein mag. Aber so genau durfte Buschner
die Dinge damals schon nicht mehr nehmen, sondern durfte froh
10 sein, nicht ins Gefängnis zurück zu müssen. Er sah sich in der Stadt
nach einer Beschäftigung um und fand sie auch bald in einer
Lederfabrik, so daß er jedenfalls keine leeren Tage mehr haben
würde.

Als der Makler ihm einige Wochen später sagte, er könne den
15 Besitz nunmehr verkaufen — leider sei er durch die Vernichtung der
Gebäude stark entwertet — und der Käufer wolle sich die Äcker
ansehen, fuhr er zur vereinbarten Zeit — an einem Sonntag, denn
werktags hatte er in der Fabrik zu arbeiten — wieder hinauf in das
Moor. Da ihm alles, was mit dem Hof zusammenhing, von Grund
20 auf verleidet war, hörte er kaum hin, welchen Betrag der Käufer
ihm zum Schluß nannte, sondern sagte, ja, es sei ihm recht. Der
Makler versprach die Erledigung der Förmlichkeiten,[51] damit gingen
sie auseinander. Buschner blieb noch einen Augenblick stehen und
blickte über die Brandstelle; ein ärmlicher Anblick, dachte er. Dann
25 wandte er sich und ging den schmutzigen Weg an den Brackwasserlöchern[52] vorbei zurück, der zum Dorf hinab führte. Rechts
und links lagen die bekannten Höfe, aber die Leute sah er nicht,
die dort wohnten; es war Sonntagnachmittag, vielleicht waren sie in
den Häusern oder im Dorf unten. Als er am letzten Haus vorbei-
30 ging, von wo der Weg ins Freie führt, sah er einen Mann aus der Türe
in den Hof kommen, es war Hörner, der hier wohnte, ein Saufaus

---

[51] *die Erledigung der Förmlichkeiten* — to take care of the formalities.
[52] *Brackwasserlöchern* — pools of brackish water.

und Schläger.[53] Mit einer der Töchter von Rätsch solle er einmal
etwas gehabt haben,[54] wurde erzählt. Er hielt eine Schnapsflasche
in der Hand und wankte zum Zaun. Buschner wollte ohne Gruß
vorbeigehen, aber der Betrunkene hatte ihn schon gesehen und rief
ihm ein Schimpfwort zu. Buschner näherte sich dem Zaun: „Was 5
willst du von mir?" fragte er. Buschner solle sich fortscheren, schrie
der Betrunkene, sonst werde er sein Gewehr holen und ihn nieder-
schießen, sicherlich werde er ihn am hellen Tage besser treffen als
damals in der Nacht auf dem Hofe von Rätsch. Buschner nahm sich
zusammen und blieb ruhig. Ob wirklich Hörner, fragte er, damals 10
auf ihn geschossen habe? Jawohl, schrie der Betrunkene, er sei das
gewesen, und wenn er es nochmals tue, so werde Buschner ebenso
verrecken, wie sein Hund verreckt sei. Ob etwa Hörner, fragte
Buschner, der vor Erregung, zu zittern begann, auch seinen Hund
getötet habe? Jawohl, schrie der Betrunkene, den Hund und die 15
Hühner, und die Benzindose mit der Lunte habe er auch gelegt.
Nach diesem Geständnis wurde er gerührt: „Hast alles verloren,
Bruder," sagte er, „nun sauf mit mir und vergiß das Schweineleben."[55] Damit hielt er ihm die Schnapsflasche hin. Da schlugen in
Buschners Augen die Flammen zusammen;[56] wenn er überhaupt 20
noch etwas zu sehen vermochte, so war es dieser Betrunkene, der
sein Leben zerstört hatte — und die Axt, die neben dem Holzstapel
lehnte. Er ergriff sie und schlug sie dem anderen vor den Kopf,[57]
daß der umfiel und sich nicht mehr rührte. Er sah noch, daß das
Blut des Toten in einer breiten Rinne auf den Zaun zufloß. Da 25
verließ er den Hof.

Er ging sogleich hinunter zur Polizei und meldete seine Tat, er
schilderte sie auch so deutlich, daß der Richter, als er am nächsten

---

[53] *Saufaus und Schläger* — drunkard and rowdy.
[54] *etwas gehabt haben* — to have had an affair.
[55] *Schweineleben* — miserable life.
[56] *Da schlugen in Buschners Augen die Flammen zusammen* — Thereupon flames sparked
before Buschner's eyes (i.e., he saw red).
[57] *vor den Kopf* — on the head.

Morgen den Akt[58] vorgelegt bekam, kaum noch eine Frage hatte. In der Verhandlung einige Wochen später verwies der Angeklagte auf das, was er an jenem Sonntag der Polizei zu Protokoll gegeben hatte, verzichtete auch auf Verteidigung und bat nur um gerechte 5 Bestrafung; das Urteil schickte ihn wiederum für mehrere Jahre ins Gefängnis. Der Richter, der die früheren Akten gelesen hatte und offenbar der Meinung war, hier liege mehr Schicksal als Schuld vor, sprach, bevor der Verurteilte hinausgeführt wurde, noch ein paar Worte. Er wolle, meinte er, wenn Buschner demnächst wieder 10 entlassen werde, dafür sorgen, daß die alten Verkettungen[59] nicht neue zur Folge hätten, damit er den Rest seines Lebens verbringen könne, als wäre das frühere nicht gewesen. Der Verurteilte nickte und sagte, ja, aber das Glas habe schon zwei Sprünge, und er wisse nicht, ob es sich wieder kitten[60] lasse; auch lohne es sich wohl nicht.[61] 15   Damit ging er hinaus. Seine Stimme hatte nichts mehr von ihrer früheren Klarheit, aber das war nicht zu verwundern. Das Glas klingt eben nicht mehr, wenn es gesprungen ist.

FRAGEN

1. Warum wären die Bauern froh gewesen, wenn der Bürgermeister keine Verwandten hätte finden können?
2. Wie benahmen sich die Bauern bei Bränden?
3. Was machten die Bauern mit den Versicherungsgeldern?
4. Erklären Sie, was der Bürgermeister im Wirtshaus hörte!
5. Warum wollte der Erbe den Hof sofort verkaufen?
6. Aus welchem Grunde wollten die Bauern der Gegend den Hof nicht kaufen?

---

[58] *Akt* — official report.
[59] *Verkettungen* — chain [of misfortunes].
[60] *kitten* — cemented.
[61] *lohne es sich wohl nicht* — it probably would not be worth it.

7. Wie erfuhr Buschner, daß der Hof zu verkaufen war?
8. Warum war Buschner mit Gefängnis bestraft worden?
9. Was hoffte Buschner auf dem Hof tun zu können?
10. Wer war Rätsch?
11. Besprechen Sie kurz die Familie Rätsch!
12. Was weckte Buschner einmal mitten in der Nacht auf?
13. Was sah er, als er zum Fenster hinausschaute?
14. Warum verließ er sein Haus?
15. Weshalb holte er eine Axt?
16. Was machte er unter dem Dach des brennenden Hauses?
17. Warum duckte er sich?
18. Wo waren Rätsch und seine Frau, als das Feuer ausbrach?
19. Warum war Buschner das Verhalten der Familie Rätsch unverständlich?
20. Warum erhob sich eine Unruhe, als Buschner mit dem Richter sprach?
21. Erklären Sie, was vor Gericht geschah!
22. Wie versuchten die Bauern der Gegend, Buschner zu vertreiben?
23. Was geschah, während Buschner in der Stadt war?
24. Warum stand Buschner zum dritten Male vor Gericht?
25. Erklären Sie, warum Buschner freigesprochen wurde!
26. Warum zog Buschner wieder in die Stadt?
27. Aus welchem Grunde fuhr Buschner aufs Land zu seinem Besitz?
28. Wer war Hörner?
29. Was hatte Hörner getan?
30. Wie ging die Begegnung mit Hörner aus?
31. Warum ging Buschner zur Polizei?
32. Was versprach der Richter?

WOLFGANG HILDESHEIMER

Wolfgang Hildesheimer (1916–   ), another of the generation of German writers to achieve fame after World War II, writes in revolt against the traditional or conventional way of viewing and understanding the world; in fact, he seems to imply that the world is not to be understood at all. He admits that much of what he writes should be classified as "absurd." His characters are often artists, confidence men, people with shady reputations, who frequently hide behind masks. While they and their environment at first seem real enough, the reader eventually discovers that, more often than not, their world is an illusion, a place where the most absurd events may occur in what seems, on the surface, a perfectly normal atmosphere. People here accept what others do as a part of the ordinary scheme of things, and at the same time assume that their own absurd actions are in no way unusual.

The situations that Hildesheimer develops, in an ironic and satirical manner, often slide into the grotesque and the surrealistic, but his fine sense of timing and balance lend them a deceptive credibility. A skillful, witty narrator, much given to punning, he yet writes with a specific moral intent, illustrated in the following story of the studio party — without doubt a telling exposure of modern social shallowness.

DAS ATELIERFEST

—

WOLFGANG HILDESHEIMER

Seit einiger Zeit findet in dem Atelier neben meiner Wohnung ein rauschendes Fest statt. Ich habe mich an diesen Umstand gewöhnt, und das Rauschen stört mich gewöhnlich nicht mehr. Aber manchmal, da gibt es Höhepunkte, da tobt es,[1] und ich sehe mich veranlaßt, beim Hauswirt Beschwerde einzulegen.[2] Nachdem ich das [5] mehrmals getan hatte, kam er eines Abends, um sich selbst von dem Lärm zu überzeugen. Aber wie es eben so ist — zu diesem Zeitpunkt hatte eine ruhige Periode eingesetzt, und die Folge war, daß der Hauswirt meine Klage als unberechtigt zurückwies. Ich hoffte, ihn vielleicht auf optischem Wege von dem unhaltbaren Zustand [10] überzeugen zu können: zu diesem Zweck öffnete ich den Kleiderschrank und ließ ihn durch eine Ritze in der Rückwand einen Blick auf das Fest werfen. Denn hinter dem Schrank befindet sich ein Loch in der Mauer von der Größe eines Bullauges[3] in einer Kabine zweiter Klasse. Er sah eine Weile hindurch, aber alles, was er von [15] sich gab,[4] als er aus dem Schrank stieg, war ein Grunzen der Kenntnisnahme. Dann ging er, und als ich einige Stunden später — als es nämlich wieder tobte — durch das Loch sah, war der Hauswirt ein überzeugter Teilnehmer des Atelierfestes.

Ein wenig verstört ging ich im Wohnzimmer auf und ab, aber [20]

[1] *da tobt es* — there is an uproar.
[2] *Beschwerde einzulegen* — to lodge a complaint.
[3] *Bullauges* — porthole.
[4] *alles, was er von sich gab* — the only sound that he made.

wie immer bei solchen Anlässen erschwerte mir die strenge,
unverrückbare Anordnung der Gegenstände meinen Pendelweg.[5]
Schon bei leichtem Anstoß klirrt das Bleikristall in den Regalen, der
Teakholztisch wackelt, obgleich ich dauernd Zigarettenschachteln
5 unter die Füße lege, und die leichtfüßige finnische Vase kippt bei
geringster Gelegenheit um, als sei das ihre Funktion. Schließlich blieb
ich vor dem Druck von Picassos blauer Jugend[6] stehen. Wie
großartig, dachte ich, sind doch diese originalgetreuen Wiedergaben,[7] wie raffiniert die moderne Reproduktionstechnik. Auf diese
10 und ähnliche Art werden nämlich nach solchen Ärgernissen meine
Gedanken in andere Bahnen geleitet. Besänftigt, wenn nicht gar
geläutert, gehe ich dann zum Kühlschrank, um ein Glas kalten
Pfefferminztee zu genießen, ein vorzügliches Getränk für solche
Zustände: jeder kleine Schluck bestätigt, daß man im Kampf gegen
15 die Auflehnung wieder einmal den Sieg davongetragen hat. Danach:
eine Patience.[8]

Denn in dieser Wohnung, die ich schon lange als meine eigene
betrachte, scheinen sich die Bräuche durch meine Übernahme nicht
geändert zu haben. Sie haften an Einrichtung und Ausstattung.[9] Die
20 Atmosphäre bedingt die Handlungen der Bewohner, und oft habe
ich gar das Gefühl, ich müsse in irgendein sachliches Büro gehen,
jedoch die Ausführung dieses Gedankens scheitert an meiner
mangelnden Entschlußkraft;[10] zudem weiß ich nicht, welcher Art
das Büro sei. Aber es ist schließlich noch nicht aller Tage Abend,[11]
25 wie ich oft zu mir selbst sage.

---

[5] *erschwerte mir die strenge, unverrückbare Anordnung der Gegenstände meinen Pendelweg*
— the strict, unchangeable arrangement of objects made my pacing back and forth
difficult.

[6] *Druck von Picassos blauer Jugend* — reproduction from Picasso's youthful "blue"
period.

[7] *originalgetreuen Wiedergaben* — accurate reproductions.

[8] *eine Patience* — a game of solitaire.

[9] *Sie haften an Einrichtung und Ausstattung* — they cling to fixtures and furnishings.

[10] *scheitert an meiner mangelnden Entschlußkraft* — fails because of my indecisiveness.

[11] *es ist schließlich noch nicht aller Tage Abend* — time will tell.

Immer seltener schaue ich durch das Loch. Ich bemerke, daß der Menschenbestand drüben wechselt. Gäste, die am Anfang dabei waren, sind inzwischen gegangen, andere dafür gekommen. Manche scheinen sich sogar verdoppelt zu haben, wie zum Beispiel der Dichter Benrath, den ich ständig an zwei Stellen zu gleicher Zeit zu sehen vermeine: eine beinahe tendenziöse Augentäuschung! Ich bemerke, daß Gerda Stoehr sich die Haare gefärbt hat — vielleicht mit Farben, die ehemals mir gehörten; ich erkenne die Halldorff, die ich zum letztenmal vor acht Jahren als Maria Stuart[12] gesehen habe (übrigens ein unvergeßlicher Eindruck!), Frau von Hergenrath ist gegangen — vielleicht ist sie inzwischen gestorben? —, aber der Glaser, ja, der ist immer noch — und war auch die ganze Zeit — dabei.

Er war dabei an jenem Nachmittag, als das Atelier noch mir gehörte, jenem denkwürdigen Nachmittag, als ich nach einer langen, unfruchtbaren Periode wieder anfangen wollte zu malen. Er wechselte einige zerbrochene Fensterscheiben aus und hämmerte leise vor sich hin. Meine Frau lag im Nebenzimmer und schlief; draußen regnete es: die Stimmung ist mir noch gegenwärtig. Im Vorgefühl, nun nach Wochen des Suchens einer Eingebung auf der Spur zu sein, mischte ich vergnügt die Farben und erfreute mich am würzigen Duft der Emulsionen.

Der Glaser glaste still und schwieg: er würde nicht stören, so dachte ich. Aber als ich die Leinwand auf die Staffelei stellte, sagte er: „Ich male auch."

„So," sagte ich kühl, vielleicht habe ich auch „ach" gesagt, jedenfalls war mein Kommentar einsilbig.

„Ja," fuhr er dennoch ermuntert fort: „Bergmotive in Wasserfarben. Aber nicht so modern wie diese Sachen, wo man nicht weiß, was oben oder unten ist. Ich male, was ich sehe." Er sprach mit der aggressiven Autorität des Amateurs. „Kennen Sie den Landschaftsmaler Linnertsrieder? Ich male so wie der."

---

[12] *Maria Stuart* — title role in play by Friedrich Schiller (1759–1805).

Ich sagte, daß ich diesen Landschaftsmaler nicht kenne, und
beschloß, nun doch mit dem Beginn der Arbeit zu warten, bis der
Glaser sich entfernt habe. Denn ich kannte diesen schmalen Stimmungsgrat: wenn ich meiner Reizbarkeit freie Bahn ließe, würde
5 sofort die Konzeption meines Bildes ins Wanken geraten.[13] Ich
setzte mich in einen Sessel, zündete mir eine Zigarette an und
versuchte, den kommenden Schaffensakt vor mir herzuschieben,[14]
sanft, sanft, damit er nicht verletzt werde.

Aber bevor der Glaser mit seiner Arbeit fertig war, kam Frau von
10 Hergenrath. Ich hörte auf zu schieben und unterdrückte einen
Atemstoß der Resignation. Es galt Ruhe zu bewahren: sie war eine
Mäzenin,[15] die Wesentliches zu meinem Lebensunterhalt beitrug.
Denn die Kunst geht nach Brot,[16] wie jedermann, der nichts davon
versteht, oft und gern versichern wird.

15 „Ich komme,“ sagte die Gute, „um mich nach Ihnen umzuse-
hen.“ Dabei sah sie sich um, als suche sie mich zwischen den Bildern.
„Ich höre, Sie gehen durch eine unfruchtbare Periode.“

Ich war nun wahrhaftig nicht geneigt, mich mit Frau von
Hergenrath über die Tücken meiner Muse[17] zu unterhalten. Daher
20 versicherte ich ihr, das Gegenteil sei der Fall, ich erfreue mich voller
Schaffenskraft, wobei ich mit vitaler Geste auf die umherstehenden
Bilder als Zeugen wies. Sie waren zwar alt, und Frau von Hergenrath hatte sie alle bereits mehrere Male gesehen, aber ich konnte
mich auf ihr mangelhaftes Gedächtnis verlassen. In der Tat ging sie
25 mit frischer, unsachlicher Kritik daran, mehr als einmal das Gegenteil

---

[13] *diesen schmalen Stimmungsgrat: wenn ich meiner Reizbarkeit freie Bahn ließe, würde*
   sofort die Konzeption meines Bildes ins Wanken geraten — this mood's narrow ridge:
   if I gave way to my irritation, the plan of my picture would immediately begin to
   totter.
[14] *den kommenden Schaffensakt vor mir herzuschieben* — to push the impending creative
   act before me [for the sake of preserving the inspiration until it could be committed
   to canvas].
[15] *Mäzenin* — patroness (Mäzen: Maecenas, famed Roman patron of the arts).
[16] *geht nach Brot* — has to eat (i.e., must pay its way).
[17] *die Tücken meiner Muse* — the wiles of my muse.

dessen zu äußern, was ich als ihre frühere Meinung in Erinnerung hatte. Aber wenigstens der Glaser war verstummt. Er hatte schweigend das Hämmern wieder aufgenommen. Ich stellte fest, daß der Regen nachgelassen hatte. Die Zeit stand still.

Dieser einschläfernde Nachmittag nahm eine jähe Wendung, als Engelhardt plötzlich ins Zimmer stürzte, Engelhardt, der unausstehliche Gesellschafter mit seiner tödlichen Herzlichkeit, dem man aber nicht böse sein darf. Ein reifer Camembert[18] ist er, unter seiner unangenehmen Schale weich, was ihn letzten Endes noch anrüchiger[19] macht. Das auch noch! Ich zuckte zusammen bei dem Gedanken an den erwarteten Schulterschlag. Er küßte Frau von Hergenrath die Hand, stürzte sich dann auf mich und schlug zu. Dabei rief er zuerst etwas mit „alter Knabe" und fragte dann: „Was macht die Kunst?"[20]

„Na ja, es geht," sagte ich. Die Antwort auf solche Fragen variierte ich von Fall zu Fall nur gering. Es war mir niemals gelungen, eine Entgegnung zu finden, die zugleich kurz und erschöpfend ist, und es war auch nicht nötig, denn die Fragesteller schienen stets mit diesen vagen Worten zufrieden zu sein.

„Ich sehe," fuhr dieser Mensch fort, indem er sich Frau von Hergenrath bei der Besichtigung einiger besonders schwacher Frühwerke anschloß, „die Muße[21] küsst dich unentwegt. Das wollen wir begießen."[22] Er zog eine Flasche Kognak aus der Rocktasche. In seiner Fähigkeit, sein einziges Ziel im Leben — die sogenannte Hochstimmung — zu verwirklichen, war er wahrhaft beneidenswert. „Ein begabter Hund, was?" fragte er Frau von Hergenrath. Er meinte mich. Ich war damit beschäftigt, Gläser zu holen, sah

---

[18] *Camembert* — soft, strong-smelling French cheese.
[19] *anrüchiger* — more infamous. (Derived from *riechen*, "smell," the adjective here also suggests "smellier.")
[20] „*Was macht die Kunst?*" — "How are things in the art business?"
[21] *Muße* — leisure (a pun on *Muse*).
[22] *Das wollen wir begießen* — Let's drink to that.

daher nicht, ob er sie dabei — wie es seine Art war — in die Seite puffte.[23]

Hier stieß meine Frau zu uns. Das Geräusch des Entkorkens[24] weckt sie immer, weckt sie selbst auf einige Entfernung, es wirkt, wo
5 Küchenwecker versagen. Sie wandelte auf uns zu und begrüßte uns verhalten. Ich hatte das Gefühl, daß sie außer mir niemanden so recht erkannte: es wurde ihr immer recht schwer, sich nach dem Mittagsschlaf im Leben zurechtzufinden, aber nach einigen Glas Schnaps gewann sie ihre — oft eigenwillige — Perspektive wieder.
10 Engelhardt reichte ihr ein großzügiges Maß. Dann wollte er Frau von Hergenrath einschenken; sie aber legte ihre flache Hand auf das Glas und sagte, sie trinke niemals um diese Zeit. Diese Feststellung enthielt natürlich eine Spitze, auf mich gerichtet: ein Mäzenat, dessen Nutznießer am hellichten Tag außerkünstlerischer Tätigkeit
15 nachgehe, sei zu überprüfen![25] Aber diese Feinheit nahm Engelhardt nicht wahr. Unter Anwendung dessen, was man vielleicht mit seiner spaßigen Überredungskunst bezeichnen könnte, gelang es ihm, sie zu einem sogenannten halben Gläschen zu bewegen. Damit war die Basis zur Überschreitung ihrer Vorsätze geschaffen, und hiernach
20 sprach sie, wie man sagt, dem Kognak eifrig zu.[26]

Leider gelang es mir nicht, Engelhardt daran zu hindern, auch dem Glaser einen Schluck anzubieten. Dieser hatte bis dahin sinnlos vor sich hingehämmert, obgleich er längst mit seiner Arbeit fertig sein mußte. Es gefiel ihm hier. Auf Engelhardts Aufforderung hin
25 kam er nun zum Tisch, sagte: „Ich bin so frei" und kippte sich[27] — man kann es nicht anders ausdrücken — die Flüssigkeit in den Hals. „Ich male auch," sagte er daraufhin zu Engelhardt, gleichsam um

---

[23] *puffte* — nudged.
[24] *Geräusch des Entkorkens* — sound of a bottle being uncorked.
[25] *ein Mäzenat, dessen Nutznießer am hellichten Tag außerkünstlerischer Tätigkeit nachgehe, sei zu überprüfen* — patronage the beneficiary of which engaged in extra-artistic activities in broad daylight was a matter to be investigated.
[26] *sprach . . . dem Kognak eifrig zu* — partook zealously of the cognac.
[27] *„Ich bin so frei" und kippte sich* — "Don't mind if I do" and tossed.

die Aufnahme in unseren Kreis gerechtfertigt erscheinen zu lassen.
„Wer malt nicht?" fragt dieser albern, aber damit konnte der
Glaser nichts anfangen und verwickelte meine Frau in ein — freilich
einseitiges — Gespräch über Kunst.

So saßen wir denn, als sich die Tür öffnete und ein mir fremdes 5
Paar — vermutlich ein Ehepaar — eintrat. Da meine Frau über dem
Getränk ihre Pflichten als Gastgeberin vergessen hatte, stand ich auf
und begrüßte die beiden so freundlich, wie es mir unter den
Umständen gegeben war. Der Mann stellte sich vor — den Namen
verstand ich nicht; ich habe beim Vorstellen noch niemals einen 10
Namen verstanden, denn jeder Name trifft mich zu unvorbereitet
— und sagte, er käme mit einer Empfehlung von Hébertin in Paris.
„Aha, Hébertin," sagte ich und nickte, als sei mir die mit ihm
verbrachte Periode meines Lebens gegenwärtig; dabei hatte ich noch
nie von ihm gehört. Ich stellte das Paar meiner Frau und den 15
anderen vor, indem ich einige Vokale murmelte, die ich in ihren
Namen gehört zu haben glaubte, und betonte dabei die Empfehlung
von Hébertin, aber dieser schien bei niemandem eine Gedankenverbindung hervorzurufen.[28] Meine Frau holte Gläser, Engelhardt
zog eine zweite Flasche aus einer anderen Rocktasche, und schon 20
war das Paar im schönsten Sinne bei mir zu Hause.

Irgendwie war die Situation außer Kontrolle geraten. Erstens
beunruhigte mich der Anblick des Glasers; er hatte seine Hand auf
Frau von Hergenraths Arm gelegt und erklärte ihr soeben, daß er
das male, was er sehe, aber sie hörte nicht zu, sondern trällerte leise. 25
Zweitens hatte mich ein Gefühl hilfloser Melancholie ergriffen. Die
Vision des geplanten Bildes war in sich zusammengestürzt, die Muse
verhüllten Gesichtes[29] entflohen: sie hatte nichts zurückgelassen als
einen tantalisierenden Terpentinduft.[30] Ich sah auf das unbekannte
Paar. Beide rauchten Zigarren. Sie schienen sich wohl zu fühlen. 30

[28] *eine Gedankenverbindung hervorzurufen* — to call up any association.
[29] *verhüllten Gesichtes* — with veiled countenance.
[30] *Terpentinduft* — odor of turpentine.

Die Frau erzählte soeben meiner Frau, daß Hébertin in die Rue
Marbeau gezogen sei und immer noch — leider — seiner alten
Angewohnheit fröne.[31] Dem Mienenspiel[32] der Frau nach zu urteilen,
mußte es sich um etwas Schlimmeres als Rauschgift[33] handeln.

5   Inzwischen hatte Engelhardt, der Herr der Situation, noch mehrere Leute angerufen — er selbst nannte diesen Akt: „Zusammentrommeln"[34] — und ihnen erklärt, bei mir sei ein Fest im Gange.
Er forderte sie auf, zu kommen und Freunde, Verwandte, vor allem
aber Flaschen möglichst potenten Inhalts mitzubringen. Nur mit
10 Mühe gelang es mir, den Glaser davon abzuhalten, das gleiche zu
tun. Ich klopfte ihm freundschaftlich auf die Schulter und erklärte
ihm, daß, wenn zu viele Leute kämen, man gegenseitig nichts mehr
voneinander habe;[35] denn das Wesentliche jeder Geselligkeit sei
doch schließlich das „Gespräch". Das leuchtete ihm ein.

15 Zuerst kam Gerda Stoehr, flankiert von zwei älteren Herren,
untadelig, sozusagen mit Stil, geborene Beschützer, beide. Befremdet sahen sie sich um. Aber als ihr Schützling meine Frau in Kinder-
sprache begrüßte, lächelten sie einander bestätigend zu, und der
Prozeß des Auftauens begann, der nun vor nichts und niemandem
20 mehr haltmachte.

Und dann brach der laute Schwarm der Gäste herein, jeder mit
einer oder mehreren Flaschen beladen. Einige unter ihnen kannte
ich, so zum Beispiel Vera Erbsam, eine intime Busenfeindin[36] meiner
Frau, die mir immer Augen gemacht hat (wie man so schön sagt),
25 bis ich ihr eines Tages erzählte, daß mein Vater eine Dampfbäckerei[37]
in Dobritzburg* betriebe; seitdem sah sie mich nur noch argwöh-

---

[31] *seiner alten Angewohnheit fröne* — was addicted to his old habit.
[32] *Mienenspiel* — facial expression.
[33] *Rauschgift* — narcotics.
[34] *Zusammentrommeln* — drumming up [a group of people].
[35] *man gegenseitig nichts mehr voneinander habe* — people would no longer be able to
enjoy one another's company.
[36] *Busenfeindin* — bosom enemy.
[37] *Dampfbäckerei* — steam bakery.

nisch an. Trotzdem war sie gekommen und hatte einen jungen Mann
mitgebracht, den ich ebenfalls oberflächlich kannte, ein Assessor
oder Referendar,[38] wenn das nicht überhaupt das gleiche ist. Er sah
aus wie ein Bräutigam, vermutlich war er der ihre. Dann war da ein
Filmschauspielerehepaar rätselhafter Herkunft, sie hießen de Pollani, 5
aber wohl nicht wirklich, waren wohl auch in Wirklichkeit kein
Ehepaar. Ich hatte die Frau einmal gemalt, bei welcher Gelegenheit
sie ihre Sonnenbrille abgenommen hatte. Ich hörte Engelhardt, der
inzwischen die Rolle des Gastgebers übernommen hatte, Frau de
Pollani mit „darling" anreden, womit er das Panorama der Welten, 10
auf deren Boden er sich mit Sicherheit bewegte, um einen weiteren
Ausschnitt[39] vergrößerte.

Es ist unnötig, hier weiter auf andere Gäste als Individuen ein-
zugehen. Um der Stimmung gerecht zu werden, genüge es, zu
sagen, daß noch vor Anbruch der Nacht der Gästekörper eine 15
homogene Masse war, in welcher dauernd nüchterne Neuankömm-
linge untertauchten, um beinahe sofort Glieder der Allgemeinheit
zu werden. „Das ganze Leben müßte ein Atelierfest sein," hörte ich
nicht weit von mir einen jungen Kollegen sagen. „Das ganze Leben
i s t ein Atelierfest," sagte der Bärtige[40] neben ihm. Er war Kunst- 20
kritiker, auch berühmt für seine treffenden ex tempore-Aphorismen.[41] Mir fiel ein, daß ich ihn diesen Abend zum Essen eingeladen
hatte, aber er schien sich mit der veränderten Situation abgefunden
zu haben. Er stand da, lächelte versonnen in sein Glas und tippte
dauernd mit der Schuhspitze an den fetten Schmitt-Holweg, der, 25
kolossal und trunken, am Boden lag. Er war Bildhauer, trug seine
Berufung mit schmerzlicher Erbitterung, der er lallend Ausdruck

---

[38] *Assessor oder Referendar* — titles marking two stages, preceding full qualification, in
the study of law and other fields.

[39] *um einen weiteren Ausschnitt* — by an additional sector.

[40] *der Bärtige* — the man with the beard.

[41] *treffenden ex tempore-Aphorismen* — pertinent extemporary aphorisms.

verlieh,[42] und sah aus, als habe Rabelais[43] ihn im Rausch erfunden. Kurz vor Mitternacht wurde ich an die Wand gedrückt, und zwar mit dem Gesicht zur Mauer. Ein bacchantischer Zug[44] wälzte sich an mir vorbei und machte es mir unmöglich, vermittels einer
5 halben Drehung mich wenigstens auf meine eigenen Bilder setzen zu können. In dieser verzweifelten Lage entdeckte ich einen Hammer in der Tasche meines Nebenmannes. Es war der Glaser. Ich rief: „Gestatten Sie einen Augenblick" — obgleich Höflichkeit hier völlig fehl am Platze[45] war, denn man konnte sich kaum noch
10 verständlich machen —, nahm ihm den Hammer aus der Tasche und begann, damit die Wand aufzuhauen.

Da ich hinten nicht weit ausholen durfte, um die Gäste nicht zu gefährden, war diese Arbeit anstrengend und ging recht langsam von der Hand. Zuerst bröckelte der Putz[46] in kleinen Scheiben ab,
15 dann lockerte sich der Beton,[47] der als Kies[48] und Sand abfiel und bald mir zu Füßen einen Haufen bildete. Die Gesellschaft hinter mir schien einen Höhepunkt erreicht zu haben, aber es kümmerte mich nicht. Aus der Ecke an der anderen Seite hörte ich durch den trunkenen Lärm eine Frauenstimme ein anstößiges[49] Lied singen.
20 Unter gewöhnlichen Umständen wäre mir das wegen Frau von Hergenrath peinlich gewesen, aber nun, da ich im Begriff war, aus dem Atelier zu schlüpfen, war es mir gleichgültig. Übrigens erkannte ich auch bald, daß es Frau von Hergenrath war, die sang: offensichtlich besaß sie Eigenschaften, von denen ich nichts geahnt
25 hatte, da sie wohl auch einer gewissen Entfesselung bedurften, um voll hervortreten zu können.

---

[42] *der er lallend Ausdruck verlieh* — to which he gave stammering expression.
[43] *Rabelais* — François Rabelais (1494–1553), French writer renowned for his satirical earthy writings.
[44] *bacchantischer Zug* — bacchanalian procession.
[45] *fehl am Platze* — out of place.
[46] *Putz* — plaster.
[47] *Beton* — cement.
[48] *Kies* — gravel.
[49] *anstößiges* — ribald.

Das Loch wuchs. Nach einiger Zeit stieß ich auf der anderen Seite durch und konnte mit Hilfe des einbrechenden Lichtkegels[50] die Lage im Schlafzimmer meiner Nachbarn überblicken. Sie hießen Gießlich, heißen wohl immer noch so und sind auch in gewissem Sinne wieder meine Nachbarn. Es waren modern eingestellte,[51] dabei aber rechtschaffene Leute, aber diese letztere Eigenschaft hat sich nun wohl ein wenig geändert—und zwar zugunsten der ersteren Eigenschaft —, und ich will meine Schuld daran nicht leugnen.

Beide hatten sich in den Betten aufgerichtet, schalteten das Licht an und begrüßten mich erstaunt, aber nicht unfreundlich: ja, ich muß sagen, sie legten eine gewisse liebevolle Nachsicht zur Schau,[52] wie sie Künstler nur selten von seiten bürgerlicher Mitmenschen erfahren, vor allem in solch ungewöhnlichen Situationen. Vielleicht waren sie sich beim Erwachen sofort ihrer Aufgeschlossenheit bewußt geworden. Ich grüßte aus Verlegenheit zunächst nur kurz und hämmerte weiter, bis die Öffnung die Ausmaße erreicht hatte, die sie auch jetzt noch hat. Dann fragte ich etwas unbeholfen: „Darf ich nähertreten?" und schob mich, ohne die Antwort abzuwarten, hindurch.

Nachdem ich mir mit der Hand den Betonstaub[53] von den Schultern gebürstet hatte, um diesen nächtlichen Auftritt nicht allzu improvisiert erscheinen zu lassen, sagte ich: „Bitte, entschuldigen Sie die Störung zu so später Stunde; aber ich bin gekommen, um Sie zu einem Atelierfest einzuladen, das heute nacht bei mir stattfindet." Pause. „Es geht sehr lustig zu."[54]

Die Gießlichs sahen einander an, eine Geste, der ich mit Erleichterung entnahm, daß meine Einladung als Gegenstand der Erörter-

---

[50] *einbrechenden Lichtkegels* — cone of light that broke through.
[51] *modern eingestellte* — progressive.
[52] *sie legten eine gewisse liebevolle Nachsicht zur Schau* — they exhibited a certain affectionate consideration.
[53] *Betonstaub* — cement dust.
[54] *Es geht sehr lustig zu* — Things are pretty lively.

ung gelten durfte.[55] Ich wollte sofort wieder einhaken,[56] aber da sagte Herr Gießlich mit einem, wie mir schien, etwas süßlichen Lächeln, daß er mir zwar für die freundliche Einladung danke, aber daß ein Ehepaar in ihren Jahren, wenn auch modern eingestellt, doch
5 wohl kaum mehr so recht in eine Versammlung von Menschen gehöre, deren gemeinsame Lebensaufgabe — nämlich die Kunst — auch ein gemeinsames Schicksal bedinge, welches sie — die Gieß- lichs — nun einmal nicht teilten. Aber gerade, sagte ich, Künstler haben ja eben die Eigenschaft, jeden Außenstehenden sogleich
10 spüren zu lassen, daß er bei ihnen zu Hause sei; außerdem gäbe es bei mir da drüben eine bunte Mischung von Gästen, von adligen Mäzenen bis zu einfachen Handwerkern. Ich entfaltete zum erstenmal in dieser Nacht eine gewaltige Beredsamkeit, mit der ich auch schließlich die Gießlichs für das Fest zu erwärmen vermochte, ja, es
15 gelang mir sogar, sie dazu zu überreden, sich nicht erst anzuziehen und in Nachtgewändern hinüberzuschlüpfen, indem ich sagte, drüben seien alle recht leicht bekleidet. Das war zwar eine Lüge, aber ich verspürte das wachsende Bedürfnis, nun endlich allein zu sein.
20 Sie standen von ihren Betten auf. Herr Gießlich hatte einen gestreiften Pyjama an, sie trug ein Nachthemd. Er half ihr in den Morgenrock[57] wie in einen Abendmantel und lief, nun schon ungeduldig, auf und ab, während sie sich vor ihrem Toilettenspiegel das Haar kämmte. Es war mir also tatsächlich gelungen, in ihnen
25 Feuer und Flamme zu entfachen;[58] nachträglich fragte ich mich, welche der Verlockungen wohl den Ausschlag gegeben hatte: die menschenfreundlichen Eigenschaften der Künstler? Oder die Gegenwart adliger Mäzene? Wenn ich durch das Loch schaue, denke ich

---

[55] *als Gegenstand der Erörterung gelten durfte* — might be considered a subject for discussion.
[56] *einhaken* — pick up the conversation.
[57] *Morgenrock* — dressing gown.
[58] *in ihnen Feuer und Flamme zu entfachen* — in getting them aroused.

allerdings, daß es wohl doch die Sache mit der leichten Bekleidung war, die in erschreckendem Maße zu Wahrheit wird.[59]

Zuerst zwängte sich Herr Gießlich durch das Loch. Er muß drüben sofort festen Fuß gefaßt haben, denn er reichte von dort galant seiner Frau die Hand, als helfe er ihr, die hohen Stufen einer Droschke[60] zu erklimmen. Ich mußte an meiner Seite zupacken, denn Frau Gießlichs Umfang war beträchtlich, ist es übrigens heute noch. Aber auch sie hatte sicheren Boden erreicht. Ich war allein.

Unter einigem Kraftaufwand[61] schob ich den schweren Kleiderschrank vor das Loch, wo er heute noch steht. Nun wurde es wesentlich ruhiger, denn die Kleider im Schrank dämpften den Schall. Zudem war vielleicht auch eine Ermattung auf dem Fest eingetreten, eine ruhigere Periode zwischen Höhepunkten.

Erschöpft ließ ich mich auf eines der beiden Betten sinken und versuchte, die Situation zu überdenken, aber ich war zu müde und kam über die Verarbeitung unmittelbarer Eindrücke nicht mehr hinaus,[62] hatte schließlich auch einen anstrengenden Abend hinter mir. Von weitem hörte ich das Pfeifen einer Lokomotive, und ich weiß noch, daß ich froh war, nun über dem Rauschen des Festes nebenan — im Augenblick schien es nicht mehr als ein Summen — andere Geräusche wahrnehmen zu können. Durch die Vorhänge sah ich, daß es heller wurde, also die Tageszeit anbrach, zu der ich, wenn ich wach bin, an einer langen Bahn von Bildern, von Erinnerungen bis zu trüben Ahnungen entlanggleite. Dazwischen hörte ich das Krähen eines Hahnes; die einzige Funktion des Federviehs, die ihm Anspruch auf poetische Verarbeitung gibt,[63] dachte ich und merkte, daß, wie so oft in ungewohnten Lagen, meine Gedanken sich selb-

---

[59] *zu Wahrheit wird* — is coming true.

[60] *Droschke* — carriage.

[61] *Unter einigem Kraftaufwand* — by applying considerable strength.

[62] *kam über die Verarbeitung unmittelbarer Eindrücke nicht mehr hinaus* — got no farther than pondering on immediate impressions.

[63] *des Federviehs, die ihm Anspruch auf poetische Verarbeitung* gibt — of the feathered beast which gives it a claim to poetic treatment.

ständig machten. Darauf schlief ich ein. Am späten Nachmittag erwachte ich. Ich sah durch das Loch. Da war das Fest noch voll im Gange, und ich wußte, daß es nun für immer weitergehen würde.

FRAGEN

1. Warum mußte der Erzähler sich manchmal beim Hauswirt beklagen?
2. Wie konnte man in das Atelier sehen?
3. Was sah der Erzähler, als er wieder durch das Loch in der Wand guckte?
4. Wie pflegte der Erzähler sich zu beruhigen?
5. Was machte der Glaser eines Nachmittags im Atelier?
6. Worauf freute sich der Erzähler?
7. Warum beschloß er, doch mit seiner Arbeit zu warten?
8. Warum mußte er Frau von Hergenrath ertragen?
9. Warum brauchte er sich keine Sorgen zu machen, als Frau von Hergenrath die alten Bilder betrachtete?
10. Wer stürzte plötzlich ins Zimmer?
11. Was und wie wollte er feiern?
12. Warum war die Frau des Erzählers wach geworden?
13. Warum wollte Frau von Hergenrath zuerst nicht trinken?
14. Worüber sprach der Glaser ständig?
15. Was sagte der Mann, der aus Paris kam?
16. Warum beunruhigte den Erzähler der Anblick des Glasers?
17. Was machte das unbekannte Paar?
18. Was hatte Engelhardt inzwischen getan?
19. Warum interessierte sich Vera Erbsam nicht mehr für den Erzähler?
20. Was wollten der Erzähler und der Bärtige an dem Abend tun?
21. Was tat der Erzähler, um sich zu befreien?

22. Was konnte er durch das Loch überblicken?
23. Was für Leute waren die Gießlichs?
24. Welchen Grund gab der Erzähler für sein Kommen an?
25. Warum lehnten Gießlichs die Einladung zuerst ab?
26. Was gelang dem Erzähler endlich?
27. Warum mußte er Frau Gießlich helfen?
28. Was machte der Erzähler mit dem Schrank?
29. Was versuchte er dann zu tun?
30. Was wußte er, als er am Nachmittag aufwachte?

Appendices

PLACE NAMES

Andermatt — city in central Switzerland.

Benares — city in northeastern India.

Bergen — seaport on the Atlantic in southwestern Norway.

Bombay — city on the west-central coast of India.

Bremen — city on the Weser in northwestern Germany.

Brisbane — large port city in Australia.

der *Chasseral* — peak in the Swiss Jura Mountains.

Chemnitz — industrial city in east-central Germany (DDR).

Florenz — Florence, Italy.

Grönland — Greenland.

Hamburg — large port city on the Elbe in northern Germany.

Hannover — city in north-central Germany on the Leine River (Bundesrepublik).

Harafuhra — a South Sea island port.

Himavat — the Himalayan mountain system.

Indien — India.

der *Jura* — the Jura Mountains (between France and Switzerland).

Kap York — cape on the northeastern coast of Australia.

Kitzbühel — Austrian city between Salzburg and Innsbruck.

Köpenick — southeastern section of the city of Berlin.

Luxor — city in central Egypt on the Nile.

Mailand — Milan, Italy.

Mont Crosin — peak in the Jura Mountains.

München — Munich.

Neuguinea — New Guinea.

die *Nordsee* — the North Sea.

Österreich — Austria.

Preston — English city, north of Liverpool.

Rom — Rome.

die *Schweiz* — Switzerland.

der *Schweizer Jura* — the Swiss Jura Mountains, on the western border of Switzerland.

Shandon — small city in central Scotland.

Stürlikon — small town in central Switzerland.

Südafrika — South Africa

Wien — Vienna.

Wiesbach — small town in western Germany, north of Saarbrücken.

VOCABULARY

The following categories of words have been omitted from the vocabulary:

1. articles, pronouns, numerals, days of the week, and names of the months.
2. the first 500 words of the frequency list in C. M. Purin, *A Standard German Vocabulary* (Boston: Heath, 1937).
3. compounds of these first 500 words.
4. obvious cognates.
5. words the meaning of which, in the editors' view, should be readily apparent to intermediate students from context.
6. most of the words, including a considerable number of unusual ones, translated in the footnotes.
7. all place names, which, with the exception of the most obvious, will be found in the pages immediately preceding.

Plurals of nouns and vowel changes of strong verbs are given in the usual manner. Where no plural is given, it is either nonexistent or rare. The genitive singular of weak masculine and irregular nouns is given. Separable prefixes of verbs are set off with dots. Word families are given in groups, except where such grouping would make for unwieldiness or interfere materially with overall alphabetical sequence.

ab off; **ab und zu** now and then
ab·arbeiten toil, work off
ab·biegen, o, o turn
ab·blättern peel
ab·brechen, a, o break off, interrupt; der **Abbruch, ≃e** breaking off
ab·brennen, a, a set off (fireworks)
ab·bröckeln crumble, break off
ab·drehen turn away
ab·drücken fire
das **Abendbrot, -e** supper; das **Abendessen, -** supper; der **Abendmantel, ≃** evening wrap; der **Abendschatten, -** evening shadow

das **Abenteuer, -** adventure
abergläubisch superstitious
abermals again
sich **ab·finden, a, u** come to terms
ab·führen arrest, take away
der **Abgang, ≃e** departure; **ab·gehen, i, a** go off
abgehackt choppy
abgelegen remote
abgerissen disconnected
abgesehen von apart from
abgetragen worn out, used
ab·greifen, i, i wear by handling
ab·grenzen limit
der **Abgrund, ≃e** abyss
ab·haken check off

317

ab·halten, ie, a restrain, hold back

der Abhang, ⸚e steep slope

ab·hängen depend on; **die Abhängigkeit** dependence

ab·helfen, a, o relieve; **die Abhilfe, -n** relief

ab·holen call for, fetch, pick up

ab·kommen, a, o get away

ab·lassen, ie, a let go, desist

ab·legen deliver

ab·lehnen decline, refuse, avert; **ablehnend** reserved; **die Ablehnung, -en** rejection

ab·lenken divert

ab·lesen, a, e read off, read

ab·machen arrange

ab·nehmen, a, o take off, take away

ab·räumen clear away

ab·reiben, ie, ie rub down

die Abreise, -n departure; **ab·reisen** depart

ab·reißen, i, i tear off, wear out

der Absatz, ⸚e landing

ab·schaffen dismiss, discharge, abolish

ab·schätzen estimate, appraise

der Abschied, -e parting

ab·schießen, o, o shoot off

ab·schließen, o, o finish, lock, close, settle, seclude, withdraw; **der Abschluß, ⸚e** conclusion

ab·schneiden, i, i cut off

ab·schnellen fly off

ab·schrecken frighten

ab·schreiben, ie, ie copy

ab·schütteln shake off

ab·sehen, a, e neglect

ab·setzen depose

die Absicht, -en intention; **absichtlich** intentionally

absonderlich peculiar, strange

ab·sperren barricade, shut off

sich ab·spielen take place

ab·stammen be descended from, come from

der Abstand, ⸚e interval

ab·steigen, ie, ie put up (at a hotel)

ab·stellen turn off, disconnect

ab·sterben, a, o die off

ab·stoßen, ie, o push away, repulse

ab·tasten feel (one after the other)

das Abteil, -e compartment; **die Abteilung, -en** division, section, department

ab·tragen, u, a carry off or away, wear out

ab·tun, a, a get rid of

ab·wälzen throw off, cast off

ab·warten await, wait for, wait

ab·wechseln alternate; **die Abwechs(e)lung, -en** change

die Abwehr defense; **ab·wehren** ward off, fight off

sich ab·wenden turn away

abwesend absent; **die Abwesenheit, -en** absence

ab·ziehen, o, o take off, divert, turn off

ab·zielen auf aim at

die Achsel, -n shoulder; **achselzuckend** with a shrug

sich in Acht nehmen watch out; **achten** heed, respect, pay attention to; **die Achtung** respect

ächzen groan

der Acker, ⸚ field

der Adel nobility; **adlig** noble

die Ader, -n vein

der Affe, -n, -n monkey

ahnen suspect, feel; **die Ahnung, -en** premonition, suspicion, idea; **ahnungslos** unsuspecting

die Ahnengalerie, -n ancestral gallery

ähnlich similar; **jemandem ähnlich sein** resemble someone

der Akt, -en document

albern stupid

die **Allee, -n** walk, avenue

allein alone, but, however; **alleinstehend** single, unmarried

allerdings to be sure, of course, by all means; **allerhand** all sorts of; **allerlei** all kinds of (things); **allernotwendigst** most necessary

allgemein general; die **Allgemeinheit** large group

alljährlich yearly

allmählich gradually

alltäglich everyday, commonplace

allzusehr all too much

als than, as, when; **alsbald** forthwith, thereupon, immediately

das **Alter, -** age; **alterstrüb** aged, cloudy

altmodisch old-fashioned

der **Altwarenhändler, -** junk dealer

das **Amthaus, ⁼er** administration building; **amtlich** official; das **Amtszimmer, -** office

an·bauen cultivate

an·behalten, ie, a keep on

an·bellen bay at

an·beten worship; die **Anbetung, -en** adoration

an·bieten, o, o offer

der **Anblick, -e** sight; **an·blicken** look at

an·bringen, a, a make place

Anbruch der Nacht nightfall

die **Andacht, -en** devotion

andererseits on the other hand

ändern change

anderntags the next day

anders in another manner, otherwise, different

anderseits on the other hand

anderthalb one and a half

an·deuten intimate, indicate; die **Andeutung, -en** indication

an·drehen turn on

sich **an·eignen** assimilate, appropriate

aneinander·bauen build next to each other; **aneinander·drängen** crowd together

anerkennen, a, a recognize; die **Anerkennung** recognition

an·fahren, u, a arrive, speak angrily to

der **Anfall, ⁼e** attack, fit; **an·fallen, ie, a** attack

an·fangen, i, a begin, do; der **Anfänger, -** beginner, novice; **anfangs** at first, in the beginning

an·fassen grasp, take hold

an·fertigen make, manufacture

die **Anforderung, -en** demand

die **Anfrage, -n** inquiry; **an·fragen** inquire

der **Anführer, -** leader

angeblich alleged

das **Angebot, -e** offer

an·gehen, i, a concern

an·gehören belong to; der **Angehörige, -n, -n** member, relative, employee

die **Angelegenheit, -en** affair

angenehm pleasant

angesichts in the face of, facing

der **Angestellte, -n, -n** employee

anglotzen gape at

an·greifen, i, i affect; der **Angriff, -e** attack

die **Angst, ⁼e** fear; **Angst haben** be afraid, be frightened; **ängstigen** frighten; **ängstlich** distressed, alarmed, scrupulous, uneasy; **angstvoll** fearful

an·gucken look at

an·haben wear, have on

an·halten, ie, a last, persist, stay, check, stop, hold

an·hängen attach

an·heben, o, o commence, begin
an·heften stick on
an·hören listen to; sich an·hören sound
an·kämpfen combat
der Ankauf, ⁼e purchase
die Anklage, -n accusation, complaint; an·klagen accuse
an·kleben glue on
an·klopfen knock at the door
an·kommen, a, o arrive, approach; an·kommen auf depend on
an·kriegen get on
an·kündigen announce
die Ankunft, ⁼e arrival
die Anlage, -n tendency, predisposition
an·langen arrive at, reach
der Anlaß, ⁼e cause, occasion
an·lassen, ie, a rebuke
an·laufen, ie, au go against
an·legen start (a fire)
an·locken attract, allure
an·machen turn on
sich an·melden give one's name
an·merken perceive
die Anmut grace; anmutig graceful
an·nähern approach
an·nehmen, a, o accept, assume
an·ordnen order
sich an·passen adapt oneself
das Anrecht, -e right, claim
an·reden address, speak to
an·regen inspire
anrüchig notorious
der Anruf, -e call, shout; an·rufen, ie, u call, call up
an·rühren touch
an·schalten turn on
an·schauen look at
anscheinend apparent

sich an·schicken set about, begin, prepare for
an·schießen, o, o shoot at
der Anschlag, ⁼e plot, attempt
an·schließen, o, o attach to; sich an·schließen join, follow; der Anschluß, ⁼e connection
sich an·schmiegen . . . an nestle up to
an·schreien, ie, ie shout at
an·sehen, a, e look at; ansehnlich important, eminent
an·setzen fix, set, begin
die Ansicht, -en opinion; ansichtig werden get sight of, catch sight of
der Ansiedler, - settler; die Ansiedlerzeit colonial times
an·sprechen, a, o speak to, address
an·springen, a, u jump on
der Anspruch, ⁼e claim; in Anspruch nehmen occupy; anspruchsvoll demanding
die Anstalt, -en preparation; Anstalten treffen prepare
anständig respectable, decent
an·starren stare at
an·stecken light
an·steigen, ie, ie mount, ascend
an·stellen arrange, do, employ
der Anstoß, ⁼e bump; an·stoßen, ie, o nudge
an·strengen strain; anstrengend strenuous; die Anstrengung, -en exertion, effort
der Ansturm, ⁼e attack
der Anteil, -e interest
das Antlitz, -e face
an·treten, a, e begin, set out on, enter upon
an·treiben, ie, ie incite; der Antrieb, -e drive
an·vertrauen entrust to
der Anverwandte, -n, -n relative
an·wachsen, u, a swell, grow to

der **Anwalt, ⸚e** attorney

an·wenden employ, use; die **Anwendung, -en** application

die **Anwesenheit** presence

die **Anzahl** number

die **Anzeige, -n** advertisement; **an·zeigen** announce, advertise

an·ziehen, o, o dress, lure; sich **an·ziehen** get dressed; die **Anziehungskraft, ⸚e** force of attraction; der **Anzug, ⸚e** suit

an·zünden light, set fire to

die **Apotheke, -n** dispensary, apothecary's shop, pharmacy; der **Apotheker, -** pharmacist

der **Apparat, -e** instrument

die **Arbeit, -en** work; die **Arbeitsbedingung, -en** working condition; die **Arbeitskraft** working power, industry; die **Arbeitsstätte, -n** workroom; die **Arbeitsweise, -n** method; das **Arbeitszimmer, -** office

der **Archipel, -** archipelago

arg bad; **arglos** innocent; **argwöhnisch** distrustful, suspicious

der **Ärger** vexation; **ärgerlich** vexed, annoyed; **ärgern** anger; sich **ärgern** lose one's temper, become angry; das **Ärgernis, -se** vexation, irritation

arm poor; **ärmlich** pitiful; **armselig** wretched, miserable; die **Armut** poverty

die **Armbewegung, -en** arm movement

die **Armlehne, -n** armrest, arm of a chair

der **Armleuchter, -** candelabra

die **Art, -en** kind, type, way, manner

der **Arzt, ⸚e** doctor, physician; **ärztlich** medical

die **Asche, -n** ash(es); **aschgrau** ash gray

der **Ast, ⸚e** branch

das **Asyl, -e** refuge, sanctuary

das **Atelier, -s** studio; das **Atelierfest, -e** studio party

der **Atem, -** breath; **atemlos** breathless; der **Atemstoß, ⸚e** heavy sigh; **atmen** breathe

auf und ab back and forth, up and down

auf·atmen breathe a sigh of relief, take a deep breath

der **Aufbau** construction, superstructure; **auf·bauen** build up, erect

auf·blättern open

auf·blicken look up

auf·brechen, a, o depart, set out, break open

auf·bringen, a, a collect, raise

sich **auf·drängen** obtrude, force oneself upon someone

auf·drücken push open, impress on

aufeinander together, on one another; **aufeinander·treffen, a, o** encounter

der **Aufenthalt, -e** stay

auferlegen impose, inflict

auf·fahren, u, a jump on

auf·fallen, ie, a attract attention, be conspicuous

auffällig conspicuous

auf·fangen, i, a catch up, intercept

auf·fassen take up, interpret

auf·finden, a, u find, seek out

auf·flattern flutter out

auf·fordern challenge, invite, ask; die **Aufforderung, -en** invitation

auf·frischen revive

auf·führen perform; die **Aufführung, -en** conduct, performance; **zur Aufführung bringen** present (on the stage)

die **Aufgabe, -n** task, problem

auf·geben, a, e give up, send (a telegram)

auf·gehen, i, a open, become clear

aufgeschlossen frank; die **Aufgeschlossenheit** frankness, friendliness, broad-mindedness

auf·glänzen shine, gleam

auf·glimmen glow

auf·greifen, i, i seize upon

auf·halten hold up, delay; sich **auf·halten** stop, stay

sich **auf·hängen** hang oneself

auf·hauen break up

auf·häufen pile up

auf·heben, o, o lift, raise, provide for, save, pick up

auf·hellen clear up, throw light on

auf·hetzen rouse, stir up, excite

auf·horchen listen attentively

auf·hören stop

auf·jauchzen shout for joy

auf·klappen open

auf·knöpfen unbutton

auf·kommen, a, o come up, arise

auf·kündigen withdraw (an engagement)

auf·lachen burst out laughing

die **Auflehnung, -en** revolt

auf·leuchten flash

auf·lockern loosen, relax

auf·lösen dissolve, resolve

auf·machen open; sich **auf·machen** start for, set out; die **Aufmachung** make-up

aufmerksam polite, attentive; **aufmerksam machen auf** point out, call attention to; die **Aufmerksamkeit, -en** attention

auf·nageln nail on

die **Aufnahme, -n** photo, accept-

ance; **auf·nehmen, a, o** take in, take out, draw up, take up, resume

auf·passen watch, pay attention, be on guard

auf·platzen crack, tear, explode

auf·räumen clean

aufrecht erect; **aufrecht·halten, ie, a** maintain

auf·regen excite, arouse; sich **auf·regen** get excited; die **Aufregung** excitement

auf·reihen list

auf·reißen, i, i tear open, open

auf·richten erect; sich **auf·richten** sit up, straighten up, raise oneself; **steil auf·richten** perk up, hold erect

auf·rufen, ie, u summon

auf·schauen look up

auf·scheinen, ie, ie appear

auf·schieben, o, o postpone

auf·schimmern shimmer

auf·schlagen, u, a open

auf·schließen, o, o open the door, unlock

auf·schluchzen sob aloud, burst into sobs

auf·schnaufen sniff

der **Aufschrei, -e** shriek, outcry; **auf·schreien, ie, ie** scream, cry out

auf·schreiben, ie, ie write down

die **Aufschrift, -en** address, inscription

auf·schrillen resound shrilly

der **Aufschwung, ⸚e** enthusiasm, progress

auf·setzen put on (a hat)

auf·seufzen sigh, groan

die **Aufsicht** supervision

auf·spannen open (an umbrella), stretch, open

auf·sperren unlock

auf·springen, a, u jump up

auf·stacheln get ahead

auf·steigen, ie, ie get ahead, rise, ascend, mount

auf·stellen set up, erect

auf·stöhnen groan

auf·suchen seek out, locate

auf·tauchen appear, turn up

auf·tauen thaw

die Aufteilung, -en division

der Auftrag, ⁼e commission, mandate, task; in seinem Auftrag by his order

auf·treiben, ie, ie get hold of, find

auf·treten, a, e appear; der Auftritt, -e appearance, entrance

auf·tun, a, a open

auf·tupfen dry

auf·wachen awake

auf·wachsen, u, a grow up

der Aufwärter, - attendant, steward

auf·weisen, ie, ie show, exhibit

auf·wühlen agitate

auf·zählen enumerate

auf·zehren consume

auf·zeichnen record

auf·ziehen, o, o raise, tear, wind, gather

auf·zucken start convulsively

der Augenblick, -e moment; augenblicklich instantaneous; die Augenbraue, -n eyebrow; die Augenhöhle, -n eye socket; das Augenlid, -er eyelid; augenscheinlich apparently; die Augentäuschung, -en optical illusion; das Augenzwinkern, - wink

aus·arten degenerate

der Ausbau building improvement

die Ausbeute, -n gain, profit, booty

aus·bilden develop; die Ausbildung, -en development

der Ausblick, -e view

aus·borgen borrow

aus·brechen, a, o break out; der Ausbruch, ⁼e outburst, eruption

aus·breiten spread out; die Ausbreitung, -en spreading

aus·brennen, a, a burn out

die Ausdauer endurance

sich aus·dehnen extend, expand; die Ausdehnung, -en extension

der Ausdruck, ⁼e expression; zum Ausdruck bringen express; sich aus·drücken express oneself; ausdrücklich expressly

auseinander·gehen, i, a separate; auseinander·gleiten, i, i glide apart; auseinander·reißen, i, i tear apart, tear open; auseinander·setzen explain, analyze

der Ausfall, ⁼e loss

ausfindig machen discover

der Ausflug, ⁼e excursion; der Ausflugsort, -e excursion point

aus·fragen inquire

die Ausfuhr export

aus·führen carry out; die Ausführung, -en execution, carrying out

aus·füllen fill up, engross

der Ausgang, ⁼e exit, way out; der Ausgangsort, -e point of departure

aus·geben, a, e spend, give out

ausgefroren frozen

aus·gehen, i, a go out, proceed, start, radiate, come

ausgenommen with the exception of

ausgerechnet just

ausgewachsen mature

ausgezeichnet excellent

aus·halten, ie, a endure

sich aus·heulen cry one's eyes out

aus·holen swing (with arm)

aus·kennen, a, a know about

aus·kneifen, i, i run off
aus·kosten enjoy to the full
aus·kühlen cool off
die Auskunft, ˵e information
aus·lachen laugh at
das Ausland foreign country; im Auslande abroad; der Ausländer, - foreigner; ausländisch foreign
aus·legen interpret
aus·leihen, ie, ie borrow, lend out
aus·löschen put out, extinguish
aus·lösen release
aus·machen make
das Ausmaß, -e dimension
die Ausnahme, -n exception; ausnehmen, a, o distinguish; sich aus·nehmen look, appear
aus·packen unpack
sich aus·prägen impress itself
aus·probieren try out
aus·rauben rob
aus·rechnen figure out
die Ausrede, -n excuse; aus·reden dissuade
aus·reichen suffice, last
der Ausruf, -e cry, outcry; aus· rufen, ie, u proclaim
sich aus·ruhen rest
die Aussage, -n statement; aus· sagen declare
aus·schauen look
aus·scheiden ie, ie leave, withdraw
Ausschlag geben prove decisive
aus·schlagen, u, a strike
aus·schrauben screw out
aus·schütteln shake out
aus·sehen, a, e appear, look; aus· sehen nach look like
außen outside, abroad; der Außenstehende, -n, -n outsider; die Außenwelt outside world

außer sich beside oneself; außerdem besides; außergewöhnlich extraordinary; außerhalb outside of; außerordentlich extraordinary
äußer outer, exterior; äußerlich external; äußerst extreme
äußern utter, express; sich äußern express one's opinion, speak; die Äußerung, -en remark
die Aussicht, -en prospect
die Aussprache, -n heart-to-heart talk; aus·sprechen, a, o pronounce
aus·spreizen spread out
aus·steigen, ie, ie get out
aus·stellen make out (a ticket)
aus·sterben, a, o die out
aus·stoßen, ie, o emit, expel
aus·strecken extend, stretch out
aus·streuen spread
aus·suchen select, choose
aus·tragen, u, a deliver
aus·tüfteln work out
aus·üben carry on
aus·wählen select
aus·wechseln replace
der Ausweg, -e way out
aus·weichen, i, i evade, shun
die Auswirkung, -en influence
aus·zeichnen award
aus·ziehen, o, o emigrate, move out, take out, take off; der Auszug, ˵e departure
der Autoverkehr automobile traffic
die Axt, ˵e ax

die Backe, -n cheek
baden swim, bathe; der Badeort, -e resort
badisch in the province of Baden
die Bahn, -en path, course, streetcar; der Bahnhof, ˵e railroad

station; der **Bahnsteig, -e** railroad platform

die **Bahre, -n** bier

bald soon, almost; **bald . . . bald** now . . . now; **baldigst** very soon

der **Balken, -** beam

sich **ballen** form a ball

das **Band, ⸚er** ribbon

die **Bande, -n** gang

bang(e) afraid, with trepidation, anxious, uneasy; **bangen** have fear; **ohne Bangen** without fear

die **Bank, ⸚e** bench

bannen fix (with the eyes), banish

bar cash

der **Barde, -n, -n** bard, singer

der **Barometerstand, ⸚e** barometer reading, height of the barometer

der **Bart, ⸚e** beard; **bärtig** bearded

der **Bauch, ⸚e** stomach; **bäuchlings** lying on the stomach

bauen build

der **Bauer, -n, -n** farmer; der **Bauernjunge, -n, -n** country lad, farm boy

der **Baumstrunk, ⸚e** tree trunk; der **Baumstumpf, ⸚e** tree stump

die **Baustelle, -n** construction project

beachten take heed of, pay attention to

beängstigen alarm; die **Beängstigung, -en** uneasiness, anxiety

beantworten answer; die **Beantwortung, -en** answer

beben quiver, shiver, waver, tremble

der **Becher, -** cup

bedächtig deliberate

sich **bedanken** thank

bedauern regret

bedecken cover

bedenken, a, a consider, bear in

mind; **bedenklich** doubtful, suspicious

bedeuten mean, inform, direct; **bedeutend** significant; die **Bedeutung, -en** significance, importance, meaning; **bedeutungsvoll** meaningful

bedienen serve, wait on, operate; sich **einer Sache bedienen** make use of a thing

bedingen condition; **bedingt** conditionally, partly; die **Bedingung, -en** condition

bedrohen threaten

bedrücken oppress, harass, distress

bedürfen require, need; das **Bedürfnis, -se** need, requirement

beehren honor

sich **beeilen** hurry

beeinflussen influence, have an effect on

beenden end

befahren, u, a travel

befallen, ie, a come over

der **Befehl, -e** command, order; **befehlen, a, o** order, command

befestigen fasten

befinden, a, u find, deem, consider; sich **befinden** be

beflecken stain

die **Beflissenheit** assiduity

befolgen obey, follow

befördern promote

befragen question

sich **befreien** free oneself, liberate oneself

befremden surprise unpleasantly, appear strange; **befremdet** shocked

befürchten fear

begabt gifted, talented

sich **begeben, a, e** go

begegnen happen, meet; die **Begegnung, -en** encounter
begehrenswert desirable
begeistern animate; die **Begeisterung, -en** enthusiasm
begierig eager, greedy
beglänzen illuminate
begleiten, i, i accompany; die **Begleitung, -en** accompaniment; **in Begleitung** in the company of
begraben bury; das **Begräbnis, -se** funeral
begreifen, i, i understand, comprehend; **begreiflich** conceivable
begrenzt limited, restricted
der **Begriff, -e** idea, symbol; **im Begriffe** on the point of
begründen base; die **Begründung, -en** reason
begrüßen greet; die **Begrüßung, -en** greeting
behaglich comfortable
behalten, ie, a keep, remember
behandeln treat; die **Behandlung, -en** treatment
beharren persist, preserve
behaupten maintain; die **Behauptung, -en** contention
die **Behendigkeit** agility, quickness
beherbergen shelter
beherrschen be master of, rule over
behilflich sein assist
behindern hinder
die **Behörde, -n** the authorities
bei·bringen, a, a teach
beichten confess
der **Beifall** applause
das **Beil, -e** ax
beiläufig incidental, casual; das **Beiläufige** casualness

das **Bein, -e** bone, leg; **auf den Beinen** afoot, on the move
beinah(e) almost
beirren confuse
beiseite aside; **beiseite·nehmen, a, o** take aside; **beiseite·schlagen, u, a** kick aside; **beiseite·stoßen, ie, o** push aside; **beiseite·treten, a, e** step aside
das **Beispiel, -e** example; **zum Beispiel** for example; **beispielsweise** for example
beißen, i, i bite
bei·stimmen agree; **bei·tragen, u, a** contribute; **bei·treten, a, e** join; **bei·wohnen** attend
bekämpfen combat
bekannt known, well known; der **Bekannte, -n, -n** acquaintance; sich **bekennen, a, a** admit to oneself
beklagen lament, deplore; **beklagenswert** lamentable
bekleiden dress; die **Bekleidung, -en** clothing
bekommen, a, o get
belachen laugh at
beladen, u, a load
belanglos meaningless
belästigen annoy
belauern lie in wait for
belauschen hear, perceive
beleben animate; **belebt** crowded
belehren inform
beleidigen insult
beleuchten light, illuminate; die **Beleuchtung, -en** illumination
beliebt popular
bellen bark
belohnen reward; die **Belohnung, -en** reward
belügen deceive by lying
belustigen amuse
bemalen paint
bemerken notice; **bemerkens-**

wert remarkable; die **Bemer-
kung, -en** remark
sich **bemühen** take trouble, en-
deavor; **bemüht um** concerned
with; die **Bemühung, -en** effort
sich **benehmen, a, o** behave
beneidenswert enviable
benommen numb; die **Benommenheit** numbness, confusion
benötigen need
benutzen use
das **Benzin** gasoline; die **Benzindose, -en** can of gasoline; der
Benzinkanister, - gasoline can
beobachten observe; die **Beob-
achtung, -en** observation
bequem comfortable
sich **beraten, ie, a** deliberate; die
Beratung, -en deliberation,
consultation
berauben deprive of, rob of
berauschen become enraptured
berechnen calculate
bereden discuss; die **Beredsamkeit**
eloquence
der **Bereich, -e** domain
die **Bereicherung, -en** enrichment
bereisen travel over or through
bereit prepared, ready; **bereiten**
prepare; **bereit·legen** lay out in
readiness; **bereits** already; **bereitwillig** ready, willing
bereuen regret
der **Berg, -e** mountain; **bergauf**
uphill; der **Berggipfel, -** mountain top; der **Berghang, ⸗e**
mountain slope; das **Bergmotiv,
-e** mountain theme; die **Bergstraße, -n** mountain road; der
Bergwald, ⸗er mountain forest;
die **Bergwand, ⸗e** mountainside
der **Bericht, -e** report, account;
berichten report
bersten, a, o burst, explode
berüchtigt infamous, notorious

der **Beruf, -e** profession, vocation;
berufen, ie, u call, convoke;
sich **auf etwas berufen** refer to
something; das **Berufsinteresse,
-n** professional interest; **berufsmäßig** professional; die **Berufswahl, -en** choice of profession;
die **Berufung, -en** calling, profession
beruhigen compose, comfort,
calm; die **Beruhigung** comfort
berühmt famous
berühren move, affect, touch
besagen say, mean
besänftigen soothe, calm
beschädigen damage
beschäftigen engage, employ; sich
beschäftigen mit occupy oneself
with; **beschäftigt** busy; die **Beschäftigung, -en** occupation
beschämen shame; **beschämend**
shameful
der **Bescheid** information, instruction; **Bescheid sagen** inform;
Bescheid wissen know
bescheiden modest, unassuming;
die **Bescheidenheit** modesty
bescheinen, ie, ie shine upon
beschimpfen revile, insult
beschließen, o, o close, decide; sich
beschließen decide
beschneit snow-covered
beschränken limit, restrict
beschreiben, ie, ie describe
beschuldigen áccuse
der **Beschützer, -** protector
die **Beschwerde, -n** grievance
beschweren burden, encumber
beschwindeln deceive
beschwören conjure
beseelen imbue
beseitigen eliminate
der **Besen, -** broom

besessen possessed, obsessed

besetzen set (jewels, sails), occupy; **besetzt** full; die **Besetzung, -en** cast (of a play)

besichtigen survey, look at; die **Besichtigung, -en** inspection

besiegen conquer

besingen, a, u celebrate in song, sing

besinnen, a, o . . . auf think about; die **Besinnung** consciousness; **besinnungslos** senseless

der **Besitz, -e** possession, piece of property; **besitzen, a, e** possess, own; das **Besitztum, ⁼er** possession

besonder particular, special; **besonders** especially

besonnen rational

besorgen take care of; die **Besorgung, -en** business, care

sich **bespritzen** spray oneself

die **Besserungsmethode, -n** means of improvement

bestätigen confirm, assure, reassure

bestaunen look at in astonishment

bestehen, a, a come through, be, pass (through), exist; **bestehen aus** be composed of, consist of; **bestehen in** consist in

bestehlen, a, o rob

besteigen, ie, ie mount

bestellen order; die **Bestellung, -en** order

bestenfalls at best

bestickt embroidered

bestimmt definite, certain, destined, intended (for); die **Bestimmtheit** precision; die **Bestimmung, -en** destiny

die **Bestrafung, -en** punishment

bestreiten, i, i attack, contest

bestreuen bestrew

der **Besuch, -e** visit; **besuchen** attend, visit; der **Besucher, -** visitor

betätigen use

betäuben overpower, stupefy, stun

sich **beteiligen an** participate in, take part in

beten pray

beteuren protest, assert

betonen emphasize

betrachten look at, watch, observe; sich **betrachten** regard oneself

beträchtlich considerable

der **Betrag, ⁼e** amount

betreiben, ie, ie cultivate, develop, carry on, operate

betreten, a, e enter, set foot on

betreuen take care of

der **Betrieb, -e** management, business; **in Betrieb setzen** operate

betroffen perplexed, taken aback

betrügen, o, o deceive; **betrügerisch** dishonest

betrunken intoxicated; der **Betrunkene, -n, -n** inebriated person

betteln beg; der **Bettler, -** beggar

betten put down; die **Bettkante, -n** edge of the bed; der **Bettrand, ⁼er** edge of the bed

beugen bend

die **Beule, -n** swelling, bump

beunruhigen disturb; die **Beunruhigung** uneasiness

die **Beute** prey, booty

die **Bevölkerung, -en** population

bevor·stehen, a, a be imminent; **bevorzugen** prefer

bewachen guard

bewaffnen arm; der **Bewaffnete, -n, -n** armed man

bewahren keep, preserve

bewähren prove, confirm

bewaldet covered with trees

die **Bewältigung** mastery

bewässern water, irrigate
bewegen move, agitate; sich bewegen stir, move; die Bewegt-
heit agitation, commotion; die
Bewegung, -en motion, movement
beweinen mourn
der Beweis, -e proof; beweisen,
ie, ie prove
bewohnen inhabit; der Bewohner, - inhabitant
bewundern admire; die Bewunderung admiration; bewunder-
ungswert admirable
bewußt conscious; etwas einem
bewußt bleiben remain conscious of something; bewußtlos
unconscious; das Bewußtsein
consciousness
bezahlen pay
bezeichnen mark, designate, call
bezeugen testify (to)
die Beziehung, -en relation, connection
der Bezirk, -e sphere, precinct
die Bibliothek, -en library
biegen, o, o bow, bend; die Biegung, -en bend, curve
bieten, o, o offer
das Bild, -er picture, form; bilden
form; die Bilderfolge, -n sequence of scenes; die Bildersammlung, -en picture collection; der Bildhauer, - sculptor;
das Bildnis, -se portrait; die
Bildung education
billig cheap
binnen within
der Birnbaum, ⁼e pear tree; die
Birne, -n pear, light bulb
bis until; bis dahin till then, by
that time; bisher up to now;
bisherig hitherto, existing; bis-
lang heretofore, until now; bisweilen sometimes

ein bißchen a little bit; der Bissen,
- bite, morsel, mouthful
die Bitte, -n request; bitten, a, e
request, ask
blank clear
das Bläschen, - small bubble
blasen blast, blow
blaß pale; blaßgrau pale gray
das Blatt, ⁼er sheet, leaf, page,
newspaper; blättern leaf
bläulich bluish
das Blech tin; das Blechdach, ⁼er
tin roof; das Blechschild, -er
metal sign
bleich pale
bleiern leaden; bleigrau lead
gray; das Bleikristall flint glass
der Blick, -e glance, look; blicken
look; zu Boden blicken look
down
blinken gleam
der Blitz, -e lightning, flash;
blitzen flash, sparkle; blitzschnell quick as a flash
blödsinnig idiotic, silly
bloß simply, bare
blühen bloom, blossom
die Bluse, -n blouse
das Blut blood; blutunterlaufen
bloodshot
der Boden, ⁼ or - ground, earth,
attic floor
der Bogen, ⁼ sheet (of paper)
das Bombengeschwader, - squad-
ron of bombers
borgen borrow
die Börse, -n purse
borstig bristly
bösartig malevolent, vicious; böse
bad, ill-tempered, evil; böse sein
auf be angry at; das Böse evil;
die Bosheit, -en maliciousness
der Brand, ⁼e blaze, fire; der

Brandgeruch, ⸚e smell of fire; die **Brandnacht,** ⸚e night of the fire; die **Brandruine, -n** ruin of a burned-out building; die **Brandstelle, -n** site of the fire; der **Brandstifter, -** arsonist; die **Brandstiftung, -en** arson

branden surge, break (of water at the seaside)

der **Brauch,** ⸚e custom; **brauchen** need, use

die **Braue, -n** eyebrow

brauen brew

die **Braut,** ⸚e betrothed; der **Bräutigam, -e** fiancé; die **Brautjungfer,** **-n** bridesmaid; die **Brautnacht,** ⸚e bridal night; der **Brautzug,** ⸚e bridal procession

brechen, a, o break; sich **brechen** be refracted

der **Brei** mush, pulp

breit broad, wide; **breitästig** broad-branched; die **Breite, -n** breadth; **breiten** extend, spread

die **Bremse, -n** brake

brennen, a, a burn

das **Brett, -er** board

die **Brieftasche, -n** pocketbook, letter case, wallet

die **Brille, -n** spectacles

bringen, a, a bring; **an sich bringen** acquire; **einen um etwas bringen** to cause one to lose something; **es zu etwas bringen** amount to something; **zu Papier bringen** write down

die **Brosame, -n** crumb

der **Brotleib, -e** loaf of bread

die **Bruchstelle, -n** break; das **Bruchstück, -e** fragment; **bruchstückweise** fragmentarily, in fragments

die **Brücke, -n** bridge

brüllen roar

brummen grumble, growl

der **Brunnen, -** well, fountain

die **Brust,** ⸚e breast, chest; die **Brusttasche, -n** breast pocket

brüten brood; **er brütete vor sich hin** he brooded

der **Bub, -en, -en** boy

der **Buchdrucker, -** book printer; **buchstäblich** literally

die **Bucht, -en** inlet, bay

sich **bücken** bend, stoop

das **Bugspriet, -e** bowsprit

die **Bühne, -n** stage; die **Bühnenlaufbahn, -en** career on the stage

bumsen bang against something

das **Bündel, -** bundle

der **Bunker, -** air-raid shelter, bunker

bunt colorful

der **Bürger, -** citizen; **bürgerlich** bourgeois; der **Bürgermeister, -** mayor

das **Büro, -s** office

der **Bursch, -en, -en** young man

bürsten brush; das **Bürstenhaar, -e** crew cut

das **Charakterbild, -er** make-up

die **Cordhose, -n** corduroy trousers

das **Coupé, -s** compartment

da there, since; **da und dort** here and there

dabei moreover, at the same time, present, in the process

das **Dach,** ⸚er roof; der **Dachboden,** ⸚ attic; der **Dachgiebel, -** gable

dadurch thereby

daheim (at) home

daher therefore

dahin·gehen, i, a die, pass; dahin·
schreiten, i, i walk along
dahinter·kommen, a, o find out,
figure out
damals at that time, then, formerly
damit so that, with it, therewith
das Dämmerlicht twilight, dusk;
dämmern grow dark; das däm-
mernde Dunkel approaching
dark; die Dämmerung, -en twilight
dampfen steam
dämpfen deaden, subdue
danach afterward
der Däne, -n, -n Dane
daneben in addition
daran·gehen, i, a set to work
darauf thereafter, thereupon; daraufhin thereupon
darin in it
dar·reichen hand over to
sich dar·stellen represent, present;
die Darstellung, -en statement,
description
darum therefore
das Dasein existence
dauerhaft durable, stout; dauern
last, continue, take; dauernd
continuously
der Daumen, - thumb
davon·fahren, u, a depart; davon·
schießen, o, o shoot off; davon·
springen, a, u run off; davon·
stolpern stumble off; davon·
traben trot off; davon·tragen,
u, a carry off
dazu in addition; dazu·bringen,
a, a bring to the point of; dazu·
halten, ie, a hold to it, hurry
dazwischen in between; dazwi-
schen·fahren, u, a intervene;
dazwischen·kommen, a, o
come between
die Decke, -n blanket, ceiling, top;

der Deckel, - lid, top; decken
cover
dedizieren dedicate
der Degen, - sword, dagger
dekretieren decree
demnächst shortly
die Demütigung, -en humiliation
dengeln drum
sich denken, a, a imagine; denk-
würdig memorable, notable
dennoch nevertheless
derartig such
derjenige, diejenige, dasjenige
that (one)
deshalb therefore, for this reason;
deswegen for that reason, therefore
deuten point, point out, indicate,
interpret, explain; deutlich clear
dicht close, thick, dense
der Dichter, - poet; die Dichtung,
-en poetry
dichtgefüllt tightly packed
dick fat, thick; das Dickicht, -e
thicket
der Dieb, -e thief
dienen serve; der Diener, - servant, porter; der Dienst, -e duty,
service; die Dienstleute servants;
die Dienstmagd, ⸚e servant girl
die Direktion management
die Direktive, -n instruction
doch nonetheless, anyway, oh yes
der Dom, -e cathedral
der Donner thunder
das Dorf, ⸚er village
der Dorn, -en thorn
der Drache, -n, -n kite
der Draht, ⸚e wire
der Drang urge; drängen press,
crowd
drauf·schauen look at
draußen out of doors, outside

der **Dreh, -e** twist; die **Drehbühne,
-n** rotating stage; **drehen** turn;
die **Drehung, -en** turn

das **Dreieck, -e** triangle

dreschen, o, o thrash

drin (darin) in it

dringen, a, u press, penetrate,
force a way; **dringend** urgent;
dringlich urgently; die **Dringlichkeit** urgency

drinnen inside

drohen threaten; die **Drohung,
-en** threat

dröhnen roar

drollig droll, amusing

drüben over there

der **Druck, -e** reproduction (of an
art work)

drücken press, pinch, weigh down;
sich **drücken** press one's way
through, press oneself

der **Dschungel, -n** jungle

sich **ducken** cringe, duck

der **Duft, ⁼e** scent, fragrance, odor;
duften give off fragrance

dulden endure, suffer

dumpf dull, gloomy, close, heavy,
muffled

die **Dünenmulde, -n** depression
in the dunes

dunkel dim; das **Dunkel** darkness; die **Dunkelheit** darkness;
dunkeln get dark

sich **dünken** seem, consider oneself

dünn thin, sparse

der **Dunst, ⁼e** vapor, haze; **dunstig**
misty, hazy

durch through; **durch und durch**
completely

durchaus quite, thoroughly

durch·blicken peer through

durch·bohren pierce

sich **durch·drängen** force one's
way through

durch·dringen, a, u pierce,
penetrate

durcheinander in confusion; **durch-
einander·brüllen** roar in confusion; **durcheinander·sprechen,**
a, o talk simultaneously, speak
confusedly

durchfahren, u, a flash through

durchfliegen, o, o skim through

durch·gehen, i, a run away, go
through

durch·halten, ie, a hold out

durch·kommen, a, o succeed

durchkreuzen cross

durch·nehmen, a, o go through

durchprüfen check carefully

durchqueren cross

die **Durchreise, -n** journey (passing
through)

durch·reißen, i, i tear (in two)

durchschauen see through

durchschnittlich average

durch·schreiten, i, i walk through

durch·sehen, a, e look through,
scrutinize

durch·setzen prevail

durchsichtig transparent

durchspielen flash through

durchstehen, a, a withstand, last
out

durch·stoßen, ie, o break through

durchweg ordinarily

durch·weichen soak

durch·wühlen rummage through

durch·ziehen, o, o move through

durchzucken flash through

sich **durch·zwängen** force one's
way through

dürftig insufficient, puny, thin

dürr lean, withered

der **Durst** thirst; **dursten** thirst

düster gloomy, sad, dour

das **Dutzend, -e** dozen; **dut-zendmal** a dozen times

eben just; **ebenfalls** likewise, too, also; **ebenso** in the same way, just as; **ebenso wie** just as; **ebensolcher** just the same, equal; **ebensowenig** just as little
die **Ebene, -n** plain, expanse
echt genuine; die **Echtheit** genuineness
die **Ecke, -n** corner; **eckig** angular
der **Edelstein, -e** gem
der **Edle, -n, -n** noble
ehe before; **ehemalig** former; **ehemals** formerly; **eher** rather, sooner
die **Ehe, -n** marriage; der **Ehemann, ⸗er** husband, married man; das **Ehepaar, -e** married couple
ehern bronze
die **Ehre, -n** honor; **zu Ehren** in honor of; die **Ehrfurcht** awe, respect; **ehrlich** honorable, honest; die **Ehrlichkeit** honesty; **ehrwürdig** venerable
das **Ei, -er** egg
die **Eiche, -n** oak tree
die **Eifersucht** jealousy; **eifersüchtig** jealous
eifrig eager, zealous
eigen own; **ihnen eigen sein** be peculiar to them; die **Eigenart, -en** peculiarity; **eigenartig** peculiar, strange; **eigensinnig** stubborn; **eigenständig** independent; **eigentlich** actually, really; das **Eigentum, ⸗er** possession; **eigentümlich** peculiar; **eigenwillig** willful, self-willed
die **Eile** haste; **eilen** hurry; **eilends** quickly; **eilig** rapidly; **eilig haben** be in a hurry

ein·atmen inhale
sich **ein·bilden** imagine; die **Einbildung, -en** delusion; die **Einbildungskraft** imagination
ein·brechen, a, o break through; der **Einbrecher, -** burglar
ein·bringen, a, a bring in
ein·dämmen stop, dam
ein·drängen push forward
sich **ein·dringen, a, u** intrude, invade; **eindringlich** impressive; der **Eindringling, -e** intruder
der **Eindruck, ⸗e** impression; **eindrucksvoll** impressive
mit einemmal suddenly
einerlei immaterial, all the same
einerseits on the one hand
einfach simple
ein·fallen, ie, a occur, attack, interrupt; **eingefallen** sunken
ein·fassen include, enclose
ein·fließen, o, o flow
ein·flößen give
ein·führen institute
der **Eingang, ⸗e** entrance
die **Eingebung, -en** inspiration
eingefallen sunken
ein·gehen, i, a . . . **auf** enter into particulars about; **eingehend** in detail, exhaustive
eingereicht entered (a complaint)
eingesessen established
ein·gestehen, a, a confess
eingeworfen broken
einher·fahren, u, a move along
ein·holen catch up
ein·hüllen wrap, envelop
einig werden reach an agreement; sich **einigen** agree
einige several, a few
einigermaßen to some extent
der **Einkauf, ⸗e** purchase; **ein·kaufen** buy

ein·kochen can (i.e., preserve)

ein·kreisen encircle

ein·laden, u, a invite; die Einladung, -en invitation

sich ein·lassen, ie, a venture, have to do with

ein·laufen, ie, au pull in, arrive

ein·leiten introduce; einleitend introductory

ein·leuchten become evident or clear

einmal once, sometime; auf einmal suddenly; mit einmal suddenly; mit einemmal suddenly; nicht einmal not even

ein·nehmen, a, o earn

die Einöde, -n desert, solitude

ein·packen pack

ein·quartieren give a room, quarter

ein·räumen grant

sich ein·reden convince oneself of

ein·reichen hand in, present

ein·richten set up, furnish, establish; die Einrichtung, -en furnishing, adjustment

einsam lonely, alone; die Einsamkeit solitude

ein·säumen surround

ein·schalten add, insert

ein·schätzen appraise; die Einschätzung, -en appraisal

ein·schenken pour

ein·schieben, o, o insert, interpolate

ein·schießen, o, o contribute, put in (money)

ein·schlafen, ie, a fall asleep; einschläfernd drowsy, soporific

ein·schlagen, u, a hit, set (a pace), shake hands

ein·sehen, a, e understand

einseitig one-sided

ein·setzen begin, put into service

die Einsicht, -en insight

einsilbig monosyllabic

ein·sortieren sort out

ein·sperren lock up

ein·sprechen, a, o . . . auf speak to; der Einspruch, ²e protest

einst once, one day, someday

ein·steigen, ie, ie board, get on, climb in, get in

ein·stellen stop, adjust; modern eingestellt progressive; sich ein· stellen appear, present oneself

einstig former

ein·stürzen fall upon

eintönig monotonous

ein·tragen, u, a record

ein·treffen, a, o arrive

ein·treten, a, e enter, set in; der Eintritt, -e admission, advent, entrance

einverstanden sein be in agreement with; das Einverständnis, -se consent, understanding

der Einwand, ²e objection; einwenden object, oppose

ein·wickeln wrap up

der Einwohner, - inhabitant

der Einzelbericht, -e detail

die Einzelheit, -en detail

einzeln single; das Einzelne detail; bis ins Einzelne in every detail

die Einzelzelle, -n single cell

ein·ziehen, o, o draw in, enter, move in

einzig only, simple, unique; einzigartig unique

das Eisen iron; eisern iron, hard

die Eisenbahnstunde, -n hour by train

der Ekel loathing

das Elend misery; elend pitiful, miserable

in Empfang nehmen accept; empfangen, i, a receive; das

Empfangszimmer, - reception room

die **Empfehlung, -en** recommendation

empfinden, a, u feel, experience; die **Empfindsamkeit** sensitivity; die **Empfindung, -en** feeling, sensation

empor·blicken look up; **empor· gehen, i, a** go up; **empor· heben, o, o** raise, lift, elevate; **empor·raffen** gather up; **empor· schauen** look up; **empor· steigen, ie, ie** rise, climb up; **empor·ziehen, o, o** pull up

empören enrage; **empört** indignant; die **Empörung, -en** indignation, rebellion

das **Ende, -n** end; **letzten Endes** in the final analysis; **endlich** final, finally

eng close, tight; **engherzig** strait-laced

der **Engel, -** angel

das **Enkelkind, -er** grandchild

entdecken discover; die **Entdek·kung, -en** discovery

entfachen kindle, inflame, arouse

entfahren, u, a escape

entfallen, ie, a fall from

entfalten develop, unfold, reveal

entfernen remove; sich **entfernen** retire, withdraw, leave, escape; **entfernt** distant; die **Entfernung, -en** distance

die **Entfesselung** release, relaxation

entfliehen, o, o flee

entflutschen get away

entgegen toward, contrary to; **entgegen·heben, o, o** hold up; **entgegen·nehmen, a, o** accept; **entgegen·schreiten, i, i** stride toward, advance toward; **ent·gegen·starren** stare back at one;

entgegen·treten, a, e walk toward

die **Entgegnung, -en** retort

enthalten, ie, a contain; sich **enthalten** refrain from

entkleiden undress

entkommen, a, o escape

entkräften weaken

entlang along; **entlang·gleiten, i, i** glide along; **entlang·laufen, ie, au** run down, run along; **ent·lang·stürmen** dash along

entlarven unmask

entlassen, ie, a discharge, let go, dismiss; die **Entlassung, -en** discharge, dismissal

entlasten ease, unburden

sich **entledigen** rid oneself of

entlegen remote, distant

entnehmen, a, o understand, gather, conclude

entreißen, i, i tear away from

entrichten pay

entrinnen, a, o escape, run away

sich **entscheiden, ie, ie** resolve, decide; **entscheidend** decisive; **entschieden** definite, decisive; die **Entschiedenheit** firmness, determination

sich **entschließen, o, o** decide, determine; der **Entschluß, ⁼e** decision; **einen Entschluß fassen** make up one's mind

entschlüpfen escape

entschuldigen apologize, make excuses for

entschwinden, a, u disappear

entsetzen horrify; das **Entsetzen, -** horror; **entsetzlich** terrible, horrible

entspinnen, a, o arise, develop

entsprechen, a, o correspond to, conform to

entspringen, a, u come from, derive from

entstammen derive from

entstehen, a, a be formed

enttäuschen disappoint; die Enttäuschung, -en disappointment

entvölkern depopulate

entweder either

entweichen, i, i escape

entwerten depreciate

entwickeln develop; die Entwicklung, -en development

entwurzeln uproot

entziehen, o, o withdraw

entzücken charm, delight

entzünden ignite, catch fire

entzwei·schlagen, u, a break in two

erbärmlich wretched

der Erbe, -n, -n heir; erben inherit; die Erbschaft, -en inheritance

erbeben vibrate

erbeuten capture, catch

erbittern irritate, incense

erblicken catch sight of

erbost vexed

sich erbrechen, a, o vomit

der Erdboden earth; das Erdenland earth; die Erdhölle hell on earth; das Erdreich soil, earth

erdulden endure

sich ereignen happen, take place; das Ereignis, -se event

ererben inherit

erfahren, u, a learn, find out, experience; die Erfahrung, -en experience; in Erfahrung bringen learn

erfinden, a, u invent

erfolgen ensue; der Erfolg, -e success; erfolgreich successful

erfreuen please; sich erfreuen rejoice; erfreulich delightful

erfrieren, o, o freeze to death

erfrischend refreshing

erfüllen fill, fulfill, make good

sich ergeben, a, e result, yield

sich ergießen, o, o overflow

erglänzen shine

ergrauen turn gray

ergreifen, i, i seize, grasp, grip, touch, affect, take up, attack

erhalten, ie, a receive, hold, contain, support; (p.p.) preserved

erheben, o, o lift, raise; sich erheben get up, arise; erheblich considerable

erhellen illuminate, brighten

erhöhen raise

sich erholen recover

erinnern remind; sich erinnern remember; die Erinnerung, -en memory; sich in Erinnerung rufen recall

die Erkältung, -en cold

erkaufen buy

erkennen, a, a recognize, perceive; zu erkennen geben make known; die Erkenntnis, -se understanding, realization

erklären explain, declare; die Erklärung, -en explanation

erklimmen, o, o ascend

erklingen, a, u resound, sound

erkranken fall ill; die Erkrankung, -en illness

sich erkundigen inquire

erlahmen flag, weaken

erlauben permit

erläutern explain

erleben experience; erlebenswert worthwhile; das Erlebnis, -se experience

erledigen settle

erlegen kill, pay

erleichtern ease, relieve; die Erleichterung relief

erleuchtet gay

erliegen, a, e succumb

erlöschen, o, o go out, be extinguished, wash out

erlösen free, deliver

die Ermattung weariness, fatigue

ermitteln determine, find out; die Ermitt(e)lung, -en inquiry

ermöglichen make possible

ermorden murder

ermuntern animate

sich ermutigen take courage

ernähren feed, support

ernennen, a, a appoint

sich erneuern rejuvenate; die Erneuerung, -en revival, rejuvenation

ernst serious, earnest; ernsthaft serious

die Eroberung, -en conquest

eröffnen open

erproben test

erquicken refresh

erregen excite, arouse; die Erregung, -en excitement

erreichen reach, attain

errichten erect

erröten blush

erschallen resound

erschauen see, behold

erschauern be seized with horror

erscheinen, ie, ie appear; das Erscheinen appearance; die Erscheinung, -en appearance, apparition

erschießen, o, o shoot dead

erschlagen, u, a kill

erschöpfen exhaust; erschöpfend exhaustive

erschrecken, a, o frighten, be startled, start

erschüttern stagger, affect deeply;

die Erschütterung, -en intense emotional experience

ersehnt longed for

ersetzen replace, make up for

ersichtlich evident

erst only, not until, first; fürs erste at first; erst mal first of all

erstarren become numb, grow stiff or motionless; die Erstarrung numbness

erstaunen amaze; erstaunlich amazing

ersteigen, ie, ie climb

ersterben, a, o die away

ersticken suffocate

erstreben strive for

ertappen catch

erteilen give

ertönen resound, sound

ertragen, u, a endure

ertrinken, a, u drown

erwachen awaken; bei Erwachen upon waking up

erwähnen mention

erwärmen interest (someone in something)

erwarten expect, await; die Erwartung, -en expectation; erwartungsvoll expectant

erwecken rouse, awaken

sich erwehren guard against

erweisen, ie, ie reveal, prove, show, do

erweitern expand, enlarge

der Erwerb, -e acquisition, profit; sich erwerben, a, o win, acquire, gain

erwidern answer, reply

erwünschen wish

erzählen tell, relate; die Erzählung, -en tale

erzeugen produce

erziehen, o, o train, raise, bring up;
die Erziehung education
erzielen strive after, aim at
erzittern vibrate
sich erzwingen, a, u force, wrest
for oneself
das Essen food, meal
etliche a few
das Etui, -s case
etwa about, perhaps
etwas something, some, somewhat
eventuell possibly
ewig eternal, for a long time; seit
ewig forever; die Ewigkeit
eternity
die Exaltation excitement

fabelhaft incredible
die Fabrik,-en factory; fabrikar-
tig factorylike; der Fabrikhof,
≠e factory yard
fächeln fan
fade insipid, dull
fähig capable; die Fähigkeit, -en
ability, capability
fahl pale; fahlgrau pale gray
fahrbar mobile; fahren, u, a
move, travel, reach, drive; durch
den Kopf fahren occur; in
jemanden fahren to come over
someone; der Fahrer, - driver;
der Fahrgast, ≠e passenger; der
Fahrplan, ≠e timetable; der
Fahrschein, -e ticket; die Fahrt,
-en trip
das Fährboot, -e ferry; das Fährunglück, -e ferry accident
falb fallow, pale yellow
der Fall, ≠e case; auf jeden Fall in
any case
fallen, ie, a fall; da fiel ein Schuß
there was a shot; einem ins

Wort fallen interrupt someone;
über einen her·fallen assail
someone
fällig due, in order
falls unless, in case
fälschen falsify
die Falte, -n wrinkle; falten fold
der Familienschmuck family jewels
fangen, i, a catch
die Farbe, -n color, paint; färben
color
das Farnfeld, -er field of ferns
faseln blabber
faßbar comprehensible; fassen
grasp, seize, comprehend; Fuß
fassen get a footing; das Herz
fassen take courage; ins Auge
fassen look at; fassungslos dis-
concerted
fast almost
fauchen spit, snarl, whiz, hiss
faul lazy, rotten; der Faulenzer, -
idler; die Faulheit laziness
die Faust, ≠e fist
fehlen miss, be lacking, ail
der Fehler, - fault, mistake, error
der Fehlschlag, ≠e failure
die Feier, -n ceremony; feierlich
solemn; die Feierlichkeit, -en
solemnity; feiern celebrate,
honor; der Feiertag, -e holiday
fein elegant, light, delicate; die
Feinheit, -en subtlety
der Feind, -e enemy; feindselig
hostile
das Fell, -e fur, hide
der Fels, -en, -en cliff; das Fels-
gebiet, -e rocky area; die Fels-
wand, ≠e rock wall
die Fensterbank, ≠e windowsill;
das Fensterbrett, -er windowsill;
der Fensterhocker, - man sitting
at the window; der Fensterladen,
≠ window shutter; die Fenster-
scheibe, -n windowpane

die **Ferien** (*pl.*) vacation; der **Ferienreisende, -n, -n** vacationer

fern distant, far; **fern halten, ie, a** keep away; **fern·bleiben, ie, ie** stay away; die **Ferne, -n** distance

fertig ready, finished; **fertig bringen** accomplish, bring about; **fertig werden mit** manage, come to terms with; **fertig·machen** get ready

fesseln bind, fetter; die **Fesselung, -en** fettering, chaining

fest firm, strong, solid; **fest·halten, ie, a** hold fast, record; **festigen** settle, establish; **fest·legen** determine, plan, hold in place; **fest·nehmen, a, o** seize, arrest; sich **fest·setzen** settle; **fest·stehen, a, a** stand firm; **fest·stellen** confirm, ascertain, determine; die **Feststellung, -en** claim

das **Fest, -e** party, festival; **festlich** festive

fettarm watery (i.e., with little fat)

feucht damp; **feuchtkalt** clammy

das **Feuerrad, ⸚er** pin wheel; der **Feuerschein** firelight; das **Feuerwerk, -e** fireworks; das **Feuerzeug, -e** lighter

fieberhaft, fiebernd, fiebrig feverish

die **Filmgesellschaft, -en** motion picture company; das **Filmschauspielerehepaar** married pair of movie actors

finnisch from Finland, Finnish

finster dark, sad; die **Finsternis, -se** darkness

fixieren settle, establish; **jemanden fixieren** stare at someone

flach shallow, flat; die **Fläche, -n** surface

flackern flicker; **flackrig** flickering

die **Flak** antiaircraft artillery

flanieren saunter

die **Flasche, -n** bottle

flattern flutter

flau slack

der **Fleck, -en** spot

die **Fledermaus, ⸚e** bat

flehen supplicate, plead; **flehentlich** imploring

der **Fleischer, -** butcher; der **Fleischhauer, -** butcher; die **Fleischlieferung, -en** meat delivery

fleißig diligent, busy

flicken mend, patch

fliegen, o, o fly; der **Flieger, -** pilot

fliehen, o, o flee

fließen, o, o flow

flimmern glisten

flink quick

die **Flinte, -n** rifle; der **Flintenlauf, ⸚e** gun barrel; der **Flintenschuß, ⸚e** rifle shot

die **Flöte, -n** flute, organ flute stop

der **Fluch, ⸚e** curse, oath; **fluchen** curse

die **Flucht, -en** flight; **flüchtig** hasty

der **Flügel, -** wing; der **Flügelschlag, ⸚e** beat of wings; die **Flügelspitze, -n** wing tip

die **Fluggesellschaft, -en** airline; der **Flughafen, ⸚** airport; die **Flugzeit, -en** flight time; das **Flugzeug, -e** airplane; das **Flugzeuggebrumm** sound of airplanes

der **Flur, -e** hall

der **Fluß, ⸚e** river

die **Flüssigkeit, -en** liquid

flüstern whisper

die **Flut, -en** water

die **Folge, -n** result, sequence,

succession, sequel; **zur Folge haben** result in

fordern demand; die **Forderung, -en** demand

das **Format** stature

die **Formel, -n** formula

das **Formular, -e** form

der **Forst, -e** forest

fort·bringen, a, a transport, take away; **fort·fahren, u, a** continue, proceed; **fort·führen** take away; **fort·kommen, a, o** go away; **fort·kriegen** get rid of, chase away; **fort·lassen, ie, a** leave out, let go; **fort·scheren** "beat it"; **fort·schreiten, i, i** progress; **fortschrittlich** progressive; **fort·setzen** continue; **fort·wischen** wipe out; **fort·ziehen, o, o** pull, draw away

der **Frack, ⸚e** evening dress; das **Frackhemd, -en** dress shirt

fragwürdig dubious, questionable

der **Franzose, -n, -n** Frenchman; **französisch** French

frech impudent, bold; die **Frechheit** insolence

frei free, open; das **Freie** the open country; **frei·geben, a, e** release, give up; **frei·haben** have free; **frei·lassen, ie, a** release; **freilich** of course; **freimütig** frank; **frei·sprechen, a, o** acquit; der **Freispruch, ⸚e** acquittal; **frei·stehen, a, a** be free; **es steht einem frei** one may, one is at liberty

fremd foreign, strange; **fremdartig** strange; **in der Fremde** abroad; der **Fremde, -n, -n** stranger, foreigner; die **Fremdheit** strangeness

frenetisch frantic

fressen, a, e eat (said primarily of animals)

die **Freude, -n** joy

freuen please; das **Freuen** happiness; sich **freuen an** enjoy; sich **freuen auf** look forward to

der **Friede(n)** peace; der **Friedhof, ⸚e** cemetery; die **Friedhofmauer, -n** cemetery wall; **friedlich** peaceful

frieren, o, o freeze, be cold

die **Frische** freshness; **frischgedruckt** freshly printed

froh happy, glad; **fröhlich** gay, merry

fromm pious

die **Front, -en** (military) front, façade

der **Frosch, ⸚e** frog

frösteln shiver; **frostzitternd** shivering

die **Frucht, ⸚e** fruit, crop; **fruchtbar** fertile, fruitful; **fruchtlos** futile

die **Frühe** early morning; **früher** former, formerly; der **Frühherbstnebel** early fall fog; das **Frühjahr** spring; das **Frühstück, -e** breakfast; **frühzeitig** early, premature

fügen mold, form

führen carry, lead, keep, manage; der **Führer, -** leader; die **Führung** conduct, management

die **Fülle** abundance, number

das **Füllen, -** foal

der **Funke, -n, -n** spark; **funkeln** sparkle

die **Furcht** fear; **furchtbar** terrible; **fürchten** fear; sich **fürchten** be afraid; **furchterregend** fear-instilling; **furchtlos** fearless

der **Fürst, -en, -en** prince

zu Fuß on foot; der **Fußtritt, -e** footstep

das **Futter** fodder; **füttern** feed (an animal)

gähnen yawn
gallertartig gelatinous
der **Gang, ⁼e** hall, passage, cadence, aisle, flow, walk; **im Gange** in progress; die **Gangart, -en** way of walking; das **Gangwerk, -e** works, gears
ganz quite, whole; das **Ganze** the whole; **gänzlich** entirely
gar even, at all
die **Garderobe, -n** dressing room (in a theater), checkroom
die **Gartenlaube, -n** summerhouse; der **Gartenzaun, ⁼e** garden fence
die **Gärtnerei, -en** nursery
gasig gaseous; die **Gasmauer, -n** wall of gas; die **Gasschicht, -en** layer of gas
das **Gäßchen, -** lane; die **Gasse, -n** alley, narrow street
der **Gast, ⁼e** guest; der **Gästekörper** group of guests; die **Gastgeberin, -nen** hostess; das **Gasthaus, ⁼er** inn; der **Gasthof, ⁼e** inn; die **Gastlichkeit** hospitality; der **Gastwirt, -e** innkeeper
die **Gattin, -nen** wife
gealtert aged
die **Gebärde, -n** gesture; sich **gebärden** behave, act
das **Gebaren** conduct
gebären bear, produce, bring forth
das **Gebäude, -** building
das **Gebell** barking
das **Gebiet, -e** district, area, field
gebieterisch imperious, dictatorial
das **Gebirge** mountains
geblümt flowered
geboren born
der **Gebrauch, ⁼e** custom, use; **gebräuchlich** customary

gebrechlich fragile
die **Geburt, -en** birth
das **Gedächtnis, -se** memory
der **Gedanke, -n, -n** thought; sich **Gedanken machen** worry; **gedankenlos** empty, thoughtless
gedeihen grow
gedenken, a, a intend, plan, have in mind, remember
das **Gedicht, -e** poem
das **Gedränge** dilemma, difficulty
das **Gedröhn** boom, booming
die **Geduld** patience; der **Geduldete, -n, -n** one who is tolerated
geeignet suited
die **Gefahr, -en** danger; **gefährden** endanger; die **Gefährdung, -en** danger; **gefährlich** dangerous
der **Gefährte, -n** traveling companion, comrade
gefallen, ie, a please, like; der **Gefallen, -** favor
der **Gefangene, -n, -n** prisoner; das **Gefängnis, -se** prison; **gefängnisartig** prisonlike
gefaßt ready, prepared; **auf etwas gefaßt sein** be prepared for something
gefestigt firm
das **Gefild(e)** landscape
das **Gefühl, -e** feeling; **gefühllos** apathetic
gegen toward, against
die **Gegend, -en** region, area
das **Gegeneinander** opposition
der **Gegensatz, ⁼e** contrast, antithesis
gegenseitig mutual, to one another
der **Gegenstand, ⁼e** object, item
das **Gegenteil** opposite
gegenüber opposite, over and against, compared to; das **Gegenüber, -** (person) opposite;

gegenüberliegend   opposite;
gegenüber·stehen, a, a   face;
gegenüber·treten, a, e   face
die Gegenwart   present, presence;
   gegenwärtig   present, real, actual
die Gegnerschaft   opponent
geheim   secret; die Geheimkunst,
   ⁻e secret art; das Geheimnis, -se
   secret; geheimnisvoll   mysterious
der Gehilfe, -n, -n   assistant
das Gehirn, -e   brain
gehören   belong
die Geige, -n   violin
der Geist, -er   spirit; geistesab-
   wesend   absentminded; geistig
   spiritual, intellectual; geistlich
   religious
das Gejauchze   jubilant shouting
das Geknatter, -   rattle
das Gelächter   laughter
gelähmt   paralyzed; der Gelähmte,
   -n, -n   the paralyzed one
das Geländer, -   railing
gelangen   reach
gelb   yellow; gelbbraun   yellowish
   brown; gelblich   yellowish
das Geld, -er   money; die Geldbörse, -n   purse; geldlich
   financial
die Gelegenheit, -en   occasion,
   opportunity; gelegentlich   occa-
   sionally
geleiten   accompany
das Gelenk, -e   joint
gelernt   experienced
die Geliebte, -n   beloved, lover,
   mistress
gelingen, a, u   succeed
gellen   ring
gelten, a, o   prevail, be valid, be
   considered, be a question of, be
   meant for
das Gemach, ⁻er   room

gemein   common, ordinary
die Gemeinheit, -en   coarseness,
   vileness, meanness
gemeinsam   mutual, together,
   common
die Gemeinschaft, -en   community
das Gemurmel   murmuring
der Gemüsegarten, ⁻   vegetable
   garden
gemütlich   comfortable, genial; die
   Gemütlichkeit, -en   comfort
gen   toward, at
genau   exact, strict, definite; genau
   nehmen   be particular; genauso
   exactly
die Generalprobe, -n   dress rehearsal
genesen, a, e   recover
genial   original, ingenious, striking
genießen, o, o   enjoy
genügen   suffice
das Genußmittel, -   source of
   pleasure
gepflegt   cared for
gepudert   powdered
geradeheraus   directly; geradewegs, geradenwegs   straight;
   geradezu   actually
das Gerät, -e   apparatus; die
   Gerätschaften   implements
geraten, ie, a   get into, fall into,
   become involved in, get, become
geraume   long
geräumig   roomy
das Geräusch, -e   noise, sound;
   geräuschvoll   noisy
gerecht   fair; gerecht werden   do
   justice to
das Gerede   talk, rumor
das Gericht, -e   court; vor Gericht
   in court; die Gerichtsverhand-
   lung, -en   trial, legal proceeding
gering   scanty, little, slight, low
gerötet   flushed
der Geruch, ⁻e   odor, smell

das **Gerücht, -e** rumor
das **Gerüst, -e** scaffold
der **Gesang, ⁼e** singing, song
der **Geschädigte, -n, -n** one who has suffered a loss or an injury
das **Geschäft, -e** business, transaction, store; **geschäftig** busy; die **Geschäftigkeit** businesslike manner; **geschäftlich** commercial; der **Geschäftsmann, -leute** businessman; die **Geschäftsreise, -n** business trip
geschehen, a, e happen; das **Geschehnis, -se** event
gescheit intelligent
das **Geschenk, -e** gift
die **Geschichte, -n** story, history; **Geschichten machen** make a fuss
das **Geschick** skill; die **Geschicklichkeit** skill; **geschickt** skillful
das **Geschirr** dishes; das **Geschirrwaschen** dishwashing
das **Geschlecht, -er** family, race, sex
der **Geschmack** taste
das **Geschöpf, -e** creature
geschult trained
das **Geschütz, -e** cannon
das **Geschwätz, -e** idle talk, chatter
geschweige let alone, not to mention
geschwind fast; die **Geschwindigkeit, -en** speed
die **Geschwister** brothers and sisters
der **Geselle, -n, -n** journeyman
gesellen unite; die **Geselligkeit** sociableness; die **Gesellschaft, -en** society, group, company, party; der **Gesellschafter, -** associate, partygoer, social butterfly
das **Gesetz, -e** law
das **Gesicht, -er** face; die **Gesichtsfarbe, -n** tint, complexion
gespannt eager, intent

das **Gespenst, -er** ghost, apparition; **gespenstig, gespenstisch,** ghostly
gespielt feigned
gespitzt pointed
das **Gespräch, -e** conversation
gesprungen cracked
die **Gestalt, -en** form, figure
das **Geständnis, -se** confession
gestatten permit, grant
die **Geste, -n** gesture
gestehen, a, a confess
gestikulieren gesticulate
gestört out of one's mind
gestreift striped
das **Gestrüpp** undergrowth, brush
gesund healthy; die **Gesundheit** health
das **Getöse** uproar
das **Getränk, -e** beverage, drink
getrauen dare, venture
getreulich faithful
das **Getriebe** transmission
gewachst waxed
gewahr aware of; **gewahren** be aware of, notice
die **Gewalt, -en** force, violence, power; **gewaltig** violent, tremendous, intense; **gewaltsam** forcible
das **Gewand, ⁼er** garment, robe
das **Gewehr, -e** gun
das **Gewicht, -e** weight; **gewichtlos** unimportant
gewiegt clever, experienced
der **Gewinn, -e** profit, prize; **gewinnen, a, o** win, gain
das **Gewinsel** whine
gewiß certain; **gewißermaßen** so to speak
das **Gewissen, -** conscience
sich **gewöhnen** become accustomed; die **Gewohnheit, -en**

habit; **gewöhnlich** usual, ordinary; **gewohnt** accustomed, usual

das **Gewürm** worms

die **Gier** eagerness, greed; **gierig** eagerly, greedy

gießen, o, o pour

das **Gift, -e** poison; **giftgrün** poisonous green; **giftig** poisonous

der **Glanz** gleam, glare, splendor; **glänzen** gleam, glitter, shine

glasen put in a window, glaze; der **Glaser, -** glazier; **gläsern** glassy, crystal-clear; **glasig** glassy; das **Glaskästchen, -** glass box; die **Glasscheibe, -n** pane of glass

das **Glatteis** icy surface

die **Glatze, -n** bald head

glauben believe, think

gleich immediately, same, like, even; **gleich viele** the same number; **gleichen, i, i** resemble; **gleichfalls** also, likewise; das **Gleichgewicht** balance; **gleichgültig** indifferent; die **Gleichgültigkeit** indifference; **gleichmäßig** uniform; **gleichmütig** calm, even-tempered; **gleichsam** as it were; **gleichzeitig** simultaneously

gleiten, i, i glide, slide

der **Gletscher, -** glacier

das **Glied, -er** limb, member

glimmen, o, o gleam

glitzern glitter

das **Glück** luck, good fortune; **zum Glück** fortunately; **glükken** succeed; **glückselig** blissful; der **Glücksfall, ⁔e** stroke of good luck; der **Glückwunsch, ⁔e** congratulation(s)

glühen glow; **glühend** burning hot

der **Goldfischbehälter, -** goldfish bowl

der **Goldgrund, ⁔e** gold background; die **Goldsache, -n** gold object; die **Goldschnur, ⁔e** golden cord; die **Goldwaren** jewelry, golden objects

gottesdienstlich religious

das **Grab, ⁔er** grave; **graben, u, a** dig, engrave, impress; die **Grabesstille** deathly silence; das **Grabgewölbe, -** burial vault; das **Grabmal, -e** tomb

der **Grad, -e** degree

der **Graf, -en, -en** count

gräßlich horrible

grau gray

das **Grauen** horror; **grausam** cruel, horrible, fierce; **grausen** shudder; **grausig** fearful

graziös graceful

greifbar concrete; **greifen, i, i** reach, snatch at; sich **greifen an** clutch at; **greifen nach** reach for

greis hoary; der **Greis, -e** old man; die **Greisin, -nen** old woman

grell glaring, vivid; **grellblau** dazzling blue; **grellfarbig** glaringly colored

der **Griff, -e** handle

grimmig grim, wrathful

grinsen grin

grob rude

der **Groll** resentment; **grollen** be angry

großartig magnificent; die **Größe, -n** size; der **Großmast, ⁔e** mainmast; die **Großstadt, ⁔e** metropolis; die **Großstadtjugend** metropolitan youth; der **Großstadtverkehr** metropolitan traffic; der **Großteil, -e** majority; **großziehen, o, o** raise; **großzügig** magnanimous, generous

die **Grube, -n** ditch, pit, grave
grübeln rack one's brain, brood
der **Grund, ⁼e** reason, cause, ground, bottom (of the sea); **von Grund auf** thoroughly; **gründen** base, establish; sich **gründen auf** be based on; die **Grundlage, -n** foundation; **grundlos** boundless; **grundsätzlich** basic
grunzen grunt
der **Gruß, ⁼e** greeting; **zum Gruß** as a greeting; **grüßen** greet
gucken look, watch, peer
gültig applicable, valid
die **Gunst** favor, grace; **zu Gunsten** in favor of
der **Gürtel** belt; **gürten** gird
gütig kind, benevolent; **gutgehend** successful; **gutmütig** good-natured; **gutwillig** voluntary

habhaft werden, u, o take possession of, get hold of
der **Hafen, ⁼** harbor, haven
hager haggard, thin, lean
der **Hahn, ⁼e** rooster
halber on account of
der **Halbkreis, -e** half circle; **halbwegs** halfway; **halbwüchsig** halfgrown
die **Hälfte, -n** half
hallen resound
der **Hals, ⁼e** throat, neck; das **Halsband, ⁼er** collar
halt after all
der **Halt, -e** support; **halten, ie, a** hold, keep, take, stop; **halten für** consider; **halten von** think of; **halt·machen** stop; die **Haltung** mien, deportment, attitude
der **Hammel, -** ram
hämmern hammer; **vor sich hinhämmern** hammer away
die **Handbewegung, -en** motion

of the hand; die **Handfläche, -n** palm; das **Handgelenk, -e** wrist; **handgroß** size of a hand; die **Handschelle, -n** handcuff; die **Handtasche, -n** purse; das **Handwerk, -e** craft; der **Handwerksbursche, -n, -n** journeyman
sich **handeln um** be a matter of, be about; **handeln von** treat of, deal with; die **Handlung, -en** action, performance
die **Hängematte, -n** hammock
hängen, i, a attach
harnieren urinate
harren wait
hart hard, harsh, close; die **Härte, -n** hardship, harshness; **hartnäckig** obstinate, stubborn; die **Hartnäckigkeit** obstinacy
hassen hate; **häßlich** ugly
hasten hurry, hasten; **hastig** hurriedly
der **Hauch, -e** breath
der **Haufen, -** pile
häufen accumulate, increase
häufig frequently
das **Haupt, ⁼er** head; der **Hauptdarsteller, -** leading actor; die **Hauptnummer, -n** main attraction; die **Hauptsache, -n** the main thing; **hauptsächlich** above all, particularly; die **Hauptstadt, ⁼e** capital
die **Hausecke, -n** corner of the house; der **Hauseingang, ⁼e** house entrance; **hausen** live; der **Haushalt, -e** household; das **Hauswesen, -** household; der **Hauswirt, -e** landlord
die **Haut, ⁼e** skin
heben, o, o lift, raise, take
die **Hecke, -n** hedge

das **Heftchen,** - booklet, theater program
heftig violent, furious, vigorous, intense
hegen nourish, hold
heil unbroken, whole; **heilen** heal, cure
heilig holy, sacred; der **Heilige, -n, -n** saint
das **Heim, -e** home, abode; die **Heimat** homeland, native country, home, home town; das **Heimatdorf, ̈er** home village; **heimisch** native, indigenous; **heim·kehren** return home; **heimlich** quiet, secret; die **Heimlichkeit** privacy, secrecy; die **Heimreise, -n** journey home; **heimwärts** homeward; das **Heimweh** homesickness
heiraten marry; die **Heiratsabsicht, -en** marriage intention
heiser hoarse
heißen, ie, ie be called, mean, command; **das heißt** that is to say; **es heißt** it is said
die **Heiterkeit** cheerfulness
der **Held, -en, -en** hero; der **Heldentod, -e** heroic death
der **Helfershelfer,** - accomplice
hell light, bright, high; die **Helle** light, brightness; die **Helligkeit** brightness, clarity
das **Hellsehen** clairvoyance; die **Hellseherin, -nen** clairvoyant; **hellseherisch** clairvoyant
der **Helm, -e** helmet
das **Hemd, -en** shirt; das **Hemdchen,** - shirt
hemmen restrain, check; das **Hemmnis, -se** check
herab·beugen bend down; **herab·brennen, a, a** burn down;

herab·hängen hang down; **herab·reißen, i, i** tear off; **herab·rieseln** trickle down; **herab·sehen, a, e** look down on; **herab·steigen, ie, ie** come down
heran·brechen, a, o break in upon, dawn, break; **heran·kommen, a, o** approach; sich **heran·schieben, o, o,** push oneself; **heran·schleichen, i, i** creep; **heran·wachsen, u, a** grow up, develop; **heran·winken** beckon on; **heran·ziehen, o, o** pull on, draw
herauf·fluten flow up; **herauf·klettern** climb up; **herauf·kommen, a, o** come up; **herauf·laufen, ie, au** run up; **herauf·locken** lure up; **herauf·quellen, o, o** surge up; **herauf·starren** stare up; **herauf·steigen, ie, ie** well up; **herauf·stieren** stare up; **herauf·tönen** sound from below; **herauf·ziehen, o, o** raise
sich **heraus·arbeiten** work oneself out; **heraus·bekommen, a, o** bring out; **heraus·bringen, a, a** bring forth, bring out; sich **heraus·drängen** force out; **heraus·finden, a, u** discover; sich **heraus·finden, a, u** discover; sich **heraus·finden aus** find one's way out of; **heraus·fordern** provoke; die **Herausgabe, -n** publication; **heraus·holen** take out; **heraus·kommen, a, o** become known, come out, be published; **heraus·kramen** dig out; **heraus·nehmen, a, o** take out; **heraus·ragen** tower above, stand out; **heraus·reichen** hand; **heraus·reißen, i, i** tear out; **heraus·rutschen** slip out, fall out; **heraus·schießen, o, o** shoot out;

heraus·schrauben screw out, remove; heraus·stehen, a, a protrude, stand out; sich heraus·stellen turn out, prove, become evident; heraus·strecken stick out; heraus·streichen, i, i praise, extol; heraus·suchen look for; heraus·wachsen, u, a grow out; heraus·werfen, a, o throw out; heraus·ziehen, o, o pull out

herbei·holen fetch; herbei·laufen, ie, au run up; herbei·schaffen produce; herbei·ziehen, o, o attract

herbestellen order

der Herbstabend, -e autumn evening; die Herbstaster, -n autumn aster

der Herd, -e hearth, fireplace

herein·brechen, a, o break in, rush in; herein·bringen, a, a bring in; herein·dringen, a, u penetrate; herein·führen lead in; herein·lassen, ie, a let in; herein·lugen look in, peer in; herein·spähen look in; herein·stoßen, ie, o push in; herein·treten, a, e enter; herein·wehen blow in

her·fallen, ie, a . . . über come upon; über einen her·fallen assail someone

her·geben, a, e give up

die Herkunft, ⁺e origin

hernach afterward

hernieder·äugen peer down

die Herrenbekanntschaft, -en masculine acquaintance

herrlich magnificent, glorious

die Herrschaften ladies and gentlemen, people

herrschen rule, govern

her·schieben, o, o push along

her·sehen, a, e look

her·stellen produce, set up

her·trotten trot along

herüber·schauen look over; herüber·wehen blow over; herüber·ziehen, o, o waft

herum·blicken look around; herum·fahren, u, a turn around; herum·kommen, a, o travel around, come around; herum·schleichen, i, i creep around, go cautiously; herum·schwingen, a, u swing; herum·sitzen, a, e sit around; herum·steigen, ie, ie climb around; herum·wälzen roll around; sich herum·wenden turn around; sich herum·werfen, a, o throw about or around; herum·winden, a, u wind around

sich herunter·bücken bend down; herunter·drücken push down; herunter·lassen, ie, a lower; herunter·platzen crash down; herunter·reißen, i, i tear down; herunter·schlagen, u, a chop down; herunter·werfen, a, o throw down

hervor·blinzeln squint out; hervor·bringen, a, a produce, say; hervor·gehen, i, a result; hervor·holen take out, produce; hervor·kriechen, o, o creep out from; hervor·laufen, ie, au run out; hervor·pressen force out; hervor·rufen, ie, u cause, create, bring about; hervor·schießen, o, o rush out; hervor·schluchzen sob out; hervor·springen, a, u jump out; hervor·stoßen, ie, o blurt; hervor·treten, a, e stand out, come forward, come to the surface; hervor·ziehen, o, o pull out

auf dem Herzen haben have on

one's mind; **herzhaft** hearty; die
Herzkammer, -n innermost
heart; das **Herzklopfen** thump-
ing of the heart; **herzlich** affectionate, cordial
hetzen pursue
das **Heu** hay; der **Heuschober, -**
haystack
heulen howl
heutig present day
hieher here; **bis hieher** up to
this time
hiernach after this; **hierzulande**
in this country, here
hiesig local
hilfreich helpful
der **Himmel, -** heaven, sky;
himm(e)lisch heavenly
hin und her back and forth
hin und wieder now and again
hinab·beugen bend down; **hinab·
hetzen** run, rush; **hinab·rinnen,
a, o** run down, trickle down;
hinab·schleppen drag down;
hinab·schweben move down;
hinab·starren stare down; **hinab·
steigen, ie, ie** go down; **hinab·
stürzen** fall down
hinan·klimmen, o, o climb up-
ward
hinauf·rollen roll up, go up;
hinauf·schauen look up; **hinauf·
schleichen, i, i** creep up;
hinauf·schreiten, i, i walk up;
hinauf·schweben move up;
hinauf·steigen, ie, ie climb up
hinaus·ekeln drive away; **hinaus·
fahren, u, a** ride out; **hinaus·
gehen, i, a** go beyond; **hinaus·
rudern** row out; **hinaus·
schieben, o, o** postpone; **hinaus·
schmeißen, i, i** throw out; **hinaus·
schwanken** stagger out; **hinaus·

strahlen radiate; **hinaus·strecken**
stick out; **hinaus·tragen, u, a**
carry out; **hinaus·treten, a, e**
step out, walk out; **hinaus·
werfen, a, o** throw out
hin·bestellen arrange to meet
in Hinblick auf with regard to
das **Hindernis, -se** obstacle
hin·deuten point, hint
hindurch·blinzeln blink through;
sich **hindurch·drängen** force
one's way through; **hindurch·
kommen, a, o** make one's way,
escape; **hindurch·schieben, o, o**
push through
hin·eilen hurry
hinein·backen, u, a bake; **hinein·
feuern** fire into; **hinein·gehen,
i, a** enter; **hinein·legen** put in;
hinein·spähen look in; **hinein·
stecken** put in; **hinein·treten,
a, e** enter; **hinein·werfen, a, o**
cast (in)
hin·fahren, u, a move along
hin·fallen, ie, a fall down
hin·flattern flutter
die **Hingabe** abandonment; **hin·
geben, a, e** surrender
hin·gehen, i, a approach
vor sich hin·hämmern hammer
away
hin·hören listen
hin·kommen, a, o come
hin·lächeln smile
hin·laufen, ie, au run
hin·legen put down
hin·nehmen, a, o accept
hin·passen fit in
hinreichend sufficient
hin·reißen, i, i transport, overpower, delight
hin·sagen say
hin·schicken send over
hin·schieben, o, o push over

hin·schlagen, u, a fall down heavily
hin·schweben float
hin·sehen, a, e look
die **Hinsicht, -en** respect, view
hin·sinken, a, u sink down
vor sich hin to oneself
vor sich hin·starren stare straight ahead
sich **hin·stellen** take up position
hin·strecken extend
hin·stürzen tumble down
hinter behind, back; **hinter einem her sein** be after someone
hinterdrein afterward
hintereinander one after the other
der **Hintergedanke, -ns, -n** ulterior motive
der **Hintergrund, ⸗e** background
hinterher afterward, behind; **hinterher·lassen, ie, a** leave behind; **hinterher·laufen, ie, au** run after; **hinterher·traben** trot after
hinterlistig insidious
hin·treiben, ie, ie drive
hin·triefen, o, o drip
hinüber over, on the other side; **hinüber·blicken** glance over; **hinüber·deuten** indicate, motion toward; **hinüber·drängen** force a way through; **hinüber·kommen, a, o** come over; **hinüber·lassen, ie, a** let across, let over; **hinüber·schlüpfen** slip over; **hinüber·sehen, a, e** look over; **hinüber·starren** stare at
hinunter·bringen, a, a accompany, bring down; **hinunter·gehen, i, a** go down, decline; **hinunter·kommen, a, o** come down; **hinunter·setzen** reduce, lower
hinweg·kommen, a, o get over; **hinweg·sehen, a, e** see past, see over; **hinweg·steigen, ie, ie** step over

hin·weisen, ie, ie . . . auf point out; sich **hin·werfen, a, o** throw oneself down; **hin·zerren** pull, drag; **hin·ziehen, o, o** attract
hinzu·fügen add; **hinzu·ziehen, o, o** consult; die **Hinzuziehung, -en** consultation
das **Hirn, -e** brain
die **Hitze** heat
die **Hochebene, -n** tableland; **hoch·fahren, u, a** start, be startled; das **Hochgefühl, -e** feeling of exultation; **hochgelegen** situated on high ground, lofty; **hochgezwirbelt** turned up; **hoch·halten, ie, a** hold up; **hochherzig** noble-minded; **hoch·krempeln** turn up; **höchlich** greatly, mightily; der **Hochmut** pride; **hochmütig** haughty, arrogant; **hoch·nehmen, a, o** lift; **hoch·ragen** tower; **hoch·stellen** put up, place high; **höchst** extremely; **höchstenfalls, höchstens** at best; die **Hochstimmung** high spirits, gay mood; die **Hochzeit, -en** wedding
hocken squat, sit
der **Hof, ⸗e** farm, yard, courtyard
hoffen hope; die **Hoffnung, -en** hope; die **Hoffnungslosigkeit** hopelessness
höflich polite; die **Höflichkeit, -en** courtesy, politeness
die **Höhe, -n** height, mountaintop, intensity; der **Höhepunkt, -e** peak, high point
die **Hoheit** majesty
hohl hollow
die **Höhle, -n** cave, socket

die **Hütte, -n** hut

der **Hohn** scorn, disdain; **höhnisch** scornful

hold gentle; **jemandem hold sein** like someone

holen get, fetch, take

die **Hölle** hell; die **Höllenschwärze** blackness of hell

das **Holz** wood; **Holz hacken** chop wood; **hölzern** wooden; das **Holzpferd, -e** wooden horse; das **Holzrad, ⸗er** wooden wheel; der **Holzschrank, ⸗e** wooden cupboard; die **Holzschranke, -n** wooden fence; der **Holzstapel, -** woodpile; der **Holzstuhl, ⸗e** wooden chair; die **Holztreppe, -n** set of wooden steps

homogen homogeneous

hörbar audible; **hören** hear; **hören auf** answer to; der **Hörer, -** telephone receiver

horchen listen

die **Hose, -n** pair of trousers; das **Hosenbein, -e** trouser leg

hübsch nice, pretty, handsome

der **Hubschrauber, -** helicopter

das **Hufgetrampel** trampling of hoofs

die **Hüfte, -n** hip

der **Hügel, -** hill

hüllen wrap

das **Hundebein, -e** dog's leg

hundertfach, hundertfaltig a hundred times, hundredfold

hüpfen hop

hurtig hasty

husten cough; der **Hustenanfall, ⸗e** attack of coughing

der **Hut, ⸗e** hat; der **Hutrand, ⸗er** hat brim

hüten guard, keep; sich **hüten vor** guard against

ihrerseits for their part

immer always; **immerdar** always; **immerfort** continually; **immerhin** anyway, at any rate; **immerwährend** endless, perpetual

imstande sein can, be able

die **Inbrunst** ardor, fervor

indes while; **indessen** meanwhile, in the meantime, however

indisch Indian

ineinander·ringen, a, u twist

infolgedessen as a result

der **Inhalt, -e** contents

inmitten in the midst of

innehalten, ie, a stop, pause

der **Innendienst, -e** duty in the city

die **Innenstadt** center of the city

das **Innere** inside, interior

innerhalb inside of; **innerlich** inner, internal; **innerst** inmost

innig sincere, ardent, hearty, soft

der **Insektenstich, -e** insect bite

die **Insel, -n** island

insgeheim secretly

insonderheit especially

inwiefern in what way

inzwischen meanwhile

irdisch earthly

der **Ire, -n** Irishman

irgend any, some; **irgendein** some kind of; **irgendwelcher** any kind of; **irgendwie** somehow; **irgendwo** somewhere, anywhere

sich **irren** make a mistake; **irrsinnig** mad, insane; der **Irrtum, ⸗er** error

die **Jacke, -n** jacket

die **Jagd, -en** hunt; **jagen** hunt, chase, race; der **Jäger, -** hunter

jäh sudden

das **Jahrhundert, -e** century; das **Jahrzehnt, -e** decade

jammern moan, wail; **jämmerlich** pitiful, miserable; der **Jammerschrei, -e** scream

jauchzen cheer, rejoice

jazzartig jazzlike

je ever

jedenfalls in any case; **jederzeit** at any time; **jedesmal** every time

jedoch however

jeglich each, every, all

jemals ever

jenseitig opposite, on the other side; **jenseits** beyond

jetzig present

johlen scream

jubeln cheer

jucken itch

die **Jugend** youth; **jugendlich** youthful; die **Jugendliebe, -n** early love, old sweetheart

die **Jungfer, -n** virgin, maid; **alte Jungfer** old maid

die **Jungfrau, -en** virgin

der **Jüngling, -e** youth

der **Jurist, -en, -en** lawyer

die **Kaffeegesellschaft, -en** coffee party; der **Kaffeetisch, -e** coffee table

kahl bare

der **Kahn, -e** boat, skiff

kaiserlich imperial

die **Kajüte, -n** cabin; das **Kajütendach, -er** cabin roof; der **Kajüteneingang, -e** cabin entrance; die **Kajütentreppe, -n** cabin stairs

die **Kälte** cold

die **Kameraderie** friendship

kämmen comb; sich **kämmen** comb one's hair

die **Kammer, -n** chamber, room

der **Kampf, -e** contest, fight, action; **kämpfen** fight, struggle; **kämpferisch** pugnacious

das **Kaninchen, -** little rabbit

der **Kapellmeister, -** orchestra conductor

kaputt ruined, destroyed, broken

die **Karte, -n** ticket; das **Kartenspiel, -e** deck of cards

das **Kartoffelkraut, -er** potato stalks; die **Kartoffelsuppe, -n** potato soup

der **Karton, -s** cardboard box

das **Karussell, -e** merry-go-round

der **Käse, -** cheese

das **Kästchen, -** small box; der **Kasten, -** box

kauern crouch

der **Käufer, -** buyer; der **Kaufmann, -leute** merchant; der **Kaufpreis, -e** sales price

kaum scarcely

keck pert, dashing

der **Kegel, -** cone; die **Kegelbahn, -en** bowling alley

keinerlei none whatsoever, no . . . whatsoever; **keinesfalls** by no means; **keineswegs** by no means

der **Kellner, -** waiter; die **Kellnerin, -nen** waitress

kennen, a, a know; **kennenlernen** become acquainted with; der **Kenner, -** expert, connoisseur; **kenntlich** recognizable; die **Kenntnis, -se** information; die **Kenntnisnahme** cognizance, acknowledgment; **kennzeichnen** mark

kentern capsize

der **Kerl, -e** fellow

der **Kern, -e** core, heart, kernel; **kerngesund** thoroughly sound

die **Kerze, -n** candle

der **Kessel,** - kettle, boiler

die **Kette, -n** chain

keuchen pant, gasp

der **Kiefer,** - jaw

das **Kind, -er** child; **von Kind auf** from childhood; der **Kinderkorb, ⁼e** bassinet; die **Kindersehnsucht, ⁼e** longing of childhood; **kindisch** childish; **kindlich** childlike

das **Kinn, -e** chin; der **Kinnbart, ⁼e** goatee

die **Kirsche, -n** cherry

der **Kittel,** - smock

die **Klage, -n** lament, complaint; **klagen** lament, complain; **kläglich** miserable, wretched

klammern grip; sich **klammern an** cling to

der **Klang, ⁼e** sound; **klanggewohnt** accustomed to sound; **klangvoll** sonorous

die **Klappe, -n** opening with a swinging flap

klappern click, rattle

klar clear; sich **über etwas klar sein** understand; **klären** clarify; sich **klären** become clear; **klärend** enlightening; die **Klarheit** clarity

klatschen clap, applaud

das **Klavier, -e** piano; die **Klavierpädagogin, -nen** piano teacher

kleben stick; **klebrig** sticky

das **Kleid, -er** piece of clothing; **kleiden** dress; der **Kleiderschrank, ⁼e** wardrobe, closet

die **Kleinigkeit, -en** little thing; **kleinlich** petty, trivial; die **Kleinlichkeit, -en** pettiness, littleness; **klein machen** chop up

klemmen clasp, press

klettern climb

das **Klima, -s** climate

klingeln ring; die **Klingelschnur, -en** bell cord

klingen, a, u sound, ring

die **Klinke, -n** latch; **klinken** press the latch

klirren clatter, rattle

klopfen knock, slap, hit, tap

klug clever

knabbern chew

der **Knabe, -n, -n** boy

knacken crack; die **Knackwurst, ⁼e** a type of sausage

der **Knall, -e** bang; **knallen** crack, snap, fire (a gun)

knallrot flaming red

knapp close, scarce, terse

knarren creak, squeak

knattern crack, rattle

die **Knechtschaft** servitude

das **Knie, -e** knee; **knien** kneel

knistern rustle, crackle

knittern crackle

der **Knochenmeißel,** - bone chisel; **knöchig** bony

der **Knopf, ⁼e** button

knüpfen join, fasten; sich **knüpfen an** be associated with

knurren growl

der **Knüttel,** - cudgel

kochen boil

der **Koffer,** - suitcase

der **Kognac** cognac

der **Kollege, -n, -n** colleague

komisch strange

kommen, a, o come, happen; **zu sich kommen** come to

die **Kommode, -n** bureau, chest of drawers

die **Komödie, -n** play

der **Komplex, -e** complex, whole

der **Komplice, -n, -n** accomplice

der **König, -e** king

die **Konservendose, -n** tin can

das **Konversationshaus, ⁼er** social center

das **Kopfnicken, -** nod of the head
der **Korallenschiffer, -** coral boat
der **Korb, ⸚e** basket
das **Korn, ⸚er** grain, seed
korpulent corpulent
korrigieren correct
die **Kostbarkeit, -en** jewel, valuable(s); **kosten** cost; die **Kosten** expenses
die **Kostümangelegenheit, -en** matter of costume
krachen crash
krächzen croak
die **Kraft, ⸚e** strength, power; das **Kraftwerk, -e** power station
der **Kragen, -** collar
die **Krähe, -n** crow; **krähen** crow, speak with a shrill voice; die **Krähenfeder, -n** crow's feather; die **Krähensorte, -n** kind of crow
die **Kralle, -n** claw; **krallen** claw
der **Krampf, ⸚e** cramp, spasm; **krampfhaft** convulsive
die **Krankheit, -en** illness; die **Kränkung, -en** annoyance, grief
kratzen scratch
kraxeln climb
kreideweiß chalk white
der **Kreis, -e** circle; **kreisen** circle, revolve
das **Kreuz, -e** cross; die **kreuz und quer** in all directions; **kreuzen** cross
kriechen, o, o creep, go slowly
der **Krieg, -e** war; der **Krieger, -** warrior
kriegen get
der **Kristallüster, -** crystal chandelier
die **Kritik, -en** criticism
krönen crown
der **Krug, ⸚e** jug
der **Kübel, -** bucket
die **Küche, -n** kitchen; der **Kü-**

chenherd, -e kitchen stove; das **Küchenmädchen, -** kitchen maid; der **Küchentisch, -e** kitchen table; der **Küchenwecker, -** kitchen alarm clock
die **Kugel, -n** bullet, sphere, (terrestrial) globe, ball
die **Kühle** coolness; der **Kühlschrank, ⸚e** refrigerator
kühn bold
das **Küken, -** chick
der **Kummer** sorrow, concern; **kümmerlich** wretched, miserable; **kümmern** worry, trouble, concern; sich **kümmern um** concern oneself with
der **Kumpane, -n, -n** companion
der **Kunde, -n, -n** customer
die **Kunde** news
die **Kunst, ⸚e** art; der **Kunstkritiker, -** art critic; der **Künstler, -** artist; die **Künstlernatur, -en** artistic temperament; **künstlich** artificial; das **Kunststück, ⸚e** trick; **kunstvoll** intricate, complicated, ingenious
kupfern copper
die **Kurbel, -n** crank
der **Kurs, -e** course
der **Kurzstreckenläufer, -** sprinter
kurzweg simply
der **Kuß, ⸚e** kiss; **küssen** kiss
die **Küste, -n** coast
das **Kuvert, -e** envelope

lächeln smile; **lächerlich** absurd, ridiculous; die **Lächerlichkeit, -en** absurdity
lackieren lacquer
die **Lade, -n** drawer
der **Laden, ⸚** shop

der **Laden,** - window shutter, blind

laden, u, a invite, charge with electricity

die **Lage, -n** situation

lagern camp, orient

lahm lame; **lähmen** lame, paralyze

die **Landschaft, -en** landscape, district; der **Landschaftsmaler,** - landscape painter; die **Landzunge, -n** spit of land

lange for a long time; die **Länge, -n** length; **langgezogen** long drawn out; **langsam** slow; **längst** long ago, long since; der **Langstreckenlauf, ⸚e** long-distance race; **langweilig** boring

der **Lärm** noise; **lärmen** make noise

die **Larve, -n** mask

die **Last, -en** burden

die **Lästigkeit, -en** annoyance

der **Lastwagen,** - truck

der **Lateiner** Latinist; der **Lateinschüler,** - Latin student

lau mild

das **Laub** leaves

die **Laube, -n** summer house

lauern lurk, lie in wait

der **Lauf, ⸚e** course; die **Laufbahn, -en** career; der **Laufbursche, -n, -n** errand boy, bellboy; das **Laufgitter,** - playpen

die **Laune, -n** mood; **launisch** moody

lauschen listen; der **Lauscher,** - eavesdropper

der **Laut, -e** sound; **läuten** ring; das **Läutesignal, -e** horn (sound signal); **lautlos** silent, soundless

lauter only, nothing but

läutern purify, purge

leben live; **lebendig** lively; die

Lebendigkeit liveliness; die **Lebensauffassung, -en** approach to life; die **Lebensaufgabe, -n** life's work; das **Lebensgefühl, -e** attitude toward life; der **Lebensgeist, -er** animal spirit, life; **lebenskräftig** vigorous; das **Lebensschicksal, -e** fate; **lebensträge** lazy; der **Lebensunterhalt** support; die **Lebensweise, -n** way of life; das **Lebewesen,** - living creature; **lebhaft** lively, sprightly; **leblos** lifeless; die **Lebzeit, -en** life

lecken lick

die **Lederfabrik, -en** leather-goods factory

lediglich merely

leer empty; die **Leere** vacant spot; **leeren** empty

lehnen lean; der **Lehnstuhl, ⸚e** armchair

der **Lehrbub, -en, -en** apprentice; die **Lehre, -n** lesson; **lehren** teach; die **Lehrerin, -nen** woman teacher

der **Leib, -er** person, body

die **Leiche, -n** corpse; der **Leichenwagen,** - hearse; der **Leichnam, -e** corpse

leicht gentle, slight, easy; **leichtfüßig** top-heavy; das **Leichtmetall, -e** light metal; **leichtsinnig** thoughtless

das **Leid** suffering; **leid tun, a, a** be sorry; **leiden, i, i** suffer, endure; die **Leidenschaft, -en** passion; **leider** unfortunately; **leidlich** tolerable

leiern play (on and on), drone on

die **Leine, -n** string, cord

die **Leinwand, ⸚e** canvas

leise faint, gentle, soft

leisten perform, do; **Gesellschaft leisten** keep company; sich

leisten afford, indulge in; die
Leistung, -en accomplishment
leiten conduct, run, lead; der
Leiter, - manager; die Leitung,
-en pipe
die Leiter, -n ladder
die Lektion, -en lesson
die Lektüre, -n reading
die Lende, -n loin, hip
letzthin recently
leuchten shine, gleam, illuminate
leugnen deny
lichtfunkelnd sparkling with light;
der Lichtschein, -e glow, ray of
light; lichtverklärt radiant
das Lid, -er eyelid
lieb beloved, valued; lieb haben
be fond of; liebenswürdig charm-
ing; lieber rather; der Liebes-
dienst, -e good turn, favor;
liebevoll loving; das Lieblingswort, -e favorite word
das Lied, -er song
liederlich slovenly
liefern provide
liegen, a, e lie; einem an etwas
liegen be interested in something; liegen·lassen, ie, a leave
lila mauve
link left; links on the left
der Lippenstift, -e lipstick
lispeln whisper, murmur
die List, -en ruse, trick; listig
cunning, sly
loben praise
das Loch, ⸚er hole
die Locke, -n lock (of hair), curl;
die Lockenperücke, -n curly
wig
locken entice, lure
locker loose; sich lockern become
loose
der Löffel, - spoon
die Lokalnachricht, -en local news
das Los, -e lot, fate

los loose; los sein be rid of, be
afoot; los werden, u, o get rid of
los·brechen, a, o start
löschen put out, extinguish; die
Löschung quenching
lösen loosen, solve, buy (a ticket);
sich lösen relax
los·gehen, i, a begin; los·gehen
auf head for
los·lassen, ie, a release, give up
los·machen untie, let loose
los·reißen, i, i tear away
los·traben trot off
die Lösung, -en solution
der Löwenkopf, ⸚e lion's head
die Lücke, -n hole, opening
die Luft, ⸚e air; Luft holen take a
breath; das Luftgewehr, -e air
rifle; der Luftschacht, ⸚e venti-
lation shaft; der Luftzug, ⸚e
draft
lüften disclose, reveal
die Lüge, -n lie; lügen, o, o lie;
das Lügengewebe, - web of lies;
der Lügner, - liar
lugen peep
der Lump, -en, -en rascal, good-
for-nothing
die Lunte, -n fuse
die Lust, ⸚e pleasure, desire; Lust
haben want to; lustig gay
lüstern greedy

machen make do; es macht nichts
it doesn't matter, never mind
die Macht, ⸚e power; der Machthaber, - ruler, lord; mächtig
strong, powerful, enormous;
etwas mächtig sein be master of
something; machtlos powerless
die Magd, ⸚e maidservant, waitress
der Magen, - or ⸚ stomach; die

Magengegend, -en stomach area;
die **Magengrube, -n** pit of the stomach
mager thin, frail, sterile
die **Magie** magic
die **Mahlzeit, -en** meal
die **Mähne, -n** mane
der **Makler, -** real estate agent
mal once; **nicht mal** not even;
das **Mal, -e** time; **mit einem Male** suddenly
malen paint
maliziös malicious
das **Malzbonbon, -s** malt candy
mancherlei all kinds of (things)
manchmal sometimes
mangelhaft faulty; **mangeln** lack
der **Mann, ⸚er** man, husband;
männlich masculine; die **Mannschaft, -en** crew; **mannsgroß** man-sized, large as a man; die **Mannsleute** menfolk
der **Mantel, ⸚** coat
der **Marathonlauf, ⸚e** marathon race
das **Märchen, -** fairy tale
die **Marinekapelle, -n** navy band
die **Mark** mark (unit of money equal to about 25 cents)
die **Marmorfigur, -en** marble figure; der **Marmortisch, -e** marble table
die **Maschine, -n** machine, airplane, typewriter; die **Maschinenhalle, -n** machine shop
das **Maß, -e** measure, amount, portion (of drink); die **Maßnahme, -n** measure, provision; die **Maßregel, -n** measure
der **Mastbaum, ⸚e** mast
die **Matratze, -n** mattress
der **Matrose, -n, -n** sailor
matt dull, dim, feeble; **mattgrau** dull gray; **mattrot** dull red; **mattweiß** dead white
die **Mauer, -n** wall
das **Maul, ⸚er** mouth (of an animal)
mäuschenstill quiet as a mouse
der **Mäzen, -s, -e** patron
die **Medaille, -n** medal
der **Mediziner, -** doctor
das **Meer,-e** sea
mehrere several; die **Mehrheit, -en** majority; **mehrmals** several times; die **Mehrzahl, -en** majority
meiden, ie, ie avoid, shun
meilenweit for miles
meinen say, think, mean; die **Meinung, -en** opinion; **der Meinung sein** be of the opinion
meistens for the most part
die **Meisterschaft** mastery
melden report, notify, inform
die **Memme, -n** coward
die **Menge, -n** crowd, multitude, great number, large amount, lot (of)
der **Mensch, -en, -en** person;
das **Menschenalter, -** generation;
der **Menschenbestand** personnel, make-up of a group; der **Menschendarsteller, -** actor; der **Menschenfreund, -e** philanthropist; **menschenfreundlich** affable, cordial; der **Menschengedanke, -n** human thought; **seit Menschengedanken** as far back as can be remembered; das **Menschengeschlecht** human race; die **Menschenquälerei, -n** persecution of people; die **Menschenstimme, -n** human voice; das **Menschentum** humanity; die **Menschheit** mankind, humanity; **menschlich** human
merken notice
merkwürdig strange

messen, a, e gauge
das Messer, - knife
das Messing brass
das Meter, - meter (about one yard)
die Miene, -n facial expression
mieten rent, hire
der Milchzahn, ⸚e baby tooth
die Milde gentleness
mimisch mimic (facial)
mindestens at least
das Miniatursteuerrad, ⸚er miniature steering wheel
mischen mix; die Mischung, -en mixture
der Mißerfolg, -e failure; das Mißgeschick, -e misfortune; mißglücken go wrong; mißlingen, a, u fail, miscarry; der Mißstand, ⸚e impropriety; das Mißtrauen suspicion; mißtrauisch suspicious; das Mißverständnis, -se misunderstanding
mitein·bringen, a, a help bring in
mit·erleben share an experience
mit·fahren, u, a go along
das Mitglied, -er member
das Mitleid pity, compassion; mitleidig compassionate; mitleidlos pitiless
mit·machen take part in
zu Mittag at noon; die Mittagspause, -n lunch time
mit·teilen tell, communicate, impart, pass on
das Mittel, - means
das Mittelalter Middle Ages
mitten midway, in the middle; mitten unter in the midst of
mittlerweile in the meantime
mitunter now and then
mit·wiegen sway
der Mitwisser, - confidant
mit·zählen count along
die Möbel (*pl.*) furniture

die Mode, -n vogue, style; das Modejournal, -e fashion magazine
modrig moldy
möglich possible; möglicherweise if possible; die Möglichkeit, -en possibility; möglichst as much as possible
monatlich monthly
die Mondscheibe, -n disk of the moon
das Moos, -e moss
der Mord, -e murder; der Mörder, - murderer; mörderisch murderous
morgen tomorrow; morgen früh tomorrow morning; die Morgendämmerung, -en dawn; der Morgenrock, ⸚e dressing gown; morgig morning
müde tired; die Müdigkeit weariness
muffig musty
die Mühe, -n trouble, toil, pains, labor; mühelos tireless; sich mühen make an effort; das Mühsal difficulty; mühsam laborious, painstaking; mühselig difficult, laboriously, wearily
das Mullkleid, -er muslin dress
mündlich verbal, by word of mouth; die Mündung, -en muzzle (of a gun)
munter gay, cheerful
murmeln mumble
murren grumble, growl; mürrisch sullen
die Muschel, -n shell
die Musikmühle, -n music box
die Muße leisure
mustern examine critically, survey; gemustert patterned

der **Mut** courage; **mutig** courageous
die **Mütze, -n** cap

na well
nach·ahmen imitate
der **Nachbar, -n** neighbor; das **Nachbarcoupé, -s** neighboring compartment; die **Nachbarschaft, -en** neighborhood
nachdenklich thoughtfully
nach·eilen hurry after
nacheinander one after the other
die **Nachforschung, -en** investigation
nach·geben, a, e yield, give way
nach·gehen, i, a follow, pursue
die **Nachgiebigkeit** tractability, weakness
nachher afterward
der **Nachkomme, -n, -n** descendant
nach·lassen, ie, a abate, yield, let up
nach·laufen, ie, au run after
nachmals afterward
die **Nachricht, -en** report, news
nach·schauen look after
die **Nachschrift, -en** postscript
nach·sehen, a, e look after, check
nachsichtig indulgent, lenient
nächst next
nach·starren stare after
das **Nachtgewand, ⸚er** nightclothes; das **Nachthemd, -en** nightshirt, nightgown; das **Nachtkästchen, -** night stand; **nächtlich** nocturnal; **nachts** by night, during the night; die **Nachtstunde, -n** hour of night; die **Nachtweide, -n** night pasture
nachträglich subsequently

der **Nachwuchs, ⸚e** replacement
nackend naked; **nackt** naked
die **Nadel, -n** pin
der **Nagel, ⸚** fingernail
nah near, nearby; die **Nähe** vicinity, nearness; **nichts Näheres** nothing more detailed; sich **nähern** approach, come close to; **näher·kommen, a, o** approach; **näher·treten, a, e** come in, come closer
nähen sew; die **Näherin, -nen** seamstress
nähren feed; sich **nähren** eat; die **Nahrung** food
der **Namenlose, -n, -n** nameless one
namens by the name of
namentlich especially
nämlich "you see," of course
der **Narr, -en, -en** fool; die **Narretei** madness
die **Nase, -n** nose
naß wet; die **Nässe** wetness
naturgetreu true to life; die **Naturgewalt, -en** force of nature; die **Naturkraft, ⸚e** natural force
der **Nebel, -** fog, mist
nebenan next door, close by; **nebenbei** in addition; **nebeneinander·fahren, u, a** drive next to one another; der **Nebenmann, ⸚er** man standing next to one; der **Nebentisch, -e** the next table; das **Nebenzimmer, -** adjoining room
nehmen, a, o take; **in Acht nehmen** take care; **übel nehmen** blame; **etwas zu sich nehmen** eat or drink something
neidisch envious; **neidvoll** envious
neigen incline, slope; die **Neigung, -en** inclination
nennen, a, a name, call

das **Nest, -er** hamlet, village
nett nice
das **Netz, -e** net
neu new; **neuartig** new; **aufs Neue** again; **von Neuem** anew; **neueinstudiert** newly rehearsed; die **Neugier** curiosity; **neugierig** curious; der **Neuling, -e** novice
die **Nichte, -n** niece
nicken nod
nieder low; sich **nieder·ducken** crouch down; sich **nieder·hocken** squat down; **nieder·knien** kneel down; sich **nieder·lassen, ie, a** settle, let oneself down, sit down; die **Niederlassung, -en** settlement; **nieder·reißen, i, i** tear down; **nieder·schießen, o, o** shoot down; **nieder·schlagen, u, a** strike down, depress; **nieder·schreiben, ie, ie** write down; **nieder·senken** settle, sink; sich **nieder·setzen** sit down; **nieder·steigen, ie, ie** descend
niedlich pretty, neat
niedrig low
niemals never
nirgends nowhere; **nirgendwo** nowhere
die **Noblesse** nobility
noch still, yet, in addition; **nochmals** once again
der **Norweger, -** Norwegian
die **Not, ⁼e** necessity, distress, misery, need; **notdürftig** scanty; **notfalls** if necessary; **nötig** necessary; die **Nötigung** urging; **notwendig** necessary
die **Note, -n** musical note, grade (in school); die **Notenschrift, -en** musical score
notieren make notes, note
nüchtern sober
die **Null, -en** zero

nunmehr now
die **Nuß, ⁼e** nut
nutzen use; **nützen** be of use; **nützlich** useful; **nutzlos** useless

oben upstairs, up there, up
die **Oberfläche, -n** surface; **oberflächlich** superficial
der **Oberkörper** upper part of the body
obwohl although
die **Öde, -n** solitude; **öde** desolate
der **Ofen, ⁼** stove
offenbar obviously, apparently; **offenbaren** reveal: **offenherzig** candid; **offensichtlich** obviously
öffentlich public
die **Öffnung, -en** opening
öfters often
ohnedies besides; **ohnehin** anyway
in Ohnmacht fallen, ie, a swoon; **ohnmächtig** unconscious
das **Ohr, -en** ear; **Ohrenbetäubend** deafening
das **Opfer, -** sacrifice, victim
ordentlich orderly, respectable; **ordnen** arrange, order; die **Ordnung, -en** order; **in Ordnung bringen** fix
die **Orgel, -n** organ
der **Ort, -e** place, town; die **Ortschaft, -en** town
östlich to the east
der **Ozeandampfer, -** ocean liner

das **Paar, -e** couple; **ein paar** a few; **ein paarmal** several times
das **Päckchen, -** small package; **packen** pile; die **Packung, -en** package

packen grasp, seize
papierlos without identification papers; das **Papiermesser,** - paper knife
der **Pappkarton, -s** cardboard box
parat ready
die **Parkwiese, -n** park meadow
der **Paß, ⁼e** mountain pass
passen fit
passieren pass, happen
die **Patrouille, -n** patrol
die **Pause, -n** intermission
peinlich painful, awkward, embarrassing
die **Peitsche, -n** whip; **peitschen** whip; der **Peitschenschlag, ⁼e** crack of a whip
die **Pelzmütze, -n** fur cap
die **Perle, -n** pearl
die **Pest** plague
der **Pfad, -e** path
der **Pfarrer, -** pastor
der **Pfefferminztee** peppermint tea
pfeifen, i, i whistle, hiss
der **Pfeiler, -** pillar
das **Pferd, -e** horse
die **Pflegekosten** nursing expenses; **pflegen** indulge in, take care of, be in the habit of; der **Pfleger, -** male nurse
die **Pflicht, -en** duty
der **Pflug, ⁼e** plow
pflügen plow
die **Pforte, -n** gate, entrance
die **Pfote, -n** paw
die **Pfütze, -n** puddle
phantasielos unimaginative
piepsen chirp
das **Plakat, -e** poster, sign
plätschern splash
platt flat; die **Platte, -n** sheet, slab, top (of a table)

der **Platz, ⁼e** place, seat, town square
platzen burst, explode, break
plaudern chatter, chat, gossip
plötzlich suddenly
pochen beat, knock
der **Polizeibeamte, -n, -n** police official
das **Polster, -** cushion, bolster
der **Portier, -s** porter
zur Post to the post office
der **Posten, -** position, post, entry, item; sich **postieren** take position
prächtig magnificent; **prachtvoll** magnificent
prägen (von) stamp with, coin from
prahlen brag, boast
präsentieren offer
prasseln (auf) rain (on)
predigen preach
preisen, ie, ie praise
preis·geben, a, e reveal, give up
preußisch Prussian
prickelnd spicy
die **Probe, -n** experiment, test, rehearsal; das **Probestück, -e** sample
probieren try
das **Protokoll, -e** report; **zu Protokoll** for the record
der **Psychiater, -** psychiatrist
das **Publikum** audience
pudern powder
das **Pult, -e** desk
pünktlich punctual
die **Puppe, -n** doll, puppet
purpurn purple; **purpurrot** purplish red
der **Putz** plaster

die **Quadratmeile, -n** square mile
quäken squeak

die **Qual, -en** torture; **quälen** torture, torment; **qualvoll** agonizing

der **Quell, -en** source; **quellen** well up

quer diagonal; **quer durch** right through, across; die **Querfrage, -n** question

die **Rache** revenge

der **Rachen, -** mouth

raffiniert skillful, refined

ragen tower

die **Rahe, -n** spar (of a ship)

der **Rahm** cream

das **Rampenlicht, -er** footlight

der **Rand, ⸗er** rim, edge

der **Rang, ⸗e** rank; **rangieren** rank

rasch quick

der **Rasen, -** grass, lawn

rasen rage, rave, speed; **rasend** frantic, furious

die **Rasse, -n** race

rasseln rattle

der **Rat** advice; **raten, ie, a** advise, guess; **ratlos** perplexed, helpless

rätselhaft mysterious

der **Räuber, -** robber; das **Raubtier, -e** beast of prey, predatory animal

der **Rauch** smoke; **rauchen** smoke; die **Rauchfahne, -n** trail of smoke; **rauchig** smoky; die **Rauchwolke, -n** cloud of smoke

rauh coarse, rude, rough

der **Raum, ⸗e** space, room

raunen whisper

der **Rausch, ⸗e** intoxication, delirium

rauschen roar, rush, rustle

sich **räuspern** clear one's throat

reagieren react

die **Rechenschaft** accounting, responsibility

rechnen figure, calculate, reckon; die **Rechnung, -en** bill

recht very, quite, right; **recht haben** be right; **es einem recht sein** to consent; das **Recht, -e** right; **mit Recht** justifiably

die **Rechte** right hand

rechtfertigen justify

rechts to the right

der **Rechtsanwalt, ⸗e** attorney

rechtschaffen honest, upright, solid

rechtzeitig in time

recken stretch

die **Rede, -n** speech; **Rede und Antwort** question and answer; **von etwas die Rede sein** be a question of something; **reden** speak; der **Redner, -** speaker

redlich honest

das **Regal, -e** shelf

die **Regel, -n** rule, regulation; **regelmäßig** regular; **regeln** regulate

sich **regen** stir, move

regieren rule, govern

der **Regisseur, -e** stage manager, producer

reglos motionless

regnen rain

regungslos motionless

das **Reh, -e** deer

reiben, ie, ie rub, fret

reich ample, abundant; **reichen** suffice, last, stretch, hand; die **Hand reichen** extend one's hand; **reichhaltig** well-stocked

die **Reihe, -n** row, succession

reimen rhyme

rein clean, pure; die **Reinheit** purity

die **Reise, -n** journey, trip; **reisen** travel; die **Reisevorbereitung, -en** preparation for a journey

reißen, i, i tear, pluck; **an sich reißen, i, i** seize upon

der **Reiter, -** rider

der **Reiz, -e** charm, attraction; **reizbar** excitable; **reizen** irritate, excite, charm

die **Reklame** advertising; die **Reklameabteilung, -en** advertising department; die **Reklamefläche, -n** advertising

die **Religionsschrift, -en** religious tract

rennen, a, a run

der **Rest, -e** leftover food, remainder, remains; der **Restbestand, ⁼e** remnant; **restlich** remaining; die **Restzahlung, -en** final payment

retten save; die **Rettung, -en** deliverance; das **Rettungsseil, -e** life line

die **Revision, -en** review

das **Rezept, -e** recipe, formula

der **Rheinstrom** course of the Rhine

richten direct, turn, judge, address; das **Wort richten an** address; der **Richter, -** judge

richtig real, correct, right; das **Richtige** the right thing

die **Richtung, -en** direction

riechen, o, o smell

der **Riegel, -** bolt

der **Riemen, -** strap, thong

riesig immense, huge

ringen, a, u struggle, wring

ringsherum everywhere; **ringsum** round about

die **Rinne, -n** drain, gutter, trench; **rinnen, a, o** run

der **Ritter, -** knight

rittlings astride

die **Ritze, -n** crack

röcheln rattle (in the throat)

der **Rock, ⁼e** jacket, skirt

die **Rolle, -n** role; das **Rollenheft, -e** part (folder containing actor's role); das **Rollenstudium** studying a role

die **Rolltreppe, -n** escalator

rosig rosy

das **Roß, -e** horse; **hoch zu Roß** on horseback

röten redden, flush

der **Ruck, -e** blow, jerk; **rucken** jerk

rücken move

der **Rücken, -** back; **in seinem Rücken** behind him; die **Rückseite, -n** back(side)

die **Rückfahrt, -en** return trip

das **Rückgrat, -e** backbone

rück·kehren return

rücklings backward

die **Rücksendung, -en** return

rücksichtslos inconsiderate

rück·treten, a, e step back

die **Rückwand, ⁼e** rear (of a car), back wall

rückwärts backward

der **Rückweg** return trip

das **Rudel, -** pack, group

das **Ruder, -** oar, rudder, helm

der **Ruf, -e** call, reputation; **rufen, ie, u** call

die **Ruhe** rest, peace, calm; sich **zur Ruhe legen** go to bed; **ruhelos** restless; **ruhen** repose, rest; **ruhig** calm, quiet

der **Ruhm** fame; **rühmen** praise, extol, glorify; sich **rühmen** boast of, pride oneself on; **rühmlich** praiseworthy

rühren touch, move, stir; sich **rühren** move, budge

sich **rum·drehen** turn around
der **Rumpf, ⸚e** hull
runden become smooth, round;
  rundlich chubby
rundheraus pointblank
runter down
rüppig coarse
sich **rüsten** prepare for; **rüstig**
  vigorous, active
rutschen slide, slip
rütteln shake, rattle

der **Saal**, die **Säle** hall, large room
die **Sache, -n** thing, affair, business;
  bei der Sache sein pay attention
sachlich impersonal
sachte gentle
säen sow
die **Salve, -n** salvo
sammeln collect, gather; die
  Sammlung, -en collection
sämtlich all, complete
der **Samtvorhang, ⸚e** velvet curtain
die **Sandgrube, -n** sandpit
sanft soft, gentle, mild; **sanftbraun**
  soft brown
der **Sarg, ⸚e** coffin
satt haben be fed up with
der **Satz, ⸚e** sentence, leap, bound
sauber neat, clean; **säuberlich** neat
sauer hard
saufen drink (excessively)
die **Säule, -n** post, column
der **Schacht, ⸚e** shaft
es ist schade it's a pity; **schaden**
  harm, injure; **schädlich** harmful
der **Schädel, -** skull
das **Schaffell, -e** sheepskin
schaffen work, do, provide, make,
  convey; **es macht mir zu**
  schaffen it gives me trouble; die
  Schaffenskraft, ⸚e creative
  power

der **Schaffner, -** conductor
der **Schal, -e** scarf
schal commonplace, trite
die **Schale, -n** skin, rind
der **Schall** noise, sound
der **Schalter, -** counter, switch
  (light)
die **Scham** shame; sich **schämen**
  be ashamed; **schamhaft** bashful
die **Schande** disgrace
die **Schar, -en** pack
scharf piercing
die **Schärfe** sharpness, rigor;
  schärfen sharpen
scharren scrape
der **Schatten, -** shadow; **schattig**
  shady
die **Schatulle, -n** small chest, box
schätzen estimate
der **Schauder, -** shudder; **schauder-**
  haft horrible
schauen look
der **Schauer, -** shower, thrill;
  schauerlich horrible; **schauern**
  shudder, shiver
schaukeln swing, rock
der **Schaum** foam
das **Schauspiel, -e** play, spectacle;
  der **Schauspieler, -** actor; die
  Schauspielerei play-acting
die **Scheibe, -n** pane, slice, round
  piece
scheiden, ie, ie part, separate
der **Schein, -e** light; **scheinen, ie,**
  ie seem
der **Scheitel, -** part (in hair), crown
  (of head)
schellen ring
schelten, a, o chide, grumble,
  scold; **schelten auf** inveigh
  against
schenken give, present
die **Schere, -n** scissor

sich **scheren um** care about

der **Scherz, -e** joke

scheu timid, shy; die **Scheu** aversion, shyness; **Scheu haben** hesitate at

die **Scheune, -n** barn

scheußlich terrible

die **Schicht, -en** stratum, level, layer

schicken send; das **Schicksal** fate; der **Schicksalsgenosse, -n, -n** companion in fate

schieben, o, o push, shove

schief sloping; **schief·sitzen, a, e** be crooked

schielen squint

die **Schiene, -n** conveyer belt

schießen, o, o shoot; das **Schießgewehr, -e** gun

schiffbrüchig shipwrecked; das **Schiffsboot, -e** longboat; die **Schiffskiste, -n** locker; die **Schiffsküche, -n** galley; der **Schiffsraum, ⸗e** hold; die **Schiffswand, ⸗e** ship's side

das **Schild, -er** sign; **schildern** depict; die **Schilderung, -en** representation; die **Schildmütze, -n** cap with a visor

schillernd iridescent

schimmern glimmer, gleam

schimpfen abuse, complain; das **Schimpfwort, ⸗er** insult, curse

die **Schindmähre, -n** miserable old horse

der **Schirm, -e** shade

der **Schlaf** sleep; das **Schlafmittel, -** sleeping powder; **schläfrig** sleepy; der **Schlafwagenzug, ⸗e** train with sleeping cars

die **Schläfe, -n** temple

der **Schlag, ⸗e** stroke, blow; **mit einem Schlag** all at once;

Schlag auf Schlag in rapid succession; **schlagen, u, a** beat, strike; sich **schlagen** fight; **in Wachstuch schlagen** wrap in oilcloth; das **Schlagwort, -e** slogan, catchword

schlammig muddy

die **Schlange, -n** snake

schlank slender

schlapp limp

schlau sly, clever

schlecht bad, hard; **schlecht sein** feel sick; **schlechtbezahlt** poorly paid; **schlechtgelaunt** bad-tempered; **schlechtgelüftet** poorly ventilated

schlechthin simply

schleichen, i, i slink, prowl, creep

der **Schleier, -** veil

die **Schleife, -n** bow

schleifen drag

schleppen drag, carry

schleudern throw, cast

schlicht simple, plain

schließen, o, o close, conclude; **schließlich** finally, in the last analysis

schlimm bad

schlingen, a, u coil, tie, twine

der **Schlips, -e** necktie; die **Schlipsnadel, -n** tie pin

das **Schloß, ⸗er** lock, castle

die **Schlucht, -en** gorge

schluchzen sob

der **Schluck, -e** swallow, draught, drink; **schlucken** swallow

der **Schlund, ⸗e** throat

schlüpfen slip; **schlüpfrig** slippery, obscene

schlurfen, schlürfen shuffle, sip

der **Schluß, ⸗e** conclusion, end; **zum Schluß** finally; **Schluß** enough; der **Schlußeffekt, -e** climax

der **Schlüssel,** - key; das **Schlüs-selloch,** ⸚er keyhole
schmachten languish
schmähen abuse, slander
schmal narrow, lanky, thin; **schmallippig** thin-lipped
schmecken taste
schmelzend lilting
der **Schmerz,** -en pain; **schmerzen** pain, grieve; **schmerzhaft** painful; **schmerzlich** painful
schmettern blare, smash
schmieden weld, forge
sich **schmiegen an** nestle up to
die **Schminke** make-up; **schminken** make up
der **Schmuck** decoration(s); das **Schmuckstück,** -e jewelry
schmutzgrau dirty gray; **schmutzig** dirty
der **Schnabel,** ⸚ beak
der **Schnaps,** ⸚e hard liquor; die **Schnapsflasche,** -n bottle of hard liquor
schnaufen gasp
die **Schnauze,** -n nose, muzzle
die **Schnecke,** -n snail
die **Schneefläche,** -n snow surface; **schneenaß** wet with snow; der **Schneestaub** powdery snow
die **Schneide,** -n cutting edge
schneidig dashing, sharp
schnuppern sniff
der **Schnurrbart,** ⸚e mustache; die **Schnurrbartsspitze,** -n point of the mustache
der **Schnürriemen,** - shoelace
das **Schönschreiben** penmanship
schöpferisch creative; die **Schöpfung,** -en creation
der **Schornstein,** -e chimney
der **Schoß,** ⸚e lap, womb
schräg inclined, at an angle
der **Schrank,** ⸚e cupboard, wardrobe

der **Schreck** fear; **schrecken** terrify, frighten; der **Schrecken,** - terror, fear, horror; **schrecken-erregend** horror-instilling; die **Schreckensbotschaft,** -en terrible news; **schrecklich** horrible, hideous, terrible
der **Schrei,** -e cry; **schreien, ie, ie** cry, scream
die **Schreiberei** writing; die **Schreibmaschine,** -n typewriter; der **Schreibtisch,** -e desk; die **Schreibtischlade,** -n desk drawer
der **Schreiner,** - carpenter, cabinetmaker
schreiten, i, i proceed, walk
die **Schrift,** -en handwriting; **schriftlich** in writing; das **Schriftstück,** -e document
der **Schritt,** -e pace, step
schrumpfen shrivel, shrink
die **Schublade,** -n drawer
schüchtern shy, modest
die **Schuhmacherwerkstatt,** ⸚e shoemaker's shop
die **Schuld,** -en debt, guilt, blame; **Schuld an etwas sein** be guilty of something; **Schuld an etwas tragen** be at fault; **schulden** owe; **schuldig** guilty; **schuldlos** innocent
der **Schüler,** - schoolboy
der **Schulhof,** ⸚e schoolyard; der **Schulranzen,** - schoolbag
die **Schulter,** -n shoulder; der **Schulterschlag,** ⸚e slap on the shoulder
der **Schuppen,** - shed
die **Schürze,** -n apron
der **Schuß,** ⸚e shot
die **Schüssel,** -n dish, bowl

die **Schusterwerkstatt,** ⸚e cobbler's shop
schütteln shake
der **Schutz** protection; der **Schützling,** -e protégé
schwach weak, feeble, poor; die **Schwäche,** -n weakness; **schwachsinnig** imbecile
der **Schwager,** ⸚ brother-in-law
die **Schwalbe,** -n swallow
schwanken totter, sway, vary; die **Schwankung,** -en variation
der **Schwanz,** ⸚e tail
der **Schwarm,** ⸚e swarm
schwarzlackiert black lacquered
schwatzen chatter
schweben hover
schweifen roam (eyes)
schweigen, ie, ie be silent, keep silent; **schweigsam** taciturn, silent
der **Schweiß** perspiration; der **Schweißtropfen,** -s, - drop of perspiration
der **Schweizer,** - Swiss
die **Schwelle,** -n threshold
schwellen, o, o swell
schwenken swing
schwer heavy, severe, difficult; **schwerelos** weightless; **schwerfallen, ie, a** be difficult; **schwerfällig** clumsy; die **Schwerkraft** gravity
das **Schwert,** -er sword
die **Schwiegertochter,** ⸚ daughter-in-law
schwierig difficult; die **Schwierigkeit,** -en difficulty
der **Schwindel** giddiness
schwinden, a, u disappear, vanish
schwingen, a, u swing; die **Schwingung,** -en rocking motion

schwirren buzz, hum, whir
schwitzen sweat
schwören, u, o swear
der **Schwung,** ⸚e dash, ardor
der **See,** -n lake
die **See,** -n ocean
seekreuzen cruise
die **Seele,** -n soul; **seelisch** intellectual
segeln sail; das **Segelwerk** sails
der **Segen,** - blessing
sich **sehnen nach** long for; die **Sehnsucht** longing
sehnig sinewy
die **Seide,** -n silk; das **Seidenband,** ⸚er silk ribbon; das **Seidenpapier,** -e tissue paper; die **Seidentapete,** -n silk wall hanging
der **Seifenfabrikant,** -en soap manufacturer
seinetwegen on his account, as far as he is concerned
seinerzeit one day, formerly
seitdem since that time
die **Seite,** -n side, page; **von seiten** from, on the part of; die **Seitenlade,** -n side drawer; das **Seitental,** ⸚er side valley; die **Seitenwand,** ⸚e side wall, side of a car; **seitlich** to the side, sidewise, on the side
das **Sektglas,** ⸚er champagne glass
selbst self, even; **selbständig** independent; die **Selbständigkeit** independence; **selbstlos** selfless; die **Selbstversicherung** self-assurance, self-insurance; **selbstverständlich** of course, clear, natural
selig blissful; die **Seligkeit** salvation, bliss
selten seldom, rare; **seltsam** strange

senken lower, let down, sink; **senk-recht** vertical, perpendicular
sensibel sensitive
der **Sessel, -** armchair
setzen put, place, plant; **sich setzen** sit down
seufzen sigh
die **Sichel, -n** blade, sickle
sicher certain; die **Sicherheit** safety, certainty, assurance; **sicherlich** surely; **sichern** secure; die **Sicherung** security
sichtbar visible
sickern trickle, filter
der **Sieg, -e** victory; **siegreich** victorious
die **Silbe, -n** syllable
der **Silbergürtel, -** silver belt
der **Sinn, -e** sense, meaning, mind; **in den Sinn kommen** occur; **sinnen, a, o** think, reflect; **sinnlich** material; **sinnlos** senseless
die **Sitte, -n** custom
der **Sockel, -** pedestal
soeben just
sofern so far as
sofort immediately; **sofortig** immediate
sogar even
sogenannt so-called
sogleich at once, immediately
die **Sommerglut** summer glow
sonderbar strange; **sonderlich** particular
sondern but rather
der **Sonnenaufgang, ⸚e** sunrise; die **Sonnenbrille, -n** sunglasses; der **Sonnenschirm, -e** parasol; der **Sonnenstrahl, -en** sunbeam; der **Sonnenuntergang, ⸚e** sunset
sonst otherwise, else, usual; **sonstwen** anyone else
die **Sorge, -n** anxiety, care; **Sorge tragen, u, a** take care of; sich

Sorgen machen worry; **sorgen** provide for; **sorgfältig** careful; **sorglich** careful; **sorglos** carefree; **sorgsam** careful
sowas such a thing
soweit inasmuch as, as long as, to the extent that
sowie as well as
sowohl as well as
spähen watch, spy; der **Späher, -** scout
der **Spalt, -e** slit
spannen excite, spread; die **Spannung, -en** tension, suspense
sparen spare, save; **spärlich** meager, scanty
der **Spaß, ⸚e** joke, fun; **Spaß machen** be fun; **spaßig** jocular
spazieren take a walk; der **Spaziergang, ⸚e** walk
speisen eat; das **Speisezimmer, -** dining room
die **Spende, -n** contribution; **spenden** bestow
die **Sperre, -n** exit gate in a railroad station; **sperren** lock; die **Sperrung, -en** barricade, closing
der **Spiegel, -** mirror; **spiegelblank** calm as a mirror; **spiegeln** shine, mirror, reflect
das **Spiel, -e** game, play, performance; **spielen** play; die **Spielerei, -en** tricks, trifles; der **Spielgefährte, -n, -n** playmate; das **Spielzeug, -e** plaything, toy
spinnen, a, o spin; die **Spinnwebe, -n** spider web
spitz pointed; die **Spitze, -n** tip, barb; **spitzig** pointed
der **Sportheld, -en, -en** athletic hero
der **Spott** ridicule; **spöttisch** mocking, scornful

die **Sprache, -n** language

sprechen, a, o speak; **vor sich hin sprechen** speak to oneself; die **Sprechweise, -n** manner of speaking

sprengen blow up, explode

der **Springbrunnen, -** fountain

die **Spritze, -n** fire engine

die **Sprosse, -n** rung

der **Sprung, ⸚e** crack, leak

spucken spit

die **Spur, -en** trail, track; **spurlos** without a trace

spüren sense, feel

der **Staatsanwalt, ⸚e** state's attorney

das **Stadium, -ien** stage

der **Stadtplan, ⸚e** city map; der **Stadtrand, ⸚er** city outskirts

die **Staffelei, -en** easel

stählern steel

stammeln stammer, falter

stammen come from

der **Stand, ⸚e** rank, station

standfest steady, able to stand

stand·halten, ie, a resist, hold one's own

ständig continually

der **Standort, -e** position, point of view

die **Stange, -n** pole, bar

stapfen stamp, tramp

stark strong, very, intense, big; die **Stärke** strength; **stärken** fortify, brace

starr rigid, fixed; **starren** stare; die **Starrheit** rigidity, numbness; der **Starrsinn** obstinacy, stubbornness

statt instead of

die **Stätte, -n** place

statt·finden, a, u take place

statthaft admissible

stattlich imposing

der **Staub** dust; **stauben** raise dust; die **Staubschicht, -en** layer of dust

staunen be astonished; **vor Staunen** in amazement

stechen pierce

stecken stick, put, lie, be; der **Stecken, -** stick; **stecken·bleiben, ie, ie** get stuck, stop

der **Steg, -e** overpass

stehen, a, a stand, stop; **stehen·bleiben, ie, ie** stop, remain standing

stehlen, a, o steal

steif stiff

steigen, ie, ie climb

sich **steigern** become intensified, increase

steil steep

der **Steinbau, -bauten** stone building; **steinern** stonily, made of stone; der **Steinhaufen, -** rock pile; der **Steinschlag, ⸚e** blow from a stone

die **Stelle, -n** place; **stellen** place, furnish; **eine Frage stellen** ask a question; sich **stellen** take position, base; die **Stellung, -en** position; **stellungslos** jobless

die **Stelze, -n** stilt; **stelzen** walk on stilts; der **Stelzengang, ⸚e** walk on stilts; der **Stelzengänger, -** stiltwalker; das **Stelzengehen** stiltwalking

stemmen brace

der **Stempel, -** stamp

sterben, a, o die; der **Sterbende, -n, -n** dying man

stets always

am Steuer at the wheel; **steuern** steer; das **Steuerruder, -** rudder

stickig suffocating

der **Stiefel, -** boot

die **Stiege, -n** stair

stiften cause

die **Stille** quiet, silence; **stillen** silence; der **Stillstand** standstill; **zum Stillstand bringen** stop

die **Stimme, -n** voice; **stimmen** tune; **es stimmt** it is true, it is all right; die **Stimmung, -en** mood, atmosphere

die **Stirn, -en** forehead, effrontery

der **Stock, ⸚e** cane, floor (of a building)

stocken stop, halt; die **Stockung, -en** congestion

stöhnen groan

stolz proud; der **Stolz** pride

stopfen tuck in

stopplig bristly

stören disturb; **gestört** out of one's mind; die **Störung, -en** disturbance

der **Stoß, ⸚e** outburst, thrust; **stoßen, ie, o** hit, strike, bump into, push, come upon, buffet; die **Stoßkraft, ⸚e** impetus, force

die **Strafe, -n** punishment; **strafen** punish, rebuke

strahlen radiate, beam; **strahlend** bright; die **Strahlungstheorie, -n** theory of radiation

stramm tight

der **Strand, -e** beach; **stranden** be stranded; der **Strandkorb, ⸚e** beach chair

das **Straßencafé, -s** sidewalk cafe; der **Straßengraben, ⸚** gutter; das **Straßenpflaster, -** pavement

sträuben bristle, stand on end (hair), resist

strecken stretch

streicheln caress, stroke

streichen, i, i stroke, fly, paint, sweep

das **Streichholz, ⸚er** match

streifen brush against, graze, touch upon, strip off; **gestreift** streaked

der **Streit, -e** argument, quarrel; sich **streiten, i, i** quarrel; **streitlustig** quarrelsome

streng strict; die **Strenge** sternness

streuen strew, scatter

der **Strick, -e** rope; **stricken** knit

der **Strohblumenstrauß, ⸚e** bouquet of straw flowers; das **Strohdach, ⸚er** straw roof; die **Strohdecke, -n** straw roof; der **Strohsack, ⸚e** straw mattress

strömen stream, flow

der **Strumpf, ⸚e** stocking

struppig shaggy

die **Stube, -n** room, sitting room

das **Stück, -e** piece, play, period of time; das **Stückchen, -** a little bit

die **Stufe, -n** step

stumm mute, silent

stumpf apathetic, dull

die **Stunde, -n** hour

stürmen attack, storm; **stürmisch** violent; **sturmtüchtig** waterproof

der **Sturz, ⸚e** fall; **stürzen** rush, fall, dash

stutzen stop short, hesitate

stützen lean, support

die **Suche, -n** search; **suchen** seek, search for

südlich to the south

summen hum, buzz

die **Sünde, -n** sin; **sündig** sinful

die **Suppe, -n** soup

süß sweet; **süßlich** saccharine

synkopisch in rhythm

das **Szenenbild, -er** setting

das **Tablett, -e** serving tray

tadellos perfect; **tadeln** censure, reproach

die **Tafel, -n** board, table

der **Tagedieb, -e** idler; die **Tagesfrage, -n** everyday matter; **täglich** daily; **tagsüber** during the day; **tagtäglich** daily

der **Takt, -e** beat, time

das **Tal, ⸚er** valley

die **Tankstelle, -n** gas station

die **Tante, -n** aunt

der **Tanzboden, ⸚** dance floor, dance hall; **tanzen** dance; **tänzerisch** balletlike

die **Tapete, -n** wallpaper

tapfen grope

tapfer brave

die **Tasche, -n** pocket; das **Taschentuch, ⸚er** handkerchief

die **Tasse, -n** cup

tasten feel, grope

die **Tat, -en** deed, act; **in der Tat** indeed, actually; **tätig** active; die **Tätigkeit, -en** activity; die **Tatsache, -n** fact; **tatsächlich** actually

taub deaf

die **Taube, -n** dove; das **Täubchen, -** little dove

tauchen dive, steep

taugen be worth

taumeln stagger

tauschen exchange

täuschen deceive; sich **täuschen** be deceived

das **Teakholz** teak

der **Teelöffel, -** teaspoon

der **Teil, -e** part; **zum Teil** partly; **teilen** divide, part, share; **teilnahmlos** indifferent, apathetic; **teil·nehmen, a, o . . . an** take part in; **teilnehmend** sympathetic; der **Teilnehmer, -** partaker, member

der **Teller, -** dish, plate

tendenziös tendentious, prejudiced

der **Teppich, -e** carpet

teuer dear, expensive, precious; die **Teuerung** high cost of living

der **Teufel, -** devil; das **Teufelsmädchen, -** diabolical girl

die **Theke, -n** counter

tief deep, low, profound; die **Tiefe, -n** depth

das **Tier, -e** animal; der **Tierleib, -er** animal body

die **Tigerhöhle, -n** tiger's den

tippen tap

die **Tischplatte, -n** tabletop

der **Tod, -e** death; die **Todesangst** mortal fear; die **Todesnachricht, -en** notice of death; das **Todesopfer, -** victim; **tödlich** deadly

der **Toilettenspiegel, -** vanity mirror

toll clever, wild; **tollkühn** rash, foolhardy

tönen sound

tönern earthen

der **Tonfall, ⸚e** cadence, inflection

der **Topf, ⸚e** pot, saucepan

das **Tor, -e** gate

töricht foolish

torkeln reel, stagger

tot dead; der **Tote, -n, -n** dead person; **töten** kill; **totenblaß** deadly pale; der **Totengräber, -** gravedigger; die **Totenklage, -n** dirge; der **Totenkopf, ⸚e** skull; die **Totenlampe, -n** wake lamp; die **Totenlandschaft, -en** landscape of the dead; **totenstill** deadly silent; die **Totenwacht, -en** death watch; der **Totschlag, ⸚e** murder; **tot·schlagen, u, a** kill, murder

das **Touristenziel, -e** vacation goal

sich **in Trab setzen** trot off; **traben** jog, trot

träge indolent, inactive

tragen, u, a wear, carry, bear; der **Träger, -** bearer

trällern hum
die **Träne, -n** tear
trauen trust
die **Trauer** grief; das **Trauerspiel, -e** tragedy; **traurig** sad
der **Traum, ⸚e** dream; das **Traumbild, -er** phantom; **träumen** dream; **träumerisch** dreamy; die **Traumlandschaft, -en** dream landscape
treffen, a, o meet, hit, shoot, conclude, strike, reach; **treffen aufeinander** encounter
treiben, ie, ie drive, move, force; das **Treiben** activity
trennen separate, part
die **Treppe, -n** stair; das **Treppenhaus, ⸚er** stairwell
treten, a, e kick, walk, step
treu faithful
triefen, o, o drip
trippeln trip
der **Tritt, -e** step
trocken dry; **trocknen** dry
trommeln drum; der **Trommelschlag, ⸚e** drum beat
die **Tropen** tropics
tropfen drop, drip; der **Tropfen, -** drop
der **Trost** consolation; **trösten** console, comfort; **trostlos** disconsolate
das **Trottoir, -s** sidewalk
trotz in spite of; **trotzdem** nevertheless, in spite of the fact that; **trotzig** defiant
trüb dark, gloomy, dull; **trüben** cloud
die **Truhe, -n** chest
der **Trupp, -s** troop
tüchtig efficient; die **Tüchtigkeit** efficiency
tückisch insidious, malicious
die **Tugend, -en** virtue, good quality
tun, a, a do, make; **von sich tun**

take off
das **Türenklappen, -** the clattering of doors
die **Türklinke, -n** latch
der **Turm, ⸚e** tower; **sich türmen** pile up, tower up

übel bad; das **Übel, -** evil; das **Übelnehmen, -** resentment; **übelst** worst; der **Übeltäter, -** rascal, wrongdoer
üben practice, use
überall everywhere, completely
überaus exceptionally
überblicken survey
überbringen, a, a deliver
überdenken, a, a reflect on
überdies besides, moreover
der **Übereifer** overzealousness
übereinander·schlagen, u, a, cross
überfallen, ie, a surprise, attack, seize
überfliegen, o, o glance at quickly
überflüssig excess
überfluten flood, overcome
überführen convey
der **Übergang, ⸚e** transition
übergeben, a, e present, give
überhaupt in general, at all
überholen pass
überkommen, a, o overcome
die **Überlandstraße, -n** state highway
überlang too long
überlassen, ie, a relinquish, give up, leave
überleben survive; **überlebensgroß** more than life size; **überlebt** out of date, old-fashioned
sich **überlegen** ponder, consider; die **Überlegung, -en** reflection, thought
über·lesen, a, e read over

überliefern pass on; die Überlieferung, -en tradition
übermächtig overwhelming
übermannen overcome
übermäßig exceptionally
übermenschlich superhuman
übermorgen the day after tomorrow
übernachten spend the night
die Übernahme, -n acceptance, taking possession of
übernatürlich supernatural
übernehmen, a, o take upon oneself, accept, take over
überqueren cross
überraschen surprise; überraschenderweise surprisingly enough; die Überraschung, -en surprise
überreden persuade; die Überredungskunst art of persuasion
überreichen present
der Überrest, -e remnant
überrumpeln take by surprise
übersäen cover, dot
überschatten overshadow
überschauen survey
überschlagen, u, a calculate; sich überschlagen, u, a (voice) crack, break
überschreiten, i, i exceed
überschwenglich extravagant, rapturous
übersehen, a, e overlook
über·setzen transport across
übertragen, u, a turn over
übertreffen, a, o surpass
übertrieben excessive, exaggerated
überwältigen overcome
überweisen, ie, ie turn over
überwinden, a, u overcome
überzeugen convince; die Überzeugung, -en conviction
üblich usual, ordinary, customary
übrig remaining, left over; übrig

haben have in store; im übrigen moreover; übrigens moreover, by the way
die Übung, -en exercise, practice
das Ufer, - beach, shore, bank; das Ufergebüsch coastal thicket; der Uferwald, ⁼er coastal forest
die Uhr, -en watch
um around, after, about
um·arbeiten rework
umarmen embrace; die Umarmung, -en embrace
um·biegen, o, o turn around
um·bringen, a, a kill
um·drehen turn over; sich um·drehen turn around, turn over
um·fallen, ie, a collapse
der Umfang, ⁼e proportion, girth; um·fangen, i, a clasp, encompass
umfassen encompass
die Umgebung, -en surroundings
umgehen, i, a go around
umgekehrt the reverse, the other way around
um·gestalten transform, change
umher·flattern fly around
umher·stäuben splash about
umher·stehen, a, a stand around
die Umkehr, -en return; zur Umkehr wenden turn around; um·kehren turn around
um·kippen tip over, upset
sich um·kleiden change clothes
der Umkreis, -e circle, area, radius; umkreisen circle, go around
um·pflügen plow
umringen surround
der Umriß, -e contour, outline
umschließen, o, o surround
umschreiten, i, i walk around
um·sehen, a, e look around; sich nach einem umsehen inquire after, look after someone
umsonst in vain
der Umstand, ⁼e condition, cir-

cumstance; **unter Umständen**
conceivably, possibly; **umständlich** ceremonious, intricate, laborious
um·steigen, ie, ie change trains,
transfer
um·stimmen change (someone's)
mind
der **Umsturz, ⁼e** revolution
um·tauschen exchange
die **Umwelt** environment
sich **um·wenden** turn around
um·werfen, a, o throw around
um·wickeln wrap
umwinden, a, u tie
sich **um·ziehen, o, o** change one's
clothes
unabänderlich irrevocable
die **Unabhängigkeit** independence
unablässig incessant, continual; die
Unablässigkeit, -en persistence
unabsehbar immense
unangenehm unpleasant
die **Unannehmlichkeit, -en** un-
pleasantness
unanständig indecent
unauffällig inconspicuous
unaufhaltsam irresistible
unaufhörlich incessant
unauslöschlich indelible
unausstehlich unbearable
unbeabsichtigt unintentional
unbeachtet unnoticed, disregarded
unbedacht unthinking
unbedenklich thoughtless
unbedingt unconditional, absolute,
unqualified
unbegabt untalented, not clever
unbeholfen incomprehensible,
awkward
unbelastet unburdened
die **Unbelehrtheit** ignorance
unbeliebt unpopular
unbequem inconvenient
unberechtigt unjustified

unberührt untouched
unbeschäftigt unoccupied
unbeschreiblich indescribable
unbesorgt unconcerned
unbestimmt indefinite
unbestreitbar incontestable
unbewandert inexperienced
unbeweglich immovable, motionless
unbewohnt uninhabited
unbewußt unconscious
der **Undank** ingratitude
undeutlich confused, vague
undurchdringlich impenetrable
unecht false, phony
die **Unendlichkeit** infinity
unentbehrlich indispensable
unentwegt staunch, unflinching
unerbittlich pitiless
unerfreulich joyless, unpleasant,
unsatisfactory
unerhört shocking
unerklärlich inexplicable
unerläßlich essential
unermeßlich immeasurable
unermüdlich tireless
unerreichbar unattainable
unerschlossen unexplored, un-
opened
unerschöpflich inexhaustible
unerschüttert steadfast
unerträglich unbearable
unerwartet unexpected
unerwünscht unwanted
unfaßbar incomprehensible; **unfaß-
lich** incomprehensible
unförmlich misshapen, deformed
unfreiwillig involuntary
unfruchtbar unfruitful
der **Unfug** nonsense
ungangbar impassable, impenetrable
ungebügelt unpressed
ungeduldig impatient
ungeeignet unsuited

ungefähr approximately, vague
ungefährlich not dangerous
ungehalten displeased, angry
ungeheuer enormous
ungehörig unseemly
ungemein unusual, immeasurably
ungeniert unembarrassed
ungern unwillingly, reluctantly
ungeschickt awkward, unskilled
ungetrübt serene
ungewiß uncertain; das **Ungewisse** the uncertain, uncertainty
ungewöhnlich unusual; **ungewohnt** unusual
ungewollt involuntary
ungezogen rude
ungleich uneven
das **Unglück** misfortune
ungünstig unfavorable
unhaltbar unbearable
unheimlich uncomfortable, weird, sinister
unhöflich impolite
unlösbar inextricable
unmißverständlich obvious, taken for granted
unmittelbar directly, immediately
unmöglich impossible
der **Unmut** ill humor, displeasure
unnachsichtlich severe
unnütz superfluous, idle
der **Unrat** refuse
unrecht unfair; **unrecht haben** be wrong
die **Unruhe** commotion, agitation; **unruhig** restless
unsachlich subjective
unsagbar inexpressible; **unsäglich** unspeakable
unschädlich harmless
unschätzbar immeasurable, inestimable
unscheinbar unpretentious
unschlüssig irresolute
die **Unschuld** innocence; **unschuldig** innocent
unschwer easy
unserein one of us
unsicher dubious, unsteady, uncertain; die **Unsicherheit, -en** uncertainty, insecurity
unsichtbar invisible
der **Unsinn** nonsense; **unsinnig** absurd
unsterblich immortal
untadelig impeccable
unten below, downstairs, down
der **Unterbeamte, -n, -n** subordinate official
unterbleiben, ie, ie cease
unterbrechen, a, o interrupt
unter·bringen, a, a lodge
unterdrücken suppress
unter·gehen, i, a perish, go down
die **Untergrundbahn, -en** subway
der **Unterhalt** support, maintenance
unterhalten, ie, a entertain; sich **unterhalten** discuss, talk about, converse; die **Unterhaltung, -en** entertainment
das **Unterholz** undergrowth
unterirdisch subterranean
unterlassen, ie, a abstain, forbear
der **Unterleib, -er** abdomen
unterliegen, a, e be subject to, be defeated
unternehmen, a, o undertake
der **Unterricht** instruction
unterscheiden, ie, ie differ, differentiate; der **Unterschied, -e** difference
unter·schieben, o, o include, "palm off"
die **Unterschrift, -en** signature
unterstehen, a, a be subordinate to, be under
unterstreichen, i, i underline
unterstützen support; die **Unterstützung, -en** support

die **Untersuchung, -en** investigation

der **Untertan, -e** subject

unter·tauchen dive under, submerge, plunge

unterzeichnen sign

einem Verhör unterziehen, o, o cross-examine

unübertrefflich incomparable

unübertroffen unsurpassed

ununterbrochen continuous

unverfälscht unfalsified

unverhofft unexpected

unverkennbar unmistakable

unvermeidlich unavoidable

unvermittelt abrupt, suddenly

unvermutet unexpected

unverschämt shameless, brazen

unverschlossen unlocked

unverständlich enigmatic, incomprehensible

unversucht untried

unverwandt fixed

unverzeihlich inexcusable

unverzüglich prompt, without delay

unvorbereitet unexpected, unprepared

unvorsichtig careless

unwahrscheinlich improbable

unwichtig unimportant

unwiderleglich irrefutable

unwiderstehlich irresistible

unwillkürlich involuntary

unwissentlich unwitting

unwürdig unworthy, improper, undignified

unzählig numerous

unzufrieden dissatisfied

unzugänglich inaccessible

unzulänglich inadequate

üppig luxurious

uralt ancient, very old

der **Urgroßvater, ⸚** great-grandfather

der **Urheber, -** originator

der **Urlaub, -e** leave, vacation;
die **Urlaubsbitte, -n** request for leave

die **Ursache, -n** cause

die **Ursprache** original tongue

der **Ursprung, ⸚e** origin, beginning; **ursprünglich** original, pristine

das **Urteil, -e** judgment

vag vague

variieren vary

sich **verabreden** agree; die **Verabredung, -en** agreement

verabscheuen abhor, detest

sich **verabschieden** take leave

veraltet outmoded, old-fashioned

verändern change, transform

verängstigen frighten

verankern anchor

veranlassen, ie, a cause, prevail upon, force

veranstalten organize; die **Veranstaltung, -en** function

verärgern irritate, annoy

verarmen become poor

der **Verband, ⸚e** bond, union

verbergen, a, o hide, conceal

die **Verbesserung, -en** improvement

sich **verbeugen** bow

verbieten, o, o forbid

verbinden, a, u connect, unite; die **Verbindung, -en** association, contact, communication

verblassen fade

verbrechen, a, o commit a crime; das **Verbrechen, -** crime; der **Verbrecher, -** criminal

verbreiten spread, expand; die **Verbreitung, -en** expansion

verbrennen, a, a burn, destroy by fire

verbringen, a, a spend (time)
verbunden obliged
einen in Verdacht bringen, a, a
bring one under suspicion; verdächtig suspicious
verdammen condemn; verdammt
damned
verdauen digest
das Verdeck, -e deck; verdecken
cover
verdenken, a, a blame
verdienen deserve, earn
verdoppeln double
verdrossen unwilling
der Verdruß, ⸚e annoyance
verdunkeln darken
sich verdüstern grow gloomy
verehren honor, revere
vereinbaren agree
vereinigen connect, unite, join
vereinsamen isolate, be lonely; die
Vereinsamung isolation, loneliness
vereinzelt single, isolated
das Verfahren, - (legal) proceeding
verfallen, ie, a sink, succumb
verfälschen falsify
sich verfangen, i, a become en-
tangled
verfehlt unsuccessful
verfliegen, o, o pass away rapidly
verfließen, o, o elapse
verfluchen curse
verfolgen pursue, follow, perse-
cute; der Verfolger, - persecutor
verfügen decree, order; die
Verfügung, -en disposal; jemandem zur Verfügung stehen
be at someone's disposal
verführen seduce, entice, tempt
die Vergangenheit past
vergeben, a, e vanish, disappear
vergebens in vain; vergeblich
vain, useless

vergehen, i, a pass, happen; das
Vergehen offense
sich vergessen, a, e be forgotten
vergießen, o, o shed
vergiften poison
vergittern bar
verglast glassy
der Vergleich, -e comparison;
vergleichbar comparable; ver-
gleichen, i, i compare
das Vergnügen, - pleasure; vergnügt joyous, contented
vergoldet gilt
vergrämen anger
verhaften arrest; die Verhaftung,
-en arrest
verhalten, ie, a repress, keep back,
restrain; sich verhalten behave,
be; das Verhalten, - attitude,
behavior
das Verhältnis, -se condition,
situation, economic situation
die Verhandlung, -en hearing,
trial
verhängen pronounce
verheiratet married
verhindern prevent
das Verhör, -e examination, hearing
verhungern starve
verhunzen spoil
sich verirren lose one's way
verjagen chase away
der Verkauf, ⸚e sale; verkaufen
sell
der Verkehr company, communication, traffic; verkehren frequent, visit, have to do with
verkleiden disguise, make up,
cover
verkniffen pinched, grim
verknüpfen connect
verkommen, a, o run down
sich verkriechen, o, o hide, crawl
away
verkrüppeln stunt, cripple
verkünden announce

verladen, u, a load
verlangen demand, ask for, desire
verlassen, ie, a leave, desert; **sich verlassen auf** rely on, depend on; **verläßlich** dependable
der **Verlauf** course; **verlaufen, ie, au** pass, elapse
verlegen embarrassed; die **Verlegenheit** embarrassment
verleiden spoil
verleihen, ie, ie lend, give
die **Verlesung, -en** oral presentation
verletzen wound, hurt, damage
verleugnen deny, disown
die **Verleumdung** slander
sich **verlieben** fall in love
sich **verloben** become engaged
die **Verlockung, -en** inducement
verlogen lying, untruthful, deceitful
die **Verlorenheit** loneliness
der **Verlust, -e** loss
sich **vermählen** unite
vermeiden, ie, ie avoid
vermeinen think, believe; **vermeintlich** presumed
vermieten rent
vermissen miss
vermittels by means of
vermögen have the power, be able; **einen zu etwas vermögen** induce someone to do something; das **Vermögen, -** fortune
vermuten presume, suspect; **vermutlich** presumably
vernachlässigen neglect
vernehmen, a, o hear, interrogate; **vernehmen lassen** let out; **vernehmlich** audible
verneinen reply in the negative, deny
vernichten destroy; die **Vernichtung** destruction
zur Vernunft kommen come to one's senses; **vernünftig** reasonable, sensible

verpacken pack up
verpassen miss (a person)
verpflichten bind by obligation; die **Verpflichtung, -en** obligation, responsibility
verprügeln beat up, beat
verraten, ie, a betray
verrecken die
verrückt insane, crazy
versagen fail
sich **versammeln** gather; die **Versammlung, -en** meeting, gathering
versäumen miss
sich **verschaffen** obtain, acquire
verschämt bashful
verschicken ship, send
verschieben, o, o displace
verschieden various
verschießen, o, o fire (until empty)
der **Verschlag, ⁼e** pen, stall
verschlagen sly, crafty
verschleiern veil
verschleppen carry off
verschließen, o, o close, lock; die **Verschlossenheit** reserve
verschlingen, a, u devour, swallow
verschlucken swallow
verschnaufen catch one's breath
verschneit covered with snow
verschollen missing
verschonen spare
verschränken cross, fold (the arms)
verschulden be the cause of; das **Verschulden** fault
verschweben vanish into thin air, hover
verschweigen, ie, ie suppress, keep silent about; die **Verschwiegenheit** secrecy
verschwenderisch lavish
verschwinden, a, u disappear

versehen, a, e provide with
versenken lower; **in die Tasche
versenken** put into one's pocket
versetzen transfer; **in Angst versetzen** alarm
versichern assure, insure; **die Versicherungsgesellschaft, -en** insurance company; **die Versicherungssumme, -n** insurance money
versinken, a, u sink
versöhnen conciliate, reconcile
versonnen wistful
sich **verspäten** be late; **verspätet**
belated, behind time; **Verspätung
haben** be late
versperren lock
versprechen, a, o promise, give
promise of
verspüren feel
sich **verständigen** communicate
with one another; **verständlich**
intelligible, comprehensible; das
Verständnis, -se understanding,
appreciation; **verständnislos** devoid of understanding
sich **verstärken** strengthen, increase
verstaubt covered with dust
verstauen store
verstecken hide
versteinert stony, expressionless
verstohlen stealthy
verstopfen block
verstorben deceased
verstört troubled; **die Verstörtheit** agitation
der **Verstoß, ⸗e** offense; **verstoßen,
ie, o** give offense, offend
verstreuen scatter
verstricken ensnare, entangle
verstummen become silent
der **Versuch, -e** attempt; **versuchen** try; **die Versuchung,
-en** temptation
verteidigen defend; der **Verteidi-**

ger, - defender; die **Verteidigung** defense
verteilen dissipate
verteufelt awfully
vertrauen confide in, trust; **zu
einem Vertrauen haben** have
faith in a person; **vertraulich**
confidential; **vertraut** familiar
vertreiben, ie, ie drive off, expel,
sell; sich **vertreiben** pass (time)
vertreten, a, e block, represent;
der **Vertreter,** - representative;
der **Vertreterbesuch, -e** sales-
man's visit
vertun, a, a waste, squander
verursachen cause
verurteilen sentence, condemn
vervollkommnen perfect
verwahren preserve, put away
verwandeln transfigure, transform;
die **Verwandlung, -en** transformation, change; die **Verwand-
lungskunst, ⸗e** transformation
trick; der **Verwandlungskünstler,** - quick-change artist
verwandt related; der **Verwandte,
-n, -n** relative; die **Verwandt-
schaft** relatives; **verwandt-
schaftlich** kindred; **in verwandtschaftlichen Beziehungen** related; das **Verwandtschaftsver-
hältnis, -se** family relationship
verwechseln confuse, mistake; die
Verwechslung, -en mistake
verweilen stay
verweisen, ie, ie refer
verwendbar useful; **verwenden**
use, employ as
verwerfen, a, o reject; **verwerf-
lich** objectionable
verwickeln engage
verwildert run wild
verwindbar yielding
verwirklichen realize
verwirren confuse; die **Verwir-
rung** confusion

verwittert weathered
verwöhnen spoil
verwunden wound
verwunderlich strange, astonishing; **verwundern** surprise, astonish
verwünschen curse
verzaubert bewitched, entranced
die **Verzeichnung, -en** distortion
verzeihen, ie, ie excuse, forgive; die **Verzeihung** forgiveness; **Verzeihung** I beg your pardon, pardon me
verzichten relinquish, give up claim to
verziehen, o, o disappear, disperse
sich **verzögern** be delayed; die **Verzögerung, -en** delay
verzweifeln despair; die **Verzweiflung** despair
das **Vieh** cattle
vielfach manifold, often
vielmehr rather, but rather
das **Viertel, -** fourth, quarter; das **Vierteljahr, -e** quarter of a year; das **Vierteljahrhundert, -e** quarter of a century; die **Viertelstunde, -n** quarter of an hour
der **Vogel, ⸗** bird; **vogelleicht** extremely soft
der **Vokal, -e** vowel
das **Volk, ⸗er** tribe, people; die **Volksmenge, -n** crowd
die **Vollendung** culmination, perfection; **völlig** complete; **vollkommen** complete, perfect; die **Vollmacht, ⸗e** power of attorney, authority; **vollständig** complete; **vollzählig** complete, total, full; sich **vollziehen, o, o** take place, be completed
vollführen carry out, execute
voll·stopfen stuff full
voneinander from one another
vonnöten sein be necessary

vor before, in front of, outside of; **vor allem** above all; **vor sich hin** to oneself, straight ahead
voran go ahead; **voran·gehen, i, a** go ahead; **voran·kommen, a, o** make headway, get ahead
voraus·berechnen figure out in advance; **voraus·bezahlen** pay in advance; **voraus·gehen, i, a** go ahead, lead the way; **voraus·setzen** presuppose, presume; die **Voraussetzung, -en** supposition, hypothesis; **voraus·spähen** peer ahead
vor·behalten, ie, a reserve
vorbei·gehen, i, a pass by; **vorbei·hasten** hurry past; **vorbei·kommen, a, o** get past; **vorbei·schießen, o, o** rush past; **vorbei·schreiten, i, i** walk past; **vorbei·wälzen** roll past; **vorbei·wischen** whisk past
vor·bereiten prepare; die **Vorbereitung, -en** preparation
sich **vor·beugen** bend forward
das **Vorbild, -er** model, pattern; **vorbildlich** exemplary
vor·bringen, a, a advance, put forth, utter
vordem previously, formerly
vorder front, forward
vorehelich premarital
der **Vorfall, ⸗e** incident, event
vor·finden, a, u find
die **Vorführung, -en** performance
der **Vorgang, ⸗e** incident, event
das **Vorgärtchen, -** small front garden
das **Vorgefühl, -e** anticipation
vor·gehen, i, a go on, happen
vorgestern day before yesterday
vor·haben plan, have in mind
vor·halten, ie, a reproach (someone) with

vorhanden present; das Vorhandensein presence
der Vorhang, ⁼e curtain
vorher previously, before
vorhin before
vorig last, previous
sich vor·kämpfen fight one's way out, fight one's way through
vor·kommen, a, o be found, appear, happen, seem; das Vorkommnis, -se event, occurrence
vor·laden, u, a summon
vor·legen display, exhibit, submit
vor·lesen, a, e read aloud; die Vorlesung, -en lecture
vorletzt last but one
vor·liegen, a, e be
der Vormittag, -e forenoon
der Vorname, -ns, -n first name
vorn(e) in front, to the front
vor·nehmen, a, o undertake; sich vor·nehmen resolve, make up one's mind
vornehmlich particularly
von vornherein from the start, as a matter of fact
vornüber·fallen, ie, a fall forward
vornweg ahead
der Vorort, -e suburb
der Vorrat, ⁼e stock, supply
vor·sagen say aloud
der Vorsatz, ⁼e resolution
der Vorschein appearance; zum Vorschein kommen appear
vor·schieben, o, o push forward; die Lippen vorschieben pout
der Vorschlag, ⁼e suggestion; vor·schlagen, u, a suggest
vorschnell overhasty
vor·schreiben, ie, ie prescribe, set forth, dictate
vor·schreiten, i, i advance
vor·setzen set before
die Vorsicht caution; vorsichtig careful
vor·spannen hitch in front
vor·springen, a, u leap forward; der Vorsprung, ⁼e surge, salient, projection
die Vorstadt, ⁼e suburb
vor·stellen represent, demonstrate, introduce; sich vor·stellen imagine; die Vorstellung, -en performance, impression, conception
vor·stürzen leap forth
der Vorteil, -e advantage
vor·tragen, u, a present, put before
vorüber past; vorüber·fliegen, o, o fly past; vorüber·gehen, i, a pass, pass by; vorüber·gleiten, i, i glide past, pass by; vorüber·kommen, a, o pass by; vorüber·rauschen rush past
das Vorurteil, -e prejudice; vorurteilslos unprejudiced
sich vorwärts·tasten feel one's way forward
vorweg·nehmen, a, o anticipate
der Vorwurf, ⁼e reproach; vorwurfsvoll reproachful
vorzüglich excellent, first-rate

wach awake; die Wache, -n guard; der Wachhund, -e watch dog; wachsam alert, vigilant
wachsen, u, a grow; einer Sache gewachsen sein be competent to undertake something; das Wachstum growth
das Wachstuch, ⁼er oilcloth
die Wacht, -en guard
wackelig rickety; wackeln wobble, be loose
wacker good, valiant
die Waffe, -n weapon; der Waffenbesitz possession of a weapon
wagemutig bold, daring; wagen risk, attempt, dare

der **Wagen,** - car; das **Wageninnere** interior of a car
die **Wahl,** **-en** choice; **wählen** select, choose; **wählerisch** particular; **wahllos** at random, indiscriminate
der **Wahnsinn** madness; **wahnsinnig** insane, mad
wahr true, real; **wahrhaft(ig)** truly, really; die **Wahrheit,** **-en** truth; **wahrheitsgetreu** truthful; **wahr·nehmen,** a, o perceive, see, take advantage of, notice; **wahrscheinlich** probably; die **Wahrscheinlichkeit** probability
während during, while; **währenddem** meanwhile
der **Waldbauer,** **-n,** **-n** farmer; der **Waldboden,** = floor of the forest; der **Waldhügel,** - wooded hill; die **Waldinsel,** **-n** island of trees; die **Waldspitze,** **-n** corner of the forest
wallen move forward
walten look after
wälzen roll
das **Wams,** ⁻er vest, jacket
die **Wand,** ⁻e wall
wandeln change, saunter
die **Wanderung,** **-en** hike
der **Wandschrank,** ⁻e cabinet
die **Wange,** **-n** cheek
wanken reel, stagger
die **Wanne,** **-n** tub
ward *rare preterit of* **werden**
die **Wäsche** wash, underwear
das **Wäschemädchen,** - laundry girl; die **Wäscherei,** **-en** laundry
wechseln change, exchange
wecken awaken
weder neither; **weder . . . noch** neither . . . nor
der **Weg,** **-e** road, way
weg·drängen push away
wegen on account of
weg·fahren, u, a depart

weg·gehen, i, a go away, depart
der **Weggenosse,** **-n,** **-n** traveling companion
weg·jagen drive away
weg·knattern rattle away
weg·räumen clear away, remove
die **Wegrichtung,** **-en** direction
weg·schaffen remove; die **Wegschaffung** removal
weg·schicken send away
weg·werfen, a, o throw away; **wegwerfend** contemptuous
weg·ziehen, o, o move away, take away, pull back
das **Weh** woe, pain; **weh** painful; **weh tun** pain, hurt
wehen flutter, blow, wave
die **Wehmut** melancholy
sich **wehren** resist, fight; **wehrlos** defenseless
weiblich female, feminine
weich soft; **weichen,** i, i give way, yield; die **Weichheit** softness, tenderness
die **Weide,** **-n** pasture, meadow, willow
sich **weigern** refuse
das **Weilchen,** - little while; die **Weile,** **-n** while
weinen cry; **weinerlich** tearful
das **Weinfaß,** ⁻er wine barrel
die **Weise,** **-n** manner, way
weisen, ie, ie show, point out, direct, refer; **weisen auf** point at
weiß white; **weißlich** whitish
weit wide (open), far, distant; **weit und breit** far and wide; **von weitem** from afar
weitab far away
weiter further, farther, additional; **und so weiter** and so forth, etc.; **weiter·berichten** continue reporting; **weiter·bringen,** a, a advance; **ohne weiteres** without

further ado; **weiter·fahren, u, a**
drive on, continue a trip; **weiter·
gehen, i, a** continue, go on;
weiter·hämmern continue hammering; **weiter·kommen, a, o**
progress, get on; **weiter·reden**
continue talking; **weiter·
sprechen, a, o** continue speaking;
weiter·stoßen, ie, o push on;
weiter·stricken continue knitting; **weiter·ziehen, o, o** move
on, pull on, drag on
weithin far, far off
welk withered, shriveled
die **Welle, -n** wave; das **Wellenspiel** play of the waves
weltberühmt world famous; das
Weltgefühl, -e way of life;
die **Weltlichkeit** worldliness;
der **Weltraum** space; die **Weltstadt, ≃e** metropolis
wenden turn; sich **wenden an**
turn to; die **Wendung, -en** turn
wenig little, few; **wenigstens** at
least
die **Werbung** advertising
werfen, a, o throw, cast
die **Werkleitung** management,
director's office; die **Werkstätte,
-n** workshop; **werktags** on
weekdays; das **Werkzeug, -e**
implement, tool
der **Wert, -e** value, estimation,
importance; **Wert auf etwas
legen** attach importance to something; **wert** esteemed; **wertlos**
worthless; die **Wertsache, -n**
thing of value; **wertvoll** valuable
das **Wesen, -** being, creature,
character, essence; die **Wesensart,
-en** character; **wesentlich** essential, real, substantial; das **Wesentliche, -n, -n** the essential aspect;
im wesentlichen essentially

weshalb why, for what (which)
reason
wetten bet; der **Wettlauf, ≃e** race
wichtig important
wider against; **widerhallen** echo;
widerlich repugnant, loathsome;
widersprechen, a, o contradict;
der **Widerspruch, ≃e** contradiction; der **Widerstand** resistance;
widerstreben go against, resist;
widerwillig unwilling, reluctant
wie as, how, when
wieder again; **wiederauf·treten, a,
e** reappear (on the stage); **wieder·
erkennen, a, a** recognize again;
wieder·erscheinen, ie, ie reappear; **wieder·geben, a, e** return,
give back; **wieder·gewinnen, a,
o** recover; **wieder·haben** have
again; **wieder·hallen** ring out
again; die **Wiederherstellung**
recovery; **wiederholen** repeat;
wieder·kehren return; **wieder·
kennen, a, a** recognize; **wieder·
sehen, a, e** see again; **wieder·
treffen, a, o** meet again;
wiederum again
wiegen rock, shake
Wiener Viennese
die **Wiese, -n** meadow
wiewohl although
um . . . willen because of
die **Willkür** caprice, arbitrariness
wimmern whine
winden, a, u twist, wrench
die **Windjacke, -n** wind breaker;
die **Windstille** calm air
der **Winkel, -** corner
winken wave
winseln whine
winzig tiny
der **Wirbel, -** whirl, eddy, turmoil;
wirbeln whirl, swirl, roll (of
drums)
wirken have an effect; die **Wirkung, -en** effect; **wirkungslos**

without effect

wirklich real; die **Wirklichkeit,
-en** reality

wirr confused, tangled; das **Wirrsal** confusion

der **Wirt, -e** landlord; die **Wirtin,
-nen** landlady; die **Wirtschaft,
-en** inn, public room; die
Wirtstube, -n public room (of
an inn or hotel)

wischen wipe

wispern whisper

das **Wissen** knowledge; **wissen-
schaftlich** scientific

der **Witwer, -** widower

der **Witz, -e** wit

woanders somewhere else

wobei in the course of which

wohl well, probably, indeed, I
daresay; **wohlgemerkt** N.B.,
note particularly; **wohlhabend**
wealthy; die **Wohltat, -en** bliss;
wohl·tun, a, a benefit, do good;
wohlverdient well-deserved;
wohlverwahrt well guarded;
wohlwollend well-meaning

wohnen dwell, live; die **Wohnküche, -n** parlor-kitchen; die
Wohnstube, -n living room;
die **Wohnung, -en** apartment;
die **Wohnungsmiete, -n** rent

die **Wolke, -n** cloud: die **Wolkenfetzen** shreds of clouds; der
Wolkenzug, ⸗e cloud formation

worauf whereupon

die **Wortbildung, -en** word formation; **wörtlich** literally; **wort-
wörtlich** verbatim

wühlen rummage, dig

die **Wunde, -n** wound

das **Wunder, -** miracle, wonder;
wunderlich strange, odd; sich
wundern be surprised, wonder;
wundersam strange, wonderful

der **Wunsch, ⸗e** wish; **wünschen**
wish

die **Würde** dignity; **würdelos** undignified; **würdig** dignified

würgen strangle, choke

die **Wurst, ⸗e** sausage

die **Wurzel, -n** root; **Wurzel
schlagen** take root, settle down;
wurzelhaft rootlike; **wurzeln**
root

würzig spicy

wüst desolate; die **Wüste, -n**
desert, wilderness; **wüstenähn-
lich** desertlike

die **Wut** rage, fury; **wütend**
furious

zäh viscous, sticky, tough, perse-
verant

die **Zahl, -en** number

zahlen pay

zählen count

zahllos innumerable

zahlreich numerous

das **Zahlungsmittel, -** means of
payment

der **Zahn, ⸗e** tooth; **zahnlos** tooth-
less; die **Zahnlücke, -n** hole
where a tooth is missing

zart delicate, soft, tender; **zart-
golden** delicately golden; **zärtlich** tender, loving, soft; die
Zärtlichkeit, -en caress

der **Zauber, -** spell, charm, en-
chantment; das **Zauberbuch, ⸗er**
conjuring book; die **Zauberei**
magic; der **Zauberer, -** magician;
das **Zaubergerät, -e** equipment
for magician's tricks; der **Zauberkünstler, -** magician; **zaubern**
practice magic; der **Zaubername,
-n** magical name

der **Zaun, ⸗e** fence

die **Zehenspitze, -n** tiptoe

das **Zeichen, -** sign, symbol; die **Zeichensprache, -n** sign language

zeichnen mark, draw, delineate; die **Zeichnung, -en** design, drawing

der **Zeigefinger, -** index finger; **zeigen** show, point; sich **zeigen** be revealed; **zeigen auf** point at; der **Zeiger, -** hand of a clock or watch

die **Zeile, -n** line

die **Zeit, -en** time; **eine ganze Zeit hindurch** for a long time; **in letzter Zeit** recently; **zeit ihres Lebens** during her lifetime; das **Zeitalter, -** age; **zeitig** early; die **Zeitlang** while; der **Zeitpunkt, -e** time, moment; die **Zeitschrift, -en** periodical; die **Zeitspanne, -n** period; die **Zeitung, -en** newspaper; das **Zeitungsblatt, ⁼er** newspaper, page of a newspaper; **zeitweise** at times

die **Zelle, -n** cell

zerbrechen, a, o shatter, break to pieces, be destroyed

zerfallen, ie, a fall into ruin, crumble

zerfetzen tear; **zerfetzt** tattered

zerfließen, o, o melt

zerhacken cut to pieces, chop

zermahlen chew up, grind

zerreißen, i, i tear to pieces

zerren pull, drag, tug

zerrinnen, a, o melt away, vanish

zerschlagen, u, a shatter

zerschlissen tattered

zerschmelzen, o, o dissolve

zerschneiden, i, i cut, cut up

sich **zersetzen** break up, decompose

zerspringen, a, u crack

zerstören destroy

zerstreut confused, distracted

zerwühlen dig around in

der **Zettel, -** note

das **Zeug, -e** thing, stuff

der **Zeuge, -n, -n** witness

die **Ziege, -n** goat

ziehen, o, o move, pull, go, draw, describe (a circle), make (tracks); **in die Länge ziehen** draw out

das **Ziel, -e** goal; **zielen** aim

ziemlich rather

zierlich dainty

das **Zigarettenetui, -s** cigarette case; die **Zigarettenschachtel, -n** cigarette box

die **Zimmererseheleute** carpenter and wife; der **Zimmermann** carpenter

der **Zimmerschlüssel, -** room key

zischen hiss

zittern tremble, quiver

zögern hesitate

der **Zorn** anger; **zornig** angry

zottig shaggy

zu·bereiten prepare

zu·blinzeln wink at

zu·bringen, a, a spend (time)

das **Zuchthaus, ⁼er** prison; der **Zuchthäusler, -** convict

zucken quiver, move convulsively, shrug, twitch

der **Zucker** sugar; **zuckrig** sugary

zu·decken cover up

zudem besides, in addition

zu·drücken close

zu·eilen hasten to

zuerst first, at first

der **Zufall, ⁼e** chance, fate; **zufällig** casual, accidental; **zufälligerweise** accidentally; die **Zufälligkeit, -en** contingency

zu·fallen, ie, a fall to, close

zu·fließen, o, o flow toward

die **Zuflucht, ⁼e** refuge

zu·flüstern whisper

zufrieden satisfied; **zufrieden·stellen** satisfy

zu·frieren, o, o freeze over

zu·fügen inflict

der **Zug, ⁼e** procession, train, feature, process

der **Zugang, ⁼e** approach, entrance

zu·geben, a, e admit

zu·gehen, i, a approach

sich **zu·gesellen** join

zugig drafty

zugleich at the same time

der **Zugriff, -e** interference

zugrunde·gehen, i, a be destroyed, perish; **zugrunde·richten** destroy

zugunsten in favor of, to the advantage of

zu·hören listen; der **Zuhörer, -** listener; der **Zuhörerraum, ⁼e** auditorium

zu·kommen, a, o . . . auf come toward

die **Zukunft** future

zu·lächeln smile at

zu·langen help oneself

zu·lassen, ie, a permit

der **Zulauf** crowd, influx

sich **zu·legen** procure, get, acquire

zuletzt finally

zu·machen close

zumal since, especially since

zumindest at least

zumute sein (werden) feel

zunächst first of all, at first

zu·nehmen, a, o increase

die **Zuneigung, -en** affection, inclination

die **Zunge, -n** tongue

zunichte·machen destroy

zu·nicken nod at

zu·packen get to work, pitch in

zupfen pick, pull

zurecht right; sich **zurecht·finden, a, u** find one's way around; **zurecht·kommen, a, o** come at the right time; **zurecht·machen** prepare

zu·reden talk

zurück back; **zurück·erhalten, ie, a** recover; **zurück·erwerben, a, o** regain; **zurück·fahren, u, a** return; **zurück·finden, a, u** find the way back; **zurück·geben, a, e** answer, return; **zurück·gehen, i, a** decline; **zurück·halten, ie, a** hold back, reserve; die **Zurückhaltung, -en** reservation; **zurück·holen** fetch back; **zurück·kehren** turn back, return; **zurück·kriechen, o, o** creep back; **zurück·reichen** hand back; **zurück·scheuen** shy away from; **zurück·schieben, o, o** shove back; **zurück·schrecken** shrink back; **zurück·spedieren** send back; **zurück·stapfen** trudge back; **zurück·stellen** return, put back; **zurück·streichen, i, i** brush back; **zurück·taumeln** stagger back; **zurück·treten, a, e** step back; **zurück·weichen, i, i** retreat, fall back; **zurück·weisen, ie, ie** reject; **zurück·ziehen, o, o** withdraw, pull back, draw back

zu·rudern row toward

zu·rufen, ie, u call

zusammen together; **zusammen·bauen** put together; **zusammen·beißen, i, i** clench (the teeth); **zusammen·fahren, u, a** start, move convulsively; **zusammen·fallen, ie, a** collapse; **zusammen·falten** fold; **zusammen·fassen** combine; **zusammen·flicken** patch up; **zusammen·fügen** join together; der **Zusammenhang, ⁼e** connection; **zusammen·hängen** be connected; **zusammen·kauern** crouch; **zusam-**

men·klingen, a, u   play in harmony; zusammen·krampfen clasp together convulsively; die Zusammenkunft, ⸗e gathering, meeting; sich zusammen·nehmen, a, o pull oneself together; zusammen·raffen collect; die Kräfte zusammen·raffen to collect oneself; zusammen·sacken collapse; zusammen·schießen, o, o chip in; zusammen·schlagen, u, a close, strike; die Zusammensetzung, -en contact, formation; zusammen·sinken, a, u collapse; zusammen·stellen put together, group; zusammen·stürzen collapse; zusammen·treffen, a, o meet; zusammen·ziehen, o, o pucker up; zusammen·zucken start, jerk, wince

zu·schauen look at, watch; der Zuschauer, - spectator, audience; der Zuschauerraum, ⸗e auditorium

zu·schieben, o, o close

zu·schlagen, u, a slam, hit (hard)

zu·schließen, o, o close, lock

zu·schreien, ie, ie cry out

zu·schreiten, i, i walk toward

zu·sehen, a, e see to (it), watch

die Zusicherung, -en promise, assurance

zu·spitzen sharpen to a point

zu·sprechen, a, o encourage; einem Mut zusprechen encourage a person

zu·springen, a, u run toward

der Zustand, ⸗e condition

zustande·kommen, a, o occur

zu·stecken give secretly, put into someone's pocket

zu·stehen, a, a belong to

zu·stimmen assent, consent, agree

zu·stoßen, ie, o push, join; einem zu·stoßen happen to someone

zu·stürzen rush

zu·teilen assign, allot

zutiefst deeply

zu·trauen believe capable of

zu·treffen, a, o be the case

zu·treten, a, e approach

zuverlässig reliable

zuvor before; zuvor·kommen, a, o forestall

zu·wandeln wander up (to)

zuweilen now and then

zu·weisen, ie, ie assign

sich zu·wenden, a, a turn toward

zu·werfen, a, o throw, cast

zu·winken nod, beckon

zu·ziehen, o, o draw; sich zu·ziehen incur

zwängen force

zwar indeed, true, to be sure, in addition

der Zweck, -e purpose; zwecklos useless

zweifach twofold

der Zweifel, - doubt; kein Zweifel no doubt about it; zweifelhaft dubious, questionable; zweifellos without a doubt

der Zweig, -e twig

der Zweikampf, ⸗e duel

zweimalig repeated

zweitklassig second-grade

zwingen, a, u force

zwinkern wink

das Zwischendeck steerage; zwischenein at times; der Zwischenfall, ⸗e incident, episode; der Zwischenraum, ⸗e interval, space, distance; das Zwischenspiel, -e interlude

der Zwist, -e quarrel

der Zylinder, - top hat